KB159463

시교육론

김창원

1962년 충남 보령에서 태어나 서울대학교 국어교육과에서 학사 · 석사 · 박사 과정을 마쳤다.
석사학위 논문은 "한국 현대시에 나타난 아이러니에 관한 연구"로, 이때까지는 현대시 전공이었다.
박사과정에서 문학교육으로 전공을 바꿔서 1994년 "시텍스트 해석 모형의 구조와 작용에 관한
연구"로 학위를 받았다.
서울북공업고등학교와 용산고등학교 교사, 한국교육개발원 연구원을 거쳐 1995년부터
경인교육대학교 교수로 있다. 2차와 3차 교육과정 시기에 초중고등학교를 다니고 3차, 4차, 5차
교육과정 시기에 고등학생을 가르쳤으며, 6차 이후 국가 수준의 교육과정과 교재 개발, 평가
설계 등에 참여하고 2015 개정 초중고 국어과 교육과정 개발의 책임자를 맡았다. 국어교육,
문학교육, 시교육 분야의 교육과정, 교재, 평가에 관심을 두어 연구와 실천 경력을 쌓았다. 주요
저서로『국어교육론-관점과 체제』,『문학교육론-제도화와 탈제도화』,『시교육의 사적 연구』(공),
『시교육과 텍스트 해석』 등이 있다.

시교육론

올림과 깨침을 위한 50가지 질문

초판 1쇄 발행 2020년 3월 27일
초판 2쇄 발행 2020년 8월 10일

지은이 김창원
펴낸이 박찬익
편집장 한병순
책임편집 유동근
펴낸곳 ㈜박이정 **주소** 경기도 하남시 조정대로45 미사센텀비즈 7층 F749호
전화 02)922-1192~3 | 031)792-1193, 1195 **팩스** 02)928-4683 **홈페이지** www.pjbook.com
이메일 pijbook@naver.com **| 등록** 2014년 8월 22일 제2020-000029호

ISBN 979-11-5848-453-8 93370

* 이 저서는 2015년 정부(교육부)의 재원으로 한국연구재단의 지원을 받아 수행된 연구임. (NRF-2015S1A6A4
A01014456)

시교육론

詩教育論 울림과 깨침을 위한 50가지 질문

김창원 지음

(주)박이정

머리말

"교육 기준과 문학 기준의 분리라는 현 문학교육의 상황에서 문학 기준으로 시를 논의하는 『시론』이 보여 주는 편향을 교정하기 위해 교육 기준에서 시를 논의하는 『시교육론』의 필요성을 말하는 주장에 완전히 동의하는 것은 아니다. 그것은 분리될 수 없는 것이기 때문이다. 문학적 기준을 충족시키게 되면 자연스럽게 교육적 기준도 충족된다는 가정이 너무 구태의연한 관점으로 비칠지는 모르겠다. 하지만 분리할 수 없는 것을 분리해 접근함으로써 얻게 되는 것은 새로운 이해라기보다는 기존의 것에 대한 재확인일 공산이 크다."

이 연구를 위해 한국연구재단에 연구비 지원을 신청했을 때, 평가자 중 한 분이 위와 같은 의견을 주셨다. 교육적 관점에서 시학을 재구조화한다는 취지에 공감한 다른 두 분의 의견보다 이 의견이 훨씬 소중하게 다가왔다. 시론과 시교육론의 분리 불가능성에 대해서는 필자도 전적으로 공감한다. 그럼에도 불구하고 이런 연구가 필요한 이유는 무엇인가? - 연구 내내 이 문제의식을 놓치지 않으려고 노력했다. 이는 문학교육학이 과연 학문체계의 저 말단이라도 차지할 수 있는지에 관한 질문이기 때문이다.

어쩌면 모든 교과교육에 대해서도 같은 질문을 던질 수 있겠다. 철학에 대해서 철학교육은, 수학에 대해서 수학교육은 어떤 새로운 관점을 제시하는가? 교육학에서는 교과교육을 교육과정, 교육심리, 교육공학 등과 같은 차원의 하위 영역으로 간주하는데, 그 교과교육은 '일반' 교육학에 어떤 성찰거리를 제공할 수 있는가? 국어교육학이 국어국문학의 그늘에서 벗어나는 데 온 신경을 집중하던 시대는 이미 지났으므로, 이제 더 선한 눈으로 시론과 시교육론을 하나의 손 안에 놓고 들여다볼 필요가 있다. 시와 시교육이 모두 선한 인간을 위한 기획이기 때문이다.

단행본의 일부가 아닌, 독자적인 관점과 내용을 가진『시교육론』이 출간된 것은 1990년대 들어서의 일이다. 1980년대 후반 국어교육과에 박사과정이 생기고 여러『국어교육론』과『문학교육론』이 출간된 추세를 이은 것이다. 나태주 · 김명수(1990), 김이상(1994), 김창원(1995), 김은전 외(1996), 윤여탁(1996, 1998), 권혁준(1997), 양왕용(1997), 차호일(1999) 등이 그때의 성과들이다. 물론 그 전에 많은『시론』과『시 창작론』이 시교육에 관한 관심을 표하기도 했지만 그것은 어디까지나 부수적인 관심이었을 뿐이다.

2000년대 들어 20년이 지난 지금,『시교육론』의 목록은 이 페이지를 거의 채울 정도로 길어졌다. 하지만 이들은 대부분 학회나 특정 연구 그룹의 기획 도서이거나, 박사학위논문을 보완 · 확장한 것이거나, 개인이 학술지에 발표한 논문을 추려 모은 것이거나, 시 앤쏠로지에 해설과 활동 과제 등을 붙여서 교재용으로 만든 책들이다. 일반적인 『시론』에 약간의 교육 양념만 뿌린 것들이나, 이론서라기보다 현장 리포트에 더 가까운 책들도 많다. 연구자 개인의 철학과 관점, 경험이 담긴 『시교육론』이 나오려면 아직 시간이 더 필요한 것이다. 이 책은 거기까지 가는 경로의 중간 점검 지점쯤 될 것이다.

'중간 점검 지점'은 매우 착잡한 표현이다. 명색이 시교육으로 논문을 쓴 최초의 박사인데, 그러다 보니 철학은 모호하고 이론은 거칠며 실제는 막연한 사반세기를 헤쳐 올 수밖에 없었다. 국어교육 전체가 학문적 성장기였기 때문에 시교육에 집중하기 어려운 여건이기도 했다. 책을 내려고 보니 나의 관점이 이 시점에서 매우 낡았다는 느낌이 드는 것을 어쩔 수 없다. 그러는 한편으로, 25년 동안 많은 논문이 나오고 시교육 전문가도 많아졌는데 시교육을 거시적으로 바라보는 연구나 연구자가 쉬 보이지 않는다는 점은 아쉽다. 지금쯤이면 중간 점검이 아니라 한 시대를 마무리하고 새 시대로 나아갈 때가 되었는데도 말이다. 고도의 전문성을 바탕으로 편안하고 거시적인 저술이 나오기를 기대한다.

이 책은 세 무리의 독자를 위한 책이다. 첫째는 당연히 시를 배우는 학생들이다. '교육'이라는 말이 다분히 학생을 객체로 상정하고 쓰는 용어이지만, 학생은 언제나 교육의 주체여야 한다고 생각한다. 다른 모든 요소들을 하나하나 지워 가도 교육은 남지만, 학생을 지우고 나면 교육 자체가 허공에 떠 버리기 때문이다. 다만, 내용상 초·중등학교보다는 대학 이상의 학생을 대상으로 하게 된다. 둘째는 책 제목 그대로 시를 가르치거나 앞으로 가르치고자 하는 교사와 예비 교사들이다. 아무래도 국어를 전공하는 교사 및 교육대학과 사범대학의 학부생·대학원생들이 되겠다. 누군가 시를 배우는 상황을 상정하여 그에게 어떤 내용을 가르칠지, 어떤 방법으로 가르칠지를 실제로 고민하는 이들이다. 다만, 그들이 관심을 가질 내용 중 『시론』으로 넘길 수 있는 것들은 그쪽으로 넘겼다. 시어, 운율, 비유, 이미지, 화자 같은 시적 장치들과 문학사 관련 내용들이다. 대신 가르치는 방법에 더 집중했지만, 모든 것이 그렇듯 내용과 방법이 칼로 두부 자르듯 확연하게 나눌 수 있는 것은 아니다. 그들은 늘 하나로 묶여 있고, 함께 이야기할 때만이 의미를 지니게 된다. 기술적인 방법(technique)보다 원론적인 방법론(methodology)에 더 치중한 이유다. 마지막은 학생들의 학습과 교사의 교수가 잘 이루어지도록 외곽에서 지원하는 분들이다. 여기에는 시교육학자, 국가ㆍ지방ㆍ학교 차원의 교육 행정가와 연구자, 학부모와 지역사회, 언론과 출판 기업 등이 속한다. 시인과 시 비평가, 연구자가 함께 함은 물론이다. 이들이 제도와 이론, 지원 시스템을 잘 갖추어 줘야 교육이 제대로 이루어질 수 있다.

이 책은 시와 시교육에 관한 질문 50개를 추려서 그에 관해 이야기하는 방식으로 썼다. 독자와 대화하듯이 쓰기를 원했기 때문이다. 결과는 불만족스럽지만, 시교육에 관한 화두들을 찾아서 사고 단위로 성찰하는 방법은 여전히 효과가 있다고 생각한다. 종심(縱深)이 깊은 분석적 방법이나 거시적 안목의 서사적 방법, 수렴적/확산적 방법 등 다른 접근 방법과 상보적으로 조회하면 코끼리의 본체를 이해하는 데 도움이 될 것이다.

책의 제1부는 시교육의 본질에 관한 질문에서 시작했다. 시교육이란 무엇인지, ― "시란 무엇인가"가 아니다. 그 질문을 다루기는 했지만, 실상 그 내용은 이 책보다 한참 앞에 놓여야 할 것들이다. ― 시교육이 왜 필요한지, 그것이 도대체 가능한 일이기나 한지 등에 관한 질문은 필자 자신이 시교육 공부를 할 때 늘 던졌던 질문이다. 그냥 시가 좋아서 읽는 경우와 시를 가르치려고 읽는 경우가 전혀 다른 일임을 체감했기 때문이다. 그 끝에 도달한 곳은 사람과 삶에 관한 '울림'과 '깨침'이었다.

제2부에서는 그 사람과 삶의 구체적인 모습을 교육이라는 프리즘으로 바라보았다. 학습 주체로서의 학생과 교육 환경으로서의 사회·문화가 어떻게 상호 조응하는지, 시교육이 시간적으로 그리고 공간적으로 어떻게 전개, 실행되는지를 살핌으로써 시교육의 내면으로 들어갈 준비를 마치게 된다. 특히 개인과 사회가 공히 '시를 통해 성장하는 주체'라는 유기체적 관점을 취했다.

제3부가 이 책의 중심이라 할 수 있다. 시교육의 내용, 도구, 방법에 관한 내용을 교육의 실제를 바탕으로 살피고자 했다. [교육과정 – 교재 – 수업 – 평가]를 한 눈으로 살펴야만 시교육의 실상을 알 수 있을 터이며, 바로 여기서 정통 시학자와 시교육자가 다른 점이 선명히 드러난다. 예컨대 교과서가 왜 그런 식으로 만들어지는지에 관해 두 집단의 견해가 확연히 다른데, 이는 두 집단이 시교육의 본질과 방향에 관해서는 의견이 일치하지만 방법에 관해서는 서로 다른 철학을 갖고 있기 때문이다. 예컨대 시학자는 '선택형 지필 평가'로 시 역량[1]을 평가한다는 접근 자체를 이해하지 못하고, 시교육자는 '평가가 없는 교육'을 받아들이기 어려워한다. 평가의 성격을 완전히 바꿈으로써 양자의 견해 차이를 극복할 가능성은 남아 있지만 현실적으로 그러기가 쉽지 않다. 물론 이 책은 후자의 관점에서 그런 문

---

1 '시적 역량'이라고 쓰는 것이 보통이나, 이 책에서는 '언어 역량', '문학 역량' 등과 짝을 맞춰 '시 역량'이라고 표현하였다.

제들에 관해 질문하고 답하고자 하였다.

그에 비하면 제4부는 두 집단이 결국 같은 꿈을 꾸고 있다는 점을 보여준다. 언어·예술·인문 활동으로서의 시가 사람을 사람답게 만드는 데 기여하는 교육 말이다. 여기서의 '시'를 '음악'이나 '미술', 나아가 '언어', '철학', '역사' 등으로 확대해도 비슷한 논의가 가능할 것이다. 요컨대 단순한 지식과 기술 교육을 넘어 사람이 평생을 살아가는 데에 시가, 또는 다른 무언가가 어떤 의미를 지니는지 점검해 보자는 것이다. 이 책이 시교육에 관한 책이기 때문에 시를 이야기할 뿐이다. 나누기에 따라 수많은 교과가 있을 터이며, 각 교과는 각자의 관점에서 해당 교과가 개인과 사회의 성장에 도움을 준다는 점을 논변할 것이다. 그들 사이의 밀고당김이 학교 교육을 구성한다.

교육이 본질적으로 미래를 위한 기획이라는 점에서, 길은 시와 교육의 미래에 관한 질문으로 이어진다. 제5부에서 필자는 시의 위기, 교육의 위기에 관해 질문하고 그 극복책으로 시와 시교육의 개념 확장을 제안했다. 우리의 삶에 편재(遍在)하는 시적 텍스트와 시적 행위를 시교육의 장으로 끌어들이고 거기서 시의 새로운 역할을 찾자는 주장이다. 변화는 이미 시작되었고 인위적으로 그 흐름을 조정하기도 어렵지만, 그래도 '선생된 자'로서 할 수 있는 일을 찾아야 한다.

그런 고민을 제6부에서 미래의 시 교사와 시 연구자에게 던짐으로써 책이 마무리된다. 시교육 연구가 어떤 경로로 발전해 왔고 어떤 지형을 그리고 있는지, 교육 공동체와 학생들이 원하는 시교육이 무엇인지, 그 요구에 답하려면 어떤 식으로 시를 가르쳐야 하는지, 시교육 연구자 되기의 어려움과 그 해결책은 무엇인지 등에 관한 내용들이다. 필자가 예비 교사로, 고등학교 교사로, 교육과정과 교과서 개발자로 늘 접했던 질문들을 다뤘다. 구체적으로 교육대학과 사범대학의 학부·대학원 학생들이, 현장에서는 당연히 초·중등 교사가 이런 고민을 공유해 주기를 바란다.

절마다 시 한 편을 넣었다. 그것을 가지고 꼼꼼히 시교육 방법을 거론할 수도 있었지만, 다소 과한 간섭이라는 생각이 들었다. 그 일은 교사가, 그리고 학생이 스스로 해야 할 일이다. 그저 시교육에 관해 고민해 가는 도중에 한 번 돌아보는 풍경으로 생각하면 된다. 해당 절의 질문과 관련하여 이 시를 어떻게 다룰까, 하고 고민해 보는 정도로 충분하다. 대신, 절마다 거친 질문을 세 개씩 – 내용에 따라 더할 수도 있고 덜할 수도 있었지만 그냥 세 개로 맞추기로 했다. – 제시했다. 혼자 생각하거나 관련되는 자료를 찾아 가며 고민하거나 서로 의견을 나누며 탐색할 수 있을 것이다. 사실 본문의 내용보다는 이 활동이 더 의미있을 수 있다.

논의 과정에서 '문학'과 '시', '문학교육'과 '시교육'이 섞여서 나오는 경우가 많다. 학교 교육 안에서의 국어과교육이나 국어교육 안에서의 문학교육이 상대적으로 정체성이 분명하고 독자적인 논의가 가능한 데 비해, 문학교육 안에서의 시교육은 그렇지 못하기 때문이다. 소설이나 극과 대비되는 장르적 특성을 제외하면 대부분의 시교육론은 문학교육론의 시 버전이 될 수밖에 없다. 구체적인 부분에 가서는 변별점이 드러나지만 특히 철학적·이론적 수준에서는 그렇게 되지 않는다. 가급적 둘을 구별해서 쓰고자 했지만 어쩔 수 없이 섞이는 경우가 있다. 한편으로, 그동안 썼던 글들의 조각이 여기저기서 출몰하는데, 최대한 출처를 찾아 밝히고자 하였으나 놓친 부분이 있을 수 있다. 이 점도 아쉬운 일이다. 점차 보완할 것이다.

이 책의 출간은 한국연구재단의 지원이 결정적인 계기가 되었다. 재직하고 있는 경인교육대학교에서 여러모로 지원해 준 점도 도움이 되었다. 현대시 성립 이후 100여 년 동안 시를 가르쳐 온 수많은 선생님들과 좁고 실용적이지 않은 분야에서 연구를 계속해 온 선배·동학들의 자극과 격려도 잊을 수 없다. 누구보다도, 고맙고 소중한 나의 가족이 있어서 일을 마칠 수 있었다. 이 모든 이를 사랑한다.

2020년 2월
원고의 대부분을 쓴 교동 앞바다를 추억하며
김창원

차례

III. 시교육의 내용과 방법에 관하여

V. 시와 교육의 미래에 관하여

VI. 시 교사와 시교육 연구자를 위하여

일러두기

* 이 책에서 《국어》는 공통 과목과 선택 과목을 품은 국어 교과를, 〈국어〉는 공통 필수로 이수하는 국어 과목을, 「국어」는 국어 과목에서 쓰는 교과서를 가리킨다. 다른 교과나 과목들에 대해서도 같다.

I

시와 교육의
본질에 관하여

1장
시를 가르치고 배운다는 일

　1915년 4월, 절기상으로는 춘분을 지나 청명을 앞둔 계절이었지만 평안도 해안의 바람은 아직 차가웠다. 그 바람 속에 정주의 오산학교에 신입생들이 모여들었다. 이승훈이 세우고 신채호·조만식·홍명희 등이 앞서거니 뒤서거니 교단에 섰던 학교, 나중에 교사와 학생 전원이 3·1 운동에 참여했다가 학교가 불에 탄 채 폐교되기도 한 그 오산학교다. 그해 신입생 중에 김소월이 있었고, 그렇게 그는 함석헌·이중섭·백석 등의 선배가 되었다.

　1년 뒤 이곳에서 한국 현대시사상 가장 특별한 만남이 이루어졌다. 1913년에 오산학교를 졸업하고 일본으로 유학 갔던 안서 김억이 모교에 교사로 부임한 것이다. 스승과 제자의 나이 차이는 겨우 일곱 살. 그러나 김억은 이미 동경에서 이광수·현상윤 등과 함께 『학지광(學之光)』 동인으로 활동한 문단의 기린아였고, 그에게 소월 같은 문재는 하늘이 내린 제자였다.

거기서 안서는 가르치고 소월은 배웠다.

안서가 없었어도 소월은 『진달래꽃』을 남겼을 것이다. 그러나 안서가 없었더라면 『진달래꽃』은 『진달래꽃』이 아닐 수도 있었다. 오늘날 소월이 차지하는 위상을 생각하면, 좋은 제자를 만나 시를 가르치는 일은 한 시대를 얻은 것만큼이나 고마운 일이다. 그 제자가 소월 같은 천재가 아니어도 좋고, 평생 시 한 줄 쓰지 않아도 좋다. 그저 좋은 독자가 되어 좋은 작품에 감동하면서 세상을 시적으로 봐 주면 되는 일이다. 제자 또한 시가 무엇인지, 시를 배워서 무엇에 쓸 것인지 따질 필요가 없다. 느끼고, 즐기고, 그러다가 가끔 깨달으면 될 뿐이다. 그런 점에서 '시치(詩痴)'라는 말은 참 좋은 말이다. 시에 미친 바보도 되고, 바보를 위한 시도 된다. 우리들의 바보는 어떻게 시를 깨치는가.

1

시교육이란 무엇인가

시를 가르치는 것이 아니라,
시를 매개로 하여 사람을 가르치는 일이다.

상투적으로 시작하자. - 시교육이란 무엇인가?

매우 간단한 물음이지만 이 물음은 그 안에 많은 하위 물음을 담고 있다. 시란 무엇인가, 교육이란 무엇인가, 왜 시를 가르쳐야 하는가, 시를 가르칠 수 있기나 한가, 가르칠 수 있다면 누가 언제 어떻게 가르칠 것인가 등의 물음이 연달아 나온다. 이중 가장 기본적인 질문은 역시 시 자체에 관한 질문일 것이다. - 시란 무엇인가? 우리가 지금 무엇을 다루고 있는지 그 실체를 외면하면 모든 논의가 공염불이 될 수밖에 없다.

시가 무엇인지 정의하는 일은 누구나 할 수 있는 일인 동시에 아무도 할 수 없는 일이다. 사실상 정의하는 사람의 숫자만큼 많은 정의가 가능하고, 실제로 그래 왔다. 문제는 시를 어떻게 정의하느냐에 따라 그 이후에 제기되는 물음들의 답이 달라진다는 점이다. 공자는 『詩經』 大序에서 "詩者 志

之所之也 在心爲志 發言爲詩(시는 뜻이 가는 바를 따르니, 마음에 두면 뜻이 되고 말에 담으면 시가 된다.)"라 했고 워즈워드는 "Poetry is the spontaneous over-flow of powerful feelings.(시는 벅차오르는 감정이 자연스럽게 흘러넘친 것.)"이라 말했는데, 여기서 각자 '志'와 '情'을 강조하는 두 시관을 볼 수 있다. 둘 다 에이브럼스(M. H. Abrams)의 분류에 따르면 표현론에 가까운 시관이지만 그 아래에서 관점이 또 사뭇 다르다. 만일 공자와 워즈워드가 환생해서 시를 가르친다면 그 목표와 방법이 많이 다를 것이다. 한편으로 시를 "미의 운율적인 창조"라고 말한 에드거 알란 포는 형식적·미적 관점을 취했고 "시는 인생의 비평이다."라고 말한 매슈 아놀드는 반영론적 관점을 취했다고 비교할 수 있다. 이들 역시 각각의 관점에 따라 교육 초점이 달라질 것이다.

그래서 시교육론의 출발은 "시란 무엇인가?" 대신 "우리는 무엇을 시라 부르는가?"에 방점을 찍을 수밖에 없게 된다. 사실 「○○란 무엇인가」 하는 글들은 대개 겉으로 객관의 형식을 취하고 있지만 사실은 자신의 관점을 서술하는 데 치중해 왔던 것이 아닌가. 「역사란 무엇인가」, 「문학이란 무엇인가」, 「정의란 무엇인가」 같은 인문·사회 쪽의 주제들이 특히 그러한데, 이 물음에 대한 답은 "이 물음에는 이러이러한 문제들이 있고, 그래서 나는 이렇게 생각한다."로 흘러가는 게 보통이다. 아니면 엘리스(J. M. Ellis)의 말대로 "○○(예컨대 '시')가 무엇인지 명료하게 정의하기는 어렵지만, 그것이 △△가 아니라는 점은 분명히 말할 수 있다."로 흘러가든지. 석가모니가 법을 설할 때 "如是我聞(나는 이렇게 들었다.)"이라고 한 발 뺀 것도 이와 비슷한 이유에서 아니겠나 싶다.

조선총독부가 있을 때

청계천변 10선 균일상 밥집 문턱엔

거지소녀가 거지장님 어버이를

이끌고 와 서 있었다

주인 영감이 소리를 질렀으나

태연하였다

어린 소녀는 어버이의 생일이라고

10전짜리 두 개를 보였다

– 김종삼, 〈장편(掌篇) 2〉

아무 수식 없이 스냅사진처럼 장면 하나를 묘사할 뿐이다. 이를 "조선총독부가 있을 때 청계천변 10전 균일상 밥집 문턱엔 거지소녀가 거지장님 어버이를 이끌고 와 서 있었다. 주인 영감이 소리를 질렀으나 태연하였다. 어린 소녀는 어버이의 생일이라고 10전짜리 두 개를 보였다."라고 산문으로 써도 그런가 보다 싶고, 그대로 어느 소설이나 수필의 첫머리로 사용해도 아무 저항감이 없다. 그러면, 행과 연이 시의 본질인가?

그렇다고 말할 수도 있지만, 그렇지 않을 수도 있다. 우리는 얼마나 많은 행·연이 없는 시를 보는가. 거꾸로, 행과 연을 나눴지만 시로 보기 어려운 – 신문의 표제가 대표적인데 – 텍스트는 또 얼마나 많은가? 그래도 우리는 어떤 것을 '시'라고 말하고, 어떤 것은 '시가 아니'라고 말한다. 대상이 불투명한데 그것에 관해 가르치려니 답답한 노릇이다.

그래도 우리는 시와 교육에 관해 얘기해야 한다. 우리는 무엇을 시라 부르는가? 바꿔 말해 우리는 어떤 시관을 취하는가? 이에 관해서는 예술·인

문·언어·문화의 네 관점에서 살펴보는 것이 좋다.[1]

먼저, 시의 개념에 관해 자주 보는 진술이 '언어를 매재로 하는 예술의 한 갈래'라는 정의다. 음악·미술·연극 등과 함께 시를 예술의 범주에 넣는 것이다. (여기서 "예술이란 무엇인가?" 하는 물음까지는 하지 말자.) 물론, 언어 중에 제일 예술적인 언어가 시다. 그런데 사실 동서양을 막론하고 애초에 시는 예술(Art/Kunst)의 범주에 포함되지 않았다. 동양적인 전통은 문사철(文史哲)을 한가지로 보는 입장을 취한다. 경사자집(經史子集) 류의 저작은 물론이고 『史記』 류의 역사서, 사부논설(詞賦論說) 등으로 무한히 분화하는 각종 시문들은 모두 문사철의 경계를 자유로이 넘나든다. 과거 제도에서도 시를 잘 쓰고 시법(詩法)에 정통한 사람이 정치와 행정에도 통달할 것으로 여기는 태도를 볼 수 있다. (《춘향전》에서 이몽룡이 어떻게 과거에 급제했는지를 떠올려 보라.) 곧 시는 '노랫가락에 얹은 존재론이자 인식론, 가치론'이다. 단순한 예술이 아닌 것이다. 우리나라에서 예술로서의 시가 독자적인 자리를 확보한 것은 국문 시가로서의 시조가 융성하고 전문적인 가객이 생긴 이후의 일이 아닐까.

서양에서도 사정은 비슷해서, 오늘날 Art가 '예술'로도 번역되고 '기술'로도 번역되듯이, 원래 Art는 어느 정도 技藝(우리 식으로 말하자면 '쟁이')의 의미를 함축하고 있었다. 음악·미술·연극·건축 등이 모두 이 Art에 포함되지만(심지어 의술·요리법·처세술·변론술, 그리고 연금술까지도), 시는 그렇지 않았다. 시는 때에 따라 신의 계시로도, 선지자의 예언으로도 읽히고(희랍의 신탁과 성서의 「시편」을 보라!), 어느 때는 천부의 시인이 세상을 향해 내놓은 잠

---

1   이 부분은 김창원(1992)에서 논의한 내용을 가져왔다.

언으로도 읽히며, 다른 자리에서는 역사의 충실한 기록으로도 읽혔다.(《일리아드》와 〈오딧세이〉는 역사인가 시인가.) 어느 경우든, 시는 단순한 예술 이상의 존재인 것이다. 학문을 Philosophy와 Art로 대별하던 고대 그리스의 전통에서 시는 분명히 Philosophy로 분류됐다.

한편으로, 시를 언어의 한 양태 – 브룩스와 워렌이 말한 대로 '말하는 방법으로서의 시'로 보는 관점도 있다. 아마도, 거의 그럴 것이다. 교육과정에서 문학을 《국어》에 포함하는 근거도 여기에 있다. 일찍이 언어의 과학적 용법과 정서적 용법을 구분한 이는 리차즈(I. A. Richards)였는데, 그에 의하면 전자는 참됨[眞]과 관계되고 후자는 아름다움[美]와 관계된다. 여기서 일상어와 시어의 개념이 나오지만 실상 그 경계는 불분명하다. 일상어와 동일한 음운, 동일한 어휘, 동일한 문법이 다만 의장을 달리 해서 나타나는 것이 시일 뿐, 그를 위해 별도의 언어가 존재하는 것은 아니기 때문이다. 시는 그저 언어의 한 특수한 형태다. 통시적으로도 시는 태초의 원시적 언어이자 모든 언어가 지향하는 궁극적인 언어가 된다. 시는 가장 간결하면서도 가장 효과적이고, 그리고 가장 아름다운 언어 그 이상도 이하도 아닌 셈이다.

그러나, 꼭 그렇지도, 않을 것이다. 시는 단순히 좀 특수하게 말하는 방법만은 아니다. 시는 애매하고(엠프슨) 역설적이며(브룩스) 순수하지 않은 데다가(워렌) 복합적이고(댄지거) 긴장을 유발하는(테이트) 언어로 이루어져 있다. 인류에게 군이 이렇게 낯선 언어가 필요한 이유가 단지 '좀 다르게 말해 보고 싶어서'라고 말하고 싶지는 않다. 시가 필요한 이유는 언어가 세계(삶을 포함하여)를 반영 – 더 나아가 표상(Representation)하기 때문이고, 시인이 세계를 해석하는 연모이기 때문이며, 독자에게는 세계로 열린 창이 되기 때문이다. 시는 (유일한 방법은 아니지만) 개인과 개인, 인간과 세계, 인류와 시간을 맺어 주는 끈이 되고, 이런 점에서 다시 인문학(또는 철학이라고 하면 어떨까)의 한 분야가 된다. 말하자면 "아슬아슬하게/ 세상에 배를 대고 날아가는 정신(김수영, 〈바뀌어진 지평선〉)"을 포착, 언어로 형상화하는 일이 시인의 작업이다. 우리가 시에서 주제를 논하고 시인의 정신의 가열성을 논하며 시대적, 사상적 배경을 찾는 이유도 여기에 있다.

더 나가면 시도 하나의 문화라 할 수 있다. 특히 자본주의 사회에서의 시는 시인/생산자와 독자/소비자를 양극으로 해서 시/상품을 유통시키는 문화적 양식에 다름아니다. 출판업자와 서적상, 저널, 평론가, 그리고 교사들은 중개자에 해당된다. 여기에는 나름대로의 규칙이 있어서 구성원 모두가 그 규칙을 지키고, 규칙은 또 계속 발달한다. 등단제나 출판의 관행, 월평제, 교과서 제도 등이 시라는 문화 양식의 외적 규칙이라면 거기에 대해서 내적 규칙이라고 할 만한 것이 있는데, 우리는 보통 그것을 문학의 구조, 또는 전통/관습(Convention)이라고 부른다. 시어와 형식, 운율, 이미지, 은유와 상징, 반어와 역설 등의 문학적 장치들은 모두 '시'라는 문화의 내적 규칙들이다. 그 규칙을 지켜 가면서 작품을 만들어 내고 또 규칙들을 참조하여 작품을 읽는 행위야말로 시를 시로 존속할 수 있게 하는 힘의 원천이 된다. 이 점에서 보면 시교육은 시의 구성원 사이에 합의된 규칙들을 전수하고, 동시에 가급적 많은 학생들을 시라는 문화 속에 끌어들이는 일이 된다. 그리하여 시는 역사와 사회 속에서 독자적으로 존재할 수 있다.

간추려 보자. 여기서 시란 무엇인가에 대한 구체적인 대답은 하지 않았다. 이는 네모난 동그라미를 그리는 일만큼이나 모호한 일이다. 그보다 먼저 무엇을 시로 보는가에 관해 문제를 제기했는데, 이것을 일단 '시관'이라 부르기로 하자. 언어든 예술이든 인문학이든 문화든, 개인에 따라 시의 정의는 다양하게 내릴 수 있으나, 그것들은 모두 어떤 형태로든 모종의 시관에 근거한다.

교육에 관해서도 비슷한 얘기를 할 수 있을까? 이 역시, 아마도, 그럴 것이다. 자의(字意)로 보면 '教育'은 '가르치고 기른다'는 뜻이다. 教示와 訓育의 뉘앙스가 강하게 배어 있다. 하지만 당사자가 배우지 않으면 가르치고 기르는 일이 무슨 소용이 있으랴. 오죽하면 "말을 물가로 끌고 갈 수는 있어도 말에게 물을 먹일 수는 없다."는 말이 나오겠는가. 모든 성장은 근본적으로 배움에서 나오고, 가르침은 그 배움이 일어나도록 하는 기획에 다름 아니다. '교육'보다 '학습'을 앞에 두는 이유다. 물론 실제는 거기서 거기겠지만 발상을 달리 함으로써 이때까지 보이지 않던 것을 볼 수 있는 법이다. 관습적으로 '시교육'이라 말하지만 이는 사실 '시 배우기'에 붙어 있는 부수적인 개념이다.

여기서 다시 『논어』를 끌어오면, 「學而」편에 그 편의 이름을 제공한 '學而時習'이라는 말이 나온다. '學'은 배운다는 말이고 '習'은 익힌다는 말이니, 이로부터 '學習'이라는 말이 나왔다. 배운다는 것은 알지 못하거나 하지 못하던 것을 알게/할 수 있게 되었다는 뜻이고 익힌다는 것은 대강 알거나 이미 할 수 있었던 것을 더 온전히 자기 것이 되도록 갈고닦는다는 뜻이다. 공자가 다른 자리에서 '述而不作'을 말할 때(역시 「述而」편의 이름을 제공한 말이다.) '作'과 '述'을 대비한 것과 비슷한 대비가 '學'과 '習'의 대비. 그들 사이에는 '온전히 새로운 것'과 '이미 있던 것'의 차이가 있다.

시를 배우는 일에 대해서도 두 가지 이야기를 할 수 있을 것이다. – 시에 관해 온전히 새로운 것을 배우는 일과 이미 있던 어떤 것을 더 확충하는 일. 전자는 새로운 개념을 배우거나 새로운 기술을 익히는 일 또는 한 번도 해 보지 못한 경험을 해 보는 일이 될 것이다. 그런데 이런 일은, 아마도, '평생에 단 한 번' 일어나는 일이 아닐까? 자전거 타기를 두 번 배운다는 말이 어불성설이듯이, 시에 관해 온전히 새로운 무언가를 배우는 일이 몇 차례고 반복된다는 말은 믿을 수 없다. 모두 무언가 알고 있고 할 수 있던 것을 바탕으로 조금씩 앞으로 나아갈 뿐이다.

물론 여기에 대해 반론을 제기할 수 있다. – "나는 어제까지 김종삼이라는 사람이 있는 줄도 몰랐는데, 그가 시인이라는 사실을, 심지어 〈장편(掌篇)〉 같은 작품을 남겼다는 사실을 어찌 알았겠는가?" 사실 그렇다. 학생들은 김종삼도 모르고, 은유와 환유도 구별 못 하며, 시극(詩劇)이라는 것이 어떻게 생겼는지도 모른다. 그런 것들을 모르다가 알게 되니 이것들은 온전히 새로운 지식이다. 또 합창독(Choral Reading)이란 것을 생전 해 본 적이 없다가 어느 시간에 해 보니 재미있었다면 이것 역시 온전히 새로운 경험이다. 이것들이 시교육 아니면 무엇인가?

여기에 약간의 혼동이 있다. 생각해 보자. 문학사(예컨대 김종삼)나 문학이론(예컨대 행과 연)에 관한 지식은 시교육 자체가 아니라 시교육의 내용이다. 한동안 '문학에 대한 교육'론이 성했던 적이 있는데, 그 논의 틀을 따오면 이는 '시에 대한 교육'이 된다. 어떤 교육의 내용을 우리는 그 교육 자체라고 말하지 않는다. 시적 경험도 마찬가지다. 경험이 교육이 아니라 경험을 잘 조직해서 학생들이 그로부터 어떤 능력을 얻거나 기르도록 하는 것이 교육이다. 다시 한 번, 시 자체는 교육이 아니고 시에 관한 지식이나 경험도 교육이 아니며 시 읽기와 쓰기의 기술(재능일 수도 있고 요령일 수도 있다)도 그 자체로는 교육이 아니다. 시가 언어·예술·인문·문화의 성격을 두루 가지고 있다면, 학생들이 시를 통해/활용하여 언어적·예술적·인문학적·문화적 역량을 길러 가도록 하는 기획이 시교육이다. 이것이 그대로 시교육의 목적이 되고, 이것을 학교급이나 단원별로 구체화·실제화한 것이 목표가 된다. 그리고 그런 목표 달성을 위해 학생들이 배워야 할 지식과 익혀야 할 기능, 갖춰야 할 태도, 그에 필요한 경험이 교육 내용이다.

　시교육에 관해서 말한다는 것은 두 방향에서 실마리를 풀어 간다는 뜻이다. 하나는 '시에서 교육으로', 다른 하나는 '교육에서 시로'이다. 전자가 시에서 출발하는 것 같지만 정작 중점은 교육에 있듯이, 후자는 교육에서 출발하는 것 같지만 최종 목적이 시이다. 전자가 문학론적 접근으로 보이지만 사실은 교육론적 접근이고 후자가 교육론적 접근 같지만 실은 문학론적 접근인 셈이다. 양자는 투명한 동전의 양면과 같아서 한쪽만 보는 것 같지만 그 저편에 반대쪽이 늘 보인다. 생일 맞은 장님 어버이의 손을 이끌어 밥집 앞에 서는 거지소녀 이야기는, 형식으로 시이고 내용으로 교육이다.

▶ **교실을 위한 질문 — 시교육이란 무엇인가**

1. '시(詩)'를 한 문장으로 정의하고 그때 교육은 무엇에 초점을 두게 될지 말해 보자.
2. 시교육과 시 비평을 비교해 보자. 무엇이 같고 무엇이 다른가?
3. 본인이 어떤 방법으로 시를 배웠는지 발표하고, 사람마다 다른 방법의 효과를 평가해 보자.

왜 시교육이 필요한가

시를 배운 사람과 시를 배우지 않은 사람,
시 있는 사회와 시 없는 사회의 사이에 시교육이 있다.

시는 인류가 '문화'라는 것을 창조하고 누리게 된 그 시작부터 존재했다. 처음 출발이야 단순한 흥얼거림이나 무리 지어 부르는 노래에서 비롯했겠지만, 사회가 발전하고 문화·예술에 관한 욕구가 쌓이면서 '시'라는 장르도 공적으로 자리잡게 되었다. 그리고, 교육이 시작되었다.

문자가 탄생하고 지식의 체계화와 전승이 중요해지면서 오늘날의 '학교'에 해당하는 기관이 생겨났다. 그리스의 아카데메이아가 대표적인 예이고, 이미 고구려에도 관 – 민이 각각 상류층 자제를 대상으로 한 태학과 평민층을 위한 경당을 운영했다. 여기에서 시를 다뤘다. 그리스의 서사시 전통이나 중국의 『시경』은 동서양에서 모두 시를 중요하게 다뤘다는 점을 보여준다. 왜인가?

시에 관해 공부하면서 "시가 무엇인가?" 하는 물음은 많이 접하지만 "시가 인간에게 어떤 도움을 주는가?" 하는 물음은 자주 듣기 힘들다. "왜 인간은 시를 배워야 하나?"하는 물음도 마찬가지다. 이에 관해서는 대개 시의 가치 또는 기능에 관해 언어적 기능, 정서적·미적 기능, 인식적·성찰적 기능 등을 언급하며 간단히 넘어가는 정도다. 여기에 윤리적 기능이나 사회·문화적 기능을 추가하는 경우도 있다. 대체로 맞는 말이다. 시는 울림과 깨침을 통해 우리의 정서를 순화하고 삶의 지혜를 주며 더불어 살아가는 존재로서 자신이 선 자리를 성찰하게 해 준다.

이것만으로도 시를 가르쳐야 할 이유는 충분할 것이다. 부족하다면, 자주 인용되는 『논어』「陽貨」편을 보자. "何莫學夫詩 詩 可以興 可以觀 可以群 可以怨 邇之事父 遠之事君 多識於鳥獸草木之名." 풀이하건대 "왜 시를 공부하지 않는가? 시를 배우면 흥을 알게 되고 세상을 이해할 수 있으며 사람들과 어울릴 수 있고 사리에 맞게 따질 수 있다. 또, 시를 배우면 가까이 부모를 모실 줄 알고 멀리 임금을 섬길 줄 알며 새와 짐승 풀과 나무에 대해 잘 알게 된다." 물론 그가 편찬한 『시경』이 일종의 풍속 민요집이라는 점을 고려하면 이 얘기 역시 교화(教化)를 위해 한 이야기임을 알 수 있고, 무엇보다도 너무 "공자님 말씀 같다."는 느낌이 든다. 거짓말과 도둑질 빼고 배워서 안 좋은 것이 어디 있겠는가. 하물며 '시'임에랴.

시로써 무엇을 사랑할 수 있고
시로써 무엇을 슬퍼할 수 있으랴
무엇을 얻을 수 있고 시로써
무엇을 버릴 수 있으며
혹은 세울 수 있으랴

죽음으로 죽음을 사랑할 수 없고

삶으로 삶을 사랑할 수 없고

슬픔을 슬픔으로 슬퍼 못 하고

시로 시를 사랑 못 한다면

시로써 무엇을 사랑할 수 있으랴

보아라 깊은 밤에 내린 눈

아무도 본 사람이 없다

아무 발자국도 없다

아 저 혼자 고요하고 맑고

저 혼자 아름답다.

— 정현종, 〈시, 부질없는 시〉

공자님 말씀만 내세우면 시는 정말이지 아무것도 아니다. 누군가를 가르쳐야겠다고 생각하면 시보다 효과적인 방법이 얼마든지 있다. 시로써는 아무것도 얻을 수도 버릴 수도, 세울 수도 없다.

시를 가르치고 배우는 정말로 근본적인 이유는 그것이 인간의 본성이기 때문이다. 어린아이가 강아지를 쓰다듬으며 "아이, 귀여워!"라고 말하는 것은 어떤 다른 목적이 있는 게 아니라 그때의 감정에 있는 그대로 푹 빠진 결과이다. 또, 궁금한 것이 있으면 제 수준에서 납득할 때까지 끝없이 질문 공세를 퍼부어 아버지나 어머니를 피곤하게 하는 것은 알고자 하는 본성, 그를 통해 성장하고자 하는 욕구를 어쩌지 못해서이다. 오이디푸스가 자신이 아버지를 죽이고 어머니와 결혼하여 아이까지 낳았다는 진실을 어렴풋이 짐작하면서, 그래서 그 천인공노할 죄가 밝혀지고 죗값을 치를 것을 두려워하면서도 끝까지 타이레시어스를 몰아붙였던 이유는 "나는 알아야 겠다."는 내면의 목소리 때문이었다. 그러지 않으면 왕으로서 행복해도 인간으로서는 결코 행복하지 않을 것임을 알았기에.

이쯤에서 한 개인이 시를 배워야 하는 이유를 생각해 보자. 제일 쉬운 방법은 뜻밖에도 논리학에서 정리한 사유의 기본 법칙을 원용하는 것이다. 그중 동일률과 배중률을 끌어와 보자. 물론 이것을 그대로 쓰는 것은 아니다. 동일률은 '시는 ~하므로', 또는 '시를 안 배우면 ~하게 되므로' 배워야 한다는 논리로, 배중률은 '시는 다른 ~와 다르므로'로, 또는 '다른 ~보다 우월하므로' 배워야 한다는 논리로 바꿀 수 있다. 간단히 말하면 시의 본질적 가치와 상대적 가치다.

예를 들어 보자.[2] 김소월의 문학사적 의의는 새삼 되풀이할 필요도 없다. 한국 현대시사의 최고봉이기 때문에, 우리 민족의 보편 정서를 정제된 형식으로 형상화했기 때문에, 등등과 같은 이유를 한 마디로 줄이면 "작품이 좋으니까."라고 줄일 수 있다. 그러나 한편으로 다르게 생각할 수도 있다. "그의 시가 학생들의 인지·정서 발달에 도움이 되니까." 가르치는 것이다. 아무리 작품이 좋아도 교육적 가치가 적다면 가르칠 필요가 없다.

또 다른 생각도 가능하다. 곧, 한국에서 고등학교까지 나왔다면, 적어도 김소월 정도의 시인에 대해서는 정통해야 한다. 그것은 필수 교양이기도 하고, 앞으로 수십 년 동안 살아가면서 시를 즐기는 데 필요한 기본 능력이기도 하다. 개별 작품이나 문학사에 관한 지식도 마찬가지다. 한국 문학의 위대한 순간들을 알지 못하고 어찌 삶의 질을 거론할 수 있겠는가?

---

2 이 부분은 김창원(2012)에서 논의한 내용을 가져왔다.

이것을 정리하면 크게 개인적 이유와 사회적 이유로 나눠서 접근할 수 있다. 개인적 이유는 인간의 인지적·정서적·사회적 성장에 시가 도움이 되기 때문에, 인간의 언어 본능·표현 본능·유희 본능을 충족하기 때문에, 교양이나 문화 측면에서의 성취감 때문에 시를 배운다고 보면 된다. 그냥 '좋아서'라고 말할 수도 있지만 그보다는 좀 더 자세하게 살피는 게 좋다.

사회적 이유는 무엇보다도 시가 사회를 통합·유지하는 데 기여하고, 사회의 문화 수준을 높이며, 나아가 총체적인 문화 발달에 기여하기 때문이다. 특히 하나의 문화로서 '시'를 구성하고 전승·발전시키는 제도, 지속 가능한 시 인력 – 예컨대 창작 인력, 토대로서의 독자층, '시 산업'에 종사할 인력을 공급하는 제도가 필요하기 때문에 시를 가르친다고 본다. 바꿔 말하면 시를 가르쳐서 '시'라는 제도를 유지하고, 그를 통해 사회의 문화 역량을 기르며 계승·전파하는 것이다.

학교 제도를 고려하면 다른 방향의 접근도 가능하다. 시가 학교 교육의 목적 달성에 연관이 있기 때문에, 여러 교과 학습과 통합하여 학생의 전인적 발달을 기할 수 있기 때문에, 인지 학습으로 편향되기 쉬운 학교 교육에서 균형추 역할을 할 수 있기 때문에, 학교를 졸업한 후의 사회 생활을 준비하는 데 기여하기 때문에 시를 가르친다고 말해도 된다.

이처럼 시를 가르쳐야 하는 이유는 관점에 따라 접근하는 방향에 따라 매우 다양한 답을 내놓을 수 있다. 이를 정리해 보면, 학교에서 시를 가르치는 근거는 두 가지 측면으로 간추려진다. 첫째는 시 자체의 교육 작용이고, 둘째는 문화 양태로서의 시가 갖는 교육 가능성이다. 교육을 인간의 자아 실현이라는 관점에서 바라보면 첫째의 측면이 중시되고, 사회 구성과 문화 재생산이라는 관점에서 바라보면 둘째의 측면이 중시된다. 그러나 이 둘은 서로 대립한다기보다는 시교육이라는 하나의 현상의 양면으로 보는 것이 바람직하다.

범위를 넓혀 보자. 문학이 인간의 도덕적 삶을 변화시키고 감정 이입을 통해 대리 경험의 세계를 전개하며 자신과 타인을 새로운 시각에서 인식하게 하고 정서를 함양시킨다는 사실(제임스 그리블, 1987: 5)은 문학이 그 자체로 교육적인 효과를 지닌다는 점을 보여 준다. 이러한 예는 문학의 기능을 효용과 쾌락 양면에서 파악하면서 문학의 능동적 역할을 강조하는 희랍적 전통이나, 여항의 노래를 통치의 중요한 수단으로 삼았던 동양적 전통 모두에서 찾을 수 있다. 곧 인간은 문학 작품을 읽음으로써 세계를 보는 눈을 기르고 자신의 무한한 가능성을 확인하며 자아를 실현할 수 있게 되는 것이다. 교육을 인간의 가치적 변화를 도모하는 것이라 규정한다면, 문학 감상의 효용은 곧 교육의 효용과 동등한 것이라 인정할 수 있다(김은전, 1979: 7). 문학을 쓰고 읽는 행위가 넓은 의미에서의 교육 작용을 수행하므로, 문학은 학교 교육의 과정에서 중요한 역할을 차지하게 된다.

이 논의는 시로 그대로 전용된다. 그 첫째 고리는 상상력을 포함한 시적 사고력이다. 겉으로 연관이 없는 듯이 보이는 대상들 사이에서 공통점을 찾아내는 능력, 아무 의미가 없어 보이는 현상으로부터 정말 중요한 가치를 찾아내는 능력, 하나의 현상에 대해 완전히 다른 시각에서 접근할 수 있는 능력 등등은 모두 시적 사고의 특성인 동시에 학문의 일차적인 토대가 된다.

여기에 그친다면 그다지 절실하지 않은 문제일 수 있다. 사고는 모든 교과에 걸쳐 있기 때문이다. 그러나 또하나의 고리가 있는데, 언어의 문제가 그것이다. 예를 들어, 법학과 의학은 아마 시에서 가장 멀리 떨어져 있는 학문일 것이다. 하지만 이들 학문과 시는 다같이 언어의 명석함을 추구한다는 점에서 중요한 특성을 공유한다. 법학, 의학에만 한정할 것이 아니다. 학문을 공부한다는 것이 실은 언어와의 싸움이 아니면 그 무엇이랴. 새로운 개념을 배우고, 이론을 습득하고, 지식을 체계화하는 모든 일이 언어로 이루어진다. 무엇인가를 '안다'는 것은 대상을 지칭하는 용어와 그 개념을 안다는 뜻이며, 어떤 사람의 지식이 풍부하다는 것은 그가 사용하는 언어의 양이 많고 질이 높다는 뜻이다. 방향은 다를지언정 언어를 문제삼는다는 점에서 시와 학문은 한 핏줄을 타고 난 형제라 할 수 있다.

하지만 시는 학습자에게 말/글에 담긴 정보를 스펀지처럼 빨아들이는 데서 그치지 말고 스스로 주체가 되어 정보를 해석하고 구성해 낼 것을 요구한다. 어휘 선택의 중요성, 미묘한 어감의 차이, 요소와 요소의 유기적인 조직, 표현의 효과 등을 다루는 데 시보다 더 적절한 텍스트는 없다.

또 하나의 고리가 있다. 이것 역시 "언어란 무엇인가?" 하는 본질적인 질문으로부터 나오는 것으로, 언어가 그 언어공동체의 역사적·사회적 소산이라는 점이다. 우리가 아침 일찍 외출하는 이웃을 보고 "어디 가세요?"라고 묻는 건, Tom이 Mary에게 "Where are you going now?" 하고 묻는 것과는 다르다. 또, 전자에 "예, 어디 좀 갑니다."라고 대답할 수는 있어도 후자에 "Yeah, I'm going somewhere."라고 답하지는 않는다. 그렇다고 해서 "어디 가세요? - 예, 어디 좀 갑니다."의 대화가 아무 의미없는 행위라고 할 수는 없다.

이러한 특성은 담론의 문화에 따라 다르게 구현된다. 법학에는 법학의 담론이, 의학에는 의학의 담론이 있다. 어쩌면 교육은 학생들을 이러한 담론 체계에 편입시켜 가는 과정인지도 모른다. 각 담론의 문화는 다시 다른 담론과의 관계를 고려하여 보편화·추상화할 수 있는데, 그렇게 추상한 최상위 심급의 언어 문화가 한국어의 언어 수행과 관련된 문화가 된다. 문학은 그에 버금가는 높은 심급의 담론 체계라 할 수 있다. 그 활동에 개입하는 주체의 다양성, 수행 규칙의 포괄성과 치밀성, 역사적·사회적 배경의 복잡도 등에서 여타의 담론들을 압도하는 것이다. 우리는 어떤 문학 텍스트에 효과적으로 대처할 수 있는 주체라면 비문학적인 다른 텍스트에도 그러하리라고 짐작할 수 있다.(그 역은 성립하지 않는다.) 문학, 또는 시는 예언 타당도와 전이력이 가장 높은 텍스트이므로 가르치는 의의가 있다.

▣ 교실을 위한 질문 — 왜 시교육이 필요한가

1. 시교육이 언제부터 시작되었을지 자료를 찾아서 발표해 보자.
2. 시를 배워야 하는 이유, 또는 시를 가르쳐야 하는 이유를 개인 차원과 공동체 차원으로 나누어 말해 보자.
3. 시를 배운 사람은 그렇지 않은 사람과 비교하여 무엇이 다른가? 시 있는 사회와 시 없는 사회는?

3
시 교육은 가능한가?

가능한 만큼 가르치되,
가능역(可能域)을 넓히기 위해 노력하는 것이다.

　문학은 전통적으로 독립 교과로 가르쳐져 왔고 지금도 그러함에도 불구하고, 문학교육의 가능성에 대한 입론이나 문학교육 방법론에 대한 천착은 매우 부실하다(구인환 외, 1988: 53). 그 이유 중의 하나는, 문학을 가르치고 배우고 있는 현실과는 별도로, 문학을 학교에서 가르칠 수 있는가에 대한 회의가 문학 관련 집단의 내면에 잠재해 있기 때문이다. 문학 작품을 읽고 재미를 느끼거나 나아가서 문학 작품을 쓰는 일은 다분히 생득적 자질이나 성향에 속하는 것으로, 교육을 통해 의도적이고 계획적으로 변화시킬 수 없다는 것이 그 논지이다. 실제로 정규 교육을 거의 받지 못한 시인이나 작가도 있고 작품 감상에 학교에서 배운 내용이 크게 도움이 되지 않는다고 느끼는 경우도 많다. 만일 이러한 회의가 사실로 드러난다면, 문학교육은 단지 좋은 작품을 가려 제시해 주는 수준에서 벗어나지 못할 것이다. 이런 문제 제기가 가장 설득력이 있는 분야가 문학교육 중에도 시교육이다.

문학 자체가 교육 작용을 수행한다는 것과 문학을 학교에서 가르칠 수 있다는 것은 개념상 다른 문제이다. 인지·정의적 측면에서 '가치 있는 방향으로의 의도적이고 계획된 변화' 추구라는 교육의 본질에 비추어 볼 때, 문학 경험을 통한 자기 교육은 가치 있는 방향으로의 의도적이고 계획된 변화라는 범주에서 상당 부분 벗어나기 때문이다. 여기에서 "문학은 가르칠 수 있는가?"라는 오래된 질문이 제기된다.

당연히, 이 책의 독자들은 이 책이 "시교육은 가능하다."라는 전제 위에 쓰였으리라 생각할 것이다. 답은 "그렇지 않다."이다. 필자는 지금도 시교육이 가능하다는 생각과 시교육은 불가능하다는 생각의 경계선상에 서 있다. 굳이 고백하자면 "시교육은 어느 한도 내에서 가능하고, 그 경계 너머에 대해서는 관여할 수 없다." 정도가 될까? 노자가 "도라고 말하는 순간 그것은 이미 도가 아니고, 이름을 붙이는 순간 그것은 이름을 잃게 된다.(道可道 非常道 名可名 非常名)"라고 말할 때의 심사를 어찌 알까마는, 또는 공자가 "삶에 대해서도 모르는데 어찌 죽음에 대해 말하겠는가.(未知生 焉知死)"라고 한 발 물러서는 태도를 모방하는 것은 아니지만, 필자 역시 시교육이 가능하다고 결코 말하지 못한다.

이는 교육 자체의 본질 때문이다. 학습 역량과 관련한 여러 관점을 비교해 보자. ─ 능력관, 속도관, 영역관, 조건관이 그것이다. 우선 능력관은 사람마다 성취할 수 있는 수준에 차이가 있다고 본다. 쉽게 말해 "유전자가 다르다."는 것이다. 선천적 자질과 품성을 인정하므로 교육은 각자의 능력에 맞는 가르침을 제공하는 것이 최선이다. 그러면 자신의 역량에 따라 '배울 수 있는 만큼' 배울 것이다. 시에 관해서도 마찬가지. 머리가 좋은데도 시만 보면 막막해 하는 사람이 있는가 하면 그다지 영민하지 않은데도 시에 감동하고 시를 좋아하며 시 쓰기도 썩 잘하는 사람이 있다. 이런 차이는 결국 개인의 유전적 능력 차이이고, 교육은 그 한계 안에서만 가능하다.

그렇다고 하여 필자가 능력관을 신봉하는 것은 아니다. 굳이 말하면 속도관에 가까울 것이다. 속도관이란 사람의 그릇 크기는 비슷하지만 배우는 속도가 다르다는 관점이다. 조금 더 일반화하여 사람마다 학습 능력이 발휘되는 시점이 다르다고 하면 더 좋을 것이다. 어떤 아이는 유치원에 들어가기 전부터 어른 찜 쪄 먹을 정도로 말을 잘하는가 하면 어떤 아이는 말이 늦돼서 부모를 동동거리게 하기도 한다. 하지만 그러던 아이가 한번 말문이 트이면 언제 그랬냐는 듯이 청산유수로 말을 쏟아내기도 한다. 반대로 일찌감치 말문이 트인 아이 중에도 평생 그렇게 수다를 떠는 경우도 있고 사춘기가 되면서 입을 꽉 닫는 경우도 있다. 쉽게 말하면 사람마다 어떤 능력이 빛나는 시기가 있는데, 학습 능력도 마찬가지라는 것이다. 따라서 교육은 그 학생의 발달 수준과 속도에 맞게 지원해 주는 것이 제일 중요하다.

영역관은 이름 그대로 학습 영역에 따라 배움의 양과 질, 속도가 다르다는 관점이다. 가드너의 다중지능이론에서 전형적으로 볼 수 있는데, 그에 따르면 사람들은 언어논리, 수리, 공간, 시각, 청각, 운동, 자연 관찰, 대인관계, 자기 조정 등의 다양한 지능 영역에서 각기 다른 능력을 발휘한다. 지나치게 영역을 학교 교과와 비슷하게 늘어놓은데다 약간 IQ나 혈액형 같은 유사과학의 냄새가 나기는 하지만, 사람마다 잘하는 영역과 못하는 영역이 있다는 점은 분명한 것 같다. 다만 이를 시교육이라는 좁은 영역에 적용하면 결국 태생적으로 시 역량이 높은 사람과 낮은 사람이 있다는 능력

나와 마을 | 마르크 샤갈 | 1911 | 캔버스에 유채물감 | 192×151cm

관과 구별이 안 되는 난점이 있다.

　마지막으로 조건관은 학습의 조건을 잘만 꾸려 주면 능력 차이나 속도 차이, 영역에 따른 적성 차이 등은 얼마든지 따라잡을 수 있다는 관점이다. 개별화 학습 이론을 생각하면 된다. 학생 개인마다 적성과 취향, 학습 준비도 등이 다르므로 교사는 그에 맞게 내용을 선별하고 최적화된 학습 조건을 만들어 주는 데 최선을 다해야 한다. 그 안에서 학생은 행복하게 배울 수 있다. 일종의 환경론으로서 가장 이상적인 학습관이기는 하지만 결과를 보장하지 못한다는 난점은 남는다. 또한 그런 맞춤형 학습이 유전적인 차이를 상쇄한다는 근거도 없다.

　샤갈의 마을에는 삼월에 눈이 온다.

봄을 바라고 섰는 사나이의 관자놀이에

새로 돋은 정맥이

바르르 떤다.

바르르 떠는 사나이의 관자놀이에

새로 돋은 정맥을 어루만지며

눈은 수천수만의 날개를 달고

하늘에서 내려와 샤갈의 마을의

지붕과 굴뚝을 덮는다.

삼월에 눈이 오면

샤갈의 마을의 쥐똥만한 겨울 열매들은

다시 올리브빛으로 물이 들고

밤에 아낙들은

그해의 제일 아름다운 불을

아궁이에 지핀다.

– 김춘수, 〈샤갈의 마을에 내리는 눈〉

문제는 "가능한가 불가능한가?"가 아니라 "어디까지 가능한가?"이다. 시교육은 그 필요성(必要性)과 가능역(可能域) 사이의 균형 위에서 존재하는 것이다. 〈샤갈의 마을에 내리는 눈〉이 말하는 바를 가르치기는커녕 말로 설명하기도 쉽지 않다. 샤갈의 〈나와 마을〉이라는 그림을 연상하게는 하지만 딱 그 그림의 내용을 다룬 것도 아니며, 사나이의 관자놀이에 솟은 정맥이 왜 바르르 떠는지, 눈 오는 삼월의 밤에 아낙들이 왜 불을 피우는지는, 해석이 불가능하다. 그저 막연한 분위기와 정서가 시를 지배할 뿐이다. 그렇다고 해서 그저 연꽃 한 송이를 들고 서로 미소 짓는 석가와 가섭존자처럼[拈花示衆], 또는 아무 말 없이 제자가 갓 구워낸 그릇들을 하나하나 깨버리는 도공의 도제식 교육처럼 갈 수는 없다. 학생들이 이해할 수 있는 끝끝까지 나가도록, 할 수 있는 말과 활동을 다 할 뿐이다.

'교육'이라는 말이 기본적으로 초급·기초·미숙 상태에서 고급·심화·능숙 상태로의 변화를 의도하고, 일정한 커리큘럼 체계에 따라 특정 교실에서 교사와 학습자 사이에 이루어지는 목표 지향적인 행위라는 점을 상기하자. 시와 관련하여 초급의·미숙한 독자와 고급의·능숙한 독자를 구별해야만, 그리고 그 변화가 의도적인 교수·학습을 통해 이루어졌어야만 비로소 시교육이 가능하다는 주장을 할 수 있게 된다.

교육받은 고급 독자의 특징은 무엇일까? 시에 관한 관점과 지식, 사고 및 소통 능력, 정서적·사회적 태도, 경험 등을 모두 정리하면 시 역량이 될까? 우리가 기대하는 역량은 '교육적으로 정의된 역량'임을 잊지 말자. '재능'이란 말은 모호하고, 가르침의 범위도 명시적·직접 교육(조직된 수업)과 잠재적·간접 교육(체계적 경험 제시)으로 폭넓게 퍼져 있다.

결국 시를 가르칠 수 있는가에 대한 대답은 그 때의 '시'가 무엇을 의미하느냐를 천착함으로써 찾을 수 있다.[3] 시교육을 소질이나 적성의 문제로 치환하려는 논의는, 인류에게 고유하고 인류에게 보편적인 생득적 능력으로서의 언어 능력을 인정하듯이, 문학 행위의 이면에 생득적인 문학 능력이 있다는 관점을 전제하고 있다. 곧 시교육에서의 '시'는 곧 시 역량으로서, 이 역량은 선천적으로 주어진 것이지 의도적으로 변화시킬 수 없다는

3　이 부분은 김창원(2012)에서 논의한 내용을 가져왔다.

것이다. 하지만 이 논의는 언어 능력이 선천적으로 주어지기 때문에 언어를 가르칠 필요가 없다는 논의와 마찬가지로, 인류 보편의 시적 능력(=competence)과 개인의 시적 능력(=ability)을 구별하지 않은 결과이다. 시적 능력이 시교육을 가능하게 하는 전제이긴 하지만 시교육이 생득적 문학 능력의 범주 안에 한정되는 것은 아니다. 시교육에서 파악하는 시 능력은 고정적이고 완성된, 이미 소여(所與)된 대상이 아니라 가변적이고 가능성으로 열려 있는, 앞으로 채워질 자질로 보아야 한다. 곧 모든 인간은 선천적으로 시적 능력을 지니고 있기 때문에 세부적인 절차를 거쳐서 시 행위를 원활하게 할 수 있는 것이다. 그리고 그러한 절차는 교육을 통해 정교화될 수 있다. 이런 점에서 시교육은 누구나 가지고 있는 시적 능력을 바탕으로, 그것을 확충시키는 동시에 구체화하는 과정으로 볼 수 있다.

결론적으로, 시교육은 시간과 비용이 제한돼 있는 현실적인 기획으로, 해당 수업 시간에 시에 대해 모든 것을 다 가르칠 수도 없고, 그럴 필요도 없다. 또한 학생 입장에서 시교육은 배워야 할 수많은 교과 중 하나일 뿐이다. 당장은 양적으로 부족하거나 질적으로 단순하다 할지라도 발달 과정에서 앎이 확대되고 심화되는 것이 인간의 특성일진대, 차후의 발달을 왜곡하고 방해하지 않는 선에서 가능성을 열어 놓는 것이 시교육의 현실적 지향태다.

▶ **교실을 위한 질문 ― 시교육은 가능한가?**

1. 시인은 타고나는 것인가 길러지는 것인가? 시 독자는 어떠한가?
2. 시에 관해 가르치기 쉬운 부분과 가르치기 어려운 부분이 있다면, 어떤 부분들이 그러한지 말해 보자.
3. '시교육 불가능론'을 발표하고, 그 주장을 예술 일반으로 확장해 보자. 모든 예술에 관해 같은 주장을 할 수 있나? 그렇지 않다면, 어떤 부분에서 차이가 생기는가?

2장
학교라는 제도와 교과로서의 시

　우리나라의 '학교'는 1895년에 처음 출발한 것으로 본다. 그해 7월 공포한 '소학교령'에 따라 서울에 관립 소학교가 설립되었고, 이어서 공립·사립의 학교들이 전국에 순차적으로 생겨났다. 물론 이전에도 서당에서 성균관에 이르는 체계적인 공·사립 교육 기관이 있었다. 하지만 가르치는 내용이 안정적이지 않았고, 입학·졸업·학령 등의 기준도 불분명했으며, 교사 자격에 관한 개념도 없었다. 무엇보다도, 전문적인 교과 개념이 없어서 기초 수준에서는 『천자문』이니 『논어』니 하는 책명이 교과를 대신했다. 그에 비해 소학교에서는 《수신·독서·작문·습자》 등의 교과를 두고 거기서 사용할 교과서를 따로 만들어서 사용하였다.

　그에 비해 '현대시'는 20세기 초반에 형성되었으니 시기로 보면 현대시보다 학교가 먼저 생긴 셈이 된다.(현대시의 정밀한 개념이나 '최초의 현대시'에 관한 갑론을박은 일단 넘어가자.) 당연히 새로운 장르인 현대시를 학교에서 가르치기 시작한 것도 훨씬 나중의 일이다. 박하게 말하면 광복 이후에야 비로소 현대시가 학교 안으로 들어올 수 있었다고 말할 수 있다. 그러기까지 학교는 기형적이나마 반 세기 동안 제도로서 성장·정착했고, 일제 말기에 폐지되기는 했어도《조선어》과목도 나름대로의 체계를 갖추어 두고 있었다. 말하자면 현대시는 이미 만들어져 있는 제도의 일부로 나중에 편입된 존재다.

이는 시교육이 사적인 영역을 다루는 것 같지만 사실은 지극히 공적인 행위라는 점을 보여 준다. 사실 근대 교육은 국가와 개인을 막론하고 가장 중요한 공적 사업이어서, 매년 정부와 기업, 가계는 막대한 비용을 교육비로 지출하고 있다. 학생 개인 역시 고등학교 또는 대학교를 졸업할 때까지 모든 기회 비용을 부담하여 시간과 노력을 투입하는 것이 교육이다. 이런 제도 안에 들어가려면 시도 어느 정도 양보를 하면서 자신에게 부여된 역할을 수행해야 한다. 거꾸로, 제도 안에 편입되면서 시가 얻는 편익도 있을 것이다. 과연 학교의 시교육은 개인 차원의 자득(自得)이나 사숙(私淑)과 어떻게 다른가.

4
학교와 시의 만남

이야기와 달리,
시는 고대부터 학교에서 중요한 과목으로 다뤘다.

서양에서 '학교(Schola)'라는 용어는 이미 기원전 1세기 경부터 쓰이기 시작했다. 그 전에는 플라톤의 아카데메이아(Academeia)가 그와 비슷했고, 이는 중세에 스투디움(Studium)이라는 이름으로 이어졌다. 스투디움은 주로 철학·신학·역사 등을 가르치는 인문교육기관으로서 수도원보다 높은 수준의 교육을 담당했다. 12~13세기에 대학(Universitas)이 생겨서 법학·의학 등의 전문교육을 시행했고, 근대 시민사회 수립 이후에는 전 국민 대상의 보통교육기관이 보편화되었다. 우리나라에서는 고구려의 태학(372년 설립)과 경당이 학교에 관한 제일 오래된 기록이다. 이중 태학은 귀족 대상의 관학, 경당은 평민 대상의 사학이었다. 682년에는 신라에도 국학이 생겼다는 기록이 있고, 이는 신라 통일 후 고려의 국자감(992년 설립)으로 그 정신이 계승되었다. 국자감은 최초의 본격적인 학교로 인정되며, 이는 고려 말

아테네 학당 | 라파엘로 | 1510년경 | 프레스코화 | 밑면 820cm

에 성균관으로 개칭되어 조선조까지 이어지게 된다. 조선조에는 성균관의
하급 교육 기관으로서 관학인 학당·향교와 사학인 서원·정사(精舍)·서
당 등이 전국적으로 널리 설립되었다.[4]

　동양이든 서양이든 학교에서 가르치는 내용은 크게 두 범주로 나뉘었다.
하나는 철학·신학, 논리학·수사학, 역사 등의 인문 교과이고 다른 하나
는 율학(律學)·산학(算學)·의학 등의 실용 교과다. 학교의 성격에 따라 이
둘을 모두 가르치기도 하고 신분별로 나눠서 가르치기도 하였는데, 동양
에서는 서양보다 둘의 구분이 더 엄격했다. 우리에게 익숙한 서당은 사설
초급학교로서 한문 리터러시 및 강독·제술(製述)·습자 등의 기초 교육에
초점을 두었다.

　동양에서 귀족·양반 자제를 위한 인문교육의 텍스트는 거의 경사자집

4　네이버 지식백과(http://terms.naver.com) 참고.

(經史子集) 류의 경서와 사서, 문집 등이었다. 여기에는 시문(詩文)이 주요 제재로 다수 들어간다. 이렇게 오래전부터 시를 주요 교육 자료로 사용한 이유는 동양 최초의 시집이라 할 수 있는 『시경』의 편찬 목표에서 짐작할 수 있다. 『시경』은 공자가 편집했다고 하니 아무리 늦춰 잡아도 B.C. 5세기의 저술이다. 거기 실린 시 305편은 그때까지, 곧 상고부터 춘추 시대까지의 노래들을 모은 것인데 크게 풍(風)·아(雅)·송(頌)으로 분류된다. 그중 풍 160편은 민간의 풍속을 보여 주는 민요이고, 아 15편은 궁중의 제례 음악이며, 송 40편은 신과 조상에게 올리는 노래다. 여기에는 당시까지 존재했던 거의 모든 나라[國]의,[5] 지배층부터 서민들에 이르는 거의 모든 사람들의 사는 모습이 담겨 있다. 공자는 후세의 풍속을 교화하기 위해 '즐겁되 선정적이지 않고 슬프되 감상적이지 않은(樂而不淫 哀而不傷)' 노래들을 모아 이 책을 편찬했다. 곧 백성의 교화(敎化)를 위해 시를 활용한 것이다. 그래서 『시경』은 시집이면서도 유가의 경전에 편입되어 사서삼경의 하나로 대우받고 있다. 후세에 주자를 비롯해서 많은 학자들이 『시경』을 평석한 이유도 그 노래에 담긴 하늘과 백성의 뜻을 알기 위해서이다.

이처럼 시가 종교나 학문의 마스터피스로 대접받는 일은 전혀 예외적인 일이 아니다. 인류사의 초기 사상이 대부분 구비 전승되었던 사정도 있고,(암송과 구연에는 산문보다 운문이 유리하다.) 긴 서술보다 비유와 운율을 써서 압축적으로 표현하는 것이 깨우침과 전달에 더 유리했던 점도 있다.(한자는 글자 하나가 여러 뜻을 지닌데다 그들의 조합과 배열에 따라 의미가 여러 가지로

---

5 여기서의 '나라[國]'는 현대적 의미의 '국가'와 성격이 다르다. 제후국이나 번(藩), 지역 등을 가리켰는데, 굳이 비교하자면 자치도가 높은 지방자치단체쯤 될 것이다.

조합되어, 짧은 텍스트로 풍부한 의미를 나타내는 일이 가능했다.) 기독교의 『성경』
도 전체가 낭송하기 좋은 텍스트이면서 「아가」, 「시편」 등은 거의 시로 이
루어져 있고, 산스크리트 힌두교의 베다(Veda)도 노래 형태이다. 천도교의
『용담유사』 역시 가사문학이 아니던가.

　이쯤 되면 짐작할 수 있을 것이다. 시는 학교에서 처음부터 교화의 목적
으로 사용되었다. 초기 시는 대체로 서사나 교술의 형태로 찬양·경배·경
계의 내용을 담았으며, 여명기의 교사들은 이를 교육에 적극적으로 활용
하였다. 개인의 서정을 담은 순수 서정시가 생긴 것은 훨씬 나중의 일이다.
그리스의 사포가 서정시를 쓴 것이 B.C 7세기, 굴원이 공자의 『시경』과 쌍
벽을 이룬다는 〈이소(離騷)〉를 쓴 것이 B.C 3세기, 유리왕이 〈황조가〉를 부
르며 치희를 그리워한 것이 겨우 B.C 1세기이다. 그래서 역으로, (서정)시를
잘 알면 풍속을 알고 백성을 교화할 수 있으며 나아가 정치와 행정을 잘할
수 있으리라 믿기도 했다. 과거시험에서 유교 경전에 관한 지식을 측정함
과 동시에 시부(詩賦)를 짓게 했던 이유도, 유교 이념을 얼마나 자기 것으로
녹여서 사람의 마음을 움직일 수 있는지를[心動] 알아보기 위해서였다. 과
장(科場)에서 시를 짓는 일과 대책(對策)을 쓰는 일은 동격의 일이었다.

　이런 전통은 시민혁명 이후 정착된 근대적 학교에서도 마찬가지였다. 주
로 개인 간의 사랑을 다루는 서정시는 학교라는 공적인 장소에서 다루기
에 천박한 것이었기에, 학교에서는 서사시와 교술시, 그리고 서정시 중에
는 자연을 노래하는 전원시·목가시를 주로 다뤘다. 우리의 경우 조선 전
기 사대부 시조나 19세기 말 반외세·반봉건 의식, 사회 개혁 등을 강조했
던 개화가사·창가에서 전형적인 예를 볼 수 있다. 교실에서 다루는 작품
이 그렇다 보니 교수의 목적도 교화로 모아질 수밖에 없다. 근대문학 초기

를 신문이 담당하고 계몽주의가 성행했던 이유도 같은 맥락에서 볼 수 있다.

나무를 길러 본 사람만이 안다

반듯하게 잘 자란 나무는

제대로 열매를 맺지 못한다는 것을

너무 잘나고 큰 나무는

제 치레하느라 오히려

좋은 열매를 갖지 못한다는 것을

한 군데쯤 부러졌거나 가지를 친 나무에

또는 못나고 볼품없이 자란 나무에

보다 실하고

단단한 열매가 맺힌다는 것을

나무를 길러 본 사람만이 안다

우쭐대며 웃자란 나무는

이웃 나무가 자라는 것을 가로막는다는 것을

햇빛과 바람을 독차지해서

동무나무가 꽃 피고 열매 맺는 것을

훼방한다는 것을

그래서 뽑거나

베어 버릴 수밖에 없다는 것을

사람이 사는 일이 어찌 꼭 이와 같을까만

– 신경림, 〈나무 1〉

학교를 만들고 운영하는 사람들은 학생들이 졸업한 뒤에 어떤 사람이 되어야 한다는 기대가 있을 것이다. 설령 돈 때문에 가르치더라도, 학생 조합에 초빙되어 가르치다가 그들 마음에 들지 않으면 해고되기도 하더라도,(중세의 서양 대학이 그랬다.) 가르치는 동안은 교육에 관한 상(像)이 있어야 한다. 그것이 '사람 노릇하기'라는 아주 범박한 목표든 신분 상승 또는 부자 되기 같은 아주 세속적인 목표든 상관없다. 학교가 제도화되어 국민 세금으로 운영하기 시작한 뒤에는 국가가 같은 생각을 가지고 비슷한 행동을 했다. 가장 악질적인 독재자조차도 자기 나름으로는 교육의 목표가 있었던 것이다.

신경림은 "반듯하게 잘 자란 나무"가 꼭 좋은 나무는 아닐 수 있다고 말한다. "너무 잘나고 큰 나무는/ 제 치레하느라 오히려/ 좋은 열매를 갖지 못한다"는 점을 시인은 알고 있다. 그보다는 "못나고 볼품없이 자란 나무에/ 보다 실하고/ 단단한 열매가 맺힌다"는 사실은 나무를 길러 본 사람만이 안다. "우쭐대며 웃자란 나무는/ 이웃 나무가 자라는 것을 가로막는다는 것"을, 그래서 "뽑거나/ 베어 버릴 수밖에 없다는 것"을 직접 나무를 길러 보지 않고 어찌 알 수 있으랴. 외부인은 그저 높은 나무, 반듯한 나무, 보기에 그럴 듯한 나무만 좋아할 뿐이다.

물론, 사람이 사는 일이 어찌 꼭 이와 같을까. 하지만 시인이 이리 말할 때는 사람 사는 일도 이와 비슷하다는 뜻이다. 제 치레에 치중하는 사람, 우쭐대며 웃자란 사람은 제대로 된 열매도 못 맺고 다른 사람에게 피해를 줄 뿐이다. 나무를 길러 본 사람이 나무 기르는 법을 알 듯 사람을 가르쳐 본 사람이 사람을 가르칠 줄 안다.

이 생각을 조금 더 밀고 가 보자. 사회·과학·기술 발달과 함께 발달해 온 근대 교육은 그 제일 목표를 지식 전달과 기술 습득에 두었다. 민족국가 성립과 함께 격심한 국가 간 경쟁을 거치면서 교육을 부국강병의 수단으로 보는 견해도 널리 퍼졌다. 우리의 개화기를 생각해 보라. 학교는 신문물을 배워서 입신양명하고 나라를 구하기 위한 투자였다. 그를 위해 어린 나이에 부모를 떠나 한성으로, 동경으로 유학을 마다하지 않았다. 그 결과는? 물론 국민 전체의 인지(人智)는 높아졌다. 깊은 지식과 숙련된 기술을 갖춘 사람들이 쏟아져 나왔다. 그러나, 그 과정에서 잃은 것도 있다. 예컨대 대상과의 공감, 경쟁이 아니라 더불어 살아가는 기술, 자신의 처지에 대한 만족 ─ 통처서 개인의 행복에 관한 능력이다. 국가 행복 지수에서 네팔이 세계 최고를 기록한다고 할 때의 그 '행복'을 느끼는 기술이다. 돈도 명예도 권력도 아니라.

근대적 학교 교육의 기본으로 여기는 언어와 수리 능력은 인지적·논리적 특성이 강하다. 내용 면에서 제일 풍부한 사회과와 과학과는 지식 교과로 규정된다.(사실 이들 교과의 출발이 원래 '박물(博物)'이 아니었던가.) 이런 학교 교육의 편향을 보완할 수 있는 교과가 음악·미술의 예술 교과와 체육 교과다. 근대 이전에는 학교에서 다루지 않던 이런 교과를 학교 안으로 끌어들인 것은 지·덕·체를 말뿐이 아니라 제도로, 행동으로 추구하고자 한 노력의 결실이다. 시를 포함한 문학은 "언어 교과 안에서 예술을 추구한다."는 점에서 그 노력의 최전선에 있다고 할 수 있다. 학교 교육을 받으면 받을수록 점점 이성적이 되어 가는 학생들의 반대쪽에서 끊임없이 이성과 감성, 지식과 미적 체험, (유사과학 냄새가 나기는 하지만)좌뇌와 우뇌의 조화를 위해 애쓰는 교과가 예술 교과이고, 문학은 이런 이율배반적 노력의 특이점에 있으며, 그 핵이 시다. 거의 모든 근대 학교가 자국어·외국어, 수학,

역사·지리, 과학·박물, 예술, 체육으로 교과를 구성하는 이유가 이것이고 언어 교과가 고급 수준으로 갈수록 문학을 강조하는 이유도 이것이다. 시는, 비유컨대 언어논리에 치우치게 되어 있는 국어과의 전체성(全體性)을 확보해 주는 균형추다. 학생들이 겉으로만 "반듯하게 잘 자란 나무", "우쭐대며 웃자란 나무"가 되지 않고 실속 있는 열매를 맺으며 다른 나무와 함께 살아가는 나무로 자라도록 하는 것이 시다.

물론, 학교는 엄청난 재원과 시간을 투자해야 하는 고부담의 제도다. 그러니 학교에서 가르치지 않아도 자연스럽게 익힐 수 있는 것까지 가르칠 필요는 없다. 그 말고도 가르쳐야 할 것들이 쌓여 있다. 따라서 학교는 학교에서 가르칠 수 있는 것과 가르칠 수 없는 것, 학교가 아니어도 배울 수 있는 것과 기왕이면 학교에서 가르치면 더 효과적인 것 등을 구분하고자 한다. 언어와 관련하여 이것들을 살펴보면, 예컨대 일상 대화 능력은 학교에서 가르치지 않아도 된다. 대화법 자체는 가정이나 사회에서 배워도 일상생활에 아무 지장이 없다. 대화에서의 예절, 효과적인 대화법 등은 여건이 된다면 학교에서 가르치는 것도 좋다. 그에 비해 고급의 언어생활에 필요한 발표나 토론 같은 것들은 학교가 아니면 배우기 어려운 능력들이다. 세다토론이니 패널토의니 하는 것들을 일상에서 어찌 배우겠는가?

문학도 마찬가지다. 유머나 수수께끼, 속담, 대중가요 같은 것들은 광의의 문학에 포함되지만 굳이 학교가 아니어도 배울 기회가 많다. 드라마나 영화 보기도 비슷하다. 재미로 드라마를 보는 데에 학교 교육이 필요하다고 말하는 이는 적다. 하지만 '드라마를 비판적으로 보기'는 문제가 다르다. 비판적 리터러시, 미디어 리터러시에 관한 학습 경험이 있어야 잘할 수 있는 행위다. 드라마를 꼭 비판적으로 봐야 하느냐고 되물으면 별로 할 말은 없지만, 모든 시청자가 맹목적인 수용자가 되는 사회를 원하지는 않을 것이다. 시·소설·수필·희곡, 특히 문자로 구성되고 소통되는 문학은 학교를 다니지 않으면 익숙해지기 어려운 장르다. 소설이 상대적으로 대중적이기는 하지만, 학교에서 전혀 가르치지 않았다고 하면 이 정도의 독자층도 생기지 않았을 것이다. 시는 인간 성장에 필요하고, 학교가 아니면 배우기 어려우며, 학교 교육의 완전성을 확보하기 위해서 학교에서 필요하다.

물론, 학교에서 가르치는 것이 진짜 '시'인지는 더 검토가 필요하다. 어쩌면 학교의 시는 '식물성 고기'처럼 시의 맛만 가진 어떤 것일지도 모른다. 우리는 학교에서 시가 아닌, 시의 뒤에 숨어 있는 무언가-예컨대 국가 이데올로기나 사회 윤리 등-를 가르치는 것은 아닐까? 그렇다 하더라도 그것이 학교 안으로 들어오려면 어쩔 수 없는 일이다. 그런 점에서 학교 시교육은 '진짜' 시교육으로 들어가는 입구 정도에 불과할 수도 있다.

교실을 위한 질문 — 학교와 시의 만남

1. 본인이 독립적인 학교의 설립자가 되어 그 학교에서 가르칠 과목을 짜 보자. 그 학교에서 시를 가르칠 것인가? 가르친다면 어느 과목에서?
2. 대한민국의 초·중·고등학교는 무엇을 목적으로 하는가? 거기에서 시는 어떤 역할을 하나?
3. 학교에서 가르쳐야 하는 시와 굳이 가르칠 필요가 없는 시, 그리고 가르치지 말아야 할 시가 있다면 그들 사이에 어떤 차이가 있는지 말해 보자.

5
제도 교육으로서 시교육의 요소와 범위

제도로서의 학교는 학교에서 가르칠 수 있는 것 중
학교에서만 배울 수 있는 것을 다룬다.

여기 명제가 있다. – "학교는 하나의 제도이다." 특히 근대의 학교는 교육 기간과 시기, 수업이 이루어지는 장소, 배우는 내용 등을 사전에 정하고, 자격이 있는 교사와 경영진이 운영하며, 입학이나 졸업을 위한 자격이 있거나 조건을 충족해야 한다. 이를 위해 국가·지자체나 재단은 인력과 예산, 시설을 지원하고, 학생들은 그와 관련하여 정해진 규칙과 과업을 받아들여야 한다. 최종적으로 졸업장이 그 사람의 수학 이력을 증명한다.

시를 포함한 문학교육도 학교, 곧 교육 제도의 체제 안에 있다. 물론 학교 밖에서 이루어지는 교육도 많고 어떨 때는 그 비중이 학교 안 교육보다 훨씬 높아 보이기도 하지만, 그것은 마치 암흑 물질과 같아서 그 실체를 객관적으로 검증하기가 어렵다. 우리가 살펴보는 것은 하나의 제도로서, 제도 안에서 이루어지는 시교육이다.

학교에서 시를 가르친다는 것은 시를 하나의 '교과'로 만든다는 뜻이다. 그래야만 제도의 틀 안에 그것을 위치 지우고 관리할 수 있기 때문이다. 여기서 교과란 무엇인가? 경계 없이, 체계 없이 흩어져 있는 무한한 지식과 경험들 중에서 의도적이고 체계적으로 가르칠 수 있는 것, 곧 학교 안에서 효과적으로 가르칠 수 있는 것들을 선별하여 개별 카테고리 안에 조직해 넣은 결과가 교과다. 우리 교육과정은 10~14개의 교과를 설정하였는데,[6] 교과를 이렇게 편성해야 할 철칙도 없고 교과와 교과의 경계를 그렇게 정해야 할 항구불변한 원칙도 없다. 그것은 일종의 효율성 게임이자 권력 게임이다.[7]

시가 교과화되면서 – 달리 말하면 시가 국어과 안에 포함되면서 시와 관련된 지식과 경험들은 국어과의 교과 내용으로 체계화되고 국어과 전체

---

6 초등학교: 국어, 사회/도덕, 수학, 과학/실과, 체육, 예술(음악/미술), 영어 = 10개
   중학교: 국어, 사회(역사 포함)/도덕, 수학, 과학/기술·가정/정보, 체육, 예술(음악/미술), 영어, 선택(한문, 환경, 생활 외국어(독일어, 프랑스어, 스페인어, 중국어, 일본어, 러시아어, 아랍어, 베트남어), 보건, 진로와 직업 등) = '선택'을 하나로 보아 13개
   고등학교 보통 교과: 국어, 수학, 영어, 한국사, 사회(역사/도덕 포함), 과학, 체육, 예술, 기술·가정/제2외국어/한문/교양 = '교양'을 하나로 보아 14개

7 사회과와 과학과를 놓고 보자. 사회 관련 교과군은 초등학교에서는 '사회/도덕'으로, 중학교에서는 '사회(역사 포함)/도덕'으로, 고등학교에서는 '한국사, 사회(역사/도덕 포함)'로 편제되어 있다. 과학 관련 교과군은 초등학교 '과학/실과', 중학교 '과학/기술·가정/정보', 고등학교 '과학/기술·가정'이다. 초등학교의 '사회'에 엄연히 역사 영역이 포함되어 있는데도 중학교에 가면 '사회(역사 포함)/도덕'이라고 역사를 강조하고 다시 고등학교에서는 한국사를 별도로 빼낸 뒤 '사회(역사/도덕 포함)'라고 한 사정을 짐작하기는 어려우나, 또한 도덕이 초·중학교에서는 사회와 대등한 교과로 되어 있다가 고등학교에서는 사회에 포함되는 사정 역시 뭐라 말하기는 어려우나, 이러한 곤혹스러운 용어 사용은 '역사(한국사 포함), 도덕'과 사회과의 나머지 영역(소위 일반사회, 지리, 환경) 사이의 관계 정리가 참으로 어려운 사정임을 짐작하게 한다.('일반 사회' 안에 정치, 법, 경제, 사회·문화가 포개져 있는 것까지는 얘기하지 말자.) 이는 과학과와 실과/기술·가정/정보에 관해서도 마찬가지이다.

의 목적에 맞추어 해석되게 되었다. 그리블(1987)은 문학의 교과화는 필연적으로 문학을 지식화한다고 말했는데, 그 현상이 시에서도 그대로 일어난다. 시가 지식화되는 것이다. 학생들은 '교과로서의 시'에 관하여 용어와 개념을 알고, 역사적인 흐름과 대표 시인 및 대표작을 알며, 정전에 관하여 표준화된 해석과 활동을 하게 된다. 수학이나 과학에 비하면 정답을 요구하는 정도가 비교적 덜하지만 그래도 '허용되는 답'과 '허용되지 않는 답'이 분명히 나뉜다.[8] 이것이 시의 본질에 맞지 않는다고 하면 교과에서 빠져나와야 하는데, 그러기에는 학교 안에 남아 있을 때의 장점이 너무 분명해서 그러기 어렵다는 딜레마가 있다. 실제로 많은 시인·비평가들이 대학수학능력시험의 비문학성을 지적하며 시를 수능시험에서 빼야 한다고 말했지만, 그에 대한 교사들의 첫 반응은 "수능시험에서 빠지면 시를 가르칠 동력이 사라진다."였다. 실제로 그렇다. 수능시험에 나오지도 않는 시를 성의껏 배울 고등학생이 얼마나 되겠는가?

교과화 된 시는 국어과의 하위 과목이나 영역에 체계적으로 배분된다. 2015 교육과정의 경우 국어과는 초중고 공통 과목인 〈국어〉(1~10학년)와 고등학교의 일반 선택 과목인 〈화법과 작문〉, 〈독서〉, 〈문학〉, 〈언어와 매체〉, 진로 선택 과목인 〈고전 읽기〉에서 다룰 수 있다. 진로 선택 과목으로 〈실용 국어〉와 〈심화 국어〉가 더 있으나 그 안에서 시의 비중은 미미한 터이다. 사

---

8 여기서의 '답'이 서답형 문항의 답이 아니라 해석, 반응, 활동임에 유의하자. 예컨대 〈진달래꽃 (김소월)〉이 '이별의 정한'을 담고 있다는 것이 표준적인 해석이라면, 학생독자는 이 시를 읽으면서 '정말로' 한의 정서를 느껴야 한다. 그리고 그러한 느낌을 언어든 언어가 아니든, 그 당장이든 나중이든, 혼자서든 동료와 함께든 '자기화하여' 표현해야 한다. 물론 이 자기화는 표준 해석 안에서의 자기화이다.

실 〈화법과 작문〉, 〈독서〉, 〈언어와 매체〉도 시의 비중이 높지는 않다. 말하자면 학생들의 시 경험은 거의 〈국어〉와 〈문학〉 과목에 편중되어 있다. 대조적으로, 국어과 외의 교과, 예컨대 음악·미술 등의 예술 교과나 사회·도덕 등의 인문 교과에서, 심지어 수학과나 과학과에서조차 여러 목적으로 시를 활용하는 경우를 볼 수 있다.[9] 외국어 교과에 시가 양념처럼 나오는 것은 말할 것도 없다.

공통 〈국어〉에 한정해서 보면 시는 [국어과 – 〈국어〉 과목 – '문학' 영역]의 위계 안에 있고, 문학 안에서는 서정·서사·극·교술의 틀 안에, 서정 양식 안에서는 다시 고전시가 – 현대시의 구분에 따라 자리를 배정받는다. 그 결과 대체로 한 학기에 하나 또는 두 단원에서 현대시 제재가 등장한다. 이러한 위계 구조를 강조하는 이유는 시가 교과화 되면 '그것이 시이기 때문에' 가르치는 것이 아니라 '그것이 국어과의 일부이기 때문에' 가르치는 것으로 바뀌기 때문이다. 새로운 명제 – "시교육은 국어교육의 일부다."

학교의 시교육은 일반적인 교육과 같은 구조로 이루어진다. 거기에는 다음 요소들이 관련되는데, 각 요소 앞에 '시'나 '시적'이라는 말을 넣으면 의미가 선명해진다.

〈시교육의 요소〉

주체 요소	교사, 학생
수행 요소	교수, 학습, 평가
도구 요소	교실, 교재(온·오프라인의 교과서와 보조 교재), 보충 자료들(materials)
맥락 요소	교육과정(국가·교육청·학교·교실 수준, 총론·교과·과목 단위)
배경 요소	국가·지역사회·가정의 요구, 개인의 심리적·교육사회학적 배경
자원(resources) 요소	시문학(poetry), 시론·시사·시비평, 시교육학[10]

---

9 과학적 개념이나 현상을 시로 표현한 과학 시집들을 보면 쉽게 알 수 있다.

이들 요소가 유기적으로 작동하여 시교육이 이루어진다는 점에서 시교육은 시 자체보다 훨씬 복합적이고 상위적인 행위가 된다. 시에 관해 말하면 정부 차원의 거시 정책이 이 수준의 메타성을 지닐 것이다.

여기서 말한 주체 요소는 시교육의 장에 직접 참여하는 주체만 거론한 것이다. 하지만 시교육에 잠재적으로 관계되는 주체는 이보다 훨씬 많다. 당장 학부모만 하여도, 개인 또는 집단 차원에서 시교육에 이러저러한 영향을 끼친다. 교육은 결국 '인간이 인간의 성장을 돕는' 기획이므로 그 관련 주체를 조금 더 자세히 살펴볼 필요가 있다.

〈기능별 시교육의 주체〉

교수·학습 주체	① 학생 ② 교사, 학부모
내용/자료 제공	③ 시인 ④ 비평가, 시학자(이론·역사)
체제 개발	⑤ 교육과정 개발자, 교과서 개발자 ⑥ 평가 설계·시행자
환경 제공	⑦ 교육 정책 전문가 ⑧ 문화·출판 정책 전문가
거시 담론 형성	⑨ 일반 미디어·언론·포탈(교육 여론 형성층) ⑩ 시 전문 미디어·출판사·사이트(문학 여론 형성층)

이처럼 많은 주체들이 학교라는 제도 안에서 각자 자신의 처지를 바탕으로 상호작용하는 것이 시교육이다. 그 과정과 결과는 당연히 정치적이다. 예컨대, 현대 사회에서 학교의 목적을 '자주적인 민주 시민을 기르는 일'이라고 해 보자(2015 교육과정 총론). 이를 위해 국가와 개인은 막대한 인

---

10 시문학은 시교육의 자료를 제공하고, 시론·시사·시비평은 내용을 제공하며, 시교육학은 방법론을 제공한다. 여기서 '방법method'이라 하지 않고 '방법론methodology'이라 한 것은 시교육학이 자료와 내용과 방법을 통합하는 원리를 제공하기 때문이다. 그냥 '방법'이라 하면 교육학의 교수·학습론이나 교육공학이 바탕이 될 것이다.

적·물적 자본을 투입한다. 당연히 어떤 교과나 내용이 투입과 대비하여 산출이 약하면 교육 체제에서 배제될 수밖에 없다. 시대적·사회적 환경 등이 변해도 마찬가지다. 과목의 위상이 높아지거나 낮아지거나, 시수 배당이 많아지거나 적어지거나, 내용이 어려워지거나 쉬워지거나 한다. 언어 교과의 경우 다루는 텍스트 범위도 이에 따라 결정된다. 아래 시를 본 적이 있는가?

미라보 다리 아래 세느강은 흐르고
우리들의 사랑도 흘러간다.
마음속 깊이 아로새기리
기쁨 앞엔 언제나 괴로움이 있음을.

밤이여 오너라, 종아 울려라
세월은 가고 나는 여기 머문다.

손에 손을 잡고 얼굴을 마주보면
우리의 팔 아래 다리 밑으로
영원의 눈길을 한 지친 물살이
천천히 하염없이 흘러내린다.

밤이여 오너라, 종아 울려라
세월은 가고 나는 여기 머문다.

사랑은 흘러간다 이 물결처럼

우리네 사랑도 흘러만 간다.

어쩌면 삶이란 이다지도 지루한가.

희망이란 왜 또 이리 격렬하던가.

밤이여 오너라, 종아 울려라

세월은 가고 나는 여기 머문다.

햇빛도 흐르고 달빛도 흐르고

지나가는 세월도 흘러만 가니

우리의 사랑도 가서 오지 않고

미라보 다리 아래 세느강만 흐른다.

밤이여 오너라, 종아 울려라

세월은 가고 나는 여기 머문다.

－아폴리네르, 〈미라보 다리〉

한때 교과서에 외국 시가 꼭 실린 적이 있었다. 이 작품도 그렇고, 플로베르의 〈가지 않은 길〉, 두보의 〈春望〉 같은 세계문학의 걸작들이 『국어』 교과서에 실렸다. 4차 교육과정에는 아예 〈한국문학〉과 〈세계문학〉이 선택 과목으로 나란히 있었다. "미라보 다리 아래 세느강은 흐르고/ 우리들의 사랑도 흘러간다."는 도입부는 수많은 젊은 독자들의 가슴을 울렸던 바다. 내용이 말랑할 뿐 아니라 형식도 안정돼 있어서 전형적인 시 수업을 하기에 적당하다.

하지만 이후 외국문학의 비중은 점차 낮아져서, 현재는 고등학교에서는 보조 작품이 아니면 찾을 수 없고 초·중학교에는 어쩔 수 없이 구색 맞추기 정도로만 나온다. 《지리》가 〈한국지리〉와 〈세계지리〉, 《역사》가 〈한국사〉, 〈세계사〉, 〈동아시아사〉로 세분된 것과 비교하면, 그리고 평생의 문학 경험에서 세계문학이 차지하는 비중을 생각해 보면 학교에서 세계문학을 배제한 일은 얼른 납득하기 어렵다. 《음악》과 《미술》처럼 국악과 한국화(韓國畵)에 일정 부분을 배당하는 것도 아니다. 찾을 수 있는 근거는 국수주의 아니면 오로지 "언어 예술은 번역으로는 그 가치를 제대로 구현하기 어렵다."는 정도 뿐. 하지만 어릴 때의 '세계문학전집'에서 성인의 노벨상 수상작까지, 우리는 얼마나 많은 번역 작품에서 감동을 받는가?

결국 이 문제는 교과로서의 문학 범위를 어디까지로 잡느냐 하는 문제로 귀결된다. 언뜻 한국문학 범위론과 같은 문제로 보이기도 한다.

雨歇長堤草色多	비 개인 긴 둑에 풀빛 짙어 가는데
送君南浦動悲歌	남포에서 임 보내며 슬픈 노래 부르네
大同江水何時盡	대동강 물은 어느 때나 마르려는가
別淚年年添綠波	해마다 이별 눈물 푸른 강물에 더해지는데

– 정지상, 〈송인(送人)〉

한국문학 범위론에서 자주 거론하는 작품이다. 사용한 문자가 한자일 뿐 작가와 창작 배경 모두 한국이라는 점에서 당당히 한국문학에 포함된다. 오히려 이런 자료를 근거 삼아 한자를 국자(國字)에 포함하는 관점도 있다. 한국 시가사의 절창이지만 작품 이해에 필수적인 칠언시와 절구의 구조, '多·歌·波'의 압운 등은 오늘날 다룰 수 없다는 점이 아쉬울 뿐이다. 이 작품 역시,《국어》에서는 다루지 않는다.

결국 이런 문제는 교육 필요성과 가능성 사이의 길항으로 정해진다. 제도교육 안에서 시교육은 '교육 필요성' 못지않게 '교육 가능성'도 충족해야 한다. 시에 관한 능력을 명시적으로 가르칠 수 있는가 하는 문제부터 시작하여, 주어진 시간 안에 주어진 조건 안에서 배울 수 있도록 내용을 조직하고 투입과 산출을 정확하게 평가하는 문제까지 해결해야 할 일들이 한두 가지가 아니다. 무엇보다도, 학교에서 시를 배운 사람과 그렇지 않은 사람 사이에 시에 관해 분명한 능력 차이가 존재하고 그런 차이가 사회 전체의 시적 문화 발전을 보여 준다는 확신이 없다면 시교육의 교과적 정당성은 많이 약해진다.

▶ **교실을 위한 질문 — 제도 교육으로서 시교육의 요소와 범위**

1. 학교에서 1년에 열 시간만 시를 가르칠 수 있다면 당신은 무엇을 가르치겠는가?(꼭 작품만을 묻는 것은 아니다.)
2. "외국 시를 학교에서 가르쳐야 하는가?"에 관해 자신의 의견을 말해 보자.
3. 시를 좋아하지 않는 교사가 있다면, 그는 시 단원에서 무엇을 해야 하며 무엇을 할 수 있을까?

6
시교육의 교육적·사회적 위상

> 모든 교육은 역사와 사회의 맥락 안에서 이루어지며,
> 그런 점에서 정치적이다.

시교육에 대해 자세히 살펴보기 전에, 학교 교육의 체계 안에서 국어과와 시교육의 위상을 살펴볼 필요가 있다. 2015 교육과정을 기준으로 보면, 교육과정은 크게 '교과'와 '창의적 체험 활동'으로 구분되고, 교과는 다시 '기초, 탐구, 체육·예술, 생활·교양'의 네 교과 영역으로 구분된다. 기초 영역에 국어·수학·영어·한국사가, 탐구 영역에 사회·과학이, 체육·예술 영역에 체육·예술 교과가 편제되고 생활·교양 영역에 기술·가정/제2외국어/한문/교양 과목들이 들어간다.

여기서 국어과는 듣기·말하기, 읽기, 쓰기의 국어 활동 영역을 둠으로써, 읽기·쓰기·셈하기라는 기초 기능을 담당하는 도구교과의 성격을 띤다. 또 국어과는 국어와 국어 문화에 대한 태도, 가치관을 형성하고 특히 한국인을 한국인답게 하는 데 주력한다는 점에서 이념·가치관 교과의 성격도

띤다. 국어과는 또한 구체적인 언어·문학 행위와 함께 그에 관련된 일반 원리의 이해를 추구한다는 점에서 인문 교과의 성격도 띠게 된다. 아울러 언어 예술을 외면할 수 없다는 점에서 예술 교과의 성격도 띠는 것이다. 이처럼 국어과가 복합 교과적 성격을 띠는 데서 문학교육의 위상 문제가 제기된다. 문학교육은 국어과 안에서 무엇인가? – 이에 관련되는 것이 국어과 교육, 국어교육, 언어교육, 문학교육 등의 용어로서, 이들의 관계를 분명히 해 두지 않으면 교육 실천과 연구에서 많은 혼란이 오게 된다.

사범대학과 교육대학에는 국어교육과가 설치되어 있다. 또 초중고에는 국어 교과가 개설된다. 이들 학과나 교과에서 다루는 것은 국어교육인데, 이 용어를 사용하는 사람에 따라 각기 다르게 해석함으로써 의사소통의 어려움이 생긴다. 문학교육과 관련하여 국어교육의 의미는 다음처럼 여러 가지로 해석된다.[11]

(가) 국어교육은 국어사용능력을 신장시키는 일이고 문학교육은 문학 능력을 신장시키는 일로서, 각각 별도의 목표와 내용 구조를 지닌다.

(나) 국어교육은 국어의 사용 기능을 신장시키는 일로서, 문학 작품은 언어 텍스트라는 점에서 국어교육의 자료가 되나 문학교육 자체는 국어교육이 될 수 없다.

(다) 국어교육은 언어사용교육과 언어지식교육, 문학교육이 상보적 균형을 이루어 수행된 것이다.

---

11 초기 단계에 (가)~(라) 각각의 관점을 대표하는 논의로 박대호(1987), 이용주(1986), 노명완·박영목·권경안(1988), 김대행(1990)을 들 수 있다.

(라) 국어교육은 문학 작품을 포함한 다양한 텍스트를 중심으로 언어 사용의
고등 능력을 신장시키는 일로서, 일상적 언어와 문학적 언어를 구분하는
것은 무의미하다.

여기서 (가)는 국어교육과 문학교육을 별개의 것으로 보는 입장이며 (나)
는 국어교육과 문학교육이 '언어'라는 측면에서 인접해 있는 것으로 보는
입장이다. 또 (다)는 문학교육을 국어교육의 하위 범주로 보는 입장이며,
(라)는 국어교육과 문학교육이 일부 중첩되는 것으로 보는 입장이다.

이렇게 상충하는 관점을 해결하는 방법에는 두 가지가 있다. 첫째는 현
상을 근거로, 문학교육의 독자성을 인정하고 그에 따라 문학교육을 인문,
또는 예술 교과로서 별도로 운영하는 것이고 둘째는 현실을 근거로 한 제
도 운영상의 해결로, 문학을 가르쳐야 하는데 교육과정에 문학 교과가 없
다면, 그와 가장 밀접한 관련을 맺는 국어 교과에서 가르치는 방법이다. 현
재 국가 교육과정은 후자의 입장을 취하고 있다.

그러나 제도의 운영으로 문학교육의 본질을 구현하는 데는 한계가 있
을 수밖에 없다. 끊임없이 국어과 내 다른 영역의 간섭과 영향을 받기 때문
이다. 듣기·말하기 수업이나 쓰기 수업과 문학 수업이 하나의 교과로 운
영되는 한 이 문제에서 벗어날 수는 없다. 실제 수업 현장에서도 국어 활동
단원과 문학 단원은 거의 별개로 이루어지는 것이 현실이다.

사실 문학은 국어 사용의 한 양상으로 보기에는 너무나 많은 규약, 전
통, 미적 원리 등을 지니고 있다. 외국인이 아무리 한국어를 유창하게 구
사하는 사람일지라도 한국 문학을 이해하는 데에는 한계가 있는 것을 보
면, 국어의 사용과 문학은 상당히 밀접한 관계를 맺고 있기는 하지만 별개

의 문제라고 보아야 한다. 국어를 문학적으로 사용하는 것과 문학 자체는 다른 것이다. 여기서 국어 사용의 상부 구조로 문학을 볼 필요성이 생긴다. 곧 문학교육은 국어교육을 기반으로 하여, 국어교육과 상호 영향을 주고받는 가운데 문학 고유의 규약, 가치, 미 등을 추구하는 역동적인 관계를 맺고 있는 것이다. 이 논리가 시교육에도 그대로 적용된다. 시교육은 한편으로 독립 과목으로, 다른 한편으로 《국어》의 하위 영역으로 두 갈래의 힘을 받으며 운영된다.

이번에는 국어과를 넘어, 학교 교육에서 다른 교과와의 관계를 알아보자. 시가 하나의 예술이라는 점에서 시는 음악·미술·연극 교과와, 다른 한편으로 인문적 성격을 띤다는 점에서 역사·철학 교과와 연계된다. 음악이나 미술적 소양이 없다면, 운율이나 이미지 같은 구체적 장치가 아니더라도, 전반적으로 시를 공부하는 데 어려움을 겪지 않을 도리가 없다. 연극도 마찬가지다. 애초에 아리스토텔레스의 『시학』이 '시'라는 이름을 달고 연극론을 펼친 데서 알 수 있듯이, 시 낭송이나 시극 같은 구체적 예에서도 느낄 수 있듯이, 시와 극 사이의 관계는 생각보다 깊다. 여기에 사진, 조각, 건축, 무용 같은 별도 교과나 과목으로 설정되지 않은 예술 갈래를 떠올려 보면 시가 학교 교육에서 이만큼의 자리를 차지한 것이 용하다는 생각이 들기도 한다. 아무튼 시는 학교 교육과정에 편성되거나 편성되지 않은 많은 인문학, 예술 장르들과 하나의 커다란 체계를 이루어 교육 시스템 안에 자리한다.

학교 교육의 큰 흐름 중 하나인 통합교육에 관해서도 짚어 볼 필요가 있다. 시는 그 텍스트적 특성상 – 기본적으로 언어라는 점, 다루는 제재·소재의 다양성, 짧고 압축적이기 때문에 생기는 표현·이해의 저부담성 등

– 교과를 넘어(over the subject), 교과를 가로질러 가며(cross the subjects) 사용하기에 적절하다. 이미 국어과 내에서 읽기·쓰기, 듣기·말하기와의 영역 통합이 활발하게 시도되고 있거니와, 교과와 교과의 통합, 교과와 비교과 활동의 통합에서 시는 활발히 활용된다. 특히 창의적 체험 활동에서 시를 읽고 쓰고 음악이나 미술 등 다양한 예술 활동에 활용하는 모습을 많이 볼 수 있다. 그에 비하면 대학의 시교육이나 문학 특기생 운영 등에서는 뜻밖에도 저조한 편이다.

국어과 밖에서는 시교육을 어떤 눈으로 바라볼까? 국어과, 나아가 학교 밖에서 시교육에 관심을 가지고 쳐다보는 그룹은 일단 문인 집단, 국어과의 다른 영역 전공자를 포함한 비문학 교과의 교사, 그리고 '일반인'인 학부모가 대표적이다. 이들이 시교육에 거는 기대, 시교육이 무엇을 가르쳐 주기를 원하는지를 알면 시교육의 설득력이 훨씬 높아진다. 일단 다음 정도로 정리해 보자.

① 유명한 시인·작품 알기(배경 지식 포함하여. 암송하면 더욱 좋다.)
② 일상생활에서 적절하게 시를 활용하기(이해와 표현 모두), 미적 효과를 담은 소통 능력(위트, 유머 등)
③ '시를 아는 사람 답게' 행동하기(순수함·착함, 감수성·예민함, 공감·감탄 능력…)
④ 필요하면 시를 끼적이기, 끌어다 쓰기

시교육은 이러한 기대에 부응했을까? 혹시 문학교육 밖, 특히 사회의 요구에 귀 막고 자체 논리에만 골몰한 것은 아닌가? 이른바 '전문가의 함정'

이라는 것에 빠지지는 않았는지 반성할 일이다.

신새벽 뒷골목에

네 이름을 쓴다 민주주의여

내 머리는 너를 잊은 지 오래

내 발길은 너를 잊은 지 너무도 너무도 오래

오직 한 가닥 있어

타는 가슴속 목마름의 기억이

네 이름을 남몰래 쓴다 민주주의여

아직 동트지 않은 뒷골목의 어딘가

발자욱 소리 호르락 소리 문 두드리는 소리

외마디 길고 긴 누군가의 비명 소리

신음 소리 통곡 소리 탄식 소리 그 속에 내 가슴팍 속에

깊이깊이 새겨지는 네 이름 위에

네 이름의 외로운 눈부심 위에

살아오는 삶의 아픔

살아오는 저 푸르른 자유의 추억

되살아오는 끌려가던 벗들의 피 묻은 얼굴

떨리는 손 떨리는 가슴

떨리는 치 떨리는 노여움으로 나무판자에

백목으로 서툰 솜씨로

쓴다.

숨죽여 흐느끼며

네 이름을 남몰래 쓴다.

타는 목마름으로

타는 목마름으로

민주주의여 만세

- 김지하, 〈타는 목마름으로〉

김지하가 말년에 보인 정치적 행태 때문에 그를 거론하기를 꺼리는 경향도 있다. 물론 모든 사람이 그렇게 생각하는 것은 아니다. 그가 이 시를 썼을 때는 오히려 시인에게 상황이 안 좋았지만 작품은 조심스레 널리 퍼졌고, 교실에서도 "숨죽여 흐느끼며" 작품을 다뤘다. 그때는 옳고 지금은 그르다면, 작품은 변함이 없으니 시인이 변하고 사회가 변했기 때문이다. 이는 결국 시 작품은 그 자체의 가치가 아니라 사회·문화적, 상황적 맥락 아래서 해석되고 가치 판단이 이루어진다는 뜻이고 이는 교육의 장에서도 마찬가지다. 1987년에 이루어진 납북·월북 시인의 대규모 해금이 이 상황을 가장 적실하게 보여 준다.

시교육에서 이 작품과 관련되는 '시대'만 따져도 여러 시대를 끌어낼 수 있다.

① 작품이 쓰인 시대(1975년. 참고로 김지하는 1941년 생이다.)

② 작품이 다룬 시대(1960년대 후반~1970년대 초반. 참고로 3선개헌은 1969년에, 유신헌법 개정은 1972년에 이루어졌다.)

③ 시집이 출간되자마자 금서가 되고(1982년) 민주화 운동으로 해금된 시대

(1987년)

④ 김지하가 전향한 시대(1990~2010년대)

⑤ 교사가 이 시를 접한 시대(세대에 따라 다르다. 대체로 1980~2010년대)

⑥ 학생들이 이 시를 읽는 시대(2020년대)

①과 ②는 '텍스트의 시대'로, 양자가 큰 차이 없이 비슷한 양상을 띤다. 현대시의 일반 특성이다. 그와 달리 〈홍길동 전〉이라면 작품이 쓰인 시대(허균이 지었다면 16세기 말~17세기 초)와 작품 속 시대(세종대왕 때라 했으므로 15세기 중반), 작품의 모델이라고 하는 洪吉同이 활동했던 시대(연산군 때인 16세기 초)가 다 다르다. ③과 ④는 '작가의 시대'로, 김지하의 정치적 성향이 거의 정반대로 나타난다. 사람에 따라 그의 전향을 변절로 읽기도 하고 진화로 읽기도 하는데, 이 작품이 작가의 삶과 떼어낼 수 없이 긴밀하게 연관되어 있다는 점에서 어떤 관점에서 보느냐에 따라 작품의 가치가 현격히 달라질 것이다. ⑤와 ⑥은 '독자의 시대'다. 1980년대에 대학을 다닌 교사라면 김지하에 대한 애증을 지니고 있을 터이고, 2010년대에 다닌 교사라면 문학사 속의 한 인물로 어느 정도 거리를 두고 작품을 읽을 터이다. 학생이라면, 당연히 젊은 교사들보다도 더 먼 거리에서 작품을 볼 것이다. 그들에게 '궁핍한 시대'는 책 속의 이미지일 뿐 삶의 문제가 아니다. "민주주의여 만세" 하는 외침이나 "왕후장상에 무슨 씨가 있겠는가?[王侯將相 寧有種乎]" 하는 구호나 시간적 거리는 큰 의미 없다는 뜻이다. 다만 전자가 대한민국의, 아직 그 연장선상에 있는 근대화 과정에 연결되고 후자가 다른 나라의 고대 이야기라는 점이 다를 뿐이다.

이처럼 여러 시대가 얽히면서 드러나는 해석상의 차이, 교육상의 차이는 시교육이 사회적인 – 나아가 정치적인 행위라는 점을 암시한다. 곧, 시교육은 [학교 교육 – 국어교육 – 문학교육]의 성층 구조 안에 있고, 언어교육, 인문교육, 예술교육, 이데올로기교육 등의 자장에서 자유롭지 못하며, 그 존재 자체가 어떤 선택과 배제의 결과이다. 또한 사회가 시에 요구하는 바도 다양하다. 한쪽에서 극단적인 서정과 감수성 교육을 요구한다면 다른 한쪽에서는 학교 시교육 불필요론을 주장하기도 한다. 이 모두 시가 교육과 사회라는 제도 안에서 특출하게 존재하는, 또는 작동하는 현상이기 때문이다. 이 부분을 이해하지 않으면 시교육을 시작하기 어렵다.

> ▶ **교실을 위한 질문 — 시교육의 교육적·사회적 위상**
>
> 1. 학교에서 시와 연관 지을 수 있는 세부 과목이나 활동을 말해 보자. 그것들은 교육적으로 어떤 의의가 있나?
> 2. 부모님이나 일반 사회가 시교육에 관해 무엇을 기대할지 상상, 또는 조사하여 말해 보자.
> 3. 시를 순수 예술로 보아야 한다는 관점에서 각각 서서 토론해 보자.

II

시교육의 주체와
맥락에 관하여

1장
시적 주체로서의 개인과 사회

우리 시사(詩史)에 기명 여류 시인의 흔적은 그리 많지 않다. 허균의 누이 초희는 중국에까지 시명(詩名)을 날렸지만 불행한 결혼 생활과 형제의 옥사(獄事) 등으로 27세에 요절했고, 삼당시인(三唐詩人)의 하나였던 최경창의 연인 홍랑이나 송도삼절(松都三絶)이라 불렸던 황진이 모두 기적(妓籍)에 이름을 올리고 순탄치 않은 삶을 살았다. B.C. 6세기 인물이니 이들보다 이천 년을 앞섰던 사포가 레스보스 섬에서 귀부인들의 사교 모임을 이끌었던 것과 비교해 보면, 시인이 처한 환경이 얼마나 중요한지를 실감하게 된다.

시뿐 아니라 모든 일이 다 그렇다. 사람의 일이란 '타고난 저마다의 소질'과 랑송 류의 시간·공간·계급 등의 조건이 만나서 비롯되고 이루어지는 법이다. 허초희는 당대의 모순과 어려움을 온몸으로 겪었지만 바로 그 동력으로 200수가 넘는 시를 쓸 수 있었고, 사포는 레스보스 섬의 묘한 여인들 분위기 안에서 그런 서정시를 쓸 수 있었다. 역사상 시대를 잘못 만나서 이름 없이 사라져 간 천재가 얼마나 많겠는가. 굳이 천재가 아니더라도, 시는 한편으로 개인, 한편으로 사회의 역량 속에서 탄생하고 개화한다.

　시교육이라고 그렇지 않을까. 개인은 시와 시교육의 처음이자 마지막인 주체이고, 사회 또한 그러하다. 개개인의 시 역량 신장이라는 목표와 사회 전체의 시문화 발전이라는 목표가 만나는 지점에 시가 있으니, 당연히 학생이 시적 성장의 주체이고 그가 성장하도록 힘 바쳐 지원하는 사회 또한 시의 주체가 된다. 여기서 학생을 수동형의 '교육 대상'으로 보지 않고 능동형의 '학습 주체'로 보는 것이 포인트다. 또한 사회를 그저 교육 환경으로 보지 않고 능동적으로 교육을 향도하고 지원하는 주체로 보는 것이 중요한 인식 전환이다. 주체로서 이들의 역량을 어떻게 이끌어내고 신장할 것인가.

7
개인과 사회의 시 역량

개인의 시 역량이 사회의 시 역량을 구성하고,
사회의 시 역량이 개인의 시 역량의 토대가 된다.

1972년 3월 3일 케이프 캐너베럴 공군 기지에서 거대한 로켓 한 대가 발사되었다. 로켓에는 0.25톤의 목성 탐사선 파이오니어 10호가 실려 있었고, 파이오니어는 최초의 목성 컬러 사진을 보냄으로써 임무를 훌륭히 완수했다. 그리고 나서 파이오니어는 태양계를 벗어나 아득히 먼 우주의 심연으로 돌아오지 않을 여행을 떠났다. 공식적인 임무는 1997년에 종료되었고, 2003년에 마지막 신호가 포착된 후 연결이 끊어졌다. 지금은 그저 황소자리의 1등급 별인 알데바란 방향으로 어디쯤인가 가고 있을 것으로 추측할 뿐이다. 무사히 알데바란 근처에 도착한다면 그 시점은 200만 년 후가 될 것이다.

뜬금없이 우주 탐사선 이야기를 꺼낸 것은 파이오니어 10호에 금으로 된 229×152×1.27mm의 얇은 판 하나가 실려 있기 때문이다. 이 금속판

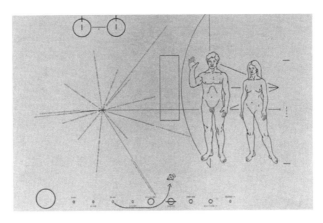

우리는 누구이며 어디에 있는가

에는 수소 원자 모형, 우리 태양계의 위치, 태양계와 지구의 모식도, 남녀 인간의 모습이 그려져 있다. 그 외에도 탐사선을 만들어서 심우주로 띄워 보낸 우리(지구)에 관한 여러 가지 기본 정보가 담겨 있는데, 문제는 그 정보를 받은 누군가가 제대로 해석해 줘야 한다는 점이다. 우주에서 먼지 한 톨보다도 작은 탐사선을 포획해서 그 안에 담긴 금속판을 회수할 정도의 문명이라면 그 정도 정보는 해석할 수 있을 것이라는 기대를 담아, 사실 그럴 가능성은 완전한 0%이지만, NASA의 기술자들은 자그마한 탐사선에 그보다 더 작은 금속판을 실어서 우주로 떠나 보냈다. 알데바란 성계까지 가는 도중에 그런 문명이 있어서 정보를 정확히 해석했다 할지라도 그때까지 인류가 존속하리라는 보장도 없지만, 그 판은 말해 줄 것이다. 이 은하의 변방 작은 항성계 안에 한때 우리가 존재했었노라고.

잠깐 헛된 상상을 해서 그 금속판에 시를 한 편 적어 보낸다고 치자. 가장 오래된 연시─사포의 시여도 좋고 사랑과 죽음의 노래 〈공무도하가〉도 좋다. 아니면 고문 끝에 삶에 절망하여 죽으면서 남긴 시 "나는 사라진다,

저 광활한 우주 속으로(박정만)"한 줄이면 어떨까. 그 문명에도 시인이 있어서 이 찬란하고 쓸쓸한 감정을 이해해 줄까. 어느 눈 밝은 독자가 200만 년 전 우주의 저 끝에서 보내 온 노래 한 가락을 읊으며 시간과 공간의 막막함에 대하여, 사랑과 운명의 잔인함에 대하여 함께 공감해 줄까.

여기서 시는, 금속판 안에 그저 웅크리고 있는 짐승과 같다. 200만 년을 얼어붙은 채 웅크리고 있다가 어느 행성의 과학자에게 포착되고, 포획되고, 해석되면서 비로소 그 짐승은 낮게 으르렁거리며 움직인다. 너를 찾아왔노라고. 이제는 없어졌을 은하 저쪽의 문명에서 누구인지 모를 너에게, 닿을지 안 닿을지도 모르는 작은 배를 타고 와서 이제 도착했노라고. 그 아득한 시공을 단숨에 건너뛰어 말을 건넨다.

우리 – 그대와 나 또는 작가와 독자 사이의 거리가 그 거리보다 짧고 가깝다고 자신할 수 있을까. 포착해 주지 않는 독자 앞에서 시는 그저 저 달의 뒤편을 지나가는 한 조각 탐사선에 불과한 것. 포획하고 해석하는 행위가 없으면 시는 200만 년 전이 아니라 아예 존재한 적도 없던 문명이 보낸, 아니 보내지도 않았던 신호에 지나지 않으리라. 시는, 존재와 부재 사이에 아슬아슬하게 서 있다.

죽는 날까지 하늘을 우러러
한 점 부끄럼이 없기를,
잎새에 이는 바람에도
나는 괴로워했다.
별을 노래하는 마음으로
모든 죽어 가는 것을 사랑해야지

그리고 나한테 주어진 길을

걸어가야겠다.

오늘 밤에도 별이 바람에 스치운다.

– 윤동주, 〈서시〉

한국인이 가장 좋아하는 시를 조사하면 늘 상위권에 오르는 작품이다. 일제 말기를 살았지만 친일 문제에서도[1] 사상 문제에서도 자유롭다는 점, 스물아홉의 젊은 나이에 해방을 겨우 6개월 남겨 두고 옥사했다는 점,(게다가 생체 실험으로 죽었다고까지 한다!) 이른바 '문단'에서 활동하지 않았으면서도 (어쩌면 그 덕분에) 비슷한 상황이던 이육사와 함께 1940년대의 저항시를 대표한다는 점 등이 이 시인을 전설로 만들었다. 2012년 (직접적인 연고는 없지만) 서울 북악산 자락에 문학관이 들어서고 2016년 영화 〈동주〉가 개봉되면서 그에 대한 사랑은 절정을 달리는 듯하다. 교과서에도 빠지지 않고 등장하니, [교과서 → 일상]의 확산과 [일상 → 교과서]의 수렴이 행복하게 이루어진 사례로 볼 만하다.

물론, 윤동주와 이 시가 유명한 것은 작품이 워낙 좋기 때문이다. '과거 → 미래 → 현재'의 기억과 다짐과 상황이 아무 바느질 자국 없이 이어지고, 하늘·바람·별·길 같은 오래되었지만 늘 새록새록한 시어들이 주제에 자연스럽게 녹아 있으며, 그 안에 부끄러움·괴로움·사랑 같은 누구나 아련한 마음을 가질 수밖에 없는 정서가 소복이 담겨 있다. 동양 고전에 기

---

1 일본 유학을 위해 창씨 개명을 하기는 했지만, 그것은 당시 상황에서 어쩔 수 없는 일이었다.

대어 "죽는 날까지 하늘을 우러러/ 한 점 부끄럼이 없기를" 바란다는 소망을 말하기도 하고[仰不愧於天 俯不怍於人] 당시로서는 다소 낯설면서도 사람들이 외경하던 기독교적 순교 의식도 담겨 있다. 무엇보다도 바람 한 자락에도 괴로워하는 순수한 영혼이 그래도 "나한테 주어진 길을/ 걸어가야겠다."고 다짐하는 모습은 한편으로 안타까우면서 한편으로 경외롭기까지 하다. 시집의 '서시'라는 상징성도 있다.

이 시를 드라마틱하게 만드는 요소는 일반인에게는 잘 알려져 있지 않은데, 손으로 써서 세 부밖에 안 만든 시집이 정병욱 등의 손을 거쳐서 유고 시집으로 살아남은 스토리다. 그나마 두 부는 윤동주가 죽고 그의 유해가 조선반도를 거쳐 간도까지 가는 상황에서 멸실되고, 겨우 한 부가 남아 정음사 판으로 간행될 수 있었다. 마치 파이오니어 호가 어느 행성계의 눈 밝은 사람에게 기적적으로 발견되어 그에게 우리 지구에 관해 말해 주듯이. 이는 겨울 한 철에 『님의 침묵』을 쓰고 다시는 시를 돌아보지 않았던 한용운보다 훨씬 더 놀라운 간행 이력이다.

독자는 이 모든 사정을 알고 시를 읽을 수도 있고 배경에 관해서는 아무것도 모른 채 읽을 수도 있다. 배경을 알면 시를 더 쉽게 읽을 수 있지만 해석이 닫힐 가능성이 있고 배경 없이 작품만으로 읽으면 그 반대의 장단점이 있다. 어느 경우든, 애초에 시를 만나지 않으면 불가능한 일이다. 여기서 개인의 시 역량이 필요해진다.

시 역량이란 무엇인가? 필자는 일단 '시를 시로 받아들이는 능력'이 제일 중요하다고 생각한다. 어떤 텍스트가 있다는 점을 인지하고, 그것이 시라는 것을 알아보며, 시이므로 시답게 읽으려고 하는 접근 태도가 중요하다. 인지하지 못하는 대상은 없는 것이나 마찬가지다. 그러다가 어느 순간 그것이 '있음'을 알게 되고, 그것이 다른 수많은 대상들과 '다름'을 알게 되며, 그 특별한 텍스트에 가장 적합한 방법으로 접근하려는 노력을 하게 된다. 이런 일련의 과정은 논리적으로 설명하기 어려운 신비한 과정이다. 그러려면 그에 따르는 부차적인 역량이 필요하다. 교육의 논리로 말하면 지식·기능·태도일 터인데, 이렇게 말해 놓고 나면 갑자기 시의 냄새가 없어진다. 그보다는 시에 관한 앎, 시 읽기(와 표현)의 요령, 그리고 시를 좋아하는 태도라고 하면 조금 부드러워질까?

사실, 이 모든 능력은 경험으로부터 나온다. 수학 같은 추상적 지식 체계는 경험과 다소 무관할 수도 있다. 그러나 언어와 예술은 경험 없이는 아무것도 아니다. 영어를 배우되 한 번도 써먹어 보지 못했다면 과연 우리가 영어를 '배웠다'고 말할 수 있을까? 미술을 배웠으되 미술 작품을 한 번도 보지 않았다면 그것은 미술을 배운 것이 아니다. 시 역시 이와 같다. 시에 관한 앎도 — 그것이 이론이든 역사든 — 시인과 시 작품에 관한 경험과 함께 알게 되고, 시 읽기와 시적 표현의 방법도 작품 없이는 애초에 불가능하다. 이를 간단히 정리하면 이렇게 된다. — [개인의 시 역량 = 능력(지식과 기술) + 정의적 요소(태도) + 경험]. 유사 개념으로 시적 리터러시, 시적 소양, 시적 감수성 등이 있지만 이들을 포괄하는 용어로 역량(capacity)이 가장 적절한 듯싶다.

개인의 시 역량은 사회라는 토대가 없으면 불가능하다. 인간은 사회적 동물이자 문화적 동물이고, 무엇보다도 개인의 시 역량이 인간과 인간 사이에서 발휘되기 때문이다. [시인 – 독자]의 관계 자체가 상호적일 뿐 아니라, 독자는 한 명의 독자가 아니라 독자군(讀者群)으로 존재한다. 윤동주 같이 많은 독자를 거느리고 있는 경우에는 더욱 그렇다. 곧, 시의 주체는

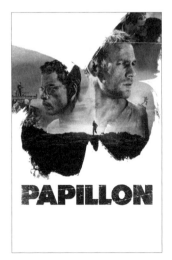

'파피용'은 나비이고, 영화에서는 자유, 소설에서는 구원의 상징이다.

주체적 존재로서의 인간과 그들의 추상적 집합체로서의 사회(문화라 할 수도 있다.)로 이원화된다. 시는 개인의 요구와 사회의 압력을 동시에 받으며 존재하고 작동한다.

시 있는 사회와 시 없는 사회의 차이를 상상해 보자. 베르베르의 소설 〈파피용〉을 떠올려도 좋다. 거기서는 멸망에 처한 인류가 스스로 존속하기 위한 마지막 몸부림으로 거대한 비행선을 만들어 우주의 심연으로 쏘아 보낸다. 그 우주선은 '작은 지구'라 할 만큼 커서 십만이 넘는 사람을 태울 수 있다. 당연히 인류를 대표하는 각양각색의 사람들이 타는데, 거기에 시인의 자리가 있을까? 십만 명이나 타는데 당연히 있을 것 같다. 그럼 만 명으로 줄이면? 천 명, 백 명으로 줄인다면 어떨까? 인류를 존속시키기 위해 딱 백 명만 뽑아서 우주로 띄워 보낼 때 반드시 시인 한 명을 포함해야 한다는 주장을 관철하기는, 쉽지 않을 성싶다.

하지만 뒤집어 보자. 〈파피용〉에서 인류는 우주선 안에서 세대를 이어 가며 천 년을 훌쩍 넘겨 심우주로 나아간다. 그동안 지구를 출발할 때의 규칙이나 문화는 점차 흐려지고 서서히 새로운 우주선 안의 문화가 생긴다. 결혼 제도, 교육 제도, 사법 제도 등이 우주선의 상황에 맞게 변형되고, 우주선을 유지·보수하기 위한 기술자들, 고립된 공간에서 그 많은 사람들의 의식주를 제공하는 사람들, 그들을 관리하는 사람들 하는 식으로 새로운 방식의 분업이 일어난다. 원래 시인, 소설가, 가수, 화가, 무용가를 신지 않았다고 한다면, 십만 년 동안 항행하면서 이러한 직업이 생겨날 수는 없을까? 우주선의 승객이 백 명만 돼도 이런 직업 – 직업이라 하기 어려우면 이런 일을 담당하는 사람은 생겨날 가능성이 높다. 하다못해 열차 객실에 네 명만 앉아 있어도 그중에 감정 처리를 담당하는 사람이 드러나지 않던가?

말하자면, 인간이 시적 본능을 가지고 있는 것처럼 사회도 근원적으로 시 역량을 지니고 있다. 이른바 '문화적 지향과 토양'이라는 개념이다. 시를 바라보는 긍정적 시각이나 시인을 대접하는 관습, 시의 토대가 되는 경제적·제도적 지원, 시를 담당하는 시인·비평가·교사 등의 인력, 언론의 호의적 시각, 무엇보다도 유머와 감성이 있는 사회 분위기가 사회의 시 역량이 된다. 제라르 드 빠르디유와 앤디 맥도웰이 주연한 〈그린 카드〉라는 영화에서 불법 체류자인 프랑스인 정원사가 시를 멋들어지게 읊어서 위기를 모면하는 장면이 있는데, 이는 미국의 문화계가 프랑스의 시 역량을 은연중 높이 쳐 주는 분위기를 반영한다. 실제로 우리도, 프랑스나 독일의 시 역량이 우리보다 한 수 위라고 대체로들 인정한다. 태산 정상의 바위마다 새겨져 있는 시를 (자연 파괴라 볼 수도 있겠지만) 소리 내어 낭송하며 땀을 씻

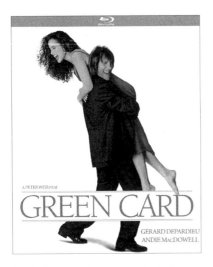

피아노 치며 시를 읊는 프랑스 정원사 – 어찌 반하지 않을 수 있을까

는 중국의 등산객들도 중국 사회의 시 역량을 보여 준다.[2]

여기서 사회의 시 역량을 '시 문화'로 바꿔도 큰 문제 없다. 시적으로 성숙된 문화를 지닌 사회가 시 역량이 높은 사회다. 시 문화는 통시적으로 쌓인 시적 자산과 공시적으로 시가 소통되는 현상이 만나는 지점에서, 시에 대한 사회 구성원의 인식과 시를 지원하는 사회·문화적 시스템이 작동하여 형성된다. 말하자면 사회 전체가 시로 고양된 상태이다. 그 안에는 시를 잘 배운/잘 아는 사람이 많고, 소통의 모든 영역에서 시 또는 시적 텍스트가 융통성 있게 사용된다. 광복 이후만 따지면 우수한 시인, 시문학 전문지가 끊임없이 쏟아져 나온 1960년대와 이른바 '시의 시대'로 불렸던 1980년대를 사회의 시 역량이 높았던 시기라고 이야기할 수 있다. 지역적으로도 '시향(詩鄕)'이라고 불리는 지방이 전국 곳곳에 있는데, 그곳을 사회의 시 역량이 높은 곳이라 말할 수 있다.

시교육을 이야기하면서 개인과 사회의 시 역량을 동시에 이야기하는 이유는, 시교육의 목표가 한편으로 개인의 시 역량 신장이고 한편으로 사회

---

2 중국에서 고등학교 졸업 때까지 고시(古詩)를 백 편 이상 의무적으로 암기하도록 하는 정책은 중국인의 자문화 우월주의의 표현으로 볼 수도 있고 그만큼 사회 전반의 문화적 자산을 중시하는 정책으로 볼 수도 있다.

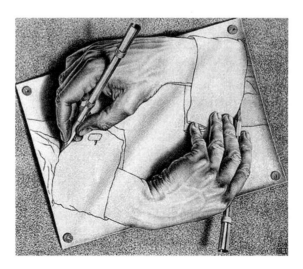

시와 시교육, 교수와 학습, 개인과 사회 - 모든 현상은 상호적이다.

전체의 시 문화 발전이기 때문이다. 시교육에서 토대와 목표는 에셔의 그림처럼 서로 물고 돌아가는 관계다. 토대가 튼튼해야 목표 달성이 쉬운데, 목표는 바로 그 토대를 튼튼히 하는 일이다.

▶ 교실을 위한 질문 — 개인과 사회의 시 역량

1. 시 역량이란 무엇인지에 관해 토의해 보자. 능력, 소양, 리터러시 등 유사 개념과의 차이는 무엇인가?
2. 개인/사회는 시교육의 토대인가 목적인가? 시교육은 개인/사회와 어떤 순환 관계를 맺는가?
3. '윤동주'가 우리 사회에서 어떤 기호로 작동하는지 알아보자.

8
문학 주체이자 학습 주체인 학생

> 학생 독자는 생각하고 즐기는 가운데
> 시를 배우고 경험을 쌓아 간다.

문학교육 현상을 진단하려면 문학교육의 목표부터 점검하는 것이 순서다. 현재 문학교육의 목표는 대략 세 층위로 이루어져 있다. 첫 층위는 학생들에게 문학 활동에 필요한 지식을 전수하고 체계적인 문학 경험을 제공하는 것이고, 둘째 층위는 그럼으로써 학생들의 문학 역량을 통합적으로 신장하는 것이며, 셋째 층위는 그를 바탕으로 하여 학생의 자아 성장을 돕고 사회·문화의 발전에 기여하는 것이다. 이를 정리하면 문학교육은 '문학 지식을 전수하고 문학 수용과 생산 경험을 제공함으로써 학생들이 바람직한 문학 주체로 자라도록 안내하는 일련의 계획과 실천'으로 이해할 수 있다.

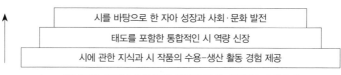

시교육은 시에서 출발하여 개인과 사회 · 문화로 나아간다

여기서 '바람직한 문학 주체'의 모습을 한 마디로 그려내기란 그리 쉬운 일이 아니다.[3] 그는 아마도 문학에 대해 긍정적인 가치관을 지니고 적극적으로 반응하며, 풍부한 문학 지식과 경험을 지니고 있고, 문학의 담화적 특성과 한국문학의 관례에 정통한 주체일 것이다. 그는 또 문학적 상상력이 뛰어나고, 문학적 언어를 유창하게 사용하며, 스스로 문학 문화의 형성에 참여하려는 자세를 보일 것이다. 이러한 문학에 관한 태도 · 지식 · 경험 · 사고력 · 소통 능력 등이 포괄적으로 작용하여 바람직한 문학 주체를 형성하게 된다. '작은 작가'나 '작은 비평가'는 그 바람직한 주체의 특수한 외형일 뿐이다.

이런 문학 주체의 모습을 염두에 두고 학생이 시를 배우면서 어떤 일을 하는지, 그 절차는 어떠한지, 그 과정에서 어떤 과제를 해결하는지 생각해 보자. 학생이 수업 중에 하는 일반적인 활동은 다음과 같다.

• 학습 목표 확인하기

• 학습 과제와 절차 이해하기

• 학습 과제에 관한 교사 · 교재 · 동료의 설명 이해하기 : 내용에 관한 설명, 방법에 관한 설명

---

3 이 부분은 김창원(1997a)와 김창원(2012)에서 논의한 내용을 가져왔다.

- 학습 자료(작품) 분석하기

- 교사·교재·동료의 질문에 답하기

- 교사·동료에게 질문하고 답변 이해하기

- 혼자, 또는 교사·동료와 함께 학습 과제 해결 방법 찾기

- 혼자, 또는 교사·동료와 함께 학습 과제 해결하기

- 학습 활동을 통해 얻은 지식과 기술을 일반화·내면화하기

- 학습 과정을 점검하고 조정하기

- 학습 결과 확인하기

이 과정에서 학생은 모르던 것을 알게 되고, 잘 못하던 것을 잘하게 되며, 대상에 관해 이때까지보다 더 강한 흥미와 긍정적인 태도를 갖게 된다. 여기서 새로 알게 되는 것은 시에 관한 지식(이론 또는 역사), 작가와 작품에 관한 정보이고, 잘하게 되는 것은 시 작품의 이해와 감상, 창작과 소통이며, 갖추게 되는 흥미와 태도는 시를 좋아하고 즐기는 태도다. "아는 것이 좋아함만 못하고 좋아하는 것이 즐김만 못하다.[知之者不如好之者, 好之者不如樂之者]"라는 공자님 말씀은 여기에도 그대로 적용된다. 특히 지식 교과로 한정되지 않는 문학의 경우 학생에게 기대하는 역량은 흥미와 태도인 경우가 많다. 좋아하고 즐기면 호기심이 생기고, 호기심은 탐구를 거쳐 지식으로 발전하는 법이다. 다만, 이때의 탐구는 지식을 위한 탐구가 아니라 순수한 호기심과 즐거움을 위한 탐구로, 지식은 그 과정에서 자연스레 체득하는 부수적인 것이다. 물론 지식이 있으면 탐구가 더 쉽고 탐구 결과 얻은 지식이 다시 새로운 탐구를 촉발하는 것도 진실이다.

텍스트 자체의 심미적 가치와 삶·소통에서의 전달 가치를 동시에 지닌

'시(poetry)'라는 개념이 존재한다는 사실은, 하나의 시 행위 또는 시라고 하는 제도를 구성하는 특별한 개념과 관례, 가설들이 존재한다는 것을 의미한다. 이러한 개념·관례·가설들은 시라는 개념이 통용되는 집단의 모든 구성원들에게 공유된다. 문학 공동체가 공유하는 개념들이 있음으로써 시 텍스트는 존재할 수 있는 것이다. 이를 다른 방향에서 보면, 어떤 문학 공동체에서 독자가 '시'를 '시'로서 다룰 수 있으려면 먼저 공유하는 개념들을 사용할 수 있는 기본 능력을 갖추어야 한다는 뜻이기도 하다. 예컨대 능동적 접근(access), 작품을 보는 심미안(해석·평가), 그리고 자신의 시 읽기를 일상생활이나 타인과의 소통에서 활용·응용·적용하려는 태도 등이다. 이 모든 것이 구체적인 현상으로 드러나는 것이 '시라는 행위'다.

시 행위, 곧 수행(performance)이라는 관점에서 시를 보면 시와 관련되는 개념과 관례, 가설을 사용할 수 있는 능력은 그대로 시텍스트를 다루는 '실제적 요령을 안다(knowing how)'고 하는 문제와 연결된다.[4] 그것은 텍스트를 이해하는 데 있어서의 하나의 기술(skill)이다. 물론 어떤 텍스트가 '시 작품'임을 알고 또 그것을 작품으로 다룰 수 있다는 것이, 그 독자가 '시란 무엇인가'에 관한 체계적인 이론을 가지고 있다는 것을 의미하지는 않는다. 시의 본질에 관해서 하나의 이론을 가지고 있다는 것, 즉 '그것을 안다는 것(knowing that)'과 시텍스트 사용에 관한 요령을 안다는 것이 반드시 동일한 것은 아니다(Stein H. Olsen & Henry G. Widdowson, 1986: 12－13). 필요한 것은 '시적 지식 체계'가 아니라 '시적 능력'인 것이다.

생성 문법에서는 한정된 음소와 의미소를 가지고 무한한 적격문을 생성

4　이 부분은 김창원(1995)에서 논의한 내용을 가져왔다.

할 수 있는 언어 능력(language competence)이라는 것을 추정하고, 그를 바탕으로 언어의 이론적 모형을 설계하고자 한다. 유사한 발상을 시의 경우에 적용한다면, 인간에게는 자연언어를 다루는 능력과 아울러 온갖 가능한 시적 언술을 생성, 사용할 수 있는 '시적 능력(poetic competence)'이라는 것이 있다고 상정할 수 있다(池上嘉彦, 1984: 51). 여기서 시적 능력은 언어 능력을 전제로 하여 시적 사고와 시적 언술의 특성을 이해하고 사용할 수 있는 능력으로 좁혀지지만, 여전히 언어 능력과 비슷한 수준의 추상성을 띤다. 그래서 그것 자체를 직접 설명하기보다는 우회적인 방법을 통해 설명할 수밖에 없을 것으로 보인다.

시적 능력이란 무엇인가. 인식론의 기본 전제를 원용하면 그것은 시를 시로 인식할 수 있는 능력, 시와 시 아닌 것을 구분할 수 있는 능력, 그리고 시에 시로서 접근할 수 있는 능력으로 이해할 수 있다. 이는 어떤 언어적 분절이 시텍스트로 사용되고 있다는 것을 인지하는 순간 거기에 시적으로 반응하려는 태도, 시적 사고와 시적 언술의 특성을 알고 비시적 텍스트의 참조 아래 시적 텍스트를 다루는 능력, 시텍스트의 의미를 해석하고 비시적 텍스트로 재진술할 수 있는 능력 등이 시적 능력의 주 요소가 된다는 뜻이다. 문학 공동체의 구성원들에게 공통되는 이러한 능력은 시텍스트의 소통을 가능하게 하는 전제 조건이자 문화 또는 제도로서의 시의 존재 가능성을 보장해 주는 조건이 된다.

독자 쪽에서 보면 시적 능력은 텍스트의 의미론적 가능성을 실현하고 해석 텍스트를 생산하는 능력, 곧 해석 능력과 동치의 것이 된다. 왜냐 하면 독자는 마음 속에서 기호에서 기호로의 전이가 일어나는 인물로서(Michael Riffaterre, 1989: 277), 의사소통 구조 안에서 텍스트와 상호작용하며 그

의미를 해석하는 주체이기 때문이다. 독자는 기호화(encoding)와 해독(decoding)이라는 시텍스트를 둘러싼 기호 – 의미론적 실천의 두 측면 중 후자에 직접 연결된다. 특히 시교육은 학생 독자[5]의 입장에서 시행위를 문제 삼는 것으로, 그 이론적 정합성을 확보하기 위해서는 먼저 해석 능력의 개념을 분명히 할 필요가 있다.

이제 학습 주체의 소양도 살펴보자. 시를 배우기 위한 학습 주체의 일반 소양은 학습 동기와 목표, 학습에 필요한 기본 지식·능력,(학교 교육 체제 안에서는 선수 학습이 된다.) 학습을 위한 전략·방법, 그리고 학습 과정에서의 문제 해결 전략(질문하기, 모방하기, 회피하기…) 등이 있다. 특히 텍스트와, 교사·동료와, 거시적으로는 사회와의 의사소통 능력이 필요하다. '배우지 못하는' 학생에게는 그럴 만한 이유가 있는 법이고, 교사는 그 문제를 해결해 줘야 한다.[6] 학습을 지원하는 환경과 자료가 필요한 것이다. 교사의 관심은 언제나 학생들은 시 역량을 어떻게 신장해 가나, 그 과정을 도우려면 어떻게 해야 하나에 있어야 한다.

시를 잘 읽으려면 두 가지 활동에 익숙해져야 한다. 첫째는 상상력을 중심으로 한 시적인 사고 활동이고, 둘째는 함축적·운율적 언어를 중심으로 한 시적인 언어 활동이다. 여기서 시적인 사고란 대상을 논리적이거나 관습적으로 보지 않고 창조적으로 보는 것으로, 시의 발상과 연결된다. 시적인 언어 역시 나타내고자 하는 바를 규범적이고 관습적인 언어 대신 참신하며

---

5 '학습독자'라는 용어를 쓰는 것이 보통이다. 여기서는 제도로서의 학교 교육을 다룬다는 의미에서 '학생 독자'라고 썼다.

6 학습 부진의 요인으로 인지적·심리적·기능적·환경적 요인을 주로 드는데, 이는 시교육에도 그대로 적용된다.

심미적인 언어로 나타내는 것으로, 시의 표현으로 나타난다. 그런데 언어와 사고는 결코 분리할 수 없는 한 몸으로서, 이 둘은 결국 같은 활동이라고 할 수 있다. 결국 시 읽기에는 창조적인 상상력과 언어에 관한 심미안이 필요한 것이다. 그 바탕에 시의 오랜 문화가 흐르고 있음은 물론이다.

비가 온다.
네게 말할 게 생겨서 기뻐.
비가 온다구!

나는 비가 되었어요.
나는 빗방울이 되었어요.
난 날개 달린 빗방울이 되었어요.

나는 신나게 날아가.
유리창을 열어 둬.
네 이마에 부딪힐 거야.
네 눈썹에 부딪힐 거야.
너를 흠뻑 적실 거야.
유리창을 열어 둬.
비가 온다구!

비가 온다구!
나의 소중한 이여.

나의 침울한, 소중한 이여.

– 황인숙, 〈나의 침울한, 소중한 이여〉

시를 읽을 때 가장 쉬운 방법은 화자가 처한 상황을 상상하고, 그의 심리 상태와 나의 심리 상태를 겹쳐 보는 것이다. 이때 화자의 심리 상태에 나의 심리 상태를 비슷하게 맞출 수 있으면 동일시(同一視)에 의한 읽기가 가능하고, 그렇지 않고 화자의 심리와 그가 처한 상황에 대하여 거리를 두고 읽고 싶으면 거리두기에 의한 읽기가 가능하다. 작품이 보편적인 정서를 다루었을 경우에는 동일시가 쉽게 되지만, 특수한 경험이라든지 구체적인 사건을 다룬 경우, 또는 시인이 의도적으로 반어적인 기법을 사용했을 경우에는 일정하게 거리를 두고 읽는 것이 보통이다. 시 읽기는 시를 '알고', 시를 '느끼고', 그리고 시를 온몸으로 '받아들이는' 일이다. "나의 침울한, 소중한 이"에게 말할 게 생겨서 기쁜데, 그것이 고작 "비가 온다."는 말이었다는 상황을 이해하려면 '나'와 '너'의 관계, 너를 향한 나의 마음, 최근의 둘 사이의 상황 등에 관한 종합적인 상상이 필요하다. 그래야 "날개 달린 빗방울"이 되어 너에게 날아가 너의 이마와 너의 눈썹과 너의 모든 것이 '신나게' 부딪치는 장면과 심리를 이해할 수 있다.

여기서 '읽기'와 '독자' 개념을 확대할 필요가 있다는 점을 알 수 있다. 시 교육은 이해·감상에서 그치지 말고 반드시 창작·소통까지 나아가야 하는 것이다. 그에게 작품 한 편을 가르치는 일이 중요한 게 아니라 그 작품을 통해서 자신을 성찰하고 타인과 소통하는 단계까지 가야 하기 때문이다. 한 편의 작품에 관한 표현·소통 경험은 작품 이해를 더욱 심오한 곳으로 이끌고, 그로부터 떠오른 상념을 시로 창작하고 그에 관해 다른 사람과 이야기함으로써 시교육의 한 단계가 완성된다. 따라서 학생 독자는 학습 비평가인 동시에 학습 시인이 된다.

지금까지의 문학 교육은 '좋은 독자'를 길러 내는, 곧 수용 중심의 교육이었다. 그러나 독자의 재발견이 이루어지고 저자의 죽음이 운위되며, 양방향 소통과 통합적 사고가 강조됨에 따라 문학 교육도 수용자 교육 일변도에서 벗어나게 되었다. 학생들이 일방적인 문학 소비자가 아니라, 생산과 소비를 동시에 하는 통합적 문학 활동의 주체(生費者 · pro-sumer)로서 참여하는 문학 교육을 추구하게 된 것이다. 이제 학생들은 칠판을 향해 줄을 맞춘 책상에 앉아서 작품만 뚫어지게 바라보는 것이 아니라, 활동하고, 직접 표현하며, 자신들의 세계를 자신들의 언어로 형상화하는 작업을 한다. 바야흐로 학생들이 변하고 교실이 변하고 있다.

▌ **교실을 위한 질문 — 문학 주체이자 학습 주체인 학생**

1. 시를 읽으려면 어떤 능력이 필요한지를 사고, 이해 · 표현, 문화 측면에서 정리해 보자.
2. 당신이 시 교사라면, 시를 배우는 주체로서 학생이 사전에 어떤 역량을 갖추고 오기를 요구할 것인가?
3. 〈나의 침울한, 소중한 이여〉를 천천히 읽으면서 드는 생각을 하나하나 기록하고, 그것을 다른 독자와 비교해 보자. 사람들은 시를 어떤 과정으로 읽는가?

9
시를 떠받치는 이데올로기와 사회·문화 체제

시는 문화적 고안물이며,
다른 문화 제도들과 이데올로기, 경험, 기억을 공유한다.

시는 하나의 문화 현상이다. 다시 말해 시는 시 자체로 허공에 떠 있거나 어느 한 순간 벼락처럼 하늘에서 떨어지는 것이 아니라, 오랜 역사를 거쳐 발전하고 수많은 사람들이 동의해 줌으로써 존재할 수 있는 문화의 산물이다. 사람 나고 시 났지 시 나고 사람 난 것이 아니다.

시의 동인(動因)은 일차적으로 개인이다. 과거에는 공자와 굴원과 이백과 두보가 그랬고 근대에는 최남선과 주요한과 김억이 그랬다. 그들은 개인의 비전과 경험을 바탕으로 수준 높은 시를 남겼다. 하지만 이면을 보면 상황은 또 다르다. 공자는 스스로 시를 지어서 시의 전범을 남긴 게 아니라 여항의 노래들을 모아서 일종의 교육용으로 『시경』을 편찬하였다. 최남선이 신체시를 고안하고 주요한과 김억이 근대 자유시를 완성한 일은 분명 천재적인 일이었지만 그 일을 위해 19세기 말의 한 세대가, 나아가 조선 왕조

오백 년의 밑받침이 필요했다. 또한 청(淸)과 일본을 통해 접한 근대 문명·근대 문학의 도움도 있어야 했다. 간단히 요약하면 최남선과 주요한과 김억은 시대의 산물이다. 뉴튼과 라이프니츠가 거의 동시에 미적분을 고안해 낸 것처럼, 그레이엄 벨과 엘리사 그레이가 불과 몇 분 차이로 각자 발명한 전화기를 들고 특허국을 찾았던 것처럼, 인류는 어느 임계점에 이르면 공동으로 비슷한 사고를 하는 일종의 집단 지성을 가지고 있는 것 같다. 아마 최남선과 주요한과 김억이 없었더라도 그보다 많이 늦지 않게 누군가 비슷한 일을 했을 것이다. 사회 또한 시의 동인이라는 뜻이다.

현대도 마찬가지다. 무엇이 학생들에게 시를 읽게/쓰게 하는가? 개인이 시를 읽고 쓰도록 만드는 요인은 무엇인가? 모든 사회에는 시 행위가 가능하도록, '시'라는 문화가 융성하도록 떠받치는 제도가 있다. 또한 시에 관한 이데올로기도 있다. 예를 들어 한국 근대시의 형성에는 19세기 말부터 20세기 말에 이르는 신문·잡지의 기여가 큰 역할을 했다. 「독립신문」, 「대한매일신보」 등이 없었다면 개화기 시가들이 새로운 형식을 실험하기 어려웠을 것이다. 신체시와 근대 자유시는 신문사의 지원을 받지는 못했지만 대신 본인이, 또는 독지가의 도움을 받아서 만든 잡지·문예지가 그 역할을 대신했다. 제도로 보더라도, 우리나라 초기 문단 형성에 「조선일보」, 「동아일보」 등 신문사의 신춘문예 제도가 기여한 바는 이루 말할 수가 없다. 1980년대에는 비정규 무크지가, 1990년대에는 현대문학사·문학사상사·문예출판사·민음사 등이 운영한 문학상이 문학의 수요 확대에 결정적인 기여를 했다. 현재도 몇몇 문학상은 수상 작가의 출세를 보장할 뿐 아니라 해당 출판사의 수익 창출에도 기여해서, 그 수익이 다른 군소 작가에 대한 지원으로 흘러가는 길을 터 주고 있다. 일제 강점, 한국전쟁, 군사 독재 같은 엄혹한 환경이 문학에 끼친 영향 등, 사회가 문학에 동력을 제공하는 사례는 일일이 열거하기 힘들다.

물적 토대뿐 아니라 이데올로기의 토대도 중요하다. 사회가 시에 어떤 가치를 부여하느냐에 따라 시의 토양이 달라지기 때문이다. 진(秦)의 시황제는 분서갱유를 일으켜 학자들을 억압했지만, 그가 학문 자체를 부정한 것은 아니다. 다만 본인이 신뢰하던 법가(法家) 이외의 사상과 학문을 금하여 사상 통일을 이루고자 했던 것이 문제였다. 시황제 입장에서 볼 때 실속 없이 말만 많던 유가와 방술(方術)로 그를 현혹했던 도가, 그리고 법가의 반대편에 섰던 묵가(墨家) 등이 그렇게 땅 속에 묻혔다. 비록 그가 시를 주요 탄압 대상으로 삼은 것은 아니지만, 그 과정에서 천재적인 시인·묵객들이 입을 닫은 것은 어쩔 수 없는 일이었다. 참요(讖謠)가 전국적으로 퍼지면서 문학의 침체에 결정적으로 대못을 박았다.

오늘날의 시에 관한 사회적 인식은 대체로 20세기 초에 형성되었다. 19세기 말에 한문 엘리트들의 한시와 조선 후기 이후 급속히 많아졌던 무명 작가들의 국문 시가가 쇠퇴하고 근대적인 자유시가 만들어지는 과정에서이다. 이때 '시인'이라면 일본 유학을 하거나 적어도 신교육을 받아야 했고, 주로 낭송되거나 읊조리던[吟詠] 시 대신 '읽는 시'를 써야 했으며, 개인 문집이 아니라 신문·잡지, 동인지 같은 공간물(公刊物)에 시를 발표해야 했다. 완전히 새로운 예술과 작가가 탄생한 것이다. 하지만 당시의 시인은 신분제의 굴레를 뚫고 오로지 개인 능력으로 문학의 주역으로 자리 잡았다는 자부심과 하필 그 시기가 국권 상실기이자 자본주의 이행기여서 정치적으로 경제적으로 불우해졌다는 소외감을 동시에 지니게 되었다. 그 결과로 기행·기벽을 일삼거나 오연·초연하거나 현실에 무능한 시인의 이미지가 만들어졌다. 시인의 모든 행동은 시대의 우울로 이해되었다.

그럼에도 불구하고 시와 시인을 외경하는 분위기가 유지된 것은 시인에게는 참 다행한 일이다. 이 경향은 동서고금에 공통되거니와, 우리나라의 경우 멀리 한문학 형성기까지 그 기원이 올라간다. 최치원이 당(唐)에서 돌아와 한문학을 꽃피우고 신선이 되어 사라진 이후, 시는 천하와 인간의 비밀을 폭로하고 험한 세상에서 이상향을 꿈꾸게 한다는 식의 시 무소불위론이 정착되었다. 나아가 시인 역시 무소불위가 되어, 이백이 황제 앞에서 술에 취해서 양귀비의 치마폭에 시를 쓰는 행위가 적선(謫仙)의 일로 용서되는 모습을 많은 시인이 찬탄했다.

이처럼 시라는 제도, 곧 근대적 시단의 성립, 등단제 도입과 시인의 자격 제한, 작품을 발표하고 시집을 출판하는 시스템은 전적으로 사회에 의존한다. 나아가, 젊은 시인과 비평가를 양성하는 방법이라든지 창작, 기고·강연, 강의 등으로 먹고사는 구조 등, 시를 둘러싼 조건 중 사회와 무관한 것은 하나도 없다. 이런 구조와 시인의 사회의식이 결합하여 시대마다 다른 특징을 보이게 된다. 곧, 사회 변화가 시의 변화를 낳는다.

예를 들어 보자. 조선 – 고려의 변혁기나 임진왜란 전후, 근대 이행기 등 한국사의 커다란 변곡점은 그대로 시(시가) 문학의 변화를 낳는다. 시조의 탄생과 변화, 19세기 말의 다양한 장르 모색, 드디어 완성된 근대 자유시 등, 시사와 정치사는 그대로 평행을 이룬다. 현대시 안에서도 일제 강점기, 한국 전쟁기와 전후, 산업화 시대, 문민 권력으로의 이행기, 정보화·세계화 시대 등 사회 변화가 그대로 시의 변화에 대응한다. 지역에 따라서도 시관이 달라서, 동양 – 서양의 시·시인에 대한 인식과 대접 차이로 나타난다. 제3세계에서 셍고르, 네루다, 바이체크 같이 현실 정치에 깊이 관여하는 시인이 나타나고 어떤 면에서는 그것이 시인이 시대의 소명에 응답하는 것으로 받아들여지기도 하지만, 한국에서는 그런 행동이 용납되지 않는 것도 마찬가지다. 김광균이 기업가로 전신(轉身)한 것은 가업 때문이었기에 용서될 수 있었지만 김춘수가 임명제 국회의원이 된 것은 시인의 이름을 정치로 더럽힌 것이기에 용서받기 어려웠다. 아무리 그 시가 훌륭하더라도 일제 강점기의 친일 시인이나 일인 독재 시기의 어용 시인에 대한 사회의 눈은 싸늘하다.

사회의 산물이고, 예술인 동시에 인문학의 성격을 강하게 지니는/요구받는 시는 그래서 사회 현실에 관심을 두지 않을 수 없다. 19세기 말의 혼란와 일제 강점, 좌우 이념 대립에 이은 분단과 전쟁, 독재 권력에 대한 저항, 산업화와 경제 성장의 어두운 그늘, 물질문명의 비인간성, 대중소비사회의 천박성 등, 시가 외면할 수 없는 사회 문제가 계속 등장했다. 이들이 시를 만든다.

흐르는 것이 물뿐이랴

우리가 저와 같아서

강변에 나가 삽을 씻으며

거기 슬픔도 퍼다 버린다

일이 끝나 저물어

스스로 깊어 가는 강을 보며

쭈그려 앉아 담배나 피우고

나는 돌아갈 뿐이다

삽자루에 맡긴 한 생애가

이렇게 저물고, 저물어서

샛강 바다 썩은 물에

달이 뜨는구나

우리가 저와 같아서

흐르는 물에 삽을 씻고

먹을 것 없는 사람들의 마을로

다시 어두워 돌아가야 한다

– 정희성, 〈저문 강에 삽을 씻고〉

1960년대에 시작되어 1970년대를 온전히 지배했던 개발 독재의 그림자가 이런 시를 쓰게 했다. 이 시대는 농촌 해체와 그로 인한 도시 빈민 증가, 기업 집중과 하청 구조에 따른 노동 조건 악화, 도시 개발에 따른 저소득층의 대규모 이주 등으로 한편으로 벼락 성장의 환상을 심어 주면서 다른 한편으로 상대적 박탈감과 가진 자를 향한 분노를 낳았다. 그러면서도 한편에서는 땅과 노동과 민중의 힘을 믿고 민족과 통일을 기다리는 낙관적 신념이 성장했다. 이런 관념이 참여시·저항시·노동시·농민시·민중시·통일시·생태시 등으로 나타나지 않으면 시는 정녕 자기 직무를 유기한 것이 되리라. 도도한 역사의 강변에 나가 거기 슬픔을 퍼다 버리며 "먹을 것 없는 사람들"과 함께 하려는 시인을 낳은 어머니는 전적으로 당대의 현실적 삶이다.

이런 시는 또 어떤가?

- 박남철, 〈텔레비전 · 1〉

　'언어 예술'이라는 시의 정의를 정면에서 부정하고 오로지 네모난 박스 하나로 이미지를 표현함으로써, 이 시는 미디어의 공허함, 사람과 사람 사이 의사소통의 불가해성, 나아가 현대 문명의 허구성을 단번에 보여 준다. 이탈리아에서 입체파 시인들이 활동하고 아폴리네르가 저 유명한 문자 – 그림 시를 쓴 지 세 세대나 지났지만, 20세기 말이 되어서야 한국 사회는 이런 시를 쓸 수 있게 된 것이다. 이후 휴대폰을 이용한 '한 바닥 시'라든지 동영상과 결합한 영상시, 온라인 · 하이퍼텍스트 구조를 활용한 시 이어 쓰기 프로젝트 등 기술에 입각한 시의 실험은 모두 사회적 · 물적 토대가 시의 주체라는 점을 보여 준다.

아폴리네르의 일견 장난스러운 시도는 그대로 보탑시(寶塔詩)를 연상하게 한다

　그렇다면 각 시대 또는 사회의 시 양상을 보면서 시적으로 풍성한 사회와 그렇지 않은 사회를 구별할 수도 있겠다. 현대시의 역사를 봐도 시의 여명기와 쇠

퇴기, 황금기와 암흑기가 교체한다. 1910년대에 근대 자유시가 완성된 이후 1920~30년대의 전성기, 1940~50년대 태평양전쟁과 한국전쟁의 영향으로 시가 위축된 시기, 다시 1960년대 '한글 세대'의 시적 폭발을 거쳐 1970년대의 정치적 억압 속의 혼란, 1980년대 전반적인 문학의 위축 속에 도래한 '시의 시대', 그리고 1990년대 이후 대중성·통속성의 시대 등 시는 시간의 흐름과 함께 정지용 말대로 "오므라들고 펴고(〈바다〉)"를 반복한다.

오늘날 시가 융성하고 있는지 쇠퇴하고 있는지를 보는 시각은 사람마다 다르지만, 확실한 것은 과거와는 다른 시가 다수 창작되고 있으며, 시교육은 그런 현상을 온전히 담아내지 못하고 있다는 점이다. 사실 광복 직후에도 시교육의 산맥은 김소월·한용운·정지용이었고, 여기에 시문학파와 생명파, 청록파, 이육사·윤동주 등이 추가되면서 현대시의 교육 정전은 완성되어 버렸다. 여기에 1970년대 들어 김춘수·김수영이, 1980년대에 황동규·고은·신경림이, 1990년대에 황지우·정호승과 해금된 이용악·백석이, 그리고 2000년대에 김용택과 안도현이 추가되는 과정을 거쳤지만 여전히 시교육의 중심은 일제 강점기 시인에 있다. 그리고 1990년대 이후 등단한 시인들은 김기택·나희덕·문태준 정도를 제외하면[7] 시교육의 문 안에 들어서지 못한다. 특히 시의 전성시대를 이끌었던 1960년대 시인들은 김수영·신동엽 등을 제외하면 기이할 정도로 교육의 장에 수용되지 못하고 있다.

이런 현상은 시뿐 아니라 시교육 역시 역사와 사회의 산물이라는 점을 보여 준다. 시 창작의 맥락이 확실하고 주제가 분명하며 어느 정도 거리를 둔 대상을 비판하는 시가 가르치기에 좋기 때문이 아닐까? 시대적으로 너

---

7 김기택과 나희덕은 1989년에 나란히 등단했지만 통상 '90년대 시인'으로 분류된다.

무 가까운 시는 가르치기에 불편하고, 난해한 시는 가르치기 어려우며, 주제가 교육 공동체의 이념에 안 맞는 시는 가르칠 수 없는 것이 시교육의 사회·문화적 배경이다. 이런 맥락이 시교육의 방향과 실제를 좌우한다.

오늘날 우리 사회·문화는 시에 대해 어떤 요구를 하고 있나? 과거와 같은 선구자적, 예언자적 시는 적절치 않은 것 같다. 역사 배경을 알아야 공감할 수 있는 두 세대, 세 세대 전의 시 역시 학생들은 어려워한다. 지나치게 비판적이거나 어려운 시도 그렇다. 그보다는 감성적이고 부드러우며 일상에 더 가까운 시를 선호하는 듯하다. 정호승·나태주·김기택·나희덕·문태준 등이 환영받는 시대인 것이다. 그렇다면 그에 대해 밀고 당기는 수용이 필요하다. 일방적으로 배제하거나 수용할 일이 아니다. 건강한 사회, 시가 넘치는 사회를 위해서는 시와 시교육을 능동적으로 수용하는, 늘 비판적인 관점을 잃지 않는 사회적 토대를 마련해야 한다.

> ◤ **교실을 위한 질문 — 시를 떠받치는 이데올로기와 사회·문화 체제**
>
> 1. '시', '시인'이라고 하면 떠오르는 이미지를 나열해 보자. 그런 이미지는 어떻게 만들어졌을까?
> 2. '시'라는 제도가 어떤 식으로 구성, 운영되는지 살펴보고, 20세기 들어 그런 제도가 성립할 수 있었던 토대를 분석해 보자.
> 3. 오늘날 시가 쇠퇴하고 있다고 보는가? 그렇다면 그 이유는 무엇인지, 그렇지 않다면 그렇게 보는 이유가 무엇인지 말해 보자.

2장
시교육의 시간적·공간적 전개

시도 시교육도 하나의 현상이다. 철학에서는 '현상'이라는 용어를 매우 복잡하게 사용하지만, 여기서는 그럴 필요없이 그저 '어떤 구체적인 상황 아래 벌어지는 일' 정도로 소박하게 사용하자. 화학 반응도 현상이고 사람과 사람의 사랑도 현상이다. 시·시교육을 현상으로 보게 되기까지 길고 오랜 논의가 있었지만 그에 관한 이야기는 생략한다.

일이 벌어지려면 당연히 [시작 → 중간 → 끝]에 이르는 시간의 흐름과 공간적 배경이 필요하다. 거기에 사람이 개입하여, 구체적인 맥락이나 목적, 이유 등이 작동한다. 복잡한 현상이라면 내부 요소들 간의 관계도 중요하고, 그 현상이 다른 현상의 일부라면 외부 조건도 그에 영향을 준다. 요약컨대 시교육은 하나의 현상이며, 맥락에 따라 유목적적으로 벌어지는 과정이고, 내부·외부 요소와의 관계에 영향을 받는 구조체이자 작동상이다. 이런 현상을 객관적으로 살펴보려면 기준이 되는 좌표가 필요한데, 시간과 공간이 쓸모 있는 좌표가 될 수 있다. 이 좌표는 개인과 사회 두 차원에 모두 적용된다.

　복잡하게 얘기했지만 메시지는 간단하다. 시교육은 제도의 변화와 그 안에서 이루어지는 개인의 성장이라는 시간축을 따라가며 실현되고, 개인이 서 있는 공간이자 사회가 제공하는 공간 안에서 이루어진다는 뜻이다. 인간(人間)이 시간(時間)과 공간(空間)의 교차점에 존재하듯이 시교육도 시간－공간의 좌표 위에서 파악할 수 있다.

　학교를 염두에 둔다면 시교육은 [학령 전 → 학령기 → 학령 후]의 큰 틀 안에서 다시 [초등 → 중등 → 고등]의 단계별로 이루어진다. 그러면서 학교 안의 시교육을 학교 밖의 시교육이 지원하는 체제로 되어 있다. 학교 안 시교육이 끌고 가면 학교 밖 시교육이 밀어 주는 형국이다. 경우에 따라 그 반대도 가능하다. 이 두 축이 행복하게 조화를 이룰 때 사람/삶 차원의 시교육이 완성된다. 시교육의 커다란 그림은 어떤 모양일까.

10

시간의 화살 : 시교육은 언제, 어느 순서로 이루어지는가

요람부터 무덤까지,
1학년부터 12학년까지.

교육은 시간적 기획이다. 짧게는 차시·단원 단위의 교육 프로그램마다 시작과 끝이 있고, 길게는 학년·학교급이나 인생 단위에도 출발점과 도달점이 있다. 교육 받기 전과 교육 받은 후의 차이를 전제하지 않으면, 그 사이에서 시간의 흐름을 전제하지 않으면 교육은 성립하지 않는다.

인간은 태어나면서부터 죽을 때까지 배운다. 어쩌면 그 이전부터인지도 모른다. 시교육이 엄마 뱃속에서 엄마의 심장 고동소리를 들으며 시작된다고 하면 과장일지 모르겠으나, 갓 태어난 아이들이 규칙적인 리듬에 끌린다는 점은 누구나 알고 있다. 돌이 지나면서 알아들을 수 있는 발음을 시작하고, 서너 살이 되면 일상적인 의사소통이 가능하며, 통설에 따르면 일곱 살이면 이미 기본적인 언어 능력이 완비된다고 한다. 초등학교 입학 무렵이다. 그리고 그때쯤이면 이미 노래와 노랫말을 즐기고 재미있는 표현을 즐거워하며 귀를 막으면서도 무서운 이야기 듣기를 피하지 않는다. 사춘기를 거쳐 그 이후까지 이런 능력은 계속 성장한다.

국가는 이런 성장 특성을 반영해서 학교급을 나누었다. 우리나라는 만 7세에 입학하는 6 – 3 – 3 – 4 학제를 취하지만 이 구분이 절대적인 것은 아니다. 그보다 일찍 취학하는 나라도 있고, 초급 학교를 5년, 또는 4년으로 끊는 나라도 많다. 우리도 학제 개편에 관한 논의가 오래 진행됐지만 워낙 실무적인 어려움이 많아 진척되지 않을 뿐이다.

문학도 시간축을 따라 발달한다. 이때의 '시간축'은 한 번은 역사적 시간, 또 한 번은 개인적 시간을 의미한다. 역사적 시간축은 [고대 – 중세 – 근세 – 근·현대]와 같은 시대 구분으로 나타나고 개인적 시간축은 [유아문학 – 아동문학 – 청소년 문학 – 성인문학]의 단계 구분으로 나타난다. 물론 이 절에서 이야기하는 시간축은 후자다.

문제는 이렇다. – 개인의 문학 능력은 어떤 기제로, 어떤 단계를 거쳐 발달하는가? 문학교육은 언제, 어떤 내용을 어느 범위와 깊이까지, 어떤 작품을 가지고 가르쳐야 하는가? 가르치는 순서는 어떠해야 하는가? 등등. 장르가 시인지 소설인지에 따라 세부 내용이 달라질 수 있지만 학교 교육이 거기까지 고려하기는 어려울 성싶다. 그래도 시 역량의 세부 요소를 학습하는 시간축을 어떻게 꾸릴까의 문제는 소설과 다르게 해결해야 한다.

여기서 중요한 것이 시 역량의 발달 특성이다. 시 역량은 시에 관한 능력, 경험, 태도로 구성되며 능력은 다시 지식, 기술로 구성된다. 곧 시에 관한 지식, 기술, 태도, 경험이 총체적으로 개인의 시 역량을 구성한다. 일반적인 개인의 발달 특성과 나이별 문학 구분을 병치하며 시 역량이 어떻게 발달하는지 생각해 보자.

〈시 역량의 발달 양상〉

일반적인 발달성	학교급	문학 구분	발달 양상
영아기(0~2세)	–	–	· 리드미컬한 소리와 말에 반응한다. · 준언어적 표현에 반응한다. · 노래를 뜻과 관계없이 즐긴다.
유아기(~6세)	어린이집, 유치원	유아문학	· 반복되는 말, 우스운 말을 즐긴다. · 말놀이를 이해한다. · 노래와 노랫말을 함께 즐긴다.
아동기(~12세)	초등학교	아동문학	(전기) · 문자로 쓰인 짧은 시를 이해·감상한다. · 행·연 중심으로 시의 형식을 이해한다. · 시와 그림을 연결 지어 이해·감상한다. (후기) · 본격적인 동시를 이해·감상한다. · 줄글 읽기와 시 낭송을 구별한다. · 모작·개작 등의 방법으로 시적 표현을 한다.
청소년기(~18세)	중·고등 학교	청소년 문학	(전기) · 시인과 시적 화자를 구별한다. · 비유, 운율, 이미지 등의 개념을 이해한다. · 간단한 시 창작을 한다. (후기) · 시인이나 시 창작의 배경을 생각하며 시를 이해·감상한다. · 시를 다른 예술이나 인문 현상과 연관 지어 이해·감상한다. · 관심 있는 학생들은 본격적인 시 창작을 시도한다.
청년기(~30세)	(전문) 대학교	성인문학	· 학교에서 배운 시를 일상의 언어생활에 활용한다. · 스스로 시집을 찾아 읽는다. · 관심 있는 사람들은 시 낭송회 등에 참여한다.
	–		
중장년기(~50세)	–		
중노년기(~65세)	–		· 자신의 삶과 관련하여 시를 이해·감상한다. · 시를 차용하여 언어생활을 한다. · 기회가 되면 시 창작을 시도한다.
노년기 (65세 이후)	–		

시교육은 아동기와 청소년기에 집중적으로 이루어진다. 이때 어떻게 배웠느냐에 따라 그의 평생의 시 경험이 좌우되는 경우가 많다. 심지어 이때 배운 시가 평생 배운 시의 전부인 사람도 있다. 그런데 그 12년을 학교 제도는 초등학교와 중·고등학교로, 문학에서는 아동문학과 청소년문학으로 단순하게 대별하는 것이 문제다. 그나마 청소년문학은 20세기 후반에 와서야 겨우 독자적인 목소리를 내는 수준이다. 그 전까지는 [초등학교 - 아동문학] 단계를 거쳐 중학교에 가면 곧장 성인문학으로 들어가는 실정이었다. 물론 [아동문학 - 청소년문학 - 성인문학]의 구별이 칼로 두부 자르듯 명쾌한 것은 아니다. 그에 비해 [초등 - 중등]의 학교 제도는 매우 명쾌하게 구별된다.

이 부분에 주목하여 많은 사람이 시 역량 발달의 전환기와 학교 체제의 괴리를 지적한다. 발달 단계별로 시교육의 목적과 특성이 다른데 학교급과 학년에 맞춰서 계열성·연속성·완결성을 추구하다 보니 개인의 문학적 성장과 문학교육적 성장이 어긋나는 것이다. '학교급에 맞는 시교육'은 시 역량과 학교 제도가 잘 맞을 때만 이상적이지 그렇지 않을 때는 프로크루스테스의 침대 노릇을 할 뿐이다.

조금 더 살펴보자. 2015년 개정 교육과정은 '문학' 영역 성취기준을 장르를 고려하지 않고 기술하였다. 그중에서 분명하게 시를 의식한 성취기준들만을 뽑아 보면 다음과 같다.

[2국05 - 01] 느낌과 분위기를 살려 그림책, 시나 노래, 짧은 이야기를 들려주거나 듣는다.

[2국05 - 02] 인물의 모습, 행동, 마음을 상상하며 그림책, 시나 노래, 이야기를

감상한다.

[2국05 – 03] 여러 가지 말놀이를 통해 말의 재미를 느낀다.

[2국05 – 04] 자신의 생각이나 겪은 일을 시나 노래, 이야기 등으로 표현한다.

[2국05 – 05] 시나 노래, 이야기에 흥미를 가진다.

[4국05 – 01] 시각이나 청각 등 감각적 표현에 주목하며 작품을 감상한다.

[6국05 – 03] 비유적 표현의 특성과 효과를 살려 생각과 느낌을 다양하게 표현한다.

[9국05 – 02] 비유와 상징의 표현 효과를 바탕으로 작품을 수용하고 생산한다.

[10국05 – 02] 갈래의 특성에 따른 형상화 방법을 중심으로 작품을 감상한다.

문학 일반의 교육 내용 체계와 별개로, 시의 장르적 특성은 주로 표현 쪽에 중점을 둔 것을 알 수 있다. 특히 1~2학년군에서 자연스럽게 문학에 입문하는 활동을 강조한 데 비해 3~4학년부터 본격적으로 '시'라는 장르를 의식하여 내용을 편성하였다. 이는 학생들의 시 역량 발달과 비교하면 다소 이른 감이 있다.

여기서 '이르다'는 표현을 썼다. 그것을 어떻게 판단하는가? – 시교육의 시간적 전개에서 지적이 제일 잦은 것이 '특정 작품이 몇 학년에 적절한가' 하는 문제다. 예를 들어 다음 작품은 몇 학년 용인가?

바람이 서늘도 하여 뜰 앞에 나섰더니

서산머리에 하늘은 구름을 벗어나고

산뜻한 초사흘달이 별과 함께 나오더라

달은 넘어가고 별만 서로 반짝인다

저 별은 뉘 별이며 내 별 또 어느 게오

잠자코 호올로 서서 별을 헤어 보노라

– 이병기, 〈별〉

노래로도 널리 알려져 있고 특별한 기교 없이 시조 형식에 그대로 얹은 시라서 이해하기 어렵지 않다. 그래서 초등학교(옛 국민학교) 교과서에 실었던 것이고, 『음악』 교과서에서도 이 노래가 5학년에 나온 적이 있으니 국어과와 음악과 모두 초등학교 고학년이면 이 작품을 충분히 이해하리라는 데 합의한 셈이다. 하지만 (아마도) 초여름 밤에 뜰 앞에 홀로 서서 달이 꼴딱 넘어갈 때까지 별을 바라보는 심사가 초등학생의 것으로 보기는 어렵다는 지적도 타당하다. 이 작품을 초등학생이 충분히 이해할 수 있다고 해서 고등학생은 재미없어 할까? 그렇다면 〈어린 왕자〉를 초등학생부터 중학생, 고등학생, 성인까지 모두 좋아하는 현상은 어떻게 설명할 것인가? 시를 포함하여 문학교육의 순서를 정하는 기준은 교육 목표 또는 내용이지 작품이 아니라는 사실을 보여 주는 사례다. 같은 작품이라도 초등학교 때는 초등 수준에서, 고등학교 때는 고등 수준에서 읽고 활동하면 될 일이다.

또 다른 쟁점은 시에 관한 이론이나 맥락 정보를 '언제부터 어디까지' 줄 것인지의 문제다. 교육과정으로 보면 초등학교 때부터 비유적 표현을 학습하도록 되어 있지만, 그때 과연 '비유, 은유, 직유' 같은 용어를 가르쳐야 할까? 이들을 초등학교 때 가르치면 '상징, 반어'는 중학교 때 가르치는가? 또, 넓게 보아 비유라 하더라도 은유와 직유 외에 '환유, 대유, 제유, 우유' 등 많은 개념들이 있는데, 이것들은 안 가르치나? 가르친다면 고등학교 때인가? 〈하여가〉를 가르치려면 반드시 정몽주와 이방원의 이야기를 해야하고 당연히 〈단심가〉도 함께 가르쳐야 하는데, 조선사를 모르는 학생들한테 이런 이야기가 이해가 될까? 일제 강점기라는 맥락을 빼고 윤동주를 가르치는 것이 문제인가, 아니면 일제 강점기가 무엇인지도 모르는 학생들에게 일제 강점기의 대표 시인으로 윤동주를 가르치는 것이 문제인가? 7차 교육과정기까지는 초등 교과서에 작가 이름을 싣지 않았다. 초등 수준에서는 작가에 관한 배경 지식이 작품 이해에 도움이 안 된다고 여겼기 때문이다. 지금은 작가를 밝히는데, 그렇다면 학생들에게 작가에 관한 정보를 줘야 하는지에 관해서는 뚜렷한 입장이 없다.

현대시를 가르치다가 언제부터 고전시가를 가르쳐야 하는지도 문제다. 시조를 예로 들면, 시교육의 총체성을 위해서는 시조를 반드시 가르쳐야 하지만, 몇 학년 때 시작할지, 시조의 일반 형식을 어느 수준에서 가르칠지, 관련 배경 지식을 언제부터 줄지, 시조 창작을 언제 부과할지 등 결정해야할 문제가 많다.

발달 단계에 따라 적절한 작품 양이 다를 수도 있다. 과거에 비해 교과서에서 다루는 작품 수가 현저히 줄었기 때문에 이를 학년별로 적절히 배분하는 문제는 결코 쉬운 일이 아니다. 저학년 때 많이 배우고 학년이 올라가면서 주는 게 좋은지 그 반대인지에 관한 연구나 논의가 없다.

'문학'이 국어과의 하위 영역으로 편성되면서 생긴, '듣기 · 말하기', '읽기', '쓰기' 영역과 문학의 통합교육 문제도 남아 있다. '읽기'로 초점화해서 보면, 저학년 때는 읽기와 문학을 구별하지 않고 여러 읽을거리 중의 하나로 다루다가 학년이 올라가면서 점차 문학의 독자성을 인식하고 '문학'이라는 예술 장르의 특성 중심으로 다루는 방법이 적절해 보인다. 〈문학〉 과목이

고등학교에 가서야 비로소 선택 과목으로 편제된 것도 이런 논리와 관계 있다. 하지만, 문학이 결국 일상의 언어생활 및 삶과 통합돼야 한다는 관점에서 보면 이런 분절주의는 극복해야 할 대상이다. 창작교육 역시 이와 비슷한 양가성 위에 서 있다. 저학년은 시적 표현에 부담을 느끼지 않으니 저학년 때 창작교육을 많이 해야 할지, 시텍스트의 특성을 어느 정도 이해하고 시의 관습과 형식 등에 익숙해진 고학년 때 창작 활동을 많이 부과해야 할지는 시 역량의 발달에 조회하며 결정할 일이다.

마지막으로, 시교육의 시간적 전개와 관련하여 짚어 볼 것이 학령기 전과 후의 시교육 문제다. 이 책은 주로 학교의 시교육에 관심을 가지지만, 긴 인생에 비추어 볼 때 학령기란 매우 짧다는 점을 늘 인식해야 한다. 시와 관련하여 조기교육/영재교육이 가능한가, 학교를 졸업한 이후의 성인 대상 시교육은 어떠해야 하는가, 학교 시교육과 학교 이후 시교육은 어떤 관계를 맺어야 하는가 등의 문제를 고민하면서 평생의 시교육 체제를 구상해야 한다. 말하자면, 시교육은 시간의 화살을 따라 부단히 이어지고 그 순서는 그때 그때의 관점과 맥락에 따라 정해지는 일이다.

▶ **교실을 위한 질문 — 시간의 화살 : 시교육은 언제, 어느 순서로 이루어지는가**

1. 유아·아동 문학, 청소년 문학, 성인 문학의 차이를 시를 중심으로 말해 보자. 성인을 20세로 본다면, 20세 이후의 시는 그 안에서 차이가 없을까?
2. 시어, 비유와 상징, 운율, 이미지, 화자와 어조 등 시적 장치들을 배우기에 적합한 순서가 있을지, 있다면 어떤 순서로 배우는 것이 효과적일지 말해 보자.
3. 같은 시가 초등학교와 중학교, 또는 중학교와 고등학교에서 되풀이해서 나왔다고 할 때, 교사로서 어떻게 대처해야 할까?

11

존재의 거품 : 시교육은 어디에서 이루어지는가

> 시교육은 학교에서 이루어지지만, 그 밖에도
> 가정에서, 일상 공간에서, 가상 공간에서, 어디서든 이루어진다.

시는 인간이 만들고, 인간이 향유하고, 인간이 가르치고 배우는 어떤 것이다. 이런 일이 일어나려면 인간과 인간이 만나는 공간이 필요하다. 시교육은 시간적으로 전개되는 것과 마찬가지로 공간적으로도 넓게 전개된다. 그리고 공간에 따라 시 향유와 시교육의 특성이 달라진다.(물론 이때의 '공간'은 비유적인 표현이다.)

시가 만들어지고 향유되는 공간은 크게 사적·개인적 공간과 공적·사회적 공간으로 나눌 수 있다. 사적 공간은 개인이 스스로의 판단에 의해 다른 사람과의 직접적인 영향 관계 없이 시를 만들고 향유하는 공간이다. 집에서, 통학이나 출퇴근 길에, 직장에서 잠시 짬을 내어 시 행위를 하는 사람들의 공간이다. 그에 비해 공적 공간은 다른 사람들의 시선을 의식하며, 다른 사람과 관계를 주고받으며 시를 만들고 향유하는 공간이다. 사적 공간이 [시 – 나]의 이원 공간이라면 이 공간은 [시 – 나 – 타인]의 삼원 공간이다. 나아가, 공적 공간에서 타인의 시선 아래 시 행위를 하는 데는 그럴 만한 이유가 있다는 점에서 – 예컨대 공연이나 교육이나 경연 – 네 번째의 요인도 고려해야 한다. 곧, 공적 공간은 [시 – 나 – 타인 – 맥락]의 다원 공간이 된다.

공적 공간에서 제일 중요하고 이 책이 주로 관심을 가지는 공간이 학교 공간이다. 좁은 의미의 학교란 울타리가 처지고 수업종이 울리며 학교보안요원이 지키는 물리적 개념으로서의 학교이고, 넓은 의미의 학교는 교육과정에 입각해서 목표 지향적으로 교수 · 학습 행위가 이루어지는 모든 실제, 가상의 공간을 가리킨다. 쉽게 말해서 공적인 가르침이 일어나는 공간을 모두 '학교'로 보는 관점이다. 이 책에서는 좁은 의미를 택하여, 대한민국 교육법과 초 · 중등교육법에 근거하여 설립 운영되는 학교, 그중에도 제일 일반적인 학교를 '학교'라고 지칭하기로 한다. 그런 학교 공간을 넘어서는 넓은 의미의 학교는 '학교 밖'이라는 용어로 통칭한다.

학교 공간은 통상 '교실'이라고 하는 교과 학습이 이루어지는 공간, 같은 교실이지만 교과 교육과정 밖의 비교과 학습이 이루어지는 공간, 학교에서 의도적으로 지정했거나 학생들이 자율적으로 인식하는 놀이 공간, 그리고 식당 · 화장실 등의 생활 공간으로 이루어진다. 교실에는 일반 교실뿐 아니라 실험실 · 음악실 · 미술실 · 운동장 등이 모두 포함된다. 비교과 학습 공간은 방과 후에 교실을 비교과 학습 장소로 쓰는 경우를 포함하여 도서관 · 실습장 등 다양하다. 때에 따라 학교 울타리 밖으로 비교과 학습 공간이 넓어지기도 한다.

학교 밖에도 학습 공간이 있다. 가장 대표적인 학교 밖 학습 공간은 가정이다. 아이들은 학교에 들어오기 전부터, 학교에 들어온 다음에도 방과 외 시간에는 가정에서 학습을 계속한다. 지역사회도 학습 공간이 될 수 있는데, 지역사회 공간 중 특히 교육을 위해 지정한 문화학교나 도서관·박물관, 학원 등의 공간이 중요하다. 그리고 학교 밖의 또래 학습 공간도 있다. 또래 학습 공간은 원래부터 학습 공간인 학교 안에 학생들이 자율적으로 놀이 공간을 만들 듯이, 학교 밖에 아이들이 자율적으로 만든 상호 학습 공간이다. 서점·피씨방·만화가게·노래방·카페 등 또래 학습 공간은 어느 곳이든, 언제든 만들 수 있고 그 유지 시간도 다양하다.

이 모두 시교육을 위한 학습 공간이 될 수 있다. 시는 잘 조직된 교재가 필요한 경우도 있지만 그런 것 없이 그저 시 한 편, 또는 아무것도 쓰여 있지 않은 백지 한 장도 교재가 될 수 있기 때문에 임의의 공간을 학습 공간으로 만들기가 매우 편하다. 마치 판소리가 아무 곳이나 판을 펼칠 수 있는 곳이면 무대가 되는 것과 같다.

특기할 것은 21세기 들어 온라인 학습 공간이 확대되는 점이다. 20세기까지는 거의 모든 학습 공간이 면 대 면의 오프라인 공간이었다. 교육방송이 국가 교육에서 큰 비중을 차지하고 있었지만 대개의 사람들은 '교육' 하면 오프라인 교육을 떠올렸다. 하지만 온라인 교육 플랫폼이 늘어나면서 오늘날 '교육' 하면 사람들은 그것이 오프라인 교육인지 온라인 교육인지를 먼저 묻게 됐다. 이 경향은 앞으로 더 심화될 것이며, 그런 점에서 온라인 교실의 특성에 대한 논의가 필요해졌다.

전통적인 학교 교실로 논의를 한정해 보자. 아직은 대부분의 시교육이 초등이든 중등이든 학교 교실에서 이루어진다. 이 교실은 가장 체계화되고 형식화된 학습 공간이다. 그 구조는 크게 인적 구조, 물리적 구조, 과정적 구조로 나누어 살펴볼 수 있다.

① **교실의 인적 구조**

- 나이, 거주 지역, 학습 수준 등에서 비슷한 집단이 교실을 이룬다. 교실 내 학력 격차에 관한 걱정이 많지만, 거시적으로 보아 대체로 동질 집단이 한 교실을 채운다. 그 수는 (현재 우리나라의 경우) 대개 30명 내외이다.

- 한 명, 아주 예외적으로 둘 이상의 교사가 교실을 지배하고 교수·학습을 관리한다. 교사는 교실에서 제일 큰 권력을 가지며, 수업 운영은 물론이고 학생을 통제하고 평가하는 등의 광범위한 권한을 갖는다. 일단 수업이 시작되면 교실 안의 그를 제어할 수 있는 존재는 없다.

- 다수의 학생들이 학습 형태에 따라 다양한 관계를 맺으며 학습 과제를 해결한다. 학생들은 전체가 동일하게 개별 학습을 하거나 소규모 그룹으로 나누어 학습한다. 이때 그룹 내에서는 협력 관계가, 그룹 간에는 경쟁 관계가 이루어지는 것이 보통이다.

② **교실의 물리적 구조**

- 교실은 시간·공간적으로 제한돼 있다. 교육과정에 따라 주당 수업 시간이 정해져 있으며, 차시 당 수업 시간도 초등학교 40분, 중학교 45분, 고등학교 50분으로 정해져 있다. 공간적으로 단위 수업은 교실 안에서 이루어지고, 학생은 수업이 시작되면 끝날 때까지 교실을 벗어나는 일이 허용되지 않는다.

- 교실은 중앙 집중적 공간 구조를 취한다. 학생들은 교탁·칠판·화면을 중심으로 일렬 또는 방사형으로 자리하고, 교사에게 주의를 집중한다. 수업 중 교사가 이동하면 학생들의 주의도 이동한다.

- 교실은 교수·학습에 최적화된 물리적 환경을 갖추고 있다. 학생에게 적합

한 책상과 의자가 일정한 원칙에 따라 배열돼 있고, 남는 공간과 벽면은 모두 학습 보조 자료로 채워져 있다. 이런 '교재로서의 교실'은 초등학교에서 가장 두드러지고 학교급이 올라갈수록 약화된다.

③ **교실의 과정적 구조**

- 교실에서의 교수·학습은 공식 교육과정에 따라, 부과된 제재를 가지고, 사전 계획대로 진행된다. 한 시간·한 칸이라는 교수·학습의 시공간이 교육과정 목표를 달성해 가는 단위가 된다.

- 교실 수업은 시간표에 따라 운영된다. 특정 과목의 한 차시 학습은 같은 과목의 전 시간과 다음 시간 사이에서 학습 목표와 내용이 결정되고, 학생 입장에서 임의의 시간은 하루 중 그 전 시간과 다음 시간 사이에서 학습 리듬과 효과가 결정된다. 교실은 하나의 살아 움직이는 현상이다.

- 단위 수업은 [시작-중간-끝]이라는 일관된 과정을 거친다. 차시를 예로 들면, 도입부에서 전시 학습 환기, 목표 확인 등이 이루어지고 전개부에서 해당 차시의 학습 활동을 한 뒤 정리부에서 학습 내용을 점검하고 차시 예고로 마무리하는 것이 전형적인 구조다. 교사는 물론이고 학생도 이런 구조에 숙달돼 있어서 이 방식대로 하는 것이 가장 학습 효과가 높다.

시 교실은 여기에 한 층이 덧씌워진다. 언어 예술, 상징 예술로서의 시가 지니는 상징적 구조다.

④ **교실의 상징적 구조**

- 시 교실은 시인과 독자가 만나는 공간이다. 시인은 학생을 염두에 두고 시를 짓지 않았지만 학생은 언제나 학생의 관점에서 시를 읽는다. 여기에 교사

가 중개자 또는 안내자로 개입하면서 시 교실은 다양한 주체가 만나는 공간이 된다.

- 시 교실은 시텍스트가 상정한 상황을 현실 공간과 오버랩하는 공간이다. 소설에서도 이런 현상이 일어나지만, 소설의 배경이나 장면이 여러 가지 물리적 장치들을 필요로 하는 반면에 시의 상황은 아주 소수의 장치만 있으면 된다.

- 시 교실은 언어 이해와 표현, 시로 초점화하면 시 텍스트의 수용과 생산이 이루어지는 공간이다. 그 공간에서 학생의 시적 발상, 시적 표현, 시적 소통과 교감이 이루어지며 수업이 끝나면 시교육 공간은 이런 여러 겹의 구조로 이루어지며, 그 공간 안에서 시적 주체 – 교사, 학생, 시인의 활동이 일어난다. 물론 그 활동은 시에서 비롯되어 시에서 끝난다.

네가 오기로 한 그 자리에

내가 미리 가 너를 기다리는 동안

다가오는 모든 발자국은

내 가슴에 쿵쿵거린다

바스락거리는 나뭇잎 하나도 다 내게 온다

기다려 본 적이 있는 사람은 안다

세상에서 기다리는 일처럼 가슴 애리는 일 있을까

네가 오기로 한 그 자리, 내가 미리 와 있는 이곳에서

문을 열고 들어오는 모든 사람이

너였다가

너였다가, 너일 것이다가

다시 문이 닫힌다

사랑하는 이여

오지 않는 너를 기다리며

마침내 나는 너에게 간다

아주 먼 데서 나는 너에게 가고

아주 오랜 세월을 다하여 너는 지금 오고 있다

아주 먼 데서 지금도 천천히 오고 있는 너를

너를 기다리는 동안 나도 가고 있다

남들이 열고 들어오는 문을 통해

내 가슴에 쿵쿵거리는 모든 발자국 따라

너를 기다리는 동안 나는 너에게 가고 있다.

– 황지우, 〈너를 기다리는 동안〉

이 시를 장소/공간의 관점에서 보자. "네가 오기로 한 그 자리"는 '네'가 누구/무엇인지에 따라 자리의 성격이 정해진다. '너'를 사랑하는 사람으로 보는 것이 제일 쉬운 독법이지만, 마치 한용운의 '님'처럼, 여기서의 '너'도 얼마든지 다양하게 해석할 수 있다. 나는 그 자리에 미리 가서 너를 기다린다. 처음에는 자리에 앉아서 기다리다가 너를 기다리는 마음이 진해지면서 자리에서 일어나고, 문 쪽으로 고개를 내밀고, 멈칫멈칫 문 쪽으로 다가가다가 마침내 "내 가슴에 쿵쿵거리는 모든 발자국 따라" 나는 너에게 가고야 만다. 정지해 있던 공간이 너를 향해 움직이는 것이다. 물리학의 기본 법칙을 어기는 이런 운동은 너를 향한 나의 기다림이 그만큼 절실했기에 가능하다.

시교육의 공간도 이와 같다. 교수·학습이 이루어지는 공간이 그냥 고정된, 고여 있는 공간이어서는 안 된다. "바스락거리는 나뭇잎 하나"도 학생들의 배움 과정을 흔들기에, 잠깐 열렸던 문이 아주 작은 방해로 다시 닫히는 일이 비일비재하기에, 학생들의 말 하나 행동 하나는 교사의 마음에서 쿵쿵거린다. 교사가 그 공간의 지배자였다가 학생을 지배자의 자리에 앉히는 일은 네가 오기를 기다리다가 내가 네게 가는 인식의 전환과 같다. 교실이 완성될 때 시교육은 완성된다. 말하자면 이 시 읽기는 시의 공간과 교실의 공간, 시적 화자 – 청자의 공간과 교사 – 학생의 공간이 겹치는 순간 이루어진다.

시교육의 가장 큰 문제 중 하나는 교실과 교실 밖, 넓게는 학교 안의 시와 학교 밖 시의 괴리이다. 앞에서 시교육은 사적 공간에서도 이루어지고, 학교가 아닌 다양한 공적 공간에서도 이루어진다고 하였다. 시교육의 총체성을 위해서는 학교 시교육을 학교 밖으로 확장하고 학교 밖의 시 경험을 학교 시교육으로 끌어들이는 노력이 필요하다. 마치 오지 않는 너를 기다리다가 마침내 너에게 가는 나처럼, 학교 시교육은 학교 밖 시교육을 향해 나아가야 한다. 일단 《국어》라는 공간을 넘어 다른 교과 공간으로, 교과교육을 넘어 비교과교육으로 나아가는 작업이 선행해야 한다. 2015 교육과정에서 강조한 통합교육의 이념이 여기에도 적용된다.

시와 소설, 시와 비문학, 시와 사회 · 과학 · 예술 교과의 통합은 시교육을 더욱 풍성하게 한다. 나아가 학교 밖에서 매스컴을 통해, 가족이나 친구들을 통해, 온라인 콘텐츠를 통해 이루어지는 시교육이 학교 안 시교육과 통합될 때 진정한 시의 자기화가 일어난다. 시교육은 마치 부글부글 끓어오르는 비누거품처럼 삶의 도처에서 이루어지는데, 그 하나하나의 비눗방울이 지니는 의의를 학교라는 중심이 단단히 그러모으는 노력이 필요하다.

1. 시를 읽거나 시적 행위가 이루어지는 공간 또는 상황을 가능한 한 많이 나열해 보자. 시는 어디에서 존재를 드러내는가?

2. "교과서에 실리는 순간 시는 죽어 버린다."는 비판이 있다. 한편으로, 대다수 사람들은 좋아하는 시를 물으면 '학교 때 배웠던 시' 중에서 답한다. '학교'는 과연 시교육에서 어떤 역할을 하는가?

3. 학교 도서관의 시집 코너에 가 보자. 어떤 시집들이 있는가? 도서관은 시교육에 어떤 도움을 주는가?

III

시교육의 내용과
방법에 관하여

1장
시교육의 내용

    학생들은 시에 관해 무엇을 배우는가? 시를 배운 사람과 배우지 않은, 또는 배우지 못한 사람의 차이는 무엇인가? 어떤 사람이 시에 관해 잘 안다고 할 경우, 그렇게 말하는 근거는 무엇인가? 스스로 판단해 보자. 나는 시를 잘 아는가 모르는가?

    '학교에서 무엇을 가르쳐야 하나?' 하는 문제는 교육 철학에서 주로 관심을 갖는 주제다. 항존주의자들은 변하지 않는 핵심 가치를 주장할 것이고 경험주의자들은 체계화되고 전이력 높은 경험을 이야기할 것이다. 진보주의, 본질주의 같은 이론가들에게는 또 각자의 주장이 있다. 모두 일리가 있느니만큼 학교에서는 이들을 절충·종합하여 포괄적으로 다루는 것이 보통이다. 시에 관해서도 마찬가지여서, 어떤 이는 시 지식을, 어떤 이는 시 경험을, 어떤 이는 시에 관한 관점과 태도를… 등등 다양하게 주장한다. 그리고 성의 있는 교사라면 가능한 한 이들을 빠뜨리지 않고 고루 다루려고 애쓴다. 과연, 그러면 되는가?

질문을 바꿔 보자. 학생들은 학교에서 시에 관해 무엇을 배워야 하는가? 학교에서 배우지 않으면 영영 배우기 힘든 시 역량은 무엇인가? 학교에서 배운 내용은 학생의 전인적인 시적 삶에 어떻게 기여하는가? 개인 차원의 취미가 아니라 '학교'라는 제도 안에서 의무적으로 이루어지는 교육이라면 이런 질문을 반드시 하고 넘어가야 한다. 국가가 막대한 자원을 투입해서 기르고자 하는 제도적 역량 안에 시가 타당하게 자리잡아야 한다는 뜻이다. 그러려면 시교육의 내용이 – 늘 비판받아 마지않는 – '지식'이어서는 안 된다는, 적어도 지식에 머물러서는 안 된다는 사실을 금세 알 수 있다. 지식을 목적으로 하는 교과는 따로 있을 것이다. 지식보다 상위에 있는, '지식을 다루는 능력'이 중요하다. 무엇이 시적 지식을 다루는 상위 능력일까.

12
시교육 내용을 보는 관점

시교육의 내용은 시에서 나오는가
시를 읽고 쓰는 행위 또는 문화에서 나오는가.

시를 배운 사람과 안 배운 사람 사이에 아무 차이가 없다면 시를 배울 필요가 없다. 그들 사이의 차이, 그것이 시교육의 내용이다. 이상적인 시적 주체를 상정하되 그것이 사회적으로 용인되도록 할 필요가 있다. 위대한 시인이 이상적인 시적 주체인가? 아니면 탁월한 비평가가 그러한가? Scholes(1995)도 이미 이야기했듯이 '시인 모델'과 '비평가 모델'은 시교육에서 받아들이기 어려운 모델이다. 그렇다고 해서 시를 사랑하는 아마추어, 이른바 '소인(素人) 모델'을 그대로 받아들이기에도 부족한 점이 많다. 아마추어를 양성하기 위해 국가 차원에서 그 많은 자원을 동원해서 개인에게 시를 배우라고 강요할 이유가 없기 때문이다. 시가 개인의 삶의 질을 높이고 공동체의 건강함을 유지하는 데 도움이 된다는 점을 분명히 보여 줄 교육 내용이 필요하다. 공교육을 마칠 때까지 100편 이상의 고시(古詩)를 외게 하는 중국이나, 누구나 하이쿠를 지으면서 그것으로 소통하고 교감하는 문화를 재생산해 가는 일본을 참조할 수 있다.

이와 관련하여 실체 중심 교육관과 속성 중심 교육관을 대비시키는 것은 문학교육 전문가들 사이에서 이미 상식이 되었다. 여기에 활동 중심 교육관을 추가하기도 한다. 시교육도 마찬가지일 터다. 작품 중심의 시교육관은 (아마도) 7차 교육과정 때가 전성기였고, 이후 국가 교육과정과 교과서는 속성 중심, 활동 중심의 교육관을 추종하고 있다. 하지만 아직 현장은 실체 중심으로 수업이 이루어지고 있다. 그 이유는 실체 중심 교육이, 그 이름이 말해 주듯이, '가르칠 내용'이 분명해서 교사와 학생 모두에게 편하기 때문이다. 속성 중심은 모호하고 활동 중심은 공허하다는 호소가 현장을 지배하는 한 시교육은 '통틀어 봐야 몇 편 안 되는' 작품을 읽는 것으로 그치게 된다. 이를 극복하려면 시교육론은 '시적인 것'의 실체와 그 교수·학습 아이디어를 분명하게 제공해야 한다.

최근에는 미래 사회를 이끌어 갈 키워드로 '핵심 역량'이 자주 거론된다. 사고력, 의사소통 능력, 자료·정보의 해석과 활용 능력, 협업·갈등 조정 능력 등 기관에 따라 연구자에 따라 요소가 다양하기는 하지만, 중요한 것은 학업과 직업 세계가 역량 중심으로 재편된다는 점이다. 여기서 시는 어떤 위상을 차지할까? 전인적 인간을 길러 냈던 중세적 교육 체제에서 구조기능론에 입각한 근대적 교육 체제를 거치며 시를 포함한 문학의 위상은 지속적으로 낮아지고, 오늘날 문학은 자본과 결합한 문화 산업의 한 자원으로 격하되었다. 서사는 그나마 문화 콘텐츠에서 자신의 자리를 발견해서 새로운 길을 개척하고 있는데, 그마저 안 되는 시는 하루 빨리 고유한 역할을 찾지 못하면 학교와 문화센터의 교실에서만 찾을 수 있는 유물이 될 가능성이 크다. 이와 관련하여 핵심 역량과 밀접하게 연계되면서 개인뿐 아니라 사회 및 문화사 차원으로 적용 범위를 넓힐 수 있는 시 역량의 재 개념화가 필요하다. 개인의 시 역량에 대해서는 지식·기능·태도나 사고 력·상상력·감수성, 또는 경험과 태도 등 다양한 논의가 이루어져 왔지만 사회를 하나의 유기체로 보고 사회의 시 역량을 살펴본 논의는 없다. 21세 기를 '시 읽는 사회'로 만들기 위해서는 사회·문화적 관점에서도 시 역량 을 따져 봐야 한다.

한편으로, 학교 교육은 교과와 비교과라는 두 축에서 이루어지고, 시교 육도 마찬가지다. 그동안의 시교육론은 시교육이 하나의 교과라는 점에 무심했을 뿐 아니라 그것이 비교과교육으로도 이루어진다는 점에 대해서 는 아예 고려하지 않았다. 시의 교과화는 국가 수준에서 교육 목표의 정련 과 교육 내용의 체계화를 통해 교육과정으로 구체화되고 이것이 다시 검정 교과서와 국가 단위 평가로 전개되면서 확정된다. 그에 비해 비교과교육은 총론 차원에서는 교육과정으로 구체화되지만 시교육이라는 구체적 영역 에 오면 거의 논의 대상이 되지 못한다. 하지만 학생들은 교과 교육과정 외 에도 다양한 비교과 활동(창의적 체험 활동, 학교 밖 독서 활동 등)을 통해 시 경 험을 쌓아 가고, 그 결과는 평생 독서와 평생 학습으로 이어진다. 시교육의 내용은 이러한 점을 고려하여 구성해야 하나, 시교육의 독자적인 교육과정 구성이 어려운 현실을 고려하여 국어 교과와의 연관 아래서, 다양한 비교 과 활동을 염두에 두고 제도로서 정착할 수 있도록 해야 한다..

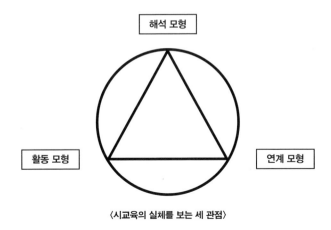

〈시교육의 실체를 보는 세 관점〉

그렇다면 시교육을 위한 교육과정이 존재하는가? 존재한다면 어떤 내용으로 존재해야 하는가? 이를 위해 시교육의 실체(substance)를 보는 관점을 정리할 필요가 있다. 해석 모형, 활동 모형, 연계 모형이 그것이다. 해석 모형은 시론에 기초하여 '작품 읽기'로서 내용을 구성하는 경우를 가리킨다. 이때 내용은 대체로 실체론으로 연결된다. 활동 모형은 학생들의 시 역량 발달을 고려하여 문학 감상과 표현 행위로서 내용을 구성하는 경우이다. 이때는 내용이 속성론이나 활동론으로 연결된다. 연계 모형은 언어교육, 학교 교육, 타 교과 활동, 학교 밖 문학 경험, 21세기 핵심 역량 등 교육의 거시적 관점을 기준으로 교육 내용을 구성하는 방식이다. 이에 관해서는 시교육 분야에서 논의가 많이 이루어지지 않았는데, 시교육의 거시 담론으로 활발하게 점검할 필요가 있다.

막차는 좀처럼 오지 않았다

대합실 밖에는 밤새 송이눈이 쌓이고

흰 보라 수수꽃 눈 시린 유리창마다

톱밥난로가 지펴지고 있었다

그믐처럼 몇은 졸고

몇은 감기에 쿨럭이고

그리웠던 순간들을 생각하며 나는

한 줌의 톱밥을 불빛 속에 던져 주었다

내면 깊숙이 할 말들은 가득해도

청색의 손바닥을 불빛 속에 적셔 두고

모두들 아무 말도 하지 않았다

산다는 것이 때론 술에 취한 듯

한 두릅의 굴비 한 광주리의 사과를

만지작거리며 귀향하는 기분으로

침묵해야 한다는 것을

모두들 알고 있었다

오래 앓은 기침소리와

쓴 약 같은 입술담배 연기 속에서

싸륵싸륵 눈꽃은 쌓이고

그래 지금은 모두들

눈꽃의 화음에 귀를 적신다

자정 넘으면

낯설음도 뼈아픔도 다 설원인데

단풍잎 같은 몇 잎의 차창을 달고

밤 열차는 또 어디로 흘러가는지

그리웠던 순간들을 호명하며 나는

한줌의 눈물을 불빛 속에 던져 주었다.

– 곽재구, 〈사평역에서〉

　이 시를 가르친다고 해 보자. 무엇을 가르칠 것인가? 과연 가르칠 것이 있기나 한가?

　어떤 교사는 작품 자체에 주목하여 시의 주제, 구조, 표현의 아름다움 등을 이야기할 것이다. [겨울 – 밤 – 기차]라는 익숙한 상징 도식을 바탕으로 이 시간과 공간, 거기에 각자인 듯 함께인 듯 놓인 사람들의 이야기를 함께 읽자고 할 것이다. 그러면서 '눈꽃의 화음'이나 '단풍잎 같은 몇 잎의 차창' 같은 표현의 아름다움을 이야기할지도 모른다. 아니, 이것저것 다 버리고 작품을 조용히 낭송하면서 그 장면을 상상하고 그 분위기를 느끼는 것으로 수업을 대신할지도 모른다. 그에 비해 어떤 교사는 우리 모두 막차를 기다리는 사람들이라는 점을 전제하고 '그리웠던 순간'을 하나씩 둘씩 들춰 보자고 할 수도 있다. '그리운' 순간이 아니고 '그리웠던' 순간이라니! "한 줌의 톱밥을 불빛 속에 던져 주"고 "눈꽃의 화음에 귀를 적"시는 행위가 그리움 자체를 그리워하는 일이라는 점을 안다면, 그리하여 '산다는 것'이 결국은 '침묵해야 한다는 것'임을 안다면 이 시를 이해했다고 할 수 있을까. 교사는 어떤 물음에도 답을 주지 않고 그저 학생들이 이 시를 매개로 해서 자신의 낯설고도 뼈아픈 그리움들을 떠올리도록 숨결을 불어넣어 주면 된다고 말할지 모른다. 겨우 고등학생 정도의 학생들이 그런 감정을 알 리 없다고 말해도 맞고, 어른이든 아이든 사람은 누구나 자기만의 그리움을 가지고 있다고 말해도 옳을 터이다. 한 편의 작품을 놓고 교사마다 가르치는 내용은 천 가지 만 가지로 갈라진다. 결국 내용을 보는 관점이 다르기 때문이다.

학교에서는 그 범위를 더 넓혀서 문학에 대해서도 같은 이야기를 한다. 문학은 다른 어느 것의 수단이 아닌, 그 자체로서 가치를 지니는 무엇이다. 이에 관해서는 '문학에 대한 교육, 문학을 통한 교육, 문학의 교육'의 유명한 논제를 끌어다 이야기할 수 있다. 그 출발은 '문학에 대한 교육'과 '문학을 통한 교육'에 대한 비판이다. 문학에 대한 교육은 시의 실체에 관한 지식을 내용으로 상정했다. 문학을 통한 교육은 시를 읽으며 벌어지는 내면의 변화를 내용으로 보았다. 3차·4차 교육과정이 전자를 지향했다면 5차 이후는, 특히 2000년 이후의 교육과정은 후자의 성향이 더 짙다. 늘 문제는 균형 감각이다.

한편에서는 이 논의를 더 발전시켜 '문학을 위한 교육' 개념도 만들어 냈다. 문학을 위한 교육은 학생들의 문학 소양을 기름으로써 문학 또는 문학 문화의 발전에 기여하는 것이 문학교육의 소임이라는, 가장 강한 문학중심주의의 입장이다. 어떻게 보면 문학을 통한 교육의 변형인데, 궁극적 도달점에 다시 문학이 있다는 점에서 문학을 통한 교육과 구별된다. 문학을 출발점에 두는 것과 도달점에 두는 것은 확 다른데, 문학교육의 철학이 그 위치는 결정하고 그로부터 문학교육의 내용이 나온다.

눈을 돌려 보자. 지금의 중·고등학생은 21세기 초에 태어나서 21세기 중·후반을 살아갈 사람들이다. 미래학자들의 주장을 참고할 것도 없이, 한 세대 후의 지구촌과 한국 사회는 우리가 예상하는 것 이상의 변화를 보일 것이다. 그때도 시가 인문 교양의 정점에 서 있을까? 지금까지 가르쳐 온 대로 시를 가르쳐도 될까? 과연 '시인'이라는 직업이 존재하기나 할까?

– 이런 질문을 해 보면, 20세기 중반에 형성된 지금의 시교육관으로는 미래의 인간과 사회 변화에 대처하기 어렵다는 답을 얻게 된다. 우리보다 몇 세대 앞서 근대문학을 일궜던 서구와 일본의 예를 살펴도 그러하고 전통 담론에 기대어 시단의 비주류로 명맥을 유지하고 있는 시조를 봐도 그러하다. 교육 환경, 문화 환경의 변화에 맞게 시교육이 변해야 하는 방향을 고민해 본다.

얘기를 정리해 보자. (1) 시관은 시교육의 전 과정을 지배한다. 특히 내용은 시관과 시교육에 절대적으로 의존한다. (2) 일반적으로 예술로서의 시관, 인문학으로서의 시관, 언어 구조로서의 시관, 문화 제도로서의 시관을 말할 수 있다. (3) 현용 교육과정은 언어 구조로서의 시관을 바탕으로 여타의 시관을 습합하고 있으나, 인문학으로서의 시관 수용은 아직까지 망설이고 있는 중이다.

그러나, 결국 시도 또한 삶의 한 부분이다. 삶이 다양한 만큼 시도 다양하며, 어느 한 가지 관점으로 재단할 수는 없는 일이 아닐까. 문제는 방향성과 조화에 있다. 이 둘은 일견 상충되는 듯하면서도 어느 하나 소홀히 할 수 없는 문제이다. 시에 따라서 어느 한 관점이 승한 것은 당연한 일이나, 전체적으로는 일정한 정향을 유지해야 하리라. 곧 다양한 시관을 반영하고 다양한 방향에서의 접근을 견디어 낼 수 있는 시교육이 필요한 한편, 가치 중립의 탈을 쓴 무방향성에서 벗어나, 교육이라는 유목적적 행동에 합당한 시교육이 이루어져야 할 것이다. 그러지 않고 개개 작품의 특성에 관계없이 오로지 한 가지 관점만을 고집한다거나, 특정 작품을 놓고는 시에 대해서 모든 것을 얘기하려고 한다면 그 시교육은 죽어 버리게 된다. 그래도, 늘 염두에 두어야 할 것은, 내가 이 시를 왜 가르치고 있는가 에 대한 끊임없는 성찰이다. 그리고 그 답은, 시와 삶의 관계에서 찾아야 한다.

1. 시교육 내용론의 출발은 시(詩)인가 학생인가? 혹시 교육 서비스를 제공하는
   국가·사회가 출발점은 아닌가?

2. 여러 필자의 『시론』을 모아 그 목차를 비교하고 평가해 보자. 그중에는 시인
   이 쓴 『시론』이 있고 시 이론가(또는 비평가)가 쓴 『시론』이 있다. 그들 사
   이에 모종의 차이가 드러나는가? 그 목차들이 시교육의 내용을 대표할까?

3. 국어과 교육과정에서는 언어를 "사고와 의사소통의 도구이자 문화 창조와 전승
   의 기반"이라고 정의하였다. 시에 관해서도 같은 말을 할 수 있을까?

13
시적 사고력이란

논리적 사고와 대비될 때 시적 사고가 빛난다.
그러나 시적 사고에도 논리가 있다.

시교육이 '시를' 가르치는 것이 아니라 학생들의 '능력을', 예컨대 시적 사고력을 가르치는 것이라는 말은 시교육에서 매우 중요한 의미를 지닌다. 전자에서는 작품이 교육의 중심에 놓이고, 자연스럽게 시교육은 시 작품의 문학성 또는 문학적 가치에서 출발한다. 그에 비해 후자에서는 학생이 중심에 놓이고 작품에 대한 판단 기준은 학생의 시적 능력 신장과의 관계에 있다. 곧 어떤 작품이 '가르칠 필요가 있다'거나 '가르칠 만하다'고 판단하는 이유는, 전자의 경우 작품이 좋아서 또는 위대해서이지만 후자의 경우에는 학생들의 시적 능력을 기르는 데 어떤 면에서든 도움이 되기 때문이다. 극단적으로 말해, 작품 자체는 형편없더라도 그것이 시적 능력 신장에 도움이 된다면 훌륭한 교재가 될 수 있다.

이렇게 말하는 것은, 논리적으로는 아무 하자가 없다. 작품이 아니라 작품을 매개로 이루어지는 학생들의 활동이 중요하다는 데에 무슨 이의가 있겠는가? 저 유명한 '손가락과 달'의 비유에서 손가락이 작품이라면 달은 궁극적인 목적, 곧 학생들의 시적 능력 신장이 될 것이고, 손가락이 달을 찾는 방편이라면 작품 역시 시교육을 위한 하나의 자료에 불과할 터이다. 그래서 위대한 시인 중 교과서에 넣지 못하는 시인도 나오고 어떤 경우에는 군소 작가들이 학생들에게 맞고 교육과정 목표에 잘 부합한다는 이유로 교과서에 실리게 된다.

하지만 다시 생각해 보면, 이런 주장은 논리적으론 타당해도 실제로는 그렇지 않다는 것을 알게 된다. 작품에 의지하지 않고는 그 어떤 시적 활동도 애초에 불가능하며, 우리가 시 읽기(수용)나 쓰기(표현)를 할 때 그 출발점 또는 도달점은 결국 작품이기 때문이다. 바꿔 말해서, 시교육은 '시를' 가르치는 것은 아니지만 시를 출발점 또는 토대로 하여, 아니면 시를 활용하거나 매개로 하여 학생들의 시적 능력을 가르치는 일이 된다.

이렇게 말하는 이유는 시교육 내용으로서의 시적 사고력이 결국 시텍스트의 발상 및 표현 방식과 문자 그대로 표리(表裏)의 관계에 있기 때문이다. 시적 사고력은 시텍스트에 담겨 있는 발상과 표현 방식을 이해하고 그것을 일상의 언어생활에 활용할 때, 나아가 구체적이든 추상적이든 어떤 대상과 관계를 맺고 의미를 찾거나 부여할 때 활용하는 능력을 말한다. 일차적으로는 시적 발상을 시적으로 표현하고 거꾸로 시적 표현에서 깨달음과 감동을 얻는 능력이 되겠지만,[1] 어느 순간부터는 '시'라는 작품을 버리

---

[1] 췌언하면 이때의 '표현'과 바로 앞의 '표현'은 의미역이 다르다. '시적으로 표현한다.' 할 때의 '표현'이 동사라면 '시적인 표현'의 '표현'은 명사라는 점 – 이는 아주 쉬운 구분이지만, 생각을 '표현'으로 표현하는 과정과 '표현'의 의미를 이해·해석·감상하는 과정을 생각하면 명사 '표현'과 동사 '표현' 사이에는 하늘과 땅 사이만큼의 차이가 있음을 알게 된다.

고 시적 사고력만 남아서 작동하는 능력이 된다. 그래서 "강을 건너면 나룻배는 버려라."는 진술이 자주 나오고 시교육에서 작품 자체가 중요한 것은 아니라는 얘기도 하지만, 애초에 작품이 없었다면 강도 못 건너고 달도 못 보는 것은 움직일 수 없는 사실이다.

시적 사고력은 자신이나 대상을 시적으로 해석하는 능력, 그 과정 또는 결과를 시적으로 표현하는 능력, 시적 텍스트를 알아보고 그 의미를 시적으로 해석하는 능력을 한데 아울러서 가리키는 말이다. 이것은 대상의 어떤 특징에 주목하여 전경화하거나 강조 · 과장하는 능력, 나아가 서로 관계없어 보이는 대상을 연결하여 해석하는 능력, 아니면 반대로 뒤집고 다른 맥락에 갖다 놓음으로써 숨겨진 의미를 발견하는 능력, 아예 차원을 바꿔서 완전히 새로운 시야를 보여 주는 능력, 내용 · 어조 등에서 독특한 분위기를 만드는 능력 등 다양하게 발휘된다. 그 반대쪽에 있다 할 과학적 사고력이 철저한 연역 · 귀납의 논리에 따라 투입으로부터 외길의 사고를 거쳐 정확한 산출을 이끌어내는 데 비해, 시적 사고는 유추 · 변증의 논리를 활용하여 투입이 품고 있지 않았던 새로운 산출을 끌어내는 힘을 가지고 있다. 시가 아니더라도 이런 언어가 많지만(특히 철학, 역사 등 인문학 분야에서 그러하다.) 거기에 심미적 가치를 더함으로써 인지와 정의를 아우르는 것이 시적 사고의 특징이다.

예를 들어 시텍스트의 해석 모형에 비유적 모형, 반어적 모형, 서술적 모형, 대화적 모형이 있다면(김창원, 1995) 이는 비유적 사고, 반어적 사고, 서술적 사고, 대화적 사고를 시적 사고력의 큰 범주로 본다는 뜻이다. 또는 상상력을 인식적 상상력, 조응적 상상력, 창의적 상상력으로 나눈다면(구인환 외, 1988) 이 역시 인식 · 조응 · 창의가 시적 사고에서 드러난다고 보는 관점이다. 상상력이야말로 시적 사고력의 핵심이고, 이 '상상하는 힘'이 시 교육의 내용이 된다.

이렇게 말하면 시적 사고력이 다분히 인지적 측면 – '발견'이나 '창발'에 가깝다고 오해할 소지가 있다. 하지만 시적 사고력은 근본적으로 정서의 측면을 배제할 수 없으며, 그때 작용하는 요소가 감동, 공감, 동일시 등의 미학적 개념이다. '감동'이 무엇인가 하는 데에는 너무나 많은 논의가 필요하지만, 우리가 시를 읽고 감동한다는 점, 그리고 감동을 내 안에 깊이 갈무리하고자 한다는 점, 때로 그것을 남들과 공유하고자 한다는 점은 부인하기 어렵다. 경우에 따라 과잉 감동이나 과소 감동이 문제가 되기는 하나 감동 자체는 시적 사고의 근저에 늘 자리잡고 있다.

이런 점에서 시적 사고력은 한쪽에서 인지적 사고 – 이것을 '깨침'의 소양이라 해보자 – 와 다른쪽에서 정서적 사고 – 이것을 '울림'의 소양이라 할 수 있다 – 가 동시 작용하는 것이라 할 수 있다. '깨침과 울림'이야말로 시를 읽고 쓰는 데 필요한, 나아가 사람이 사람답게 살아가는 데 필요한 사고력의 두 축이다. 그 저변에는 상상력과 감동이 있다.

무엇이 시적 사고력을 자극하는가? 일상어나 과학어와 다른 시어의 어떤 점이 학생들을 투입과 산출이 같은 논리적 사고에서 투입보다 산출이 더 크거나 의외의 결과를 낳는 창발적 사고로 이끄는가? 또는 텍스트의 의미 해석에 그치거나 객관적 근거에 의해서만 판단하지 않고 자신의 삶과 영혼을 담보하여 평가하게 만드는가?

앞에서 '작품이 모든 행동의 출발점이자 도달점'이라고 한 말이 여기서 필요하다. 흔히 '시의 요소'라고 말하는 시어, 운율, 이미지, 화자와 어조, 비유와 상징, 반어와 역설 등등이 시적인 사고를 자극하고 사고력을 기르는 연모가 되기 때문이다. 신비평을 중심으로 정교화된 이 개념들은 한편으로 너무 기교에 치우치는 것이 아닌가 하는 비판을 받기도 하지만, 시어와 일 상어의 차이를 명확하게 드러냄으로써 시를 읽거나 쓸 때 사람의 머릿속에 어떤 일이 일어나는지를 압축하여 보여 준다. 다음 시를 보자.

강나루 건너서
밀밭 길을

구름에 달 가듯이
가는 나그네

길은 외줄기
남도 삼백 리

술 익는 마을마다
타는 저녁놀

구름에 달 가듯이
가는 나그네

— 박목월, 〈나그네〉

이미지와 운율을 이야기하는 데 이보다 더 좋은 시는 드물다. 전체적으 로 붉은 배경을 깔고 지상의 '강나루 건너의 밀밭 길'과 천상의 '구름을 누

〈나그네〉를 읽고 떠오른 장면을 그리라고 하면 대체로 이런 그림을 그린다

르며 지나는 달'이 나그네를 통해 만나는 지점을 상상할 수 있다면, 그때 나그네의 소소(蕭蕭)하고 적막한 심정을 함께 느낄 수 있다면 어느 것, 어느 장면인들 상상하지 못하랴. '남도 삼백 리'에 '술 익는 마을'이 점점이 이어 있는데 오로지 '외줄기 길'을 따라 '타는 저녁놀'을 보며 구름에 달 가듯이 가는 나그네와 나를 동일시할 수 있다면 4차 산업혁명 시대에 꼭 필요하다는 공감과 소통 능력을 이미 갖추었다고 말할 수 있으리라. 시를 읽고 떠오르는 이미지를 그림이든 그래픽이든 단순한 이미지든 표현해 보라고 하면 대부분 비슷한 그림이 나올 터인데,[2] 이런 시각적 상상에 이어서 청각적 상상, 의미론적·인생론적 상상으로 나아가면 그 자리에서 감동을 만나게 된다.

상상력이나 감동을 유발하는 다른 요소는 문학의 다른 장르나 일상의

---

2 그림은 https://blog.naver.com/idanke/221604255051에서 가져왔다.

언어에서도 수시로 접할 수 있다. 시의 고유성을 제일 잘 보여 주는 운율에 대해 좀 더 살펴보자.[3] 이 시에서 반복되는 두 줄 - "구름에 달 가듯이/ 가는 나그네"에서 두드러지는 운율은 물론 '일곱 자+다섯 자'의 네 박자 운율이다. 시에서 제일 전면에 드러나는 운율이 음수율(←음절 단위)과 음보율(←의미절 단위)인데, 이 시에는 한국시에서 가장 전형적이고 널리 쓰이는 운율 규칙이 드러나 있다. 다른 행들은 이 규칙의 변형이고(한 자씩 줄여서 6+4 음절, 또는 뒤는 놔두고 앞만 줄여서 5+5 음절), 그럼으로써 단순성을 탈피했다. 그리고 이 연을 두 번 반복함으로써 완결성을 주었다. 또한 시행을 짧게 끊어서 두 행씩 한 연으로 배치한 것은 낭독의 호흡을 조절하고 전체적인 분위기를 고즈넉하게 가라앉히는 역할을 한다.

학생들에게 이 시를 낭송시키면 고저나 강약, 휴지 등을 넣어서 나름 '멋들어지게' 낭송하는데, 그때 자주 '음위율'이라고 하는 운(韻)을 무의식적으로 반영하는 것을 볼 수 있다. - [**강**나루 **건**너서/ 밀밭 **길**을// **구**름에 달 **가**듯이/ **가**는 나그네] 하는 식으로. 일반적으로 자음 중 유음, 비음, 마찰음보다는 파열음이 느낌이 강한데, 이 시에서 가장 자주 걸리는 파열음이 /ㄱ/이고 그것이 자연스럽게 강하게 발음되면서 운을 형성한 것이다. 그 결과 마디 기준으로 첫 연은 [강-강-약-강]의 율격을, 둘째 연은 [강-약강-강-약강]의 율격을 형성한다.[4] [강-강-약-강]이 저 유명한 AABA 구조를, [강-약강-강-약강]은 ABAB 구조를 띤다는 것을 학생들이 알

---

3 이 부분은 김창원(1996a)에서 논의한 내용을 가져왔다.

4 여기서 '약강'은 음악에서의 당김음에 해당하여, '약'은 짧고 약하게, '강'은 길고 강하게 발음하게 된다.

게 될까? 나아가, 작품 전체는 ABA 구조를 띠고 있다는 점까지?[5] 그것을 알게 하는 것이 교육이다. 교사와 함께 읽는 활동을 통해 학생들은 음운 단위, 음절 단위, 의미 단위, 형식 단위에서 여러 개의 운율 규칙이 중첩되면서 시의 운율 구조를 이루는 것을 알게·느끼게 되고, 의식하지 못하는 사이에 그 운율 구조에 따라 시를 낭송하고 감상하게 된다.

이것을 아는 일이 무슨 의미가 있는가? 〈나그네〉가 여러 겹의 운율 규칙에 따라 자연스럽게 낭독할 수 있는 구조라는 점을 알고 노을빛 가득한 들길을 표표히 걷는 나그네의 모습을 상상할 수 있다는 것이 학생들의 삶에 어떤 도움이 되는가? 그로부터 인생이 어떠하다는 것을 깨닫고 나름 감동을 한다고 해서 학생들의 삶의 질이 더 나아지는가?

이런 물음에 '그렇다'고 대답하는 것이 시교육이다. 1981년 미국의 레이건 대통령이 힝클리에게 총을 맞고 병원에 실려갔을 때, 위급한 상황에서도 의사들에게 "당신들이 모두 공화당원이라고 믿는다."는 조크를 날렸다는데, 목숨이 왔다갔다 하는 와중에 한 발짝의 여유를 갖도록 하는 것이 시적인 사고가 아닌가 한다. 깨침과 울림이 없는, 알고리즘만 있는 사고력은 얼마나 건조한가.

---

5 이 시는 의미상 1·2연이 한 덩어리, 3·4연이 또 한 덩어리, 그리고 마지막 연이 하나의 덩어리로 나뉘며, 학생들이 소리내어 읽을 때도 이렇게 묶어서 읽는다. 곧 이 시는 [1·2연 - 3·4연 - 5연]의 3단 구조인데 5연이 2연을 반복하면서 자연스럽게 ABA 구조가 된다.

▶ 교실을 위한 질문 — 시적 사고력이란

1. "아는 만큼 보이고 보이는 만큼 느낀다."라는 말이 있다. 인지와 정서의 관계를 중심으로 이 말의 진의를 설명해 보자.

2. 사고력이 뛰어나지만 시적 사고력은 떨어지거나 그 반대의 경우가 있다고 생각하는가?

3. 〈봄은 고양이로다(이장희)〉를 모방하여 〈봄은 ~로다〉라는 시를 쓰고, 그때 어떤 상상력이 작동했는지 성찰해 보자.

14
시적 소통 능력이란

무엇보다도,
시를 '시'라고 인식하는 데서 출발한다.

시교육은 교사의 계획 아래 학생 독자와 텍스트가 이루어 내는 일련의 의사소통 과정으로, 이때 학생 독자는 텍스트와 대면해서 주체적으로 텍스트를 해석할 수 있는 기본 능력을 갖추도록 요구받는다. 학생 독자의 해석 능력이란 '시텍스트의 시각적(구체시에서 가장 두드러진다.) 또는 청각적 이미지의 인지에서부터 해석 텍스트 생산에 이르기까지의 과정을 일관되게 조정, 통제하는 일반 능력'으로 개념화할 수 있다. 그것은 문학 공동체의 모든 구성원이 잠재적으로 갖추고 있으며, 한편으로는 개인 간의 차이가 존재하여 한 독자로부터 다른 독자로의 전이가 이루어진다. 이 점에서 해석 능력은 시교육의 전제인 동시에 목표가 된다.

하나의 텍스트를 '시'로 받아들인다는 것은 시텍스트의 여러 세부적 사항들이 모두 어떤 시적 의미를 갖도록 구조화되었다고 간주한다는 뜻이다. 또한 그 텍스트를 시로서 읽는다는 것은 텍스트에 잠재해 있는 이러한 의미를 찾아내려 노력한다는 뜻이다.[6] 시텍스트는 텍스트에 담겨진 불확정적인 다양한 약호를 독자가 자기류로 풀어 가는 과정을 통해 구체화되고 현실화되는 것이다(강남주, 1990: 23). 그 과정은 기호 – 의미론적으로 이루어지며, 이 때 필요한 것은 시적 기호 체계를 다루는 능력(semiotic competence), 시의 상호 텍스트를 다루는 능력(inter-textual competence), 그리고 시적 담화를 다루는 능력(discursive competence)이다(서혜련, 1992: 172). 시텍스트는 하나의 기호 체계인 동시에 그 자신이 또 다른 체계의 요소가 되며, 의사소통 구조 속에서 그 해석이 이루어지기 때문이다. 이것은 시텍스트의 텍스트적 의미와 컨텍스트적 의미, 그리고 담화적 의미를 다루는 능력이 텍스트 해석 능력의 기초를 이룬다는 점을 암시한다.

시적 사고력이 어쩌면 시와는 다소 관계가 없어도 작용하는 능력이라면 시적 소통 능력은 그보다 훨씬 더 많이 시와 연루되는 능력이다. 물론 이때의 '시'는 좁은 의미의 시, 곧 하나의 예술 장르로 정착되고 독자적인 관습과 규칙이 있으며 누구나 시를 보면 '시'라고 인식하는 그 시를 가리킨다. 우리가 교과서에서 보는 바로 그 '시'이다. 이런 시를 상정하면, 평생 시 한 편 제대로 쓰기는커녕 읽어 보지도 않은 사람이 있을 수 있다. 아마 학교가 보편화되기 전의 대다수 사람들은 시라는 게 있는 것은 알지만 한 번이라도 진지하게 읽어 본 경험은 거의 없을 것이다. 그래도 그들은 시적인 사고를 한다. 상상력을 발휘하고, 비유나 운율을 써서 말을 주고받으며, 속담이나 누군가의 촌철같은 한 마디에 벼락 치는 듯한 깨달음을 얻을 수 있

---

6 이 부분은 김창원(1996a)에서 논의한 내용을 가져왔다.

다. 그래서 시'적'인 사고력이다.

　그에 비해 시적 소통은 아무래도 소통의 대상 또는 매개인 텍스트가 필요하고, 그 텍스트가 '시적'인 경우도 있지만 '시' 자체인 경우도 많기 때문에 사고보다 시에 더 많이 연루된다고 한 것이다. 시적 소통의 첫 단계는 어떤 텍스트를 '시로 인식'하는 행위다. 한 마디로 시를 알아보고, 시에 대해 시로 접근하고, 시를 읽고 쓰며, 그런 활동을 통해 타인 또는 세계와 소통하는 능력이 시적 소통 능력이다. 학생 입장에서의 소통은 '시를 매개로 자신, 타인, 역사·사회와 소통하기'가 된다.

　소통은 상호적이고 대화적인 행위다. 한쪽에서 어떤 신호를 보내면 다른 쪽에서 그것을 받아 의미를 해석하고 그에 대한 반응을 다시 공중에 띄워 보낸다. 그러면 처음에 소통을 시작한 사람이, 아니면 또 다른 누군가가 그 신호를 받아 다시 같은 행위를 한다. 어느 한쪽이 '이제 그만'이라는 신호를 보내기까지 이 행위는 반복되고, 그 과정에서 텍스트의 의미는 발전하고 참여자들의 생각은 진전되며 그들의 상호 이해도 깊어진다. 그 구조는 다음과 같은 도식으로 살필 수 있다.

〈시텍스트 소통의 구조와 변인〉

여기서 수신자로서의 독자는 텍스트를 이해 · 해석 · 평가하고 감상 · 반응 · 내면화하며 2차 텍스트를 생산하고(재진술, 비평, 모작 등) 다른 사람과 소통한다. 생산자로서의 작가(이때의 '작가'가 전문 작가만으로 한정되는 것은 아니다. 누구나 시를 쓸 동안에는 작가가 된다.)는 특정 제재에 주목하고 그로부터 의미를 발견하거나 구성하여 구체적인 언어로 표현한 뒤 작품화하여 독자와 소통한다. 곧, 작가와 독자, 독자와 독자는 소통에서 만난다. 이때 독자에게 필요한 능력은 상상력, 감정이입과 동일시, 공감 또는 성찰, 반성, 투사 및 적용 능력이다.

風花日將老

佳期猶渺渺

不結同心人

空結同心草

— 薛濤, 〈春望詞〉 셋째 수

[가] 바람 속의 꽃은 나날이 시들어 가는데

아름다운 기약은 아직도 아득하네

그대와 마음을 하나로 맺지 못하고

헛되이 한 마음으로 풀잎만 맺노라

[나] 꽃잎은 하염없이 바람에 지고

만날 날은 아득타, 기약이 없네

무어라 맘과 맘은 맺지 못하고

한갓되이 풀잎만 맺으려는고

– 김억, 〈동심초〉

 한시는 그 문자의 특성상(이는 그 언어의 특성에서 오는 것인데) 함축성이 매우 높다. 같은 작품이라도 사람에 따라, 시대에 따라 다양한 해석과 감상이 이루어진다. 그것을 다른 언어로 번역했을 때에는 그 변이폭이 더 커진다. 어떤 번역자를 만나느냐에 따라 작품의 가치는 물론이고 의미도 확 달라지는 법이다. 설도의 시를 문자대로 해석하면 [가] 정도가 될 것이다. 의미는 단순하다. 이것을 시의 형태로 번역하는 것이 관건인데, 김억은 이것을 [나]로 번역했다. '日將老'를 '하염없이 진다'고 번역한 데에 김억의 탁월함이 있다. '나날이', '날마다', '하루하루' 등의 말을 과감히 버리고 '하염없이'라고 표현함으로써 꽃잎의 가냘픔, 시들어 가는 꽃잎을 바라보는 안타까움, 그럼에도 오지 않는 임을 향한 원망 등을 적실하게 표현하였다. '하염없음'이라는 말을 외국어로 번역하기도 힘들지만, 설령 번역한다 한들 그 정서를 어찌 담을 수 있을까. 이 '말로 전하기 어려운 마음'을 말로 표현하는 것이 시다.

 이어지는 구절도 마찬가지. '渺渺'를 '아득타'로 옮기는 거야 자전(字典)대로지만, 그것을 '기약이 없네'로 옮김으로써 한국어의 어법을 살렸다. 3행의 '무어라', 4행의 '한갓되이' 모두 같은 평을 할 수 있다. 곧, 김억은 시를 번역했다기보다 재창작한 것이고, 그럼으로써 원시의 정서를 고스란히 살리면서 한국의 언어적·시적 맥락에 흔적 없이 녹여 넣었다.

 이 시는 김성태 작곡의 노래로 탈바꿈할 때 그런 변용이 한 번 더 일어난다. 김성태는 한국적인 정서를 멜로디로 잘 구현하는 작곡가로 정평이

동 심 초

설도 작시
김성태 작곡

꽃 - 잎은 하염없이 바람에 지 - 고 -

만 - 날 - 날 - 은아 득 타 - 기

약 이 없 - 네 - 무 - 어라 맘과 맘을

맺 - 지 - 못 - 하고 한 갖되 이 풀 잎만

맺 으려 - 는 고 - 한 갖되 이 풀 잎만

맺 - 으 려 - 는 - 고 -

'만날 날은 아득타, 기약이 없네'는 다른 부분보다 길게 처리했다

있는데, 그 솜씨가 〈동심초〉에서 여지없이 발휘되었다. 2행의 "만날 날은 아득타, 기약이 없네"를 길게 늘여서 여섯 마디로 처리함으로써 '1행 = 7·5조 = 2+2마디' 식으로 짝을 맞추어 진행하는 1, 3, 4행의 전개에 변화를 주어 부르는 사람이나 듣는 사람이 화자의 정서를 절절하게 느끼도록 한다. 이 노래를 할 때는 이 부분을 얼마나 잘 처리하느냐가 관건이 된다.

의사소통의 측면에서 시교육을 본다는 것은 결국 '문학의 진정한 기능은 수행적인 것'이라는 관점(이글턴, 1986: 148)을 용인하는 것이고, 그에 따라 '작품'을 '텍스트[7]'로 바꾸어 보는 것을 뜻한다. 이 관점에 서면 시교육의 담론도 하나의 문화 방언이 되며, 그 방언권에서 의사소통을 하기 위해서는 그 방언의 기호 체계 및 기호 사용의 규약과 함께 방언 사용자들의 발상 및 사고 특성까지 알 필요가 있다. 즉 시교육이 의사소통으로 성립하기 위해서는 교육적 시텍스트 소통의 기본 구조에 대한 이해가 선행되어야 하는 것이다. 의사소통의 기본 구조를 이해한다는 것은 필연적으로 그 소통 방법에 대한 이해를 요구하며, 따라서 시교육에 있어서의 근본 문제는 시적 소통에 있어서의 무엇/어떻게에 대한 의식을 키워 주는 것이 된다. 이것은 시를 자연언어로 단순하게 재진술(rephrase)하는 것이 아니라, 시텍스트와 학습자를 전략적으로 연결시켜 줌으로써 달성될 수 있다. 그 이론적 근거는 소통 주체와 소통 대상, 곧 교사/학습자 변인 및 텍스트에 대한 세밀한 점검을 통해 찾을 수 있다.

고전적인 의미에서 해석은 텍스트의 의미 그 자체와 동일시되는 '단 하나의' 의미를 찾아내는 것으로 여겨졌다.[8] 그러나 오늘날 해석은 다른 방식의 시 읽기를 요구한다. 텍스트에 이미 담겨 있는 의미를 찾아내어 재생하는 것이 문제가 아니라, 잠재적 의미역으로 개방되어 있는 다양한 해석 가능성으로부터 소통 주체의 의도에 적합한 여러 가지 의미들을 생산해 내는 것이 문제로 대두되었다. 그러한 개방성에도 불구하고 하나의 해석이 '바로 이 텍스트'의 해석이지 다른 어떤 텍스트의 해석이 되지 않기 위해서는, 그 해석이 어떤 의미에서든 텍스트 자체에 논리적으로 연루되어야 한다. 해석 과정에 나타나는 이러한 텍스트 차원에서의 객관주의와 독자 쪽에서의 주관주의가 적절히 조정되지 않는다면 시교육과 비평은 완전한 무질서 상

---

7 이 책에서 '텍스트'라는 용어는 '소통 대상으로서 반복적 재생이 가능한 언어 기호의 집합체'라는 의미로 쓴다. 따라서 '문학 텍스트'는 문학적 가치 개념이 부가된 '작품'과는 구분되며, 단지 텍스트 사용자 집단에 의해서 문학으로 인지되고 문학으로 대우 받는 어떤 종류의 텍스트를 가리킨다. 엘리스는 문학의 이러한 속성을 '잡초'에 비유했는데, 그에 따르면 '잡초'는 식물 중 특정 종이나 속을 가리키는 것이 아니라 단지 경우에 따라 '인간이 원하지 않는 풀'로 정의될 수밖에 없으며, 문학 또한 그와 유사한 성격을 지닌다는 것이다. Ellis(1982) 참조.

8 이 부분은 김창원(1995)에서 논의한 내용을 가져왔다.

태로 빠지게 되는데, 불변체적 의미와 변체적 의미의 상호 규정성은 그러한 무질서 상태가 오는 것을 막아 준다. 곧 텍스트의 불변체적 의미는 변체적 의미와 통합하여 텍스트 해석으로 나아가는 근거가 되는 동시에, 해석의 가능역을 한정하는 구심력을 행사하는 것이다. 그 때 텍스트의 의미는 한정된 의미론적 불변체를 기반으로 하여 그 자장 안에서 변체적으로 가능성을 부여받게 된다.

시교육의 의사소통적 특징에 대해서는 두 방향에서의 접근이 가능한데, 교육의 의사소통적 특성과 문학 행위의 의사소통적 특성이 그것이다. 먼저 교육을 의사소통의 한 양식으로 보면, 거기에는 교사와 학습자를 양극으로 하는 소통의 장(場)이 존재하게 된다. 마찬가지로 해석과 관련하여 시교육의 의사소통은 교육적 요구와 문학적 요구를 모두 만족시킬 수 있어야 한다. 거기에는 두 층위의 길항 관계가 내재하는데, 첫째 길항 관계는 문화 전달과 개인의 가능성 계발이라는 교육 자체의 상반된 지향성과 관계되고, 둘째 길항 관계는 전달 가능성과 심미적 창의성이라는 문학의 상반된 내적 지향성과 관계된다. 층위로는 두 층위이지만 그 기저에는 구조기능론적 세계관과 갈등론적 세계관이라는 공통된 세계관의 대립이 있다.

기실 교육 행위와 문학 행위는 모두 자체의 내적 모순을 지니고 있다. 이들 행위는 규범성과 창의성, 약호화와 탈약호화, 개별성과 집단성, 역사성과 당대성 등의 경계를 끊임없이 넘나드는 가운데 존재한다. 문학교육의 어려움도 여기에서 비롯되는데, 그것은 본질적으로 체제 유지적인 제도 속에서 체제의 개혁을 꿈꾸는 행위이기 때문이다. 이 모순을 있는 그대로 인식하고 그들 상반되는 욕망들의 평형을 유지할 수 있는 통로를 찾아 두 마리의 토끼를 모두 잡는 것이 문학교육의 유토피아적 지향이다. 따라서 텍스트의 교육적 해석은 총으로 치면 탄막을 형성하는 산탄총을 지향해야할 것이고, 또 그럴 수밖에 없게 된다. 마찬가지로 시교육에서 텍스트 해석이란 완결된 의미를 밝혀 내어 학생 독자들에게 그것을 보여 주는 것을 의미하지 않으며, 오히려 텍스트의 의미가 어떤 단서만 제공해 줄 뿐 불확정적이며 계속 연기된다는 것을 보여 주고, 학생 독자가 그러한 텍스트성과 즐겁게 유희하도록 하는 것을 의미한다.[9] "해석에 정답은 없다."는 오랜 명제는 시교육의 담론에서도 변함없이 적용되는 것이다. 시텍스트에서 기표와 기의의 관계는 '아슬아슬하게 배를 대고' 있을 뿐이다. 훌륭한 학생 독자는 교육을 받은 뒤에 텍스트의 의미를 확정짓는 것이 아니라 의미역을 더 넓히고, 미적 정보의 엔트로피를 증가시킨다.

◤ 교실을 위한 질문 — 시적 소통 능력이란

1. 사람은 무엇을 기준으로 임의의 텍스트를 '시'라고 인식하고 시로서 접근할까? 그렇게 할 수 있는 역량은 어디서 길러질까?
2. 시교육에서 소통은 시인 – 독자, 교사 – 학습자, 학습자들 사이에서 다층적으로 이루어진다. 세 소통의 공통점과 차이점을 말해 보자.
3. 시교육 내용으로서 시적 사고력과 시적 소통 능력을 각각 하위 요소로 분석해 보자.

---

9 물론 그러한 연기도 독자가 수용할 수 있는 범위 내로 한정된다. 후기 바르뜨나 데리다, 또는 예일 학파들의 경우처럼 텍스트가 무한한 시리즈의 상호 텍스트적 기호 의미들을 통해 기호 표현을 보완하게 하고 해석을 다원화시킨다는 입장을 취하면, 끝없이 연기되는 의미 앞에서 독자는 무력감과 허무주의에 빠질 가능성이 크다. 그들과 달리 리파떼르의 경우에는 텍스트는 관대하게도 상호 텍스트적 흔적을 남겨 놓음으로써 독자에게 어느 정도 정확하게 해석할 수 있다는 의욕을 불어넣어 준다는 입장을 취한다. 그런 점에서 리파떼르는 해체론자들에 의해 제시되는 상호 텍스트적 관계들의 무한성을 합리적으로 축소시켜 주었다고 볼 수 있다.

15
교실 비평과 창작의 문제

시교육이 시전문가를 기르기 위한 사업은 아니다.
그러나 시에 호의적인 아마추어는 길러야 한다.

시교육의 목표에 대해서 많은 논의가 이루어졌지만, 가장 소박하게 말한다면 그것은 '학습자가 시를 보다 잘 해석할 수 있도록' 하는 것이다. 여기서 '해석'과 '보다 잘'의 개념이 문제가 될 것이다.[10]

먼저 '해석'이란 용어는 몇 가지 전제를 요구한다. ① 텍스트는 어느 정도 한정된 의미론적 단서를 제공하며, 의미 구조 분석을 통해 그 불변체적 의미를 드러낼 수 있다. ② 텍스트가 제공하는 의미 단서는 소통 구조 속에서 해석 주체의 해석에 의해 개별적인 의의를 획득한다. ③ 의미 구조의 분석과 해석은 계기적이기보다 동시적이다. ④ 해석은 단순한 의미의 인지뿐 아니라 의미의 내면화 과정도 포함하고, 나아가 텍스트에 대한 가치 판

---

10 이 부분은 김창원(1995)에서 논의한 내용을 가져왔다.

단 및 수용 여부의 결정 작업까지 포함한다. 이러한 전제에 따르면 해석은 곧 텍스트에 관하여 독자가 수행하는 일체의 의사소통적 행위를 포괄적으로 가리키는 말이 된다.

'보다 잘'이라는 용어 또한 몇 가지 복잡한 문제를 제기한다. 거기에는 우선 해석의 질적 차이와 발전 가능성에 대한 믿음이 숨어 있다. 텍스트 해석의 최대치 안에서 개인의 해석 영역의 끝은 열려 있으며, 해석 수준은 다양하게 벌어진다. 이러한 해석 수준의 다양성이 시교육을 가능하게 하는 전제가 된다. 곧, 시교육은 학생독자가 시텍스트에 대해 단일하고 단순하게 해석하는 단계에서 복합적이고 조직적으로 해석하는 단계로 발전하도록 의도한다.

'잘' 해석한다는 것은 또한 '타당하고 섬세하게' 해석한다는 의미를 내포한다. 이 때 '타당한'이란 말은 '텍스트에 가장 적합한'이라는 뜻으로 사용된 것으로, 작가의 해석과는 별개로 보아야 한다. 작가의(authorial) 해석이 반드시 권위 있는(authoritative) 해석이 되는 것은 아니다. 해석이 잘됐다는 것은 작자와의 관계보다는 어떤 관례들과 해석 공동체의 합의, 그리고 논리적·심미적 개연성에 의해 결정될 문제이다. 텍스트 의미는 독자 개개인마다 개별적으로 실현되는 한편 해석 공동체에 의해 검증되며, 그 결과 거기에는 받아들여질 수 있는/받아들여지기 어려운 해석이 있고 보편적인/개인적인 해석이 있으며, 수준 높은/수준 낮은 해석이 있을 수 있다. 그 범위 안에서 하나의 텍스트를 해석하는 독자는 자신의 해석 외에도 다른 해석들이 존재하며, 그것들 또한 '나름대로 옳다'는 것을 인정한다. 허쉬 식으로 말하면 수많은 서로 다른 타당한 해석들이 있을 수 있는 것이다. 다만 모든 해석들은 작자의 의미가 허용하는 '전형적인 가망성과 가능성들의 체계

(system of typical expectations and probabilities)' 내에서 움직여야 한다.

시텍스트 해석과 관련하여 교육적 의사소통과 시적 의사소통, 텍스트의 기호적 속성과 의사소통적 속성, 텍스트 해석의 객관성·타당성과 자율성 또는 오독 가능성, 기술적 해석과 비판적 해석 등의 사이에 각각 제기되는 양극성 문제는, 필연적으로 시교육의 이념태와 가능태를 경계지을 것을 요구한다. 곧 시교육은 확정지을 수 없는 시텍스트의 의미를 개연성과 타당성의 차원에서 다룬다는 점에서, 이념태를 가정한 가능태를 추구하는 것으로 이해되어야 하는 것이다. 텍스트 해석과 관련하여 시교육은 자신의 가능태 범위를 최대한 확장시키려 하며, 그때 시교육론은 그러한 영역 확장의 전위가 된다. 그러나 필자는 시교육론이 시에 관하여 모든 것을 말하려 하거나 어떤 시텍스트의 모든 잠재적 가능성을 드러내려 한다고 말하지는 않는다. 그것은 학습자에게 시텍스트의 불변체적 의미 구조를 분석하는 방법을 알려 주고, 해석 공동체에 용인되는 자신의 비전에 비추어 텍스트의 가능성을 최대한 실현하도록 권고하는 방법을 모색할 뿐이다.

한편으로, 시교육은 학생들을 표현 경험으로 이끄는 의무도 진다. 언어-문학 행위는 이해와 표현, 수용·감상과 창작·소통의 적절한 배분으로 이루어지기 때문이다. 학생들의 문학적 총체성은 텍스트를 중심으로 [수용-생산-소통] 활동이 유기적으로 이루어짐으로써 완성된다. 다음 시를 보자.

사랑을 잃고 나는 쓰네

잘 있거라, 짧았던 밤들아
창밖을 떠돌던 겨울 안개들아

아무것도 모르던 촛불들아, 잘 있거라

공포를 기다리던 흰 종이들아

망설임을 대신하던 눈물들아

잘 있거라, 더 이상 내 것이 아닌 열망들아

장님처럼 나 이제 더듬거리며 문을 잠그네

가엾은 내 사랑 빈 집에 갇혔네

－기형도, 〈빈집〉

이 작품은 1연과 3연 사이에 '사랑을 잃고' 쓴 2연이 끼여 있는 구조로 되어 있다. '쓰네/잠그네/갇혔네'의 석 줄은 1차 화자의 발화이고 '잘 있거라 ~아' 형태의 여섯 줄은 1차 화자의 발화 안의 발화이다. 소설의 액자식 구성과 같다. 화자는 쓰고, 이어서 더듬거리며 문을 잠근다. 그리하여 가엾은 그의 사랑은 갇혀 버렸다. 어디에? 빈 집에. 사랑을 잃은 그가 사랑을 빈 집에 가둘 수는 없는 일,(정말로 그랬다가는 영화 〈미저리〉 감이다.) 그가 가둔 사랑은 잃어버린 사랑의 그림자일 뿐이다. 그림자는 그의 기억일 수도 있고 더 구체적인 아픔일 수도, 또는 그가 쓴 모든 텍스트일 수도 있다. － 시의 구조상 텍스트가 맞을 것이다.

1차 화자가 작별을 고한 '밤, 안개, 촛불, 종이, 눈물, 열망'은 세 그룹으로 나뉜다. 화자를 둘러싼 환경, 분위기로서의 '밤, 안개', 화자의 내면을 보여 주는 '눈물, 열망', 그리고 그 사이에 화자의 쓰기 행위를 상징하는 '촛불, 종이'가 있다. 밤＋안개의 세상·삶에서 화자를 지배하는 눈물＋열망을 그는 촛불을 빌려 흰 종이 위에 쏟아부었다. 사랑을 잃은 상태에서 그 감정은 공포스럽지만 그 공포는 사실 사랑할 때부터 느끼고 있던 것. 흰 종이 위에 쓰인 까만 글자들을 아무도 알아주지 않더라도 그 행위만으로 그는 사랑을 유지할 수 있었다. 아니, 사랑할 때만이 그는 쓸 수 있었다. 사랑을 잃음으로써 그의 쓰기는 끝나고, 할 수 있는 일은 문을 잠그는 일일 뿐이다. 일어난 일을 객관적으로 서술하면 1차 화자가 2연의 여섯 줄을 써서 책상 서랍에 넣고 잠근 것뿐이다. 안에 갇힌 것은 그 여섯 줄이다. 여섯 줄이 그의 사랑을 대신한다. 여섯 줄을 쓰는 동안 그는 눈이 멀었고, 잃어버린 그의 사랑은 여섯 줄 안에 갇혔다. 글에 갇혀서 다시 집에 갇힘으로써 사랑은 영원해진다.

이런 행위가 학생의 내면에서 또 일어날 수 있을까? 학생은 시를 읽으며 시의 내용, 그로부터 연상되는 자신의 경험, 이 모두에 관한 생각과 느낌을 내면에 기록한다. 시 읽기는 시 쓰기이다. 이 과정을 아무것도 모르는 흰 종이 위에 고정시키는 작업도 가능할 터 ‒ 메타포로서의 시 쓰기는 그대로 실제 시 쓰기로 이어진다. 제일 쉬운 방법인 모사(模寫), 곧 시 읽고 베껴 쓰기에서 모작(模作)과 개작(改作)을 거쳐 창작(創作)으로. 모작은 의도했든 의도하지 않았든 원작의 영향을 받아서 비슷하게 쓰는 현상이고 개작은 의도적으로 원작을 차용하거나(원형 그대로 또는 변형하여, 단 텍스트의 맥락과 의미는 비슷하게 유지하며.) 비틀거나(패러디) 변환하여(장르 변환, 매체 변용 등) 쓰는 방식이다. 창작 역시 다른 텍스트의 영향을 받는 경우가 많지만, 어느 정도의 독창성을 확보할 때 창작으로 부를 수 있다. 〈빈 집〉의 경우 2연 여섯 줄을 써 보는 활동이 첫걸음이 될 수 있다.

문학 창작은 언어 사용능력과 인지·정의적 사고 능력을 신장시키고 자아 정체성을 확립하는 데 효과적인 방안이 된다. 아울러 수용 활동과 생산 활동을 통합함으로써 문학 경험의 총체성도 구현하게 된다. Tompkin은 아동이 이야기 쓰기(write stories)를 해야 하는 이유로 다음과 같은 일곱 가지를 제시하는데, 이를 문학 창작 일반으로 확대해도 무리가 없다.[11]

① 즐거움을 위해(to entertain)

② 예술적 표현을 촉진하기 위해(to foster artistic expression)

③ 쓰기의 기능과 가치를 탐구하기 위해

　　(to explore the functions and values of writing)

④ 상상력을 자극하기 위해(to stimulate imagination)

⑤ 사고의 명료화를 위해(to clarify thinking)

⑥ 자아 정체성 탐색을 위해(to search for identity)

⑦ 읽기와 쓰기 학습을 위해(to learn to read and write)

그럼에도 불구하고 왜 그동안 창작교육이 국어과의 언저리에서 맴돌 수밖에 없었는가? 그 이유는 교육과정 논의에서 창작교육에 관한 몇 가지 전제가 은연중 작용했기 때문으로 보인다. 이미 노진한(1997)이 창작교육에 대한 편견으로 ① 창작교육 불가능론과 불필요론 ② 이상적인 작품과 작가를 기르는 과정으로서의 창작교육관 ③ 창작교육과 작문교육의 혼동을 들었는데, 그러한 편견의 이면에 숨어 있는 전제를 살펴볼 필요가 있다.

---

11 이 부분은 김창원(1998)과 김창원(2012)에서 논의한 내용을 가져왔다. [특히 전제1]~[전제6]은 거의 그대로 전재했다.

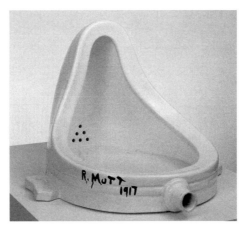

이 작품의 독창성은 어디에서 오는가?

[전제 1] 창작은 내용과 형식 면에서 지금까지 없던 새로운 작품을 만드는 것이다?

독창성(Originality)은 예술의 개념과 가치를 설명하는 중요한 개념이다. 뒤샹의 조각품(?) 〈샘〉이 예술이 될 수 있었던 이유도 그 때문이고, 그 이후로는 아무 변기나 다 설치 미술이 될 수 없는 것도 그 때문이다. 독창성을 강조하는 관점은 다시 '문학적이기는 하지만 독창성이 떨어지는 글' 쓰기와 독창적인 '작품' 쓰기를 구분하는 관점으로 발전한다. 최미숙(1997)의 '문학적 글쓰기'나 유영희(1997)의 '창조적 글쓰기' 개념은 모두 '창작까지는 가지 않는' 의사 창작을 염두에 두고 있다.

하지만 정말로 내용과 형식 면에서 독창적인 작품을 발견하기란 얼마나 어려운가? 이러한 낭만주의적 창작관은 20세기 후반에 오면서 많이 약화되어, '모방을 통한 창조'라는 현대적 의미에서의 창조성 개념(유영희, 1997: 427)이 확산되고, 패러디처럼 의도적으로 독창성을 뒤집는 기법도 정착되었다. 나아가, 일상에서의 문학 행위를 강조하는 입장에서는 작품의 독창성보다 작품을 둘러싼 인간 행위의 독창성에 더 가치를 부여한다. 중요한 것은 텍스트가 아니라 텍스트 행위이며(김창원, 1997a), '작품 쓰기'냐 '문학적 글쓰기'냐의 구분은 문학교육의 장에서는 무의미하다고 할 수 있다. 작품의 독창성이 다소 떨어진다 할지라도 학습자 입장에서 그 과정은 생애 최초의 경험이기 때문이다.

[전제 2] 학교는 전문적인 작가를 기르는 곳이 아니다?

지금까지 창작교육을 학교 교육에서 제외해 온 논리의 중심에 이 전제가 숨어 있다. 곧 교양 교육의 관점에서 학교 교육을 파악하고, 창작교육은 전문 교육의 범주에 넣는 입장이다. 하지만 문학 작품의 감상 능력을 길러 주는 목적은 문학 비평가를 양산하는 데에 있지 않고, 보통교육을 받은 개인이 소양 있는 문화적 인간으로서 살아나는 데 필요한 기본적 자질을 구비하게 하는 데에 있다. 창작교육 역시 이와 같은 맥락에서 그 교육의 필요성과 의의를 생각할 수 있다(노진한, 1997). 창작의 개념을 지나치게 좁게/높게 잡지 말고 개념 자체를 폭넓게 본다면 이 문제는 자연스럽게 넘어갈 수 있다.

[전제 3] 창작 능력은 천부적이어서 가르칠 수 없다?

예술의 교육 가능성에 대한 시비는 예술을 '소여된 천품의 발현'으로 보느냐 '연마된 기예'로 보느냐에 관한 오래 된 논쟁과 연관된다. 이것 역시 한편으로 [전제 1]과 관련되면서, 다른 한편으로 예술과 교육의 본질을 건드리는 문제이므로 쉽게 대답할 성질이 아니다. 일제 강점기의 최서해나 80년대의 장정일처럼 '전문 교육을 받지 않은' 시인/작가들이 있지만, 이런 사례들이 이 전제를 뒷받침한다고 보기는 어려울 것 같다. 일부의 예를 전수화하는 오류도 그러려니와, 명시적으로 드러나지 않은 잠재적, 비의도적 교육의 효과를 전혀 고려하지 않았기 때문이다.

[전제 4] 창작 능력은 객관적으로 평가할 수 없다?

이것은 일단 '평가할 수 없는 것은 교육 내용이 될 수 없다.'는 교육학의 고전 명제와 관련되는 것으로 보이는데, 그러한 교육관/평가관은 이미 부정된 지 오래다. 교수·학습과 일 대 일로 대응하는 평가는 평가 자체의 입지를 좁힐 뿐이다. 평가의 임의성을 교육 불가능성으로 혼동한 데 불과하다.

나아가, '평가란 무엇인가?' 하는 질문도 던질 수 있다. '의도적이고 체계적이며 명시적인 행동 변화'라는 교육공학적 관점을 지나치게 강조하는 것으로 보이기 때문이다. 평가가 '교수·학습의 개선을 위한 일체의 정보 수집 행위'로 재개념화된다면 이 전제는 수월하게 넘어갈 수 있다.

[전제 5] 창작교육의 성공 여부는 아동이 창작한 작품의 질에 따라 결정된다?

문학과 의사 문학을 구분하는 관점[12]은 유영희(1997)도 받아들이고 있고, 맥락은 다르지만 이오덕(1993), 이호철(1994) 등의 견해도 비슷하다. 작품성을 지나치게 강조하면 아동의 글쓰기 욕망을 왜곡한다는 것이다. 이는

---

12 Scholes(김상욱 역, 1995:10)는 학과로서의 영문학의 구조를 아래처럼 도식화하면서 '본격 문학'과 '의사 문학'의 이분법을 택하고 있다.

생산(PRODUCTION)	텍스트(TEXTS)	소비(CONSUMPTION)
	문학(literature)	해석(interpretation)
창조적 글쓰기 (creative writing)	의사 문학 (pseudo - literature)	
	비문학(non-literature)	읽기(reading)
작문(composition)	의사 비문학 (pseudo - non - literature)	

바꾸어 보면 아동 수준에서 '본격적인 문학 작품'을 창작하는 것은 어렵다는 뜻이다. 아동에게 요구하는 것은 '작품'이 아니라 '글'일 뿐이다. '창작' 대신 '글쓰기'라는 용어를 쓰는 대다수의 학자, 교사들이 은연중에 이러한 전제를 용인하고 있다.

여기에는 두 가지의 난점이 있는데, 첫째는 '성인문학을 기준으로 아동의 창작을 바라보는 것은 아닌가?' 하는 점이고 둘째는 '글을 쓰는 과정보다는 쓴 결과를 중시하는 것은 아닌가?' 하는 점이다. 예컨대 Scholes(1995)의 도식은 '텍스트'를 중심으로 양쪽에 '생산'과 '소비'를 배치하고 있는데, 빈칸으로 처리된 부분의 인간 행동에 대한 설명이 생략돼 있고, 나아가 텍스트들 사이의 관계도 모호하다. 아동이 구사하는 쓰기 전략과 전문 작가가 구사하는 전략의 상동성과 이질성에 관해서도 답을 주지 못한다. 이러한 문제를 해결하려면 아동의 창작 과정에 대한 자체 논리를 개발할 필요가 있다.

[전제 6] 교육은 필연적으로 지식으로 환원된다?

여기에는 교육의 내용/방법론에 대한 질문이 포함된다. 아울러 '교육이란 무엇인가'에 대한 철학적인 문제도 관련된다. 실제로 유아 단계에서 볼 수 있던 발랄한 상상력이 취학 이후 약해지는 현상을 자주 볼 수 있는데, 그 책임을 교조적인 학교 교육에게도 일부 물을 수 있을 것이다. 하지만 이와 같은 견해는 상상력/창의성을 지식이나 기능과 같은 인간의 다른 행동 영역과 분리해서 바라보는 것은 아닌가 하는 혐의를 지울 수 없다. 지식 교육과 상상력 사이의 상관 관계를 한 마디로 역상관이라고 말하기도 어렵다. 그보다는 발달 단계상 지식 교육이 이루어지는 시기와 학습자의 상상력이 유형화되는 시기가 겹치기 때문이라고 보는 것이 더 타당할 것이다.

이러한 전제들은 창작교육에 대한 끊임없는 회의를 낳는다. 그러한 회의에 빠져 있는 한, 교육 자체를 포기하거나, 실시하더라도 최소한의 수준에 머물고자 하는 태도에서 벗어나기 어렵다. 지금까지 교육과정 담당자들이 '창작의 신비성'에 위축된 나머지 창작교육에 대해 너무 몸을 사려 왔던 것은 아닌지 재고할 필요가 있다.

▶ **교실을 위한 질문 — 교실 비평과 창작의 문제**

1. "시교육은 학생들을 '작은 비평가'로 만들고자 하는 기획"이라는 주장에 관해 의견을 나누어 보자.
2. "창작 교육은 일부 재능이 있는 학생들에게만 실시해야 한다."는 주장에 관해서는 어떤가?
3. 시교육에서의 읽기, 쓰기 활동이 다른 과목이나 영역에서의 그 활동들과 다른 점을 말해 보자.

16

지식으로서의 시

> 시도 마찬가지다.
> 앎이 없으면 감동도 없다.

　시가 지식인가 하는 문제를 다루려면 먼저 '지식(앎)이란 무엇인가'에 관해 생각해 봐야 한다.(물론 이는 인식론의 중심 화두로서 이 자리에서 짧게 얘기할 대상은 아니다. 그저 학생들과 이야기하는 정도의 수준으로 짚어 보자.) 먼저 지식을 '어떤 대상에 관해 알고 있는 내용'이라는, 넓은 의미의 정보로 보는 관점이 있다.[13] 이때의 '내용'은 대상의 본질을 지정·정의하는 개념이나 대상의 관계·기능 등을 설명하는 명제다. 기억 속에 저장된 개념·명제는 필요한 경우 인출하여 문제 해결 등에 사용할 수 있다. 다른 한편으로 '어떤 대상

---

13 유명한 '자료(materials) → 정보(information) → 지식(knowledge) → 지혜(wisdom)'의 계층화를 떠올려 보자. 이 도식을 만든 목적은 지식을 자료나 정보와 구별하는 데 있지만, 결과적으로 지식을 체계화된 정보, 선별된 정보, 안정된 정보 등의 개념으로 고착하는 효과도 있다. 지식의 역동적 속성이 잘 드러나지 않는다.

에 관하여 배우거나 실천을 통해 알게 된 명확한 인식이나 이해(표준국어대사전)'로 볼 수도 있다. 이때의 초점은 '알게 된'에 있다. 다른 사람에게 배우기, 책 등을 통해 이해하기, 실천을 통해 깨치기가 무언가를 알게 되는 방법이고, 이런 과정을 통해 지식이 형성된다. 그러려면 이때의 '알게 되는 방법'을 알아야 한다. 곧 지식을 위한 지식이 필요한 것이다. 지식의 이러한 메타성은 계속하여 반복돼서, 어떤 지식을 얻으려면 어떤 지식이 필요한지를 판단하기 위한 지식이 또 있어야 한다. 이들을 정리한 용어가 개념지·방법지·맥락지다.

개념지(사람에 따라 개념적/선언적declarative/명제적 지식이라고도 한다.)는 방법지(역시 방법적/절차적/과정적이라고도 하는), 맥락지(이는 맥락적/조건적/메타 지식이 된다.)와 성격이 분명히 다르다. "비유는 대상을 직접 묘사·설명하지 않고 다른 대상이나 현상에 빗대어 묘사·설명하는 방법이다."든지 〈오감도〉는 이상이 지었다."와 같은 개념지와 "비유의 의미를 해석하려면 원관념과 보조관념의 의미 자질을 비교·대조하여 공통점·차이점을 찾고 그로부터 작가가 의도한 의미를 추리·연상·상상해 내야 한다."는 방법지는 그것을 익히는 방법, 기억 속에 저장하는 방법, 지식을 활용하는 방법 등 모든 것이 다르다. 지식에 관한 지식인 맥락지도 그러하다. 그래서 개념지를 정적 지식(stable knowledge), 방법지와 맥락지를 동적 지식(dynamic knowledge)로 부르기도 한다. 새로운 지식은 동적 지식으로 정적 지식을 조작하여 만들 수 있다.

한편으로 미시 지식과 거시 지식의 구분도 있다. 어떤 탐구 결과로서 얻은 개념지를 미시 지식이라 한다면 지식 탐구의 토대 또는 인식 프레임으로서의 맥락지를 거시 지식으로 본다. 방법지는 미시 지식과 거시 지식을 연결하여 지식 체계를 작동시키는 역할을 한다. 편의상 개념지·방법지·맥락지를 기본으로 하여 설명했지만 이들을 다른 지식 개념과 대응시키는 방법이 백 퍼센트 완전하지는 않다.

교육, 특히 기능 교과·예능 교과 쪽에서 지식교육에 대한 반감이 많다. 교육 이론에서 교과주의와 항존주의, 문학 이론에서 구조주의(신비평 포함)와 (뜻밖에도) 해체주의가 지식을 강조하는데, 그 공과 과를 평가하면서 과(過) 쪽을 부각하는 입장이다. 아무래도 《사회》나 《과학》 같은 지식 기반의 교과와 문학 교과가 지식을 대하는 태도는 다를 수밖에 없다. 거기에 더해서 수업 편의, 평가의 객관성·신뢰성, 교사중심주의 등 한국적 특성이 더해져서 시교육에서 지식은 만악의 근원처럼 대우받고 있다.

하지만 교육은 본질적으로 '앎'을 위한 기획이다. 학생들을 앎으로 이끌거나 밀어올리지 못한다면 교육은 도대체 무엇을 하는 것인가 하는 질문을 늘 염두에 두어야 한다. 모든 종류의 '앎'에 대한 성찰이 필요한 것이다. 여기서 나온 것이 교과 지식이다. 고급 수준의 학문적 지식이 아니면서 일상생활에서 필요한 실용 지식과도 구별되는, 학교 교육에서 하나의 교과로 가르치고 배우는 '교육적으로 선별, 조직된 지식의 체계'가 교과 지식이다. 어떤 영역이든 교과가 되려면 교과 지식이 필요하다.

시교육의 교과 지식은 포괄적인 시 역량으로 연결된다. 시 역량이란 시의 이론과 역사에 관한 (개념적) 지식, 시를 이해·감상하고 창작·소통하는 데 필요한 (방법적·맥락적) 지식, 시를 수용하고 시에 접근하는 태도, 그리고 이때까지 학생이 쌓아 온 시적 경험(텍스트 경험과 활동 경험의 총합)을 가리킨다. 학이시습(學而時習)의 오랜 전통을 지켜서 지식을 배우고 기술을 익히면 태도는 저절로 갖춰진다는(알면 좋아하게 되고 좋아하면 즐기게 된다.) 관점도 있지만, 능력(지식과 기술)이 태도를 그대로 보장하는 것 같지는 않다. 오히려 경험이 태도에 영향을 주는 것은 아닐까. 아무튼, 시교육의 교과 지식은 이런 총체적인 역량을 갖추는 데 필요한, 그러면서 학교 교육에 공통되는 일반 지식(예컨대 학습 방법, 문제 해결 방법, 소통 방법 등)을 뺀 나머지가 된다.

이를 위해 시에 관한 여러 이론과 지식의 교육적 재조직 방향을 정할 필요가 있다. 지식의 체계로서의 시학/시론에 기초하되 학문적 체계와는 다른 교육적 지식 체계를 만들어야 하는 것이다. 이 과정에는 학습 필요성, 지식의 범위와 비중, 정착된 지식과 문제 제기적 지식, 학습 순서, 활동과의 연계 방향, 평가로 다룰 요소 등에 대한 숙고가 필요하다.

우리가 물이 되어 만난다면
가문 어느 집에선들 좋아하지 않으랴.
우리가 키 큰 나무와 함께 서서
우르르 우르르 비 오는 소리로 흐른다면.

흐르고 흘러서 저물녘엔
저 혼자 깊어지는 강물에 누워
죽은 나무뿌리를 적시기도 한다면.
아아, 아직 처녀(處女)인
부끄러운 바다에 닿는다면.

그러나 지금 우리는
불로 만나려 한다.

벌써 숯이 된 뼈 하나가

세상에 불타는 것들을 쓰다듬고 있나니

만 리 밖에서 기다리는 그대여

저 불 지난 뒤에

흐르는 물로 만나자.

푸시시 푸시시 불 꺼지는 소리로 말하면서

올 때는 인적(人跡) 그친

넓고 깨끗한 하늘로 오라.

– 강은교, 〈우리가 물이 되어〉

이 시를 읽는 데 어떤 지식이 필요할까? 시의 형식에 관한 지식 – 제목, 행, 연, 문장 부호 등에 관한 지식도 필요하고 시의 표현 방법에 관한 지식 – 상징, 화자와 어조, 운율, 수사법 등에 관한 지식도 필요하다. 아울러 시의 내용에 관한 지식 – 물/불, 하늘/강, 나무/숯 등의 의미 상징적 – 도 필요할 것이다. 시가 내용·형식·표현의 통일된 구조체라 할 때 이들 모두에 관한 지식이 필요함은 당연한 일이다.

이것만으로 될까? 그렇다고 답한다면, 이는 텍스트를 다른 맥락 요인과 떼어내서 별도의 독립적인 실체로 보는 고립주의적 관점이다. 맥락주의에 따르면 이 시는 1970년대의 복잡다단한 사회 상황, 시인 강은교의 성장사와 시적 포트폴리오, '한국'이라는 독자적인 문화체와의 관련 아래서만 정확한 의미를 읽어 낼 수 있다. 곧, 이들에 관한 지식이 없으면 텍스트의 이해는 불완전해진다.

또 이것으로 될까? 언어의 의미(sense)는 '의미(meaning) – 의도(intention) – 의의(significance)'의 다면성을 지닌다. 고립주의가 의미에 치중했다면 맥락주의는 거기에 의도를 보완한 읽기가 될 것이다. 그런데 맥락에는 창작·소통의 맥락뿐 아니라 이해·감상의 맥락도 있다. 곧 학생들이 이 시를 어떤 맥락에서 읽느냐에 따라 거기에 필요한 지식이 달라진다. 학생들이 이 작품을 '고통과 정화(淨化)'의 해석 도식으로 읽을 경우는 기독교의 수난·순교 의식이라든지 불교의 연기설에 관한 지식이 필요할 수 있다. 그러지 않고 '사랑과 이별'의 도식으로 읽으면 기다림과 만남에 관한 수많은 경험적 지식이 동원되리라. 치열한 사회·역사 의식의 발현으로 이 시를 읽으면 그에 필요한 지식이 또 달라진다. 말하자면, 하나의 시텍스트를 읽을 때 필요한 지식은 다층적이고 맥락 의존적이다.

하지만 학교에서 그런 지식을 가르치기 위해 이 시를 선택한 것은 아니다. 〈우리가 물이 되어〉는 시에 관한 기본적이고 도구적인 지식을 가르치기 위해 선택한 자료, 예시일 뿐이다. 이 작품뿐 아니라 강은교 자체를 학교 교육 12년 동안 가르치지 않아도 아무 문제 없다. 시교육이 의도한 것은 구체적 텍스트에 관한 이런 다층적이고 맥락 의존적인 지식 자체가 아니라, 시 읽기와 쓰기에는 이런 지식이 필요하다는 점, 이런 지식은 많은 학습과 경험으로 통해 자연스레 얻을 수 있지만 그렇게 얻은 지식을 체계화·정교화함으로써 지식의 가치를 더 높일 수 있다는 점, 그렇게 하려면 어떻게 하는 것이 효과적인지에 관한 지식들이다. 교과 지식이 학습을 위한 지식과 연계되는 것이다.

구체적으로 운율을 예로 들어 보자.[14] 가장 먼저 제기할 수 있는 쟁점은 '운율은 물리적인 것인가 심리적인 것인가, 아니면 관습적인 것인가' 하는 문제이다. 운율을 물리적인 현상으로 보면 그것은 결국 감각의 문제로 환원된다. 곧 청각, 또는 시각 이미지가 어떻게 배열되느냐의 문제인 것이다. 현대인에게 "위 두어렁셩 두어렁셩 다링디리"가 운율적이라면 그것은 물리적인 현상이다. 알지도 못하는 프랑스어 시를 들으며 '부드럽다'고 느끼면 그것 역시 물리적 현상이다. 그와 달리 운율을 심리적인 현상으로 보면, 운율은 일치와 차이, 반복과 병치, 균형과 대립, 점진적인 변화, 중심과 주변의 통일성 같은 것들이 주는 미적 효과로 환원된다. "봄 여름 가을 없이 꽃이 피네"보다 "갈 봄 여름 없이 꽃이 피네"가 더 운율적이라면, 그것은 심리적인 현상에 가깝다. 서사에서 긴장과 이완이 리듬을 이룬다면 그것도 역시 심리적이다. 한편으로 운율을 관습적인 현상으로 보면, 운율은 자동화된 표현 양식과 그로부터의 일탈이라는 문제로 환원된다. "형님 형님 사촌형님"이나 "간다 간다 나는 간다"가 A‒A‒B‒A형의 관습적 운율에 기초하는 것과 마찬가지로, "해야 솟아라 해야 솟아라 말갛게 씻은 얼굴 고운 해야 솟아라"도, "한 송이의 국화꽃을 피우기 위해 (…) 울었나 보다/ 한 송이의 국화꽃을 피우기 위해 (…) 울었나 보다/ 그립고 아쉬움에 가슴 조이던 (…) 내 누님같이 생긴 꽃이여/ 노오란 네 꽃잎이 피려고 (…) 잠도 오지 않았나 보다"도, 모두 A‒A‒B‒A의 운율 관습에 연루되어 있는 것이다. 이러한 관점의 차이는 결국 텍스트와 텍스트 주체, 그리고 컨텍스트라는 문학 현상의 기본 변인과 연관되는 것으로, 운율에 대해 어느 한 관점에서

---

14 이 부분은 김창원(1996a)에서 논의한 내용을 가져왔다.

접근할 수 없다는 것을 보여 준다.

둘째 쟁점은 '무엇을 운율론의 단위로 삼을 것인가' 하는 문제이다. 음수율은 기본적으로 8음절, 또는 12음절과 같은 음절의 덩어리를 기본 단위로 삼는다. "나 보기가 역겨워/ 가실 때에는/ 말 없이 고이 보내/ 드리오리다"가 7·5조라면, '나 보기가 역겨워 가실 때에는'과 '말 없이 고이 보내드리오리다'가 각각 하나의 단위가 되는 것이다. 그 단위 안에서 7·5조니 4·4조니 하며 음절 수를 따지게 된다. 음수율의 한계에 대한 대안으로 제시된 음보율은 어떤가. 이것 역시 "나보기가 역겨워 가실 때에는"이라는 기본 단위는 같다. 다만 그 안에서 음절 수가 아니라 음보 수를 따지는 차이가 있을 뿐이다. 음수율이 음절 그 자체의 운율을 따지지 않는 것처럼, 음보율도 음보 그 자체의 운율을 따지지는 않는다.[15] 음보와 음보가 결합한 상위 단위의 운율을 따지는 것이다. 그렇다면 운율론의 기본 단위는 행line인가? 그러나 같은 기본 단위이면서도 "나 보기가 역겨워/ 가실 때에는"은 두 행으로, "말 없이 고이 보내 드리오리다"는 한 행으로 처리됐다. "그립다/ 말을 할까/ 하니 그리워"는 세 행이다. 행이 기본 단위는 아니라는 뜻이다. 무엇이 한 행에서 세 행에 이르는 이들 덩어리들을 하나의 기본 단위로 느끼게 하는가? 또, "나는 온몸에 햇살을 받고/ 푸른 하늘 푸른 들이 맞붙은 곳으로/ 가르마 같은 논길을 따라 꿈속을 가듯 걸어만 간다"에서는 왜 4음

---

15 이 점에서 서구의 'foot' 개념과 우리의 '음보' 개념은 다르다고 할 수 있다. foot가 강약격(trochaic)이나 약강격(iambic), 약약강격(anapestic), 강약약격(dactylic)과 같이 그 자체로서 또 하나의 운율 단위가 되는 데 비해 음보는 자체의 운율론을 가지지 못한다. 물론 각 음보의 첫 음절에 강세가 오기는 하지만, 그것은 언제나 나타나는 현상으로서 운율론적으로 유의미한 현상이 아니다.

보가 기본 단위가 되는가? 운율의 기본 단위는 시의 형태론보다는 의미론적으로 결정되는 것이 아닐까?

셋째 쟁점은 '운율이 시를 시답게 해 주는 고유하고도 충분한 표지인가' 하는 문제이다.

> (가) 이상하게도 내가 사는 데서는 새벽녘이면 산들이 학처럼 날개를 쭉 펴고 날아와서는 종일토록 먹도 않고 말도 않고 엎뎄다가는 해질 무렵이면 기러기처럼 날아서 평야만 남겨 놓고 먼 산 속으로 간다.
>
> – 김광섭, 〈산〉

> (나) 울음 우는 아이들은 우리를 슬프게 한다. 정원 한편 구석에서 발견된 작은 새의 시체 위에 초추(初秋)의 양광(陽光)이 떨어질 때, 대체로 가을은 우리를 슬프게 한다.
>
> – 안톤 시나크, 〈우리를 슬프게 하는 것들〉

(가)가 시이고 (나)가 시가 아니라면, 운율이 그 근거가 될 수 있는가? 오히려 (가)와 (나)를 구분해 주는 것은 대상을 바라보고 해석하여 서술하는 '시각'이 아닐까?(그것을 시적 사유라고 해도 좋고 어조 또는 상상력이라 해도 좋다.) 앞서 운율은 '시'라는 화두에 접근하는 문이 된다고 했지만, 일주문을 들어선다고 해서 언제나 불성(佛性)을 찾을 수 있는 건 아니다. 시는 운율만으로 이루어진 것도 아니고, 시에만 운율이 있는 것도 아니기 때문이다. 그런 점에서 '시=운문', '소설=산문'이라는 대립 구조는 깨어진 지 오래되었다. 아니, 그 대립 구조는 아예 처음부터 존재하지 않았다. 그럼에도 불구하고 시

에서 운율을 논위하기 위해서는, 운율이 텍스트의 미적 구조에 어떻게 통합되는가 하는 데에 초점을 맞추어야 한다.

넷째 쟁점은 이른바 '외형률'과 '내재율', '정형률'과 '자유율'의 문제이다. 실제로 학교에서 운율을 지도할 때 가장 자주 나오는 용어가 외형률과 내재율이다. 외형률은 "운율이 겉으로 드러나는 것", 내재율은 "운율이 겉으로 드러나지는 않지만 내적으로 운율감을 느끼게 하는 것"으로 설명하지만, 실제로는 음수율이나 음보율로 명쾌하게 설명할 수 있으면 외형률, 설명하기 어려우면 내재율로 치부하는 것이 일반적이다. 그나마도 사람에 따라 각기 다르게 설명한다.[16] 아마 음보 – 음수가 정확히 맞아 떨어지는 시조나 민요를 제외하고는 외형률로 명확하게 설명되는 경우가 드물 터이다. 또 하나 기이한 것은 운율에 관한 학술 담론에서는 외형률과 내재율이라는 용어가 거의 사용되지 않는데, 유독 교육 담론에서만 널리 쓰이고 있다는 점이다.[17] 이 현상은 음수율에 대한 끈질긴 추종과 함께 교육 담론의 보수성을 보여 주는 예가 된다. 정형률과 자유율 역시 비슷한 맥락에 놓여 있으며, 어떤 경우에는 '외형률=정형률', '내재율=자유율'의 등식까지 등장한다. 이러한 혼란은 운율의 근원이 소리인가 의미인가에 대해 명쾌하게 설명하기 어렵기 때문에 나타난다. 하지만 이 둘이 시에서는 따로 떨어져 있지 않다는 점에서, 외형률과 내재율 또는 정형률과 자유율을 구분하는 방식

---

16 교과서에 자주 실리는 〈엄마야 누나야〉나 〈돌담에 속삭이는 햇발〉, 〈물새알 산새알〉과 같은 시들을 참고서에 따라 외형률, 외형률의 요소를 지닌 내재율, 내재율 등으로 각각 다르게 설명하는 것이 그 예이다.

17 5·6차 교육과정 이후 교과서나 교사용 지도서에서는 이 용어를 자주 쓰지 않고 있다. 그러나 참고서에서는 전가의 보도처럼 쓰이고 있고, 당연하게 수업 현장에서도 이 구분이 기본 개념으로 사용된다.

은 금방 한계에 부딪히게 된다.

다섯째 쟁점은 운율론이 분류학으로 흐르는 문제이다. 운율에 관한 전형적인 설명을 상상해 보자

잘 들으세요. 운율이란 시에 나타나는 음악적인 요소를 가리킵니다. '잔디 잔디 금잔디' 하면 같은 말이 반복되면서 어떤 박자를 느끼지요? 그것이 운율입니다. 운율에는 크게 외형률과 내재율이 있습니다. 외형률은 다시 음성률과 음위율, 음수율, 음보율로 나눌 수 있는데, 음성률에는 고저율, 장단율, 강약률이 있고, 음위율에는 두운, 요운, 각운이 있습니다. 또, 음수율에는 7·5조와 4·4조가 있고 음보율에는 3음보와 4음보가 있습니다. 내재율은 이러한 외형률이 나타나지 않지만 어조나 호흡을 통해 드러나는 내밀한 운율을 가리킵니다.

이는 결국 운율에 대한 설명이 "운율에는 이러이러한 것들이 있으며, 이 시에는 그중 이런 운율이 나타난다."는 방식으로 이루어져 왔음을 뜻한다. 사실 운율론에 관한 한 교육 담론은 물론이고 학술 담론도 전적으로 분류학에 떨어진 감이 있다. 기술하고 분류하는 것이 설명의 첫 단계임은 충분히 인정하는 바이지만, 거기에서 그치는 것은 마치 배고픈 사람에게 밥 짓는 방법을 알려 주고 마는 것이나 진배없는 일이다. 운율에 어떠어떠한 것들이 있다는 것을 설명하기보다는 운율이 이 텍스트의 미적 구조를 어떻게 떠받치는가를 설명하는 일이 더 중요한 것이다. 그런 점에서 운율론은 분류학이기보다는 미학이 되어야 하고, 시 일반론이기보다는 작품론이 되어야 할 터이다.

이러한 여러 문제가 제기되는 책임은 물론 운율 자체가 져야 한다. 스스

로 정체를 드러내지 않기 때문에 학생은 물론이고 교사와 학자들까지 혼란에 빠지는 것이다. 그러나 운율이 무슨 죄가 있으랴. 있다면 시를 더욱 시답게 한 죄밖에 없는 것을. 시를 느끼는 가운데 운율이 어떻게 '시를 시답게' 하는지 살펴보는 데, 곧 운율에 관한 '앎'을 넓히는 데 운율 지도의 가능역이 있다. 그리고 그 출발은 '앎'이 시 역량에서 어떤 위상을 차지하는지, 시 행위에서 어떤 역할을 하는지 점검하는 일이다.

> **◤ 교실을 위한 질문 — 지식으로서의 시**
>
> 1. 작품 암송이 시적 지식이 될 수 있을까? 시를 일부만 욀 수 있다면 그것은 부분적인 지식인가?
> 2. 어떤 작품에 관한 외부 정보가 10개 있는데, 한 번 읽을 때마다 하나씩 알려 준다고 하자. 10번의 감상 사이에 어떤 차이가 나타날까?
> 3. 시 영역에서 전문 지식과 교과 지식의 차이가 무엇일지 토의해 보자.

17
시와 문화적 리터러시

시에 관한 지식과 경험이 쌓이면서
문화적 리터러시도 신장된다.

예술교육의 목표는 학습자의 예술적 소양을 길러 개개인의 삶의 질을 향상시키고 그를 통해 예술 문화를 발전시키는 데 있을 것이다. 그를 위해 다양한 미적 체험을 제공해야 함은 물론이다. 여기서 '리터러시' 개념이 개인의 성장과 문화 발전에 어떤 방식으로 도움을 주는지 생각해 보자. 유파나 작가, 작품을 많이 아는 일이 성장을 보장하지는 않을 터이고, 상상력이나 심미안, 감수성 따위를 발달시키는 것 역시 "그래서?"라는 질문을 피해가지 못한다. 도대체 예술 활동, 또는 미적 체험이 리터러시와 어떻게 관련되는가?

리터러시 개념은 읽기 영역에서 처음 정착된 이래 교육의 제반 영역으로 끝없이 촉수를 뻗어 나가고 있다. '미디어 리터러시', '컴퓨터 리터러시', '디지털 리터러시'처럼 앞에 적당한 영역 명을 붙이면서 개념을 계속 확장해 온 것이 리터러시다. 그래서 이제는 '문식성(文識性)'이나 '문해력(文解力)' 같은, 문자에 초점이 있는 원래의 번역어보다는 그냥 '리터러시'라고 쓰는 경우가 더 많다. 아무튼, 예술교육의 목표로 각 영역의 리터러시 함양을 드는 정도라면 큰 무리가 없을 듯하고, 이때 리터러시는 규범, 관습, 소양 등을 포함하는 광의의 '언어'로 이해할 여지를 가진다. 그 축은 문화적 리터러시(cultural literacy)다.

문화란 무엇인가? 표준국어대사전에서는 문화를 "자연 상태에서 벗어나 일정한 목적 또는 생활 이상을 실현하고자 사회 구성원에 의하여 습득, 공유, 전달되는 행동 양식이나 생활 양식의 과정 및 그 과정에서 이룩하여 낸 물질적·정신적 소득을 통틀어 이르는 말. 의식주를 비롯하여 언어, 풍습, 종교, 학문, 예술, 제도 따위를 모두 포함한다."고 정의하였다. 하지만 이런 식의 정의로 여러 영역에서 다양하게 통용되는 문화의 개념을 모두 아우를 수 없음은 물론이다.

어떤 현상에 대해 '문화'라는 말을 붙일 수 있으려면 최소한 다음 조건을 충족시켜야 할 것으로 보인다.[18]

① 정신적이든 육체적이든 인간의 의지와 노력이 작용한/작용하는 체계다.
② 비교적 큰 집단에서 비교적 긴 시간에 걸쳐 형성되고 통용되나, 그 범위는 제한된다.
③ 구성원이 공유하는 물질적·상징적 자원과 행위의 규칙들이 있고, 그로부터 일탈하면 제재를 받는다.

---

18 이 부분은 김창원(2012)에서 논의한 내용을 가져왔다.

④ 후천적으로 학습되고, 그 결과는 개인과 집단 모두에게 피드백 된다.

⑤ 명시적이든 암시적이든 스스로를 의식하며, 그를 통하여 다른 문화와 구별 하거나 구별된다.

이는 '문화'라고 불릴 수 있는 조건이 물질인가 비물질인가, 결과인가 과 정인가, 의도적 고안물인가 자연적 형성물인가, 가치로운가 그렇지 않은가 등과는 관계없다는 뜻이다. 어떤 현상이 문화가 될 수 있는 조건은 전적으 로 '문화적으로' 결정된다.

교육의 관점에서 보면 문화 개념이 더 풍성해질 수 있을까? 우리 주변에 영국, 독일, 프랑스 등 유럽의 문화 이론을 소개하는 글들은 넘쳐날 정도로 많다. 문학 연구와 비평에서도 리비스, 아놀드, 윌리엄스 등에서 시작하는 문화 이론은 이미 상식이 되었을 정도다. 그럼에도 불구하고 그 갈피를 잡 기 어려운 점이 문화 이론의 특징이기도 한데, 거기에 교육적 관점에서 또 다른 문화 개념을 추가해야 할까?

여기에 대한 답은 문화 개념의 계보를 들춰냄으로써 찾을 수 있을 듯하 다. 원래 중국 문헌에 등장하는 '文化'는 강제력을 사용하지 않고 학문이나 교육으로 민중을 계몽하는 뜻으로 쓰였다. 한자 그대로의 의미를 풀어 쓰 면 '문자를 읽고 쓰는 능력을 갖추도록 한다.'고 할 수 있는데, 그것은 자체 적으로 교육적 기능을 포함하고 있다(김성제, 2004: 3-4). 오늘날 통용되는 '문화'는 19세기 후반 일본 학자가 독일어 'Kultur'를 번역한 것을 차용한 것으로 알려져 있는데, 그 개념상 영어의 'culture'보다 교양적 요소가 더 강하다(심경호, 2001: 45). 곧, 문화는 태생적으로 교육적 함의를 지니고 있으 며, 교육적 논의를 통해 그 개념을 확충할 수 있고, 문학교육 또한 문화론의 관점을 취함으로써 그 함의를 극대화할 수 있는 것이다.

그렇다면 시 읽기, 시 교육에서 문화는 어떻게 작동하는가? 그 문화는 공시성과 통시성을 기준으로 하여 문학 현상의 문화와 문학 양식의 문화로 1차 범주화된다. 문학 현상은 사람들이 시를 쓰고, 읽고, 공유하는 제반 활동에서 나오고 문학 양식은 역사의 흐름 속에서 특정 양식이 만들어지고, 발전하고, 쇠퇴하는 과정에서 나온다. 이는 다시 하위 개념으로 세분되는데, 통시적으로 양식화되는 문화는 발상의 문화, 표현의 문화, 갈래의 문화를 낳고 공시적으로 현상화되는 문화는 소통의 문화, 매체의 문화, 상황의 문화를 낳는다(김창원, 2008). 말하자면 발상에 문화가 개입하고[19] 표현에도(관용 표현을 떠올려 보자), 갈래에도(한·중·일의 단형시 양식들) 문화가 개입하는데, 이런 문화에 관한 지식과 경험이 내면화·자동화 된 상태를 문화적 리터러시라고 부를 수 있을 것이다. 이는 소통[20], 매체(문학이 인터넷으로 들어갈 때 어떤 현상이 나타나는가?), 상황(문학 치료를 예로 들 수 있다.)에 관해서도 똑같이 얘기할 수 있다.

벼는 서로 어우러져
기대고 산다.
햇살 따가워질수록
깊이 익어 스스로를 아끼고

---

19 유명한 속담 "A Rolling stone gathers no moss."를 "구르는 돌은 이끼가 끼지 않는다."로 번역할 때, 두 속담이 의도하는 바는 거의 정반대가 되는 사례를 들 수 있다.

20 중세 이전에 개인 차원에서 필사본이나 몇 편 안 되는 인쇄본으로 詩文이 소통될 때의 문화와 근대 이후 언론·출판을 통해 대량으로 광범위하게 문학이 소통될 때의 문화가 같겠는가?

이웃들에게 저를 맡긴다.

서로가 서로의 몸을 묶어
더 튼튼해진 백성들을 보아라.
죄도 없이 죄지어서 더욱 불타는
마음들을 보아라. 벼가 춤출 때,
벼는 소리 없이 떠나간다.

벼는 가을하늘에도
서러운 눈 씻어 맑게 다스릴 줄 알고
바람 한 점에도
제 몸의 노여움을 덮는다.
저의 가슴도 더운 줄을 안다.

벼가 떠나가며 바치는
이 넓디넓은 사랑,
쓰러지고 쓰러지고 다시 일어서서 드리는
이 피묻은 그리움,
이 넉넉한 힘…….

– 이성부, 〈벼〉

이 시는 '벼'라는, 한국 사람에게 제일 익숙한 문화 상징물을 가져다가 그로부터 백성의 '넉넉한 힘'을 그려내었다. 벼를 그냥 "볏과(—科 Poaceae)

벼속(一屬 Oryza)에 속하는 1년생 초본"이라고 건조하게 정의할 수도 있다. 또는 주식(主食)이 가지는 의의를 강조하여 "한국인의 삶을 지배하는 가장 원형적인 상상력"으로 볼 수도 있고, 먹고사는 일의 고단함과 소중함을 동시에 살려 민초들의 삶의 동력으로 볼 수도 있다. 영어 'rice'와 한국어 '벼'를 비교하여 한국어의 문화적 유전자를 얘기하기도 한다.[21]

이런 문화적 배경 위에 이 작품은 "기대고 산다"는 점을 강조하고, 거기에 '피묻은 그리움'을 갖다 얹는다. 왜 그리움이고 왜 피가 묻었는가? - 이에 대한 답을 찾는 과정이 이 시의 해석 과정이다. 벼가 떠난 뒤에 남긴 것이 그리움만이 아니라는 점, 벼 베인 들판에 넘치는 '넉넉한 힘'을 읽어 내지 못하면 시를 읽었다고 할 수 없는데, 이 지점에서 한국 시의 문화적 리터러시가 작동한다. 특히 노동자·농민 문학에 관한 리터러시가 없이는 이 시를 이해하기가 어렵다.

물론, 문학 문화를 정의하는 일은 흐르는 물을 그물에 담으려는 일만큼이나 지난한 일이다.[22] 문학 문화라는 용어는 문학을 문학답게 만드는 조건과 맥락, 문학 활동의 규칙, 축적된 문학적 관습과 전통, 공동체가 문학을 대하는 태도 등의 다양한 의미장을 포괄한다. 그것은 문학'적' 문화나 문학'이라는' 문화가 아니라, 정밀하게 문학'의' 문화를 가리킨다. '문학적 문화'에서 문학이 문화의 한 속성이 되고 '문학이라는 문화'에서는 문학이 문화에 포함되는 데 비해, '문학의 문화'에서는 문화를 문학의 한 속성으로 이해한다.

---

21 [모·벼·쌀·밥·누룽지 : rice]의 대응과 [소 : cow·bull·ox·cattle·heifer·steer]의 대응을 비교하여 쌀 중심의 농경 문화와 소를 중심으로 한 목축 문화를 비교하는 사례.
22 이 부분은 김창원(2012)에서 논의한 내용을 가져왔다.

사실, 문학이라는 용어 자체가 서구의 'literature'를 메이지 초기에 니시 아마네(西周) 등이 번역한 것이고(김채수, 1999: 4), 서구의 그 'literature'조차 '문헌'의 의미에서 오늘날의 '문학'의 의미로 변한 것이 불과 200년 이쪽저쪽의 일이다(김경한, 2006: 88). 그리고 아직도 우리에게 '문학'은 'literature'와 'literatur-wissenschaft' 사이에서 진동하고 있다. 문학의 개념조차 없었던 시대에 그나마 시문(詩文)이라고 하던 것에도 끼지 못하던 시조를 문학으로 끌어들이는 과정, 당대 문단의 변방에 있던 윤동주를 사후에 현대시 최고 시인의 반열에 올려놓는 과정, SF·추리물·무협·판타지 등의 장르 문학으로 재능 있는 작가들이 몰리는 과정 등을 보면 '문학'이라는 개념 자체가 문화적으로 구성된 것임을 알 수 있다.

주위를 돌아보면 교육에 대한 문화론적 접근은 국어·외국어·문학 등의 언어 분야뿐 아니라 윤리·사회 분야, 나아가 수학·과학 분야까지 그 적용 범위가 점차 넓어지고 있다. 물론 음악·미술 등의 예술 분야는 그 자체로서 문화와 구별을 거부하기도 한다. 바야흐로 문화적 리터러시가 교육의 최전선이 된 것이다. 그러나 각 교과마다 문화의 개념폭이 다르고 효용도 들쑥날쑥하여, 명료한 교육 이념으로 자리 잡기에는 미흡한 것이 현실이다. 국어과를 포함한 전체 교육에서 문화의 의의와 개념을 정치화/다양화하여야 하는 이유다.

물론, 문학교육에 대한 문화론적 접근이 나름대로의 문제가 없는 것은 아니다. 정찬영(2005: 62-63)은 문화론적 문학 연구의 문제점으로 문화사나 풍속사 중심의 문학 외적인 연구가 된다는 점, 지엽적인 소재주의나 말초적 감각을 자극하는 주제들의 나열에 그칠 수 있다는 점, 그리고 문화주의가 지향하는 대중문학에 대한 편중된 연구에 대한 지적이 있을 수 있다는 점을 들었다. 이득재(2002: 11) 역시 문학의 '외부'만 있으면 무조건 문화연구로 보는 입장을 문화주의로 비판한 바 있다. 문화론적 문학교육도 이와 비슷한 비판에서 벗어나기 힘들다. 그럼에도 불구하고 문학교육에서 문화 요소를 강조하는 이유는 그것이 문학을 학생들의 삶과 통합시키는 가장 효과적인 방법이기 때문이다.

문학교육에서 문학 문화를 강조하는 관점이 문학교육의 모든 문제를 그것으로 돌리는 문화환원주의를 낳을 가능성은 여전히 남는다. 그 추이가 어떻게 될지에 대해서는 예단하기가 힘들다. 다만 중요한 것은 문학을 문화의 관점에서 바라보는 것처럼 문학교육도 문화교육의 관점에서 설계하는 일이 가능한가 하는 점이고, 그것을 문화 기반 문학교육으로 개념화할 수 있는가 하는 점이다. 그리고 최종적으로 문화 개념에 기반을 둔 문학교육의 지향점과 접근 방법을 탐색해야 한다. 그를 통해 관념적으로 받아들여 온 문학교육의 문화론에 이론적 기초를 제공하고, 문화 지향 문학교육의 개념을 명료화할 수 있다.

언어든 사회든, 또 문학이든 문화든, 완벽한 정의는 불가능하겠지만 그 개념폭을 확장/획정해 나가기 위한 작업은 늘 필요하다. 특히 교육의 장에 서라면 어느 정도 제한이 있더라도 교육적 효용을 고려하여 개념을 정의해 둬야 한다. 그런 연후에 그 정의가 지닌 한계와 문제점을 지적하고 탐구해 나가면 될 일이다.

1. "시는 번역이 불가능하다."는 말이 있다. 어떤 점에서 그러한지 이유를 찾아보자.

2. 시에 관해 많이 아는 사람과 그렇지 않은 사람 사이의 차이를 말해 보자. '시 좀 아는 사람'이란 도대체 누구인가?

3. 한국 현대시의 특징을 고전 시가와, 또는 외국 시와 비교해서 세 가지 이내로 들고, 거기에 어떤 문화적 함의가 담겨 있는지 말해 보자.

18
국가 교육과정의 과거와 미래

시 교육과정은 시에 관한 국가·사회의 기대와
의도를 반영하여 만들어지고 발전한다.

시교육의 내용은 교육과정으로 수렴한다. 교육과정을 만들 때 제일 중
요한 일은 시교육의 목적과 목표를 분명히 하는 일이겠지만, 실제 작업의
대부분은 내용을 선정하고 조직하는 일이다. 목표에서 내용이 나오고, 내
용에 따라 적합한 작품이 선정되며, 작품에 가장 알맞은 교수·학습 방법
이 정해진다. 그리고 그 결과는 평가를 통해 다시 교육과정으로 회귀한다.
교육과정은 시교육의 처음이자 중심이자 끝이다.

국어과 교육과정에서 '문학' 영역을 별도로 설정한 것은 제4차 교육과정
때부터이다.[23] 그때부터 2015년 교육과정까지 교육과정의 '성격'과 '목표'에

---

23 이 부분은 김창원(2012)에서 논의한 내용을 가져왔다.

〈4차~2015년 교육과정의 '성격'과 '목표'에 나타난 문학 관련 내용〉

교육 과정	성격	목표
4차	–	3) 상상의 세계를 표현한 글을 즐겨 읽고, 아름다운 정서를 기르게 한다. 1~2학년: 단순한 이야기와 짧은 노랫말을 즐기게 한다. 3~4학년: 문학의 기본 유형을 통하여 상상의 세계를 경험하게 한다. 5~6학년: 문학의 허구적 진실성을 알게 한다.
5차	–	3) 문학 작품을 즐겨 읽고, 아름다운 정서를 기르게 한다. 1~2학년: 이야기와 동시를 즐겨 읽게 한다. 3~4학년: 문학 작품을 즐겨 읽고, 상상의 세계에 흥미를 가지게 한다. 5~6학년: 문학 작품의 짜임을 이해하고 감상하게 한다.
6차	문학 영역에서는 문학 작품을 이해할 수 있는 지적 능력을 길러 준다. 그리고 문학 작품 감상을 통하여 즐거움을 느끼게 하고, 삶의 다양한 모습에 대하여 관심을 가지고 이해하게 하며, 풍부한 상상력을 길러 준다.	다. 문학 작품을 즐겨 읽고, 아름다운 정서와 풍부한 상상력을 기르게 한다.
7차	문학에 대한 기본적인 지식을 바탕으로 문학 작품을 수용하면서 인간의 다양한 삶을 총체적으로 이해하는 능력과 심미적 정서를 기른다.	가. 언어 활동과 언어와 문학에 대한 기본적인 지식을 익혀, 이를 다양한 국어 사용 상황에 활용하는 능력을 기른다. 나. 정확하고 효과적인 국어 사용의 원리와 작용 양상을 익혀, 다양한 유형의 국어 자료를 비판적으로 이해하고 사상과 정서를 창의적으로 표현하는 능력을 기른다.
2007	문학에 대한 기본적인 지식을 바탕으로 문학 작품을 수용하거나 생산하면서 인간의 다양한 삶을 총체적으로 이해하는 능력을 기르고 심미적 정서를 함양한다.	가. 국어 활동과 국어와 문학에 대한 기본적인 지식을 익혀, 이를 다양한 국어 사용 상황에 활용하면서 자신의 언어를 창조적으로 사용한다. 나. 담화와 글을 수용하고 생산하는 데 필요한 지식과 기능을 익혀, 다양한 유형의 담화와 글을 비판적이고 창의적으로 수용하고 생산한다.

교육과정	성격	목표
2009	문학에 대한 기본적인 지식을 바탕으로 문학 작품을 수용하거나 생산하면서 인간의 다양한 삶을 총체적으로 이해하는 능력을 기르고 심미적 정서를 함양한다.	국어 활동과 국어와 문학을 총체적으로 이해하고, 국어 활동의 맥락을 고려하여 국어를 정확하고 효과적으로 사용하며, 국어를 사랑하고 국어 문화를 누리면서 국어의 창의적 발전과 국어 문화 창조에 이바지할 수 있는 능력과 태도를 기른다.
2015	문학 작품을 수용하거나 생산하면서 인간의 다양한 삶을 이해하고 정서를 함양하는 활동(…)	국어로 이루어지는 이해·표현 활동 및 문법과 문학의 본질을 이해하고, 의사소통이 이루어지는 맥락의 다양한 요소를 고려하여 품위 있고 개성 있는 국어를 사용하며, 국어문화를 향유하면서 국어의 발전과 국어문화 창조에 이바지하는 능력과 태도를 기른다.

서 문학교육에 관해 기술한 내용을 정리하면 앞의 표와 같다.[24]

이를 통해 ① 그동안 30년 이상 문학교육의 목표로 유지돼 온 '정서와 상상' 이데올로기, ② 6차~2007년 교육과정에서 부각된 '지식' 및 '삶의 다양성' 이데올로기, ③ 7차~2015 교육과정에 나타난 '비판적·창의적 언어 활동' 이데올로기의 대비를 발견할 수 있다. 이러한 대비는 문학에 대한 선험적 이미지로서의 '정서(→심미주의)'와 그에 대한 대타 의식으로서의 '관념(→인문주의)', 그리고 국어라는 교과를 염두에 둔 '언어(→기능주의)' 사이의 길항을 보여 준다. 여기서 문제가 되는 것은 그들의 길항 자체가 아니라, 문학은 '정서'의 영역에 속한다고 본능적으로 느끼면서도 끊임없이 '관

---

24 4차·5차 교육과정은 '성격' 항목 없이 직접 '목표'를 기술하였다. 교육과정에 '성격' 항목이 나타난 것은 6차 교육과정 때부터이다. 그러나 '목표'는 '성격'에서 기술한 내용을 다시 항목화하는 데 그쳐, 내용 면에서 '성격'과 '목표'가 구별되지는 않는다. 특히 '성격'의 모호성에 대해서는 정혜승(2002)이 자세하게 지적하였다.

념'을 의식하게 되는 문학 공동체의 욕망과, 거기에 덧붙여 '언어'까지 담고
자 하는 교육 공동체의 자의식이다. 문학은 무엇인가를 담아야 한다는, 그
'무엇'이란 대체로 사회 · 역사적인 비판 의식이라는, 그러므로 문학가는 음
유시인인 동시에 선지자여야 한다는 생각에서 계속 문학교육을 '관념' 쪽
으로 밀어붙이는 변화의 이면에는 어쩔 수 없는 '정서'에의 고착이 자리 잡
고 있는 것이다. 문학은 언어 예술이자 《국어》라는 교과에 속하므로 언어를
염두에 두지 않을 수 없다는 분류학적 콤플렉스 역시 마찬가지다.

　이러한 복합적인 가치관(또는 분열된 문학관)에서 오는 콤플렉스는 '평가'
에서도 나타난다.[25] 교육과정 문서에는 '작품의 이해와 감상(또는 수용과 창
작/생산)'을 표나게 강조하면서 지식 평가에는 거의 두려움조차 느끼는 모
습이 담겨 있는데, 이는 역으로 '믿을 만한 평가는 지식 평가뿐'이라는 교
육 공동체의 무의식이 왜곡되어 표출된 것이다. 7차 교육과정 이후 문학교
육의 목표를 별도로 기술하지 않은 것이나,[26] '학년별 내용(또는 성취 기준)'
에서 장르나 미적 장치들을 의도적으로 피해 간 것 역시 교육과정이 문학
을 다루면서 느끼는 곤혹감을 반증한다. 어쩌면 문학 교육과정은 문학과
교육을 둘러싼 이중 가치관의 갈등을 포용하기에는 너무 좁은 그릇인지도
모른다.

　좀 더 들어가서, 실제 교육과정의 '내용'에서 시를 어떻게 다루었는지 살
펴보자. '문학' 영역이 처음 생긴 4차 교육과정을 예로 든다(표 참조).

　자료를 보면, 4차 교육과정의 내용은 거의 시어 · 형식 · 화자 · 율격 · 심

25　이 부분은 김창원(2012)에서 논의한 내용을 가져왔다.

26　그 이전까지는 '목표'의 전문(前文) 아래 세 개 정도의 영역별 목표를 두어, 그중 하나를 문학 영
　　역 목표에 안배하였다.

〈교육과정상 시의 출발 - 4차 교육과정에서〉

국민학교	1학년	(3) 의성어나 의태어가 많이 쓰인 노래말을 통하여 말놀이를 즐긴다.
	2학년	(3) 소리, 낱말 등 언어적 요소들의 규칙적인 반복을 즐긴다.
	3학년	(3) 시는 행과 연으로 구성됨을 알고, 규칙적으로 반복된 언어적 요소들을 가려 낼 줄 안다.
	4학년	(3) 형식적 특징이 잘 드러나는 시와 덜 드러나는 시를 구별하여 이해하고 즐긴다.
	5학년	(3) 예부터 내려오는 전통적인 시의 특징을 안다.
	6학년	(3) 시에 쓰인 말이 감각적 경험을 되살려 줌을 안다.
중학교	1학년	(7) 시의 율격을 이루는 요소들을 이해하고, 시의 음악적 효과를 즐긴다. (8) 시에서 시인과, 시 속에서 노래하는 사람을 구별하여 이해한다.
	2학년	(6) 시의 심상을 이루는 여러 가지 표현법을 알아서 시의 감각적 효과를 즐긴다. (7) 노래하는 시와 생각하는 시를 작품을 통하여 구별하고 감상한다. (8) 산문적인 시에서 내재율을 느낀다.
	3학년	(8) 시의 음악적 효과를 높이는 언어적 요소를 가려낸다. (9) 시에 자주 쓰이는 비유나 관습적인 상징을 이해한다. (10) 시에서 설득적인 목소리와 명상적인 목소리를 구별하고 감상한다.
고등학교	국어 I	사) 소리와 뜻의 어울림을 파악함으로써 시의 음악성과 암시성을 이해한다. 아) 시 작품에서 서정적 목소리의 주인을 파악하여 작품을 감상한다.
	국어 II	하) 시는 본질적으로 시인의 은밀한 독백을 독자가 엿듣는 전달 상황에 있는 문학 양식임을 안다. 거) 시에서, 노래하는 사람이 독자에게 직접 설득하는 목소리, 스스로 자신에게 독백하는 목소리, 인물간의 대화를 모방하는 목소리, 남의 사건을 이야기하듯 하는 목소리 등을 구별함으로써, 서정시의 다양한 표현 방식을 구체적인 작품을 통해 감상한다. 너) 시의 문학적 효과는 흔히 심상의 세계를 표현하는 언어에 있음을 알고, 감각적 인상을 나타내기 위한 시적 언어의 여러 가지 특수한 기법을 구체적인 작품을 통해 분석한다. 더) 구체적인 작품을 통해, 정형시와 자유시와 산문시의 개념을 서로 사이의 상관적 관계에서 파악하며, 내재율에서 느끼는 즐거움의 차이를 안다. 러) 구체적인 작품을 통해 언어 요소들의 규칙적인 반복이나 그 변조의 효과를 알고, 소리와 뜻의 어울림을 파악함으로써 시의 음악성과 암시성을 이해한다. 머) 시의 소재나 주제가 시대 및 사회적 변천에 따라 어떤 주류를 이루면서 변모되어 온 여러 가지 양상을 대표적 작품을 통해 파악한다.

상·상징 등 시의 기본 개념 및 작품 감상·분석·향유·탐색 등 시교육을 위한 활동으로 구성되어 있다. 초-중-고의 학습 위계를 고려하였고 특히 고등학교 〈국어Ⅱ〉는 시교육의 종합편으로 시에 관한 다양한 내용과 활동을 폭넓게 제시하였다. 이를 바탕으로 문종·갈래 중심의 교과서가 나오고 작품을 통해 갈래의 특성을 이해하는 학습 활동이 이루어졌다. 모두가 잘 아는 '분석주의적 문학 수업'이 정착된 시기다. 이러한 분석주의적 문학 수업은 기실 훈고주석 중심의 강독에 바탕을 둔 한문교육의 전통 위에 서 있다. 그러면서 동시에 서구의 형식주의와 신비평에 기대고 있기도 하다. 이들 철학과 방법론이 학문 중심 교육과정을 표방한 4차 교육과정에서 만난 것이다.

흔히 3~4차 교육과정이 텍스트 중심, 체계 중심, 결과 중심인 데 비해 5차 이후의 교육과정은 학습자 중심, 활동·속성 중심, 과정 중심이라고 분석한다.[27] 교육과정의 외피를 이루는 개별 학습이나 수행 평가, 구성주의 교육 이론도 이러한 패러다임 변화의 연장선상에서 언급된다. 하지만, 문학 교과가 다른 교과와 구별되는 지점은 어쩔 수 없이 텍스트일 수밖에 없다. 그 외연이 넓어지고 좁아지는 차이는 있어도, 텍스트를 고려하지 않은 문학교육을 상정할 수 있을까? – 이렇게 생각하는 순간 교육과정과 관련된 심층의 무의식과 표층의 당위론은 충돌하게 된다. 교육과정의 '학년별 내용'이나 '성취 기준'을 대할 때 느끼는 껄끄러움을 대다수의 연구자는 분류의 모호함이나 추상적인 기술 때문인 것으로 치부하지만, 기실 그 저변에는 장르론 중심으로 내용을 기술한 4차 교육과정에 대한 추억이 자리 잡

---

27 이 부분은 김창원(2012)에서 논의한 내용을 가져왔다.

고 있다. 무의식으로는 분석적·장르적 접근이 편하면서도 이론 또는 당위론으로는 활동 중심·수행적 접근을 해야 하는 곤혹감이 저변에 숨어 있는 것이다.

또는, 문학을 국어과의 하위 영역으로 두는 체제를 교육과정 콤플렉스의 예로 들 수도 있다. 4차 교육과정 이래 '언어 활동' 영역과 '문학' 영역을 분리하면서 늘 제기되는 문제가 영역 간 – 핵심적으로 '읽기'와 /'문학' 간의/ 관계이다. 그들을 둘러싼 공식 담론(=표층 논리)이 통합성을 운위하는 것과 관계없이 교과서는 '문학 단원(또는 마당)'을 설정해 왔고, 또 그것과 관계없이 교실에서는 '문학 읽기'와 '비문학 읽기'를 나눠 왔다(=심층 논리). 교사들은 수시로 "읽기 단원에 실린 이야기를 지도하는 것과 문학 단원에 실린 이야기를 지도하는 것은 어떻게 다른가?"라고 질문하고, 이른바 전문가는 그에 대해서 "분명히 달라야 한다."거니 "개념적으로 구별되지만 현상으로는 구별하기 어렵다."거니 "구분 자체가 무의미하다."거니 하고 대답하는데, 이러한 현상 전체가 사실은 콤플렉스의 발현이다. 곧, '문학은 문학이다.'라는 심층 무의식과 '문학을 언어 생활과 국어과에서 분리할 수 없다.'라는 표층 의식의 길항에서 생겨나는 콤플렉스의 외화인 것이다. 수학능력시험에서 문학 영역의 도입 또는 비중 문제를 두고 밀고 당기는 갈등 저변에도 그 콤플렉스는 존재한다.

결국 문학 교육과정론이 의의를 지니려면 문학/문학교육에 대해 가장 본질적인 문제부터 접근해야 한다. 문학이란/문학 현상이란 무엇인가, 무엇이 가치 있는 문학인가, 문학 능력은 어떻게 구성되고 발달하는가, 문학 활동의 기제와 변인은 무엇인가 등에 관한 문학교육 공동체의 진지한 모색이 필요한 것이다. 아울러 문학 교육과정의 개념과 작용상을 정위하기 위한 노력도 필요하다.

중요한 것은 문학 교육과정의 발전이 이론적 타당성이나 문학교육 공동체의 지향에 따라 단선적으로 이루어지는 것이 아니라, 그 반대 방향의 힘에 의해서도 이루어진다는 사실이다. 지향성이 강하면 강할수록 그에 길항하는 힘도 강해지고, 콤플렉스도 깊어진다. 그 현상 자체는 자연적인 것이므로 비판하거나 억지로 극복하기 위해 노력할 필요는 없다. 오히려 그러한 콤플렉스에 내재한 의미를 발견하는 일이 중요할 것이다.

필자가 제안하고자 하는 것은 새로운 형태의 국가 교육과정이다. 예컨대 읽어야 할 작가나 작품 목록을 나열하고, 수업 활동을 통해 만들어내야 할 산출물을 제시하며, 그때 초점을 두어야 할 필수 요소만 명료화하면 나머지는 자동적으로 풀릴 일이다. 여기에 시론과 시사에 관한 지식을 별도로 구조화하여 제시하면 지식, 기술, 태도, 경험으로 구성되는 시 역량을 함양하는 데 부족함이 없다. 작품 경험이 자연스럽게 기술과 태도를 기르도록 이끌기 때문이다. 물론, 이 는 극히 부분적인 예에 불과하지만, 전체적인 의도는 분명하다. 문학 교육과정의 실수요자에게 도움이 되는 교육과정을 개발하자는 것이다. 일차로 교재 개발자와 교사가 무엇을 어떻게 해야 하는지 가이드라인을 제공하고, 궁극적으로는 학습자의 학습 방향을 제시할 수 있는 교육과정이 필요하다. 물론, 이러한 필요성 논의 자체도 어쩌면 또 다른 콤플렉스의 발현일 수 있다. 예를 들어 '교사의 자율성'이라는 외적 지향은 교사에 대한 불신을 가리기 위한 방어 기제인지도 모른다. 학문적 사대주의를 경계하면서도 새로 제안한 교육과정 형태는 영락없이 영어권 국가(또는 특정 주)의 교육과정을 닮았다. 한편으로 조직적인 표준 교육과정보다 잠재적이거나 매우 단순한 기준이 더 의미있을 수 있다는 점을 알면서도, 교육과정 개선 작업은 끊임없이 상세화의 유혹을 받는다. 그러나 필자는 그 갈등과 길항의 관계를 중요하게 여긴다.

> **■ 교실을 위한 질문 ─ 국가 교육과정의 과거와 미래**
>
> 1. 시교육에서 교육과정이 어떤 의미를 지니는지 말해 보자.
> 2. 3차, 5차, 2007, 2015 교육과정을 대상으로 시교육의 초점이 어떻게 변해 왔는지 분석해 보자.
> 3. 시와 시교육이 앞으로 어떻게 변할지 예측하고, 올바르게 방향을 잡으려면 교육과정이 어떻게 변해야 할지 토의해 보자.

2장
시교육을 위한 교재

국어과를 다른 교과와 나누는 기준을 생각해 보자. 국어과는 사회과나 수학과, 음악과 등과 어떤 점에서 구별될까? 이런 물음의 답은 대개 교과의 내용으로 귀결된다. 곧 국어과는 '국어에 관해' 가르치고 배운다는 점에서 다른 교과와 구별된다. 여기서 '국어'가 뭔지, '국어에 관해'가 어떤 뜻인지는 앞에서 대충 살폈지만 어쨌든 그렇다.

그렇다면 다시, 국어과 안의 다섯 영역 중 '문학' 영역, 또는 선택 교육과정의 〈문학〉 과목은 다른 영역/과목과 어떤 점에서 구별될까? 이 물음에 대한 제일 쉬운 답은 '읽기' 영역과 '문학' 영역을 나누는 기준을 살피면 금방 나온다. '작품'이다. '읽기'에서 다루는 내용·활동과 '문학'에서 다루는 내용·활동이 달라서 영역이 나뉘는 것이 아니라, 그때 다루는 텍스트의 성격이 달라서 영역이 나뉘는 것이다. 당연한 말을 하자면 문학이 있어서 문학교육이 있는 것이고, 시도 그러하다.

시교육의 정체성과 고유성을 보여 주는 준거가 시 작품이다. 그러므로 교육 목표에 적합한 작품을 고르는 일이 시교육에서 제일 중요한 일이 된다. 동서양에서 처음 시작하는 시 교재가 『고문진보(古文眞寶)』나 『Norton Anthology』 같은 앤쏠로지 형태였던 것도 다 이유가 있다. 물론, 고르기만 해서 되는 것이 아니라 그것을 적절한 교재로 만들어야 한다. 학습 과정을 잘 안내하고 그 과정에서의 어려움을 쉽게 해결하도록 돕는 교재가 있다면 그것으로 시교육의 90퍼센트는 이루어졌다고 봐도 된다. 거꾸로, 어떤 수업이나 시험에 관해 누군가 비판한다면 그 출발점 역시 작품인 경우가 많다. 작품 선정이 잘못됐다거나 판본이 틀렸다거나 해석이 잘못됐다거나 등등. 다만, '교과서'와 '교재'를 혼동하면 안 된다. 교과서는 가장 공식적이고 형식적인 문서 형태의 교재일 뿐이다. 중요한 것은 수업에 진짜로 쓰는 수업 교재다. 어떤 작품을 골라 어떤 식으로 교재화하는 것이 최선인가.

19
시 작품의 교육적 가치와 정전성

물론이다.
작품의 문학적 가치와 교육적 가치는 다르다.

시는, 더 적확하게 말하면 시 작품은 우리에게 어떤 가치를 지닐까? 예컨 대 외딴 섬의 부족 전체가 멸망하면서 누군가에게 ─ 그가 먼 곳의 누구이 든 먼 훗날의 누구이든 상관없이, 한정된 용량의 아날로그 텍스트만을 남 겨서 스스로를 증명해야 한다면, 이를테면 '문서의 타임캡슐'을 남긴다면, 그 안에 어느 정도의 시를 담아야 할까? 우리가 이런 지식과 기술을 축적 해 왔노라고, 우리가 이런 제도를 발전시키고 이런 문화를 즐기며 살아왔 노라고, 우리 삶의 모습이 이러했노라고 오로지 문자 ─ 거기에 시각 자료 를 조금 포함해서 ─ 만으로 보여 줘야 한다면, 시는 삶의 어떤 면을 보여 주기 위해 선택되고 거기서 어느 정도의 지분을 할당받을까? 그래서 ─ 많 은 비약이 있지만 아무튼, ─ 21세기 한국인의 삶을 보여 주기 위해 시 10편 을 정해서 캡슐에 넣기로 했다고 치자. 그럼 누구의 어느 작품을 넣어야 할까? 100편, 또는 1,000편을 넣기로 하면 고민이 좀 덜어질까?

이런 공상 같은 질문은 시 작품의 가치를 어떻게 판단하는가 하는 문제를 끄집어낸다. 마치 개개 인간처럼, 무수히 많은 시편들이 모두 같은 가치를 지닌다고 말할 수도 있다. 하지만 인간이 모두 동일한 존엄성을 지닌다는 주장은, 점점 심해져 가는 빈부, 문화 자본, 인정 욕구의 격차 앞에서 힘없이 약해진다. 트롤리 딜레마[28]를 변형시켜서 모르는 인부 다섯 명과 내 가족 한 명을 저울 위에 올려야 한다고 하면? 그러면 딜레마는 더욱 커질 터이며, 결과적으로 '인간 가치의 동일성'은 의심을 받게 된다. 이런 비인간적인 유추를 할 것도 없이, 시 작품에는 명작·걸작이 있고 졸작·태작이 있다는 것이 사람들의 보편적인 생각이다.(물론 그 중간도 있을 것이다.) 좀 완곡하게 말해도 '좋은 작품'과 '좋지 않은 작품' 또는 '덜 좋은 작품'이 있다는 점을 대다수의 사람들, 나아가 전문가들까지도 인정한다.

그러니, 문제는 '무엇이 좋은 작품인가?'로 좁아졌다. 예컨대 다음 작품은 좋은 작품인가?

김천의료원 6인실 302호에 산소마스크를 쓰고 암 투병 중인 그녀가 누워 있다

바닥에 바짝 엎드린 가재미처럼 그녀가 누워 있다

나는 그녀의 옆에 나란히 한 마리 가재미로 눕는다

가재미가 가재미에게 눈길을 건네자 그녀가 울컥 눈물을 쏟아낸다

---

28 고장난 트롤리 전차가 인부 다섯 명이 일하고 있는 레일 위로 질주한다. 이대로 놔두면 인부들은 틀림없이 다 죽는다. 유일한 방법은 방향을 틀어서 전차를 다른 레일로 유도하는 것인데, 불행히도 그쪽에도 인부 한 명이 있다. 당신이라면 전차의 방향을 틀 것인가?(다섯 명을 구하기 위해 한 명을 희생할 것인가?) 이는 사람의 생명을 양적 기준으로 판단할 수 있는가 하는, 곤혹스러운 질문을 던진다.

한쪽 눈이 다른 한쪽 눈으로 옮아 붙은 야윈 그녀가 운다

그녀는 죽음만을 보고 있고 나는 그녀가 살아온 파랑 같은 날들을 보고 있다

좌우를 흔들며 살던 그녀의 물속 삶을 나는 떠올린다

그녀의 오솔길이며, 그 길에 돌아다니던 대낮의 뻐꾸기 소리며

가늘은 국수를 삶던 저녁이며 흙담조차 없었던 그녀 누대의 가계를 떠올린다

두 다리는 서서히 멀어져 가랑이지고

폭설을 견디지 못하는 나뭇가지처럼 등뼈가 구부정해지던 그 겨울날을 생각한다

그녀의 숨소리가 느릅나무 껍질처럼 점점 거칠어진다

나는 그녀가 죽음 바깥의 세상을 이제 볼 수 없다는 것을 안다

한쪽 눈이 다른 쪽 눈으로 캄캄하게 쏠려 버렸다는 것을 안다

나는 다만 좌우를 흔들며 헤엄쳐 가 그녀의 물속에 나란히 눕는다

산소호흡기로 들이마신 물을 마른 내 몸 위에 그녀가 가만히 적셔 준다

— 문태준, 〈가재미〉

시인의 세번째 시집 표제작이기도 한 이 시는 2005년 시인 · 평론가들이 뽑은 '문예지에 실린 가장 좋은 시'로 선정됐다. 좋은 시(라고 한)다. 또, 그 시집에는 그 해와 그 다음해의 소월시문학상 수상작(〈그맘때에는〉)과 미당 문학상 수상작(〈누가 울고 간다〉)도 실려 있다. 좋은 시집(일 것)이다. "좌우를 흔들며 살던 그녀"가 "암 투병 중인 그녀"가 되어 "죽음 바깥의 세상을 이제 볼 수 없"게 되었을 때, 그녀와 내가 "한쪽 눈이 다른 쪽 눈으로 옮아 붙은" 가재미가 되어 나란히 눕는 상상력은 쉽게 볼 수 있는 것이 아니다. 이들 수상작뿐 아니라 〈맨발〉 같은 문태준의 다른 시들도 모두 일정한 수준에 올라 있다.

문제는 교육으로 이 시를 넘겼을 때 일어난다. 초등학생에게 이 시는 좋은 시일까? 아마 아닐 것이다. 중학생? 글쎄. 고등학생? 혹시 가능할지도 모르지만 역시 글쎄. 사실 이 질문은 좀 고약스러운 것이, 위에서 이 시를 '좋은 시'라고 할 때와 여기서 이 시가 '좋은 시'인가 하고 물을 때의 '좋다'는 같은 '좋다'가 아니다. 단어의 사전적 의미는 같겠지만 판단 기준이 다르다. 같은 시가 좋은 시였다가 그렇지 않을 수 있다는 사실은, 결국 시 작품의 가치는 상황과 맥락에 따라 다르게 매겨진다는 점을 보여 준다.

다시 한 번, 어떤 작품이 좋은 작품인지 아닌지는 상황과 맥락에 따라 달라진다. 또, '좋은 시'와 사람들이 '좋아하는 시'도 엄연히 다르다. 이는 문학의 대중성을 거론할 때 늘 나오는 화두다. 〈진달래꽃(김소월)〉이나 〈서시(윤동주)〉처럼 꾸준히 사랑받는 시도 있지만 〈홀로서기(서정윤)〉나 〈접시꽃 당신(도종환)〉처럼 소나기 같은 사랑을 받다가 안개처럼 사라지는 시도 있다. 백석이나 이용악의 시는 정치적 이유로 뒤늦게 찬사를 받는 예이고 서정주는 그 반대의 예이다. 원태연이나 류시화의 시는 그 대중적 인기에도 불구하고 평단에서 아예 거론조차 안 되고, 하상욱 같은 이는 자기 작품이 시가 아니라고까지 한다. 그래도 이들의 '시'는 인기가 있고 잘 팔린다.

물음을 바꿔도 상황은 비슷하다. '무엇이 좋은 시인가' 대신 '무엇이 가치 있는 시'인가, '무엇이 아름다운 시인가' 등등. 동양에서는 웅혼(雄渾)한 시와 전아(典雅)한 시를 좋은 시로 보되 웅혼을 전아보다 한 길 위에 두었는데, 그럴 듯하다고 고개를 주억이다가도 '꼭 그렇지는 않은데….'라는 생각이 드는 것도 사실이다. 저 유명한 시성(詩聖)·시선(詩仙)·시불(詩佛)·시마(詩魔) 중 시성 두보를 제일로 치고 조선 시대에 두 번이나 언해한 이유가 결국 그의 시가 조선조의 지배 이념 ─ 나아가 동양적 유교 전통에 맞았기 때문이라고 설명하면, 아니라 할 자신도 없다. 말하자면 시의 가치는 절대주의가 아니라 (문화)상대주의의 영역에 있다.[29]

이쯤에서 중요한 용어를 살펴볼 때가 되었다 – 정전(正典, canon)이다. 정전이란 어떤 기준에서든 '가치있다'고 해당 공동체가 공인한 작품들의 목록을 가리킨다. 대체로 문학사적 기준이 제일 앞서지만 문학사적 가치가 높다고 해서 다 정전이 되는 것도 아니다. 개화기/이행기/근대 전환기 등으로 불리는 19세기 말~20세기 초의 문학 장르들이 문학사적 가치는 충분하지만 정전으로 대우받지는 못하는 데서 알 수 있다. 문학사적 기준에 이어 문학적 가치가 적용되기 때문이다. 용어상으로는 문학사적 가치가 문학적 가치에 포함되지만, 여기서의 문학적 가치는 '작품의 질'이라는 미적 성취를 가리키는 것으로서 문학사적 가치와 구별된다. 문학사적 가치를 문학사가가 판별한다면 문학적 가치는 비평가가 판별한다.

현대시의 경우 김소월, 한용운, 정지용, 김영랑, 김광균, 이육사, 서정주, 백석, 윤동주, 조지훈, 김수영, 김춘수, 고은, 황동규… 등의 목록이 정전을 구성한다. 이에 관한 논의를 정리하면 다음과 같다.[30]

1) 정전은 문학에 관한 공동체의 이데올로기와 가치관을 반영하며, 선택과 배제를 통해 그것을 재생산한다.

2) 정전은 1차적으로 교과서, 전집·선집 등에 수록된 작가와 텍스트의 목록으

---

29 반면에 '무엇이 좋지 않은 시인가'에 대해서는 대체로 넓은 공감대가 있는 듯하다. 그 시들에는 감상적이다, 상투적이다, 조야하다…와 같은 평이 붙으며, 감식안이 높은 이는 한 번 읽고 다시 찾지 않는다. 물론 그런 시들도 좋다고 하는 '보통' 사람들이 있기는 하지만.

30 이 부분은 김창원(2007)에서 논의한 내용을 가져왔다.

로 구체화되고, 2차적으로는 해석의 권위 또는 정통성 문제로 나타난다.[31]

3) 이데올로기 또는 문학관이 변화함에 따라 정전도 바뀌는데, 그 양상은 주류 정전의 해체 또는 그에 대한 대안 정전(alternative canon)[32]의 도전으로 나타난다. 주류 정전을 새로운 작가/텍스트/해석으로 보완 또는 대체하면서 정전은 진화한다.

4) 한국 현대시의 경우 정전 구성에서 순수문학, 민족주의, 자연·전통 이데올로기가 선택 기제로, 계급·반공 이데올로기, 고급-통속 문학의 이분법, 윤리성의 문제가 배제 기제로 작용해 왔다. 그 결과 소월·만해·지용을 필두로 하여 시문학파, 생명파, 청록파, 이육사와 윤동주, 김수영과 김춘수 등으로 이어지는 정전의 맥이 형성되었다. 이 흐름에서 벗어나는 시인은 군소 작가로 취급받는다.

5) 한국의 문학 교과서[33]는 교육과정, 교과서 검정과 같은 국가의 직접적인 통제와 교과서 개발자의 자기 검열로 인해 주류 정전의 이데올로기에 강하게 연루돼 있다.

6) 주류 정전의 해체와 재구성 작업을 통해 학생들이 자신만의 정전을 형성하고, 그를 토대로 비판적·창의적 주체로 성장하도록 하는 것이 시교육의 임

---

31 송무(1997)는 여기에 더해서 활동 및 방법의 정전성까지 이야기하지만, 그것은 해석의 정전성 문제로 포괄할 수 있을 듯하다.

32 이 책에서는 주류 정전/중심 정전/기존 정전/지배 정전 등을 한 묶음으로, 대안 정전/주변 정전/소수 정전/대항 정전(counter canon) 등을 또 다른 한 묶음으로 묶어서 처리한다. 각각의 용어마다 기원이 있고 주안점이 다르지만, 그에 대한 세세한 점검은 다른 자리로 미룬다.

33 공통교육과정 〈국어〉 과목의 『국어』 교과서와 선택교육과정 〈문학〉 과목의 『문학』 교과서를 모두 가리킨다.

무다.[34]

　종합하건대 '정전'은 문학 행위의 여러 층위에 다층적으로 적용된다. 단순하게 봐도 정전급의 작가가 있고, 이름 그대로 정전, 곧 정전인 작품이 있으며, 해석에서의 정전도 있다. 한용운 작품이라 해서 모두 정전이 되는 것도 아니고 〈님의 침묵〉에 관한 해석들이 모두 정전성을 지니는 것도 아니다. 이제는 진부하기까지 한 '님'의 의미 – 종교적, 민족적, 개인적 해석은 〈님의 침묵〉에 관해 일종의 표준으로 자리잡은 해석 정전이다.

　또한 정전은 계속해서 변한다. 소설에서 한때 정전의 윗자리를 차지했던 이광수나 김동인의 이름이 서서히 흐려지는 상황을 보면 알 수 있다. 고전문학의 경우는 어느 정도 정전이 고정된 상태에서 새로운 작가나 작품을 발굴하여 추가하는 양상을 보인다. 〈춘향전〉과 〈구운몽〉에 덧붙여지는 〈홍계월전〉이 그렇고 〈창선감의록〉이 그렇다.

　같은 맥락에서 '시의 문학(사)적 가치와 교육적 가치는 동일한가?'로 질문을 옮겨 보자. 바꿔 말하면 문학 정전과 (문학)교육 정전이 같은가, 또는 같아야 하는가 하는 질문이다. 앞의 〈가재미〉에 관한 부분에서 얘기했듯이, 그 답은 둘 다 '아니다'이다. 문학 정전과 교육 정전은 많은 부분을 공유하겠지만 그 구성의 철학과 실제는 확연히 다르다. 예를 들어 〈소나기〉는 한국의 소설교육에서 반드시 거쳐야 할 대표작이지만 황순원의 포트폴리오에서는 그리 중요한 작품이 아니고, 한국문학사에서도 크게 의미있는 작품

---

34 송무(1997)는 그 방향으로 세 가지를 들었다. 첫째 정전을 확대하여 다른 중요한 텍스트들을 교육 대상에 골고루 포함시키기, 둘째 기존 정전을 파기하고 새로운 정전을 다시 수립하기, 셋째 기존 정전에 더하여 차별적인 가치관에 입각한 다른 정전을 더 수립하기.

이 아니다.

사실, 정전 논의는 표면적으로는 텍스트의 가치에 관한 미학적 문제가 되지만 이면적으로는 텍스트 행위에 관한 이데올로기의 문제가 된다. 모든 교육 정전은 문학적으로 가치로워야 하는지 문학적으로 가치 없는 것이라도 교육 정전이 될 수 있는지, 문학 정전 중에는 교육과 거리가 먼 것도 있는지 문학 정전이라면 자동적으로 교육적인 가치를 지니게 되는 것인지, 아니면 아예 교육적인 판단을 끌어들이는 순간 문학 정전론은 훼손되는 것인지 등의 문제 하나하나가 그리 녹녹지 않다.

현 상황에서 시교육의 정전론은 자체적인 난관에 부딪혀 있다. 시의 정전 체험은 대체로 인문 소양의 일부로 여겨지는데, 현대 사회에서 시 자체가 문화 정전의 중심에서 밀려나고 있기 때문이다. 시는 소설에 밀리고 한국문학은 외국문학에 밀리며, 문학서와 인문교양서는 실용서에, 마침내 책은 멀티미디어 매체에 밀리는 것이 저간의 사정이다. 이런 상황에서 시교육의 정전 문제를 이야기하는 일이 공소해지지 않으려면 정전 논의에 대한 본질적이고 거시적인 조망이 있어야 한다. 왜 이 시점에 정전인가? 정전을 이야기함으로써 얻는 것은 무엇인가? 정전론이 시교육에 어떤 자극과 기여를 주는가? 등에 대한 논의가 필요한 것이다. 그를 위해서는 주류 정전의 정치성을 비판하고 그 이데올로기를 해체하는 작업과 기존의 정전을 개신하여 새로운 정전 구성의 논리를 개발하는 작업이 이루어져야 한다.

정전 비판과 개신 과정에서 고려해야 할 가장 중요한 요인은 그것이 한 문화 공동체의 자기 정체성과 연계된다는 점이다. 문학 정전은 스스로를 독립적인 주체로 인식하는 문화 공동체가 자신의 정체성을 가장 훌륭하게 구현하는 텍스트이기 때문이다(김신정, 2001: 9). 동시에 정전 논의는 정전의 형성 과정에 개입하려는 노력의 표현으로서, 하나의 헤게모니 과정이기도 하다(문영진, 2001: 90). 이처럼 정전 논의는 정전 형성에 참여하는 여러 주체들을 고려하지 않고는 이루어지기 어려운데, 그동안의 논의는 거의 전적으로 작가와 학자·비평가의 정체성과 헤게모니에 기대어 이루어졌다. 그리고 미디어와 출판인·서적상, 교사가 그 논리를 실체화하고 전파하는 동안, 학습자·독자의 정체성에 대한 고려는 거의 이루어지지 않았다.

예를 들어, 시교육에서 정전 텍스트의 목록은 ① 교과서와 참고서로 ② 시험 자료로 ③ 전집, 추천/권장 도서로 구체화된다. 이중 어느 것도 학생들의 정체성과 헤게모니를 고려한 흔적은 없거니와, 거기까지 갈 것도 없이 학생들의 인지·정서 발달, 언어 발달, 경험 특성 등에 대한 고려도 없다. 결국 학생들에게 정전은 그저 소비될 뿐이다. '학생을 위한(그 의미가 모호하지만)' 정전은 있어도 '학생들의' 정전은 없다는 뜻이다. 정전 비판의 준거를 기존의 이데올로기 비판에서 시적 경험 비판으로, 정전 연구의 주된 테마를 '정전 구성자'에서 '정전 수용자'로 바꾸어야 하는 이유가 여기에 있다.

> ▶ **교실을 위한 질문 — 시 작품의 교육적 가치와 정전성**
>
> 1. 〈가재미〉가 현대시사에서 또는 현대시교육에서 정전이 될 수 있을까? 이에 동의하거나 동의하지 않는 의견을 말해 보자. 다른 작품, 예컨대 〈진달래꽃〉과 비교하면 어떤가?
> 2. 문학 정전과 구별되는 교육 정전이 필요하다면 그 조건은 무엇일지 말해 보자.
> 3. 외국 시인이나 작품을 한국의 문학교육 정전에 포함시키자는 주장에 관해 어떻게 생각하는가?

20
작품 선정에서의 고민

교과서 편찬자는시 한 편을 뽑기 위해 수백 가지 고민을 한다.
교사도 그렇다.

교재란 교육과정 목표를 달성하기 위하여 동원되는 일체의 물리적, 표상적 실체를 가리킨다.[35] 교육과정 목표를 달성하기 위한 것이라 함은 그것을 동원함으로써 교수·학습 과정에서 수월성이 확보되어야 한다는 뜻이고, 표상적이라 함은 교육과정 내용을 직접적으로 드러내야 한다는 뜻이며, 물리적이라 함은 교사와 학습자가 지각할 수 있는 대상이어야 한다는 뜻이다(이성영, 1995). 이중에서 교재의 특성을 가장 잘 드러내는 조건은 표상성으로, 칠판이나 VTR처럼 교수·학습 과정에 동원되기는 하지만 본질적으로 표상적이지 않은 실체는 '매체media'라 하여 교재와 구분된다.

시교육을 설계할 때 제일 중요한 과업이 교재 구성이고, 그 출발이 자료,

---

35 이 부분은 최현섭 외(2005)에서 논의한 내용을 가져왔다.

곧 '어떤 작품을, 또는 어떤 작품으로 가르칠까?'를 결정하는 일이다. 작품의 내용·형식·표현이 교육과정에 부합하고 학생들 수준과 요구에 맞는 작품이 좋다는 건 누구나 인정한다. 하지만 막상 교과서나 평가 자료를 만들 때 모두가 동의하는 작품을 고르기는 쉽지 않다. 모두가 동의하는 것이 바람직한 일인지에 대해서도 확신을 가질 수 없다. 또, 고르는 데 그치는 것이 아니라 그것들을 적절한 순서로 배열해야 하고, 단순히 작품만 던져 놓는 것이 아니라 교육과정 목표와 관련하여 효과적인 활동을 제시해야 하며, 그렇게 과제만 줘서는 학생들이 어려워하니 여러 가지 안내나 도움 자료도 덧붙여야 한다. 현장 교사는 검정을 통과한 여러 교과서 중 하나를 고르는 데도 어려움이 많다고 호소한다.

애비는 종이었다. 밤이기퍼도 오지않았다.
파뿌리같이 늙은할머니와 대추꽃이 한주 서 있을뿐이었다.
어매는 달을두고 풋살구나 꼭하나만 먹고 싶다하였으나……흙으로 바람벽한 호롱불밑에
손톱이 깜한 에미의아들.
甲午年이라든가 바다에 나가서는 도라오지 않는다하는 外할아버지의 숯많은 머리털과
그 크다란눈이 나를 닮었다한다.
스물세햇동안 나를 키운건 八割이 바람이다.
세상은 가도가도 부끄럽기만하드라
어떤이는 내눈에서 罪人을 읽고가고
어떤이는 내입에서 天痴를 읽고가나

나는 아무것도 뉘우치진 않을란다.

찰란히 티워오는 어느아침에도

이마우에 언친 詩의 이슬에는

멫방울의 피가 언제나 서꺼있어

볓이거나 그늘이거나 혓바닥 느러트린

병든 숫개만양 헐덕어리며 나는 왔다.

- 서정주, 〈자화상〉

한국 현대시 최대의 시인이자 1930년대부터 1990년대까지 60여 년 동안 줄곧 시단의 중심에 있던 시인이다. 김동리·조연현 등과 함께 한국 문단의 대표 권력이었고 직접·간접으로 그 문하에서 수많은 시인이 배출됐다. 문교부 초대 예술과장이었고 예술원 종신회원이었다. 그를 빼놓고 한국 현대시사를 논할 수는 없다.[36]

다른 면을 보자. 그는 1936년 동아일보 신춘문예에 당선한 뒤 『시인부락』을 창간하고 문단의 주목을 받으며 활발히 활동하기는 했지만 그래 봐야 당시는 스물을 갓 넘은 청년 시인이었을 뿐이다. 어느 정도 문단에 정착한 1943년부터는 친일 잡지 『국민문학』의 편집을 맡고 친일시·종군시를 썼다. 또 1980년대 들어서는 쿠데타로 집권한 전두환을 '단군 이래의 미소'로 찬양하며 군사 정권의 어용 시인이 되었다. 친일·어용 자체도 문제이지만 더욱 위험한 것은 그렇게 쓴 시들이 문학적으로 기교가 뛰어나다는 점

---

36 이 부분은 김창원(2007)에서 논의한 내용을 가져왔다.

이고, 자신의 행적에 대해 반성이 없다는 점이다. 재능을 오용한 천재의 대표적 예이다.

어쩔 것인가? 첫째 관점 : 친일·어용 시인의 작품을 교과서에 실어서는 안 된다. 학생들에게 인생은 잘못 살아도 시만 잘 쓰면 된다는 그릇된 의식을 심어 줄 수 있다. 둘째 관점 : 작가와 작품은 별개다. 좋은 작품을 싣되 그의 행적에 관한 비판적 활동을 추가하면 된다. – 어쩔 것인가?

이처럼 "서정주를 교과서에 실어야 하는가?"라는 질문에 대한 대답은 아주 명쾌하게 둘로 나뉜다. 그 이면에 얼마나 많은 관점과 논리가 작동하는지의 문제는, 결과로서의 선택/배제에는 드러나지 않는다. 고민 끝에 "작품은 싣되 그와 관련하여 시와 시인의 관계 또는 시인의 역사의식에 대한 학습 활동을 덧붙인다."고 절충할 수도 있지만, 그러려면 〈자화상〉에 〈오장마쓰이 송가〉를 함께 실어야 맞다. 과연 그렇게 할 수 있을까? 친일 경력을 빌미로 서정주를 교과서에서 빼는 일이 시에 대한 무지를 보여 준다는 주장도, 미학 중심의 문학주의 이데올로기의 구체화이자 교육에 대한 문학의 우위를 전제한 논리다.

어떻게 보면 문학 정전과 교육 정전을 구별하는 논의 자체가 별 의미가 없다고 말할 수도 있다. 하지만 현실적으로 "이 작가/작품을 실어야 하나 빼야 하나?"나 "이 작품의 의미를 어떤 식으로 해석해야 하나?"의 문제에 부딪히면 두 개념은 확연히 갈라진다. 이에 대한 메타 의식이 없는 상태에서의 정전 논의는 실제적인 의미를 갖기 어렵다.

단순한 앤쏠로지라면 고민할 필요가 없는 문제다. 하지만 교과서이기 때문에 문제가 된다. 교과서에는 '안 싣는' 작가와 '못 싣는' 작가가 있다. 안 싣는 작가가 전적으로 교과서 집필자의 기호나 판단에 따라 정해진다면 못 싣는 작가는 외부 여건 때문에 정해지는 차이가 있다. 안 싣는 작가로는 대중 작가가 대표적이고, 친일·어용 경력, 성추행을 비롯한 범죄(사상범은 제외), 표절 등이 걸리면 작품이 좋아도 못 싣게 된다. 도종환의 사례처럼 정치에 투신하면 싣는 것이 부담된다. 그 반대로 작품이 다소 떨어져도 싣는 작가가 있는데, 지역·성·세대·작품 성향의 안배가 주 이유다. 다문화·환경·통일·독도 문제처럼 교육적으로 의미있는 주제인 경우 그런 내용을 다룬 작품들을 작품성과 관계없이 싣는 경우도 있다.

오늘날 청소년들은 문학 외에도 많은 자극에 노출되어 있다. 대중가요, 영화, 만화, 컴퓨터 게임, TV쇼 프로그램, 국내외의 스포츠, 유튜브 등이 그것이다.[37] 한때 '영화 공부하겠다.'는 선언이 과거에 '문학하겠다.'고 하던 것만큼, 아니 그 이상 매력적인 것으로 받아들여지기도 했다. 지금은 영화보다 웹툰, 웹소설, 유튜브 크리에이터 쪽으로 인력이 몰린다. 이때, 과연 문학이란 무엇이며 무엇을 할 수 있는지 반성해 볼 필요가 있다. 혹시 문학은 기껏해야 몇천 명 내외의 '소수 엘리트 그룹'(사실은 모두가 한솥밥을 먹는 식구들이다.)끼리 돌려보는 팸플릿으로 전락하지는 않았는가. 그들 중에 어쩌다가 매스컴의 조명을 받는 이들이 그 그룹을 뛰쳐나가 대중들과 마주하게 되는 것은 아닌가. 그러면 그렇게 뛰쳐나간 이의 작품을 '남아있는 쪽'에서는 저급한 것으로 매도하는 것이 아닌가.

문학교육이 본격·고급·순수 문학에, 그것도 1970년대 이전의 작품들에 한정하여 엘리트주의와 복고주의에 빠져 있는 동안 독자는 통속 문학을 통해 제도 교육보다 훨씬 더 많은 문학적 경험을 쌓아 가고 있다. 나아

---

37 이 부분은 김창원(2012)에서 논의한 내용을 가져왔다.

가 '문학'이라는 제도 자체를 위협하기까지 한다. 이는 제도권 문학에 대한 일종의 독자들의 반란이라 할 수 있다. 문학교육이 이러한 꿈틀거림을 적극적으로 포섭하지 못한다면 결국에는 수업 시간과 입시에서밖에 그 존재가치를 찾지 못하게 될지도 모른다. 문학은 교과에 갇힌 것이 아니라 생활과 문화 속에서 살아 있는 것이라는 점에서, 그러한 결과는 문학과 인간 모두에게 바람직한 일이 아니다.

　그러나 어떤 의미에서건 정전 교육은 필요한 일이다. 정전 교육이 고급 문학과 저급 문학의 이분법을 낳고 문학적 주변부를 소외시킨다는 주장도 있지만, 주류 정전과 대안 정전을 동렬에 놓고 그에 대한 메타 접근을 시도한다면 그런 문제를 피해 갈 수 있다. 다음 도식은 정전과 관련된 시교육의 구도를 보여 준다(김창원, 2007).

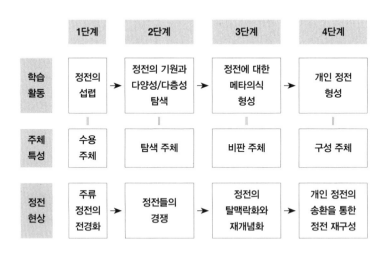

〈정전을 중심으로 본 시교육의 구도〉

	1단계	2단계	3단계	4단계
학습 활동	정전의 섭렵	정전의 기원과 다양성/다층성 탐색	정전에 대한 메타의식 형성	개인 정전 형성
주체 특성	수용 주체	탐색 주체	비판 주체	구성 주체
정전 현상	주류 정전의 전경화	정전들의 경쟁	정전의 탈맥락화와 재개념화	개인 정전의 송환을 통한 정전 재구성

여기서 보듯이 시 학습자는 정전 학습에서 여러 하위 정전들을 섭렵함으로써 정전에 대한 메타 의식을 형성하고, 그를 통하여 자신만의 정전을 형성하는 과정을 밟는다.[38] 그 과정은 한편으로 여러 정전이 경쟁을 통해 스스로를 갱신하는 과정이기도 하고, 주체의 입장에서는 수용적 주체에서 비판적·창조적 주체로 나아가는 과정이기도 하다.

이때 교육과정·교과서와 교사의 역할은 학생들을 입사 정전(initiative canon)으로 이끈 뒤 주류 정전을 전경화하고 여러 대안 정전들과의 경쟁을 통해 거기서 다시 건져 내는 일이다. 그 과정에서 모든 정전은 잠시 자체의 기원이 아닌 교육 맥락으로 재맥락화되고, 문학 정전 역시 교육 정전으로 재개념화된다. 그리하여 학생들이 비판적·창조적 주체로서 개인의 정전을 형성하면 그것이 기존 정전으로 송환되면서 새로운 정전이 형성되는 것이다. 말하자면 시교육이 일방적으로 정전의 세례를 받는 것이 아니라, 시교육을 통해 시의 정전이 자극받고 대체·보완·확대된다는 관점을 가질 필요가 있다.

지금까지 교육과정이 여러 번 개정됐지만, 교육과정의 변화에 상응하는 단원 조직의 변화는 미미했다.[39] 이는 교과서가 '좋은 작품들을 일정한 분류 기준에 따라 체계화한 자료'라고 보는 관점이 지배적이고, 우리 문학교육이 명문 독해 중심의 한문교육 전통에서 아직 벗어나지 못했다는 사실을 보여 준다. '좋은 작품 읽기'는 문학교육의 핵으로 취급되고, 교과서는 교육 정전의 모음집으로 이해된다.

---

38 이 부분은 김창원(2007)에서 논의한 내용을 가져왔다.

39 이 부분은 김창원(2012)에서 논의한 내용을 가져왔다.

하지만 우리 문학교육은 한편으로 세대를 관통하는 교육 정전을 형성하면서 다른 한편으로 끊임없이 새로운 작품을 발굴하기 위한 노력을 계속해 왔다. 〈진달래꽃〉이나 〈소나기〉와 같은 작품은 그렇게 해서 '온 국민의 작품'으로 자리 잡을 수 있었다. 이들 작품은 한편으로는 그 문학적 가치 때문에, 다른 한편으로는 교과서에 싣기에 그보다 더 적절한 작품을 찾기 어려웠기 때문에(특히 〈소나기〉가 그런데) 오랫동안 교과서에 실리면서 정전이 되었다. 동시에 다른 쪽에서는 끊임없이 이러한 정전 형성 과정을 비판하는데, 정재찬(2003)과 같은 거시적 비판에서 이남호(2001)와 같은 개별적 평가까지 그 진폭은 매우 넓고, 특히 새 교과서가 나온 뒤에는 수록된 작품의 적절성에 대한 비판이 절정을 이룬다. 하지만 그 판단 기준은 다소 자의적이고 모호해서, '만인의 결정에 만인이 이의를 제기하는' 상황이라고 할 만하다. 물론, 그처럼 열린 가능성이 문학교육의 본성이라면 그 역시 받아들여야 할 것 같다. 이론과 이론, 또는 교과서와 교과서의 경쟁 가운데서 문학교육이 발전할 것이기 때문이다.

▶ **교실을 위한 질문 ― 작품 선정에서의 고민**

1. 교과서에 넣을 작품을 선정하는 데에는 '선택의 논리'와 '배제의 논리'가 함께 작동한다. 어떤 기준들이 두 논리를 지지하거나 논박할 수 있는지 찾아 보자.
2. 특정 시인 또는 작품을 정하여, 그것을 교과서에 넣을지 말지에 관해 토의해 보자. 유명한데 교과서에 실리지 않았거나, 과거에는 실렸는데 최근에는 실리지 않거나, 널리 알려지지 않았는데 교과서에 실린 데에는 이유가 있지 않을까?
3. 학생 작품을 교과서에 넣는 것에 대해 어떻게 생각하는가?

시 작품에도 배우는 순서가 있다.
다만 기준이 다양할 뿐이다.

시뿐 아니라 모든 국어과의 제재는 난이도, 위계성, 연속성, 계열성[40] 등 여러 조건에 따라 시간적으로 배열된다. 이런 조건들의 판단 근거는 텍스트의 내용과 형식, 표현적 특성 등이다. 그뿐 아니라 학생들의 사전 학습 상태, 다른 교과 학습 내용 및 학교 밖 경험 등과의 연계도 중요하고, 학습자와 별도로 관련 지식의 체계도 핵심적인 판단 기준이 된다.

하지만 실제에 들어가면 상황이 달라져서, 시교육에서 "몇 학년 수준에

---

40 내용 측면에서 연속성은 내용과 내용이 논리적으로 이어져야 한다는 뜻이고, 계열성은 거기에 합리적인 순서가 있어야 한다는 뜻이다. 이 순서는 쉬운 내용 → 어려운 내용, 단순한 내용 → 복잡한 내용, 친숙한 내용 → 낯선 내용, 학습자로부터 가까운 내용 → 먼 내용, 사전 학습 내용을 직접 활용하는 내용 → 그렇지 않은 내용 등을 기준으로 하나, 수업 모형에 따라 그 반대인 경우도 있다. 연속성은 차시·단원 사이, 학기·학년 사이, 초등 – 중등 같은 학교급 사이, 선택 과목 선정 등에서 특히 문제가 된다. 제재는 이러한 내용의 조직 원리를 반영해야 한다.

적합하다."고 합의된 작품이 놀랄 정도로 적다는 점을 알게 된다. 시교육의 역사를 보면 〈서시(윤동주)〉는 중학교 1학년에서 고등학교까지 폭넓게 다뤄졌고, 김소월의 〈진달래꽃〉과 서정주의 〈국화 옆에서〉도 계속 학년급을 바꿔 가며 제시되었다. 이것이 시를 포함한 문학 제재의 특성이라는 점에는 연구자와 교사 모두 대체로 동의한다. 그렇다면 앞에서 얘기했던 제재 배열의 원리는 적어도 시(와 문학)에는 그대로 적용하기 어렵다는 뜻이 된다. 각 교과서 편찬자들은 어떤 기준에 따라 텍스트들을 특정 학년에 배치하고 학습의 선후를 따져 배열하는가? 고려한 기준은 대동소이한데 교과서로 구현된 결과가 그렇게 다르다면, 그 이유는 무엇인가?[41] (다른 교과나 장르와 구별되는) 그러한 특수성을 교육에 긍정적으로 활용할 방안은 없을까? – 시(문학, 나아가 예술) 교육을 '근대적 학교 교육의 맹점을 보완할 균형추'로 보는 관점이 있는데, 그렇게 볼 근거를 여기서 찾을 수 있을 것 같다.

작품 배열은 작품 선정과 뗄 수 없는 작업이다. 작품 선정은 '무엇을/무엇으로 가르칠 것인가'에 관계되고 작품 배열은 '어떤 순서로 가르칠 것인가'에 관계된다. 학교 교육은 [학교급 – 학년 – 학기 – 단원 – 차시]로 체계화되고, 단위 학습에는 필연적으로 사전 학습과 사후 학습이 연결된다. 사전 학습이 단위 학습의 기초/전제가 되고 단위 학습은 다시 다음 학습의 기초/전제가 된다. 이들 모든 관계가 순서 문제로 귀결된다.

시교육에서 작품 배열은 단순히 배우는 순서를 정하는 일만은 아니다. 이 작업은 시교육 내용의 체계를 정하는 일이자 추상적인 내용을 구체적인

---

41 중등 교과서에 검정제가 전면 도입되면서 같은 작품이 서로 다른 교과서의 다른 학년에 배치되는 사례가 여럿 나타났다. 현장에서는 이 문제 때문에 전학생이 어려움(반대로 의도치 않은 이익?)을 겪기도 한다.

텍스트로 전개하는 일로서, 그 저변에 시학의 내용 체계화가 자리 잡고 있다. 현재 교육과정은 특정 학년에 비유를, 다른 학년에 상징을, 또 다른 학년에 운율을 배치하는 식으로 되어 있다. 이렇게 순서를 정한 근거는 논리적이기보다 경험적이다. "비유를 먼저, 상징을 나중에 가르친다."는 원칙은 비유가 상징보다 간단하고 쉽다는 암묵적 합의에 따른 것인데, 대체로 그렇기는 하지만 모든 비유가 모든 상징보다 어려운 것도 아니고, 인간의 사고가 비유를 통해 상징으로 발전하는 것도 아니다. "비유·상징보다 반어를 나중에 가르친다."는 암묵적 동의도 마찬가지다. 결국, 시교육에서 작품을 어떻게 배열하느냐 하는 문제는 전적으로 교육과정 설계자와 교과서 개발자의 시교육관 및 작품을 보는 눈에 달려 있다고 할 수 있다.

어두운 방 안엔
바알간 숯불이 피고

외로이 늙으신 할머니가
애처로이 잦아드는 어린 목숨을 지키고 계시었다.

이윽고 눈 속을
아버지가 약을 가지고 돌아오시었다.

아, 아버지가 눈을 헤치고 따 오신
그 붉은 산수유 열매 -.

나는 한 마리 어린 짐승.

젊은 아버지의 서느런 옷자락에

열로 상기한 볼을 말없이 부비는 것이었다.

이따금 뒷문을 눈이 치고 있었다.

그날 밤이 어쩌면 성탄제의 밤이었을지도 모른다.

어느새 나도

그때의 아버지만큼 나이를 먹었다.

옛 것이란 찾아볼 길 없는

성탄제 가까운 도시에는

이제 반가운 그 옛날의 것이 내리는데,

서러운 서른 살, 나의 이마에

불현듯 아버지의 서느런 옷자락을 느끼는 것은,

눈 속에 따 오신 산수유 붉은 알알이

아직도 내 혈액 속에 녹아 흐르는 까닭일까.

- 김종길, 〈성탄제〉

이 작품을 몇 학년에 배치할지 생각해 보자. 기법 면에서 어려운 부분은
없다. 발상도 그리 낯설지 않다. — 어릴 때 몰랐던 아버지의 헌신적인 사랑,

그것을 아버지의 나이가 되고 내가 아이를 키워 보고서야 알았다. 하지만 아버지는 이미 안 계신다. – 조금 심하면 신파로 흐를 정도의 익숙한 플롯이다. 눈 속에서 열매를 따 오는 모티브 역시 '효자 → 어머니'의 구도가 '아버지 → 아들'로 바뀌었을 뿐 우리 민담에서 자주 볼 수 있다.[42] 그러니, 몇 학년 정도면 좋을까?

5차 교육과정에서는 이 작품이 고등학교 교과서에 실렸다. 7차 때는 중학교로 내려왔다. 그때는 고등학교 수준에, 이때는 중학교 수준에 적합하다고 판단했을 터이다. 하지만 뒤집어 보면, 작품에서 아들이 아버지 나이가 돼서야 "불현듯 아버지의 서느런 옷자락을 느끼는 것"처럼, 독자도 '서러운 서른 살'은 돼야 이 시를 이해할 수 있지 않을까. 사람들은 늘 깨달음이 늦다. 하여 지난 일을 뒤늦게 깨닫고 후회는 할지언정, 오지 않은 일을 미리 깨닫고 당겨서 회한에 들지는 않는다. 학생들이 이 시를 읽고 감동했다면 그것은 가장되거나 학습된 감동일 가능성이 높다.

다시 뒤집어 보자. 그러면 시 작품은 시인이 그 시를 쓴 나이가 돼야 비로소, 그게 아니면 작품의 시적 화자 정도의 나이가 돼야 비로소 이해할 수 있는 것일까? 그래서 자신이 이미 지나온 길을 그린 아동문학 작품은 이해할 수 있어도 자기에게 까마득하게 남은 노년을 그린 작품은 이해하기 어려운 것일까? 그렇다면 결국 자기가 직접이든 간접이든 경험하지 못한 사건은 이해할 수 없다는 뜻 아닌가. – 그렇지는 않은 것 같다. 독자들이 스스로 경험하지 않은 사건이나 자신과 다른 인물의 심리를 상상하고 이해하지 못한다고 하면, 이는 문학의 존립 근거를 뿌리째 흔드는 일이다. 결국

---

42 민담에서는 병든 어머니를 위해 한겨울에 딸기를 구해 오는 줄거리가 유명하다.

독자와 작품 속 '나'(이 작품에서는 아버지의 아들)의 관계를 중심으로 작품의 가독성 또는 수용 가능성을 따지는 건 무리인 듯싶다.

어떤 작품이 몇 살/몇 학년에 적합한지는 범위로 지정할 수밖에 없다. 어떤 작품은 시작점이 열려 있고 끝점은 닫혀 있어서 아주 어릴 때부터 읽을 수 있지만 어느 나이가 되면 시들해지고, 어떤 작품은 그 반대여서 일정 나이가 돼야 읽을 수 있되 나이를 먹어 갈수록 새록새록해질 수 있다. 물론 시작점과 끝점이 모두 닫혀서 일정 나이대에만 감동적인 작품도 있을 수 있고 그 반대의 경우도 마찬가지다. 예를 들어 같은 그림책이라 하더라도 〈꼬마 기관차 토마스〉 같은 작품은 첫째 부류에, 〈라울 따뷔랭〉 같은 작품은 둘째 부류에 속할 것 같다. 〈누가 내 머리에 똥 썼어?〉 같은 작품은 셋째 부류에, 〈아낌 없이 주는 나무〉 같은 작품은 넷째 부류가 될까? – 이런 분류 역시 임의적이고 잠정적일 뿐이다. 어떤 작품이 어떤 나이대에 적합하다는 절대적 기준을 찾기는 어렵다. '작품'을 '갈래'[43]나 '주제·소재', '길이' 등으로 확대해도 마찬가지다. 사람은 누구나 자기 수준에서 자기가 할 수 있는 만큼 읽는다.

그러니 논의 방향을 바꿔야 할 것 같다. –"이 작품은 몇 살/몇 학년에 적합한가?"가 아니라 "이 작품은 이런 나이/이런 학년에는 적합하지 않다."는 판단으로. 독이 없는 열매는 모두 먹을 수 있듯이, 적합지 않은 작품을 제외하면 모두 적합하다.

---

43 시조와 희곡을 초등학교 고학년 이후로 배치하는 관습도 경험적 원리에 따른 것일 뿐 객관적 근거가 있는 것은 아니다. 고전문학 갈래는 창작/향유 시기, 표기법, 표현법, 문화적·사상적 배경 등이 기준이 될 수는 있으나 역시 절대적이라 하기 어렵다. 〈헌화가〉와 황진이 시조 중에 어떤 것을 먼저 가르치는 것이 효과적일까?

매양 추위 속에

해는 가고 오는 거지만

새해는 그런대로 따스하게 맞을 일이다.

얼음장 밑에서도 고기가 숨쉬고

파릇한 미나리 싹이

봄날을 꿈꾸듯

새해는 참고

꿈도 좀 가지고 맞을 일이다.

오늘 아침

따뜻한 한 잔 술과

한 그릇 국을 앞에 하였거든

그것만으로도 푸지고

고마운 것이라 생각하라.

세상은

험난하고 각박하다지만

그러나 세상은 살 만한 곳,

한 살 나이를 더한 만큼

좀 더 착하고 슬기로울 것을 생각하라.

아무리 매운 추위 속에

한해가 가고

또 올지라도

어린것들 잇몸에 돋아나는

고운 이빨을 보듯

새해는 그렇게 맞을 일이다.

- 김종길, 〈설날 아침에〉

    나이/학년 말고 작품끼리의 순서를 생각해 보자. 예컨대 〈성탄제〉를 같은 시인의 〈설날 아침에〉와 나란히 두고 보자. 어느 시를 먼저, 어느 시를 나중에 가르칠까? 〈설날 아침에〉도 이 시만큼이나 교훈적인 내용을 직설적으로 썼다. 시의 시간적 배경을 중시하면 '설날 → 성탄제'의 순서대로 두든 '성탄제 → 설날'의 순서대로 두든 모두 옳다. 전자는 달력 순이고 후자는 심리적 연속성과 인접성 순이다. "어린것들 잇몸에 돋아 오는/ 고운 이빨을 보듯/ 새해는 그렇게 맞을 일이다."라는 덕담 같은 구절을 보면 〈설날 아침에〉의 화자가 〈성탄제〉의 화자('서른 살')보다는 더 먹었을 것 같기도 하고, 발상과 상상력을 따지면 〈설날 아침에〉가 〈성탄제〉보다 더 단순하다.

    이처럼 작품 선정 못지않게 어려운 것이 작품의 배열이다. 이 배열은 독자의 평생 성장을 고려한 장기적 배열도 있고 한 학년/한 학기/한 단원 단위의 기술적 배열도 있다. 작품보다 큰 작가/시인이나 사조/경향의 배열도 생각할 수 있다. 시인이나 작품 간의 관계도 중요 기준이 된다.[44]

논리적으로 배열 기준을 정리할 수는 있다. 단순한 것에서 복잡한 것으로, 쉬운 것에서 어려운 것으로, 짧은 것에서 긴 것으로, 친숙한 것에서 낯선 것으로, 전형적인 것에서 독창적인 것으로 등등. 또는 학습 내용이나 그에 따른 텍스트의 특성을 배열 기준으로 정할 수도 있다. 운율이라면 정형률에서 자유율로, 이어서 산문률 같은 방식이다. 문제는 어느 기준을 택하든 실제 배열을 하려면 그대로 적용하기는 힘들다는 점이다. 시교육을 위한 작품 배열은 작품을 기준으로 보면 일관된 방법을 말하기 어렵다.

결국 답은 작품이 아니라 내용과 활동에서 찾아야 한다. 학생들의 시적 능력 발달 과정을 바탕으로 교수·학습 내용과 활동을 상정하고, 그 내용·활동들의 순서를 정한 뒤, 그에 알맞은 작품을 찾아서 배열하는 방식이다. 작품을 골라서 순서를 정하는 것이 아니라 내용과 활동 순서를 정하고 작품을 골라야 한다. 그러려면 작품마다 핵이 되는 내용과 최적의 활동이 있다는 전제가 필요한데, 실제로 교재를 만들어 보면 대체로 그렇기도 하다. 어떤 작품을 정하면 해당 학년에서 그 작품과 관련해서 학습할 수 있는 내용과 할 수 있는 활동의 범위가 대개 정해진다.[45] 물론 어떤 학년에서 필요한 내용과 활동에 적합한 시를 찾기는 쉬운 일이 아니지만, 순서는 그렇다. 교재 개발자의 레지스트리에 수많은 작품 – 교육과정의 짝이 있어

---

44 예컨대 "김소월을 먼저 읽고 박목월을 읽어라."라든지 "서정주를 읽은 다음에 박재삼을 읽어라."라는 식이다. 用事나 전거를 자주 쓰는 한시는 이런 순서가 중요할 수 있다. 하지만, 이 역시 역순 접근이 가능하다. 〈나그네〉를 먼저 읽고 그 출발점으로 〈완화삼〉을 읽는 식이다.

야 가능한 일이다. 그래야 학습자 중심의 교재가 나올 수 있다.

'학습자 중심의 교과서'란, 생각과 달리 만들고 유지하기가 어려운 과제이다. 특히 현재와 같은 교육 체제, 교과서 운영 시스템에서는 그 어려움이 배가된다.[46] 한번 검정에 통과하면 5년 이상(7차의 경우에는 거의 10년) 큰 수정 없이 계속 출판되고, '문학사적으로 평가받은' 작품이 아니면 교과서에 싣는 데 부담을 느껴야 하며, 학생들은 시험 준비를 하면서 모든 교과서에 나오는 모든 작품들을 일단 한 번씩 섭렵하는 상황이 교과서를 죽은 교과서로 만든다. 오죽하면 문단의 원로 시인이 자기 작품을 교과서에 싣는 데 불편함을 표시했겠는가.[47]

이 문제는 문학교육의 기본 텍스트와 활동용 텍스트를 구별하는 데서 풀어 가야 한다.[48] 문학교육의 기본 텍스트란 '세대를 관통하는 정전'을 가리킨다. 적어도 한국에서 고등학교를 졸업했다면 기본적으로 갖추어야 할 문학 문화적 소양을 위한 텍스트이다. 가짓수는 최소화하되 엄밀한 검증을 거쳐야 하고, 일단 정착되면 암송 수준에 이를 정도로 깊이 읽어야 한다. 교과서 수가 제일 많았던 7차 교육과정을 예로 든다면 18종 교과서에 모두 실린 〈가시리〉, 17종에 실린 최인훈의 〈광장〉, 그 밖에 〈단군신화〉, 〈

---

45 이를 비유적으로 눈대목이라 해도 좋고 작품의 고갱이라 해도 좋다. 〈님의 침묵〉은 '님'의 의미를 해석하는 일이 중요하고 〈시다의 꿈(박노해)〉에서는 청년 노동자의 삶을 이해하는 일이 중요하다. 어느 시든 그 작품을 읽으면서 결코 빼면 안 되는 내용·형식·표현이 있는데, 그것들이 교육과정, 특히 교수·학습 활동과 어떻게 연계되는지를 파악하면 작품을 어느 시점에 배치해야 할지 대강 짐작할 수 있다.

46 이 부분은 김창원(2012)에서 논의한 내용을 가져왔다.

47 신경림, 최승호 등 이런 사례는 많다. 소설에서는 김영하가 아예 자기 작품을 교과서에 싣지 말라고 선언하여 이목을 모은 적이 있다.

48 이 부분은 김창원(2006)과 김창원(2012)에서 논의한 내용을 가져왔다.

제망매가〉, 〈이생규장전〉, 〈속미인곡〉, 〈절정〉, 〈토막〉 등 10종 이상의 교과서에 실린 작품들이 그 후보가 될 수 있다. 또는, 2차 교육과정기부터 『국어』 교과서에 꾸준히 실려 온 〈춘향전〉, 〈진달래꽃〉, 〈광야〉, 〈상록수〉 등을 후보로 올릴 수도 있다. 필요하다면 고등학교 과정에서 반드시 읽어야 하는 작품들을 교육과정에 밝힐 수도 있다.

그에 비해, 활동용 텍스트는 '지금·여기'의 학생들의 문학 입문을 위해 동원하는 텍스트들로서, 문학의 개념과 문학적 가치 판단의 기준을 상당이 넓게 가지고 선택해야 한다. 여기에는 당대의 베스트셀러는 물론이고 음악·영화·드라마 등의 유사 문학 텍스트도 포함되고, 필요하다면 게임이나 유머, 학생 창작품도 폭넓게 활용할 수 있다. 그러려면 기존의 인쇄 교과서 대신 그때그때 즉시 갱신할 수 있는 열려 있는(open-ended) 교과서가 필요한데, 그 부분은 문학의 존재 및 소통 방식의 변화와 연관 지어 설명할 수 있다. 특히 디지털 미디어가 좋은 대안이 될 수 있다. 전통적인 '교과서 출판사'와 거대 IT 기업들의 협업이 필요한 이유다.

◤ **교실을 위한 질문 — 작품 배열의 기준과 체계**
1. 같은 작품이 초등학교, 중학교, 고등학교에 모두 실리는 일에 관해 어떻게 생각하는가? 이전과 수록 순서가 뒤바뀌는 경우에 관해서는?
2. 비유에는 "슬픔 같은 눈물"처럼 구체적 대상(눈물)을 추상적 개념(슬픔)으로 비유하는 경우도 있고 "강 같은 평화"처럼 추상적 개념(평화)을 구체적 대상(강)으로 비유하는 경우도 있다. 이들 사이에 학습 순서를 정한다면 어떤 순서가 좋을까?
3. 작품 배열 순서를 텍스트가 아니라 학습자 기준으로 해야 한다면, 어떤 기준이 적합할까?

22
시 교재의 성격

> '그 작품'이 중요하기도 하고
> '그 작품 뒤에 딸려오는 것'이 중요하기도 하다.

시교육의 실천적 문제는 "어떤 교재로 가르칠 것인가?"와 "어떻게 가르칠 것인가?"의 문제로 집약된다.[49] 교재 구성에서의 핵심 작업은 작품 선정과 학습 활동 구상이며, 실제 교실에서 이루어지는 일도 작품을 중심으로 한 교사의 교수와 학습자의 학습 활동이다. 말하자면 '무엇으로 – 어떻게'의 문제는 시교육의 실제에서 중추를 이루는 부분이라 할 수 있다.

여기서 시교육연구론이 나아갈 방향을 엿볼 수 있다. 시의 총체성을 보장하면서 '무엇으로 – 어떻게'의 문제를 해결하는 길이 그것이다. 그 길은 다원적일 터인데, 그 동안의 시교육론은 다원성을 외면하고 어느 한 가지 이론으로 일관하거나, '무엇으로'와 '어떻게'의 문제를 분리해서 따로 접근

---

49 이 부분은 김창원(2001b)에서 논의한 내용을 가져왔다.

하는 경향을 보여 왔다. 그 결과 해당 연구에서는 정합성을 지니던 논의들이 다른 장에 가면 효용성이 떨어지는 난점을 낳았고, 각각의 이론들이 생산적인 경합을 벌이는 것이 아니라 파편화되어 나열되는 현상이 빚어졌다. 다음 작품을 가지고 이 문제를 생각해 보자.

13인(人)의아해(兒孩)가도로(道路)로질주(疾走)하오.
(길은막다른골목이적당(適當)하오.)

제(第)1의아해(兒孩)가무섭다고그리오.
제(第)2의아해(兒孩)도무섭다고그리오.
제(第)3의아해(兒孩)도무섭다고그리오.
제(第)4의아해(兒孩)도무섭다고그리오.
제(第)5의아해(兒孩)도무섭다고그리오.
제(第)6의아해(兒孩)도무섭다고그리오.
제(第)7의아해(兒孩)도무섭다고그리오.
제(第)8의아해(兒孩)도무섭다고그리오.
제(第)9의아해(兒孩)도무섭다고그리오.
제(第)10의아해(兒孩)도무섭다고그리오.

제(第)11의아해(兒孩)가무섭다고그리오.
제(第)12의아해(兒孩)도무섭다고그리오.
제(第)13의아해(兒孩)도무섭다고그리오.
13인(人)의아해(兒孩)는무서운아해(兒孩)와무서워하는아해(兒孩)와그렇게뿐이

모였소.(다른사정(事情)은없는것이차라리나았소)

그중(中)에1인(人)의아해(兒孩)가무서운아해(兒孩)라도좋소.
그중(中)에2인(人)의아해(兒孩)가무서운아해(兒孩)라도좋소.
그중(中)에2인(人)의아해(兒孩)가무서워하는아해(兒孩)라도좋소.
그중(中)에1인(人)의아해(兒孩)가무서워하는아해(兒孩)라도좋소.

(길은뚫린골목이라도적당(適當)하오.)
13인(人)의아해(兒孩)가도로(道路)로질주(疾走)하지아니하여도좋소.

- 이상, 〈오감도·시 제1호〉

이 작품이 한국 현대시에 제일 큰 충격을 주었고, 지금까지도 한국 현대시를 대표하는 작품 중 하나라는 데에는 이의가 없다. 당연히 시교육에서 중요하게 다뤄야 할 작품이다. 하지만 교과서를 들춰 보면 7차 교육과정 이후 이 작품을 다룬 예가 없다. 그 이전에도 고등학교 선택 교과서에서 극히 일부 다뤘을 뿐이다. 그 이유는 짐작하기 어렵지 않다. - 교과서에 적절하지 않다.

이 작품을 교과서에 넣는다고 하자. 어떤 목적에서 넣을까? 아마도 1930년대 문학, 구인회, 모더니즘 시, 이상(李箱) 등 문학사적 가치를 생각해서 넣을 것이다. 이 작품을 읽으며 정서적 고양이나 감동을 목적으로 넣지는 못할 일이다. 혹시 지적 자극을 위해 넣을 수는 있겠지만, 보통의 초·중등 학생들에게 이 시가 어떤 지적 자극을 줄 수 있겠는가?

설령 넣는다고 치면, 어떤 활동을 하게 될까? 역시 1930년대라는 불안한 근대, 식민지 지식인의 존재론적 소외감, 경향문학·KAPF 시 등과 대비되는 순수·모더니즘 문학 운동 등에 관한 탐구 활동이나 시적 인물이 '무섭다고' 하는 이유, 또는 '무서운 아해'와 '무서워하는 아해'의 대비, 또는 '막다른 골목'의 상징성, 또는 "질주하오"에서 "질주하지 아니 하여도 좋소"로 회귀하는 무한 루프의 의미 등을 해석하는 활동이 주가 될 것이다. 작품 밖으로 나가서 이상의 소설·수필 또는 당대의 모더니즘 또는 리얼리즘 시와 엮어 읽는 활동을 할 수도 있고, 다른 매체와 결합하여 시의 분위기를 음악이나 이미지로 표현하도록 할 수도 있다. 하지만 어느 활동이든, 학생들은 신기하고 재미있어서 활동할 수는 있어도 이 시가 감동적이어서 활동하지는 않을 듯하다. 이 시는, 사실 기이하고 난해하다.

이런 논지에 따라 "작품이 난해하기 때문에 이 작품을 교과서에 넣을 수 없다."고 말할 수는 있다. 하지만 "쉬운 작품만 넣어서 교육이 되겠는가?" 하고 물으면 이에 대한 답 또한 군색하다. 그에 대해 "어려움에도 정도가 있다."고 하면 논의는 또 뒤집어진다. 말하자면 난해성의 정도에 객관적인 기준이 있는 것은 아니며, 이 못지않게 – 적어도 이에 버금가게 어려운 작품들이 교과서에 버젓이 실리므로 난해성은 여러 조건 중 하나이지 절대 조건은 아니라고 말할 수 있다.

그렇다면 주제인가? 사실 소설은 작품의 주제와 소재가 매우 중요한 선별 조건이다. 그 판단에 동의하든 동의하지 않든 폭력적이거나 선정적이거나 좌파적인 작품은 교과서에 못 들어간다. 시도 그럴 수 있다. 하지만 포르노 시가 아닌 이상 교과서에 싣지 못할 정도로 곤란한 작품은 별로 없다. 오히려 주제가 너무 단순하거나 퇴행적인 것이 문제이다. 좌파의 문제도 해금 이후 제약이 많이 완화됐다. 필자는 이런 문제가 교과서 작품 선정의 기준이 되어서는 안 된다고 생각한다. 교과서는, 열린 시각에서 모든 내용을 다룰 수 있어야 한다. 언젠가 학교에서도 LGBT 등 민감한 문제가 대두될 터인데, 이에 관한 교육적 합의가 필요하다.

이 시가 교과서에 실리지 못하는 이유는 더 근본적인 데 있다. – 시관(詩觀)이다. 현대시가 쌓아 온 시에 대한 보편 관념, 곧 '운율과 이미지가 선명하고, 정제된 언어로 섬세한 정서를 다루며, 인간의 본성·자연·고향·이념·사랑 등 삶의 근원적인 문제를 함축적으로 다루는 단형 서정시가 곧 시'라는 관념이 학교를 지배하기 때문이다. 그런 점에서 이 작품은 보편적이고 전형적인 '시'의 범주에서 많이 벗어나 있다. 학교가 문화적 사회화의 기능을 한다는 점을 고려하면 일차 교육 자료는 보편적이고 평균적인 시관을 취하는 것이 맞다.

여기서 패러독스가 생긴다. 학교는 보편적이고 평균적인 시관을 취했는데, 그 결과는 그렇지 않다. 학교 시교육과 학교 밖의 시 경험이 점점 멀어지는 모습을 볼 수 있다. 학교안 시교육이 일제 강점기와 1970~80년대 시를 주요 자료로 해서 역사적 맥락에 따른 비평적 읽기를 강조하는 데 비해, 학교 밖의 독자들은 1990년대 이후 시인 및 비평가들에게 외면받는 대중시를 대폭 수용하고 개인의 감성에 맞는 서정적인 시를 골라서 공감적 읽기에 몰입하는 경향을 보인다. 학교 밖의 시 경험이 교조적이고 엘리트적인 시에 방점을 찍는 학교 시교육과 반대의 길을 가는 것이다. 결과적으로 학령기에는 학교 교육이 일상의 시 읽기를 교재에서 배제하지만 학교를 졸업하면 일상의 시 읽기가 학교 시 읽기를 압도하는 양상을 보인다.

이런 일상의 시 읽기는 독서 문화를 지배하는 상업주의와 떼어서 생각할 수 없다.[50] 대량 광고를 통해 인위적으로 수요를 증폭하는 일은 이제 상식이 되었으며, 출판사마다 몇 명씩의 '간판 스타'를 내세워서 인지도를 높이는 스타 시스템도 연예계 못지 않은 효율성을 자랑한다. 그 과정에서 매스컴을 동원하기도 하는데, 어떤 경우에는 기사거리에 굶주린 매스컴이 스스로 출판 메커니즘과 손을 잡기도 한다. 특히 문학상은 그 자체기 굉고 효과를 가지기 때문에 더욱 선호되며, 신인의 입장에서는 폐쇄적인 문단 사회에 뚫고 들어갈 수 있는 가장 확실한 길로 받아들여진다. 그 과정에서 어느 누구의 의지와 관계없이 시의 통속화가 진행되는 것이 상업주의의 해독이다. 상업주의? – 학교 교육이 매우 기피하는 단어다.

전통적으로 시는 상업성과 거리가 먼 '제도권 문학'의 형태로 유통되어 왔다. 문예지를 중심으로 일간지나 동인지 등을 통해 시가 유통되고, 그 결과가 시집으로 묶여서 나오는 것이 보통이다.[51] 시인으로 행세하려면 '등단'이라는 관문을 통과해야 했으며, 그 관을 쓴 사람은 매우 특별한 사람으로 인식되었다. 아무나 시를 쓸 수 없는 시대였던 것이다. 이것이 시교육을 지탱하는 이데올로기다.

그런데 지금은, '아무나 시를 쓰는' 시대가 되었다. 특별한 등단 절차를 거치지 않았어도 시만 좋다면 시집을 낼 수 있으며, 그렇지 못하더라도 원하기만 하면 언제든 자비 출판이 가능하고, 탁상 출판 시스템 덕분에 스스로 시집을 편집하고 출력해서 책으로 제본해 낼 수도 있다. 아울러 인터넷 상에는 수많은 아마추어 시인들이 있으며, 좋은 시는 '입에서 입으로'가 아

---

50 이 부분은 김창원(2012)에서 논의한 내용을 가져왔다.

51 이 부분은 김창원(1997a)에서 논의한 내용을 가져왔다.

니라 '인터넷과 모바일 타고' 소문이 퍼지며, 물론 그 효과는 충분히 강력하다.

이러한 유통 방식은 제도권의 유통과는 다른 특성을 시에 요구한다. 유통 자체가 특정 집단의 고유한 채널을 통해 이루어지는데다 대부분 무상(無償)으로 이루어지기 때문에, 보편적인 미의식보다는 특수한 경험이나 일회성의 정서를 다룰 가능성이 높아진다. 1980년대 초반 시를 '문학의 게릴라'로 불렀던 적이 있는데, 이번에는 또 다른 의미에서의 게릴라가 나타난 것이다. 그 게릴라는 전파가 빠르고, 변종도 많이 생기며, 내부든 외부든 검열을 의식하지 않는다. 또 그 게릴라는 적지만 매우 열성적인 동조자를 가지고 있고, 실패를 두려워하지 않으며, 기존의 관습과 제도를 의도적으로 무시한다. 그러한 게릴라들이 무상으로 출몰하는 비제도권에 속해 있는 것이 통속시이고, 자연히 그에 걸맞은 새로운 감성(다분히 통속적인)을 갖추게 된다.

이것이 시 교재의 성격이 변해야 하는 이유다. 교과서에 무엇이 적절하고 무엇이 적절하지 않은 작품인가? 단지 비평가 또는 교과서 편찬자가 높게 평가하거나 대중적인 인기가 있거나 학생들이 선호하는 것만으로 교재 적절성을 판단하기는 어렵다. "교육과정의 목표와 내용에 적합해야 한다."는 것이 첫째 조건이겠지만 교육과정 자체가 처음부터 교재를 고려하지 않을 수 없기 때문에 이 논의는 순환 논리에 빠지게 된다. 한편으로 그동안 '교과서 시'에 가해졌던 비판이 논의를 더욱 어렵게 만들기도 한다. 신경림 시인이 한탄했듯이, 교과서에 들어가는 순간 재미없는 작품으로 인식되는 현상을 부정하기도 어렵다. 그렇다고 상업주의·통속성을 기본으로 하는 일상의 시를 교실로 끌고 들어오는 것도 마땅치 않다.

오늘날의 상황을 살펴보면, 긍정적인 현상과 부정적인 현상을 동시에 볼 수 있다. 문학의 존재 가치가 점점 위축되고 '문학의 위기'마저 거론되는 현실은 부정적인 현상이라 할 수 있다.[52] 그렇게 된 이유는 문학이 현실적인 삶의 질 향상에 도움이 되지 않기 때문이다. 문학을 한다고(배운다고) 해서 부자가 되는 것도, 행복해지는 것도, 권력을 잡는 것도 아니다. 문학보다 더 재미있고 더 자극적인 것들이 얼마든지 있다. 과거에 '소설책'은 청소년들이 접할 수 있는 거의 유일한 오락이었지만, 지금 그것은 거의 맨 마지막에 선택하는 오락이다.

하지만 한편으로 긍정적인 현상도 있음을 외면할 수 없다. 지금은 과거 그 어느 때보다 광범위한 잠재적 독자층이 형성되어 있다. 장기간의 정규교육을 통해 문학에 입문한데다 경제적 구매력과 문화적·지적 과시욕도 있는, 언제 어느 때든지 시집이나 소설책 한 권쯤은 살 용의가 있는 독자층이다. 그 결과가 100만부짜리 베스트셀러로 나타나는 것이고, '소월시문학상'이나 '이상문학상' 수상 작품집의 고정 독자로 나타난다. 게다가 그 현상을 지원해 주는 매스컴(거의 모든 신문이 문학 담당 기자를 두고 매주 문학 관련 기사를 내보낸다.)과 출판 시스템, 많이 확충된 온·오프라인의 도서관, 대중가요나 연극·영화와의 연합 전선, 그리고 무엇보다도 아직 문학을 무언가 고상한 것으로 보는 인식들 – 문학은 한편으로 위기이면서 한편으로 비약의 계기를 맞은 것이다.

여기서 한번 진지하게 물어볼 필요가 있다. 제도화된 시교육이 제공하는 시와 독자가 요구하고 경험하는 시가 정말로 그렇게 다르다면, 시교육

---

52 이 부분은 김창원(2012)에서 논의한 내용을 가져왔다.

은 어떻게 대응해야 할 것인가? 물론 표면적인 답은 네 가지로 나온다. 독자의 요구를 전적으로 수용하여 교과서 시 전체를 독자의 요구에 적합한 통속시의 텍스트들로 바꾸든지(교과서를 끌어내리든지), 보편적이고 항구적인 문학적 가치가 존재하고 또 그것을 가르칠 필요가 있다는 점에서 독자가 본격·고급·순수 문학에 익숙해지도록 교수·학습 방법을 개선하든지(독자를 끌어올리든지), 둘 사이에 적절히 평형을 유지하여 시의 보편적 가치와 독자의 개별적 요구를 통합할 방법을 찾든지(적절히 섞든지), 아니면 현재의 분열상을 용인하고 그 추이를 살펴보는 것이 그것이다. 물론 셋째 방법을 취하면 어느 정도 균형 감각이 있는 것 같지만, 그렇게 단순하게 해결할 수 있는 문제는 아니다. 어쩌면 애초부터 이런 식으로 단순하게 접근하는 것 자체가 불가능한 문제일 것이다. 분열을 받아들일 것인가 아니면 통합을 추구할 것인가, 통합을 추구한다면 어떤 전략을 구사할 것인가의 문제는 시 읽기 및 시교육의 철학, 본질에 관계되는 문제이기 때문이다. 시 교재는 흔들리는 줄 위에서 아슬아슬하게 균형을 잡아야 하는 과제를 안고 있고, 현실도 그렇다.

▶ **교실을 위한 질문 ― 시 교재의 성격**

1. 시 교재는 읽기 교재, 소설 교재와 달라야 하는지, 그렇다면 어떤 점이 왜 그래야 하는지 말해 보자.
2. 무게 있는 정전 중심의 시 교재와 다소 수준이 떨어지지만 쉽게 다가갈 수 있는 작품 중심의 시 교재의 의의를 비교해 보자.
3. 같은 시 작품을 서로 다른 목표를 위해 싣거나, 완전히 다른 학습 활동을 구성하는 현상을 비판하거나 지지해 보자.

23

교재 개발의 일반 · 특수 원리

시를 포함한 문학 교재는
다른 영역의 교재와 특성이 다를 수 있고, 달라야 한다.

'교과용 도서에 관한 규정'[53]에 따르면, '교과서'란 "학교에서 학생들의 교육을 위하여 사용되는 학생용의 서책·음반·영상 및 전자 저작물 등"을 가리킨다(2조 2항). 이는 '지도서'와 함께 '교과용 도서'에 속하되, 지도서가 교사용인 것과 구별된다.

이상적인 교과서는 어떤 교과서인가?[54] 이 물음에 답하려면 지극히 원론적인 이야기를 반복하거나, 아니면 엄청나게 많은 이야기를 해야 할 것이다. 문학관과 교육관이 서로 다른 담론들 사이에서 보편적인 교과서상을 그리기도 어렵다. 이때 원용할 수 있는 것이 교과서 평가의 기준을 살펴보

---

53 대통령령으로 고시하며 부정기적으로 개정된다.

54 이 부분은 김창원(2012)에서 논의한 내용을 가져왔다.

는 일이다. 각각의 평가 기준에는 교과서의 이상형에 대한 요구가 담겨 있기 때문이다.

그 기준은 크게 목표 구현성과 학습의 효용성, 학습의 절차성, 교육적 적합성, 그리고 지면의 조화성을 바탕으로 체계화되며, 구체적으로는 형식상의 평가 요소와 내용상의 평가 요소로 나누어 살펴볼 수 있다(이삼형 외, 2000: 330–332). 각 교과의 특성은 그중 내용상의 평가 요소에서 잘 드러나며,[55] 그 기준들은 교육 공동체의 일반적 관점과 문학 교사의 전문적 관점에 따라 다양하게 적용된다.

한편으로, 문학교육의 목표를 무엇으로 보는지에 따라 문학 교과서의 성격이 달라질 수 있다. 문학교육의 목표를 한 마디로 기술하기 어려운 점을 고려하면, 목표를 층위별로 기술하는 것이 효과적인 방법으로 보인다. 예를 들어 문학 지식을 전수하고 체계적인 문학 경험을 제공함으로써 문학 능력을 기르는 것이 1차 목표라면, 그를 바탕으로 사고력과 문화 능력을 기르고 학습 능력을 함양하는 것이 2차 목표, 그리고 자아를 실현하고 공동체 발전에 참여하는 것이 최종 목표가 될 것이다.[56] 이 점에 대한 고려가 없다면 문학 교과서로서의 특성은 사라지고 만다.

그렇다면, [1차 → 2차 → 3차] 목표의 달성을 위한 교과서 구성 전략이 다를까? 이들 목표가 별개의 것이 아닌 만큼 교과서 구성의 전략도 기본적으로는 같지만, 어떤 측면에 초점을 두느냐에 따라 약간의 차이가 생길 수

---

55 이삼형외(2000)에서는 교과서 평가의 기준 중 '내용상 평가 요소'로 교육과정 반영도, 단원 설정의 합리성, 단원 간 관계의 체계성, 단원 실라버스의 정합성, 제재 적합성, 학습 활동의 효율성, 참고 및 보조 자료의 정확성, 학습을 위한 보조 장치 여부, 평가의 타당도를 들고 있다.

56 우한용 외(1997)에 실린 김상욱과 김창원의 글 참조.

있다. 각 층위의 목표가 완벽하게 중첩되지 않기 때문이다. 문학 정전과 교육 정전이 다른 이유도 여기에서 유추해 낼 수 있다.

관점을 달리해 보면, 문학 교과서의 특성은 실제 문학교육(=수업)이 무엇으로 채워지는가에 따라 결정되기도 한다. 문학 수업을 관찰하면 그 시간은 대부분 텍스트 읽기, 교사의 설명, 교사와 학습자 사이의 질의·응답, 발표나 조별 활동과 같은 학습자의 자율 활동으로 채워진다. 그렇다면 교과서 역시 이러한 활동을 안내하고 보조하는 역할을 해야 한다. 문학 학습이 가장 효과적으로 이루어질 수 있도록 하려면 교과서에 문학 학습의 과정과 변인을 효과적으로 담아야 하는 것이다. 단순히 문학적 기준만으로 교과서를 판단할 수 없는 이유도 여기에 있다.

문학 교과서는 주로 설명과 연습 자료 중심으로 되어 있는 다른 교과의 교과서에 비해 텍스트 자체의 비중이 매우 높다. 곧, '집필'보다는 '선정'의 의미가 강하다. 또한, 단일 원리보다 다양성을 중시하며, 체계적 발달성이나 보편 규칙보다는 개별성과 취향, 도야의 원리를 강조하는 특성도 지닌다. 교과서가 가지는 '표준'의 성격이 약한 것이다. 그에 따라 교과서와 관련한 학습자의 반응역이 넓으며, 의도하지 않았던 방향으로의 활용 가능성도 높다. 문학 교과서가 읽기 자료집(anthology), 학습 내용 해설서, 학습 활동 안내서, 워크북 등의 성격을 공유할 수밖에 없는 소이가 여기에 있다.

시 교재 역시 마찬가지다. 시를 포함한 문학 교재 개발은 다른 ① 교육 과정 분석을 통한 목표 설정과 내용 선정 ② 학습자의 요구, 수준 등 분석 ③ 작품 선정 ④ 교수·학습 설계를 바탕으로 한 학습 활동 구성 ⑤ 평가, 피드백 방법 구성 ⑥ 주변 정보와 학습 보조 자료 제시 ⑦ 그래픽 자료 제작 ⑧ 기타 작업으로 이루어진다. 여기서 제일 중요한 작업은 ①과 ②이지만, 교과서의 실체를 결정하는 요인은 역시 ③이다. 현장에서 여러 검정 교과서 중 어떤 교과서를 채택할 때에도 우선 보는 것이 ③이다. 그 다음에 ④, ⑤, ⑥을 본다. ③에 관해서는 앞에서 논의했으므로 여기서는 ④, ⑤, ⑥에 관해 살펴보자.

우리는 장작불 같은 거야
먼저 불이 붙은 토막은 불씨가 되고
빨리 붙은 장작은 밑불이 되고
늦게 붙은 놈은 마른 놈 곁에
젖은 놈은 나중에 던져져
활활 타는 장작불 같은 거야

몸을 맞대어야 세게 타오르지
마른 놈은 단단한 놈을 도와야 해
단단한 놈일수록 늦게 붙으나
옮겨 붙기만 하면 불의 중심이 되어
탈 거야 그때는 젖은 놈도 타기 시작하지

우리는 장작불 같은 거야
몇 개 장작만으로는 불꽃을 만들지 못해

장작은 장작끼리 여러 몸을 맞대지 않으면
절대 불꽃을 피우지 못해

여러 놈이 엉겨 붙지 않으면

쓸모없는 그을음만 날 뿐이야

죽어서도 잿더미만 클 뿐이야

우리는 장작불 같은 거야

– 백무산, 〈장작불〉

이 텍스트를 교재화한다고 해 보자. 대체로 작품을 중심에 놓고 학습 목표, 학습 활동과 그를 위한 안내, 평가 자료 등으로 면을 채우고 시인 소개, 작품 평설, 필요한 경우 관련 이론이나 문학사 등을 부가하게 된다. 시어나 시구의 의미도 들어갈 수 있다. 학습 활동은 – 다음 절에서 살펴보겠지만 – 시 읽기라면 기본적으로 해야 하는 내용 및 표현상 특징 등에 관한 활동과 해당 단원의 목표 관련 활동, 그리고 여유가 있다면 발전 활동 정도로 구성할 수 있다. 이것이 전형적인 교과서의 모습이다.

하지만 실제 수업은 교과서 그대로 이루어지지 않는다. 교과서는 추상적인 '보통의 학생 독자'를 상정하기 때문에 개별 교실, 개개 학생의 관심과 수준, 학습 준비도 등을 모두 고려하지 못한다. 〈장작불〉만 하더라도 학생이 몇 학년인지, 남학생인지 여학생인지, 지역은 어디인지, 그가 어떤 계층에 속하는지 등의 외적 요인에 따라 학습 초점이 달라지고, 그 안에서도 학생의 취향/선호에 따라 또 달라진다. 또한 사전 학습 경험 및 이후의 학습 계획에 따라서도 학습할 내용이 달라진다. 여러 사람이 강조했듯이 교과서는 하나의 샘플이고 제안이며 모형일 뿐이다.

교재에 관해 고민하는 사람은 교과서 개발자만이 아니다. 실제 교실에서 학생들을 대하는 교사가 사실은 제일 많이 고민하는 사람이다. 어떤 교과서를 채택할지, 교과서의 체제를 그대로 따를 것인지 다시 재구성할 것인지, 교과서에 제시된 활동을 모두 할지 일부만 할지 아니면 다른 활동을 추가할지 등, 수업에서 직접 활용하는 교재는 결국 교사가 만드는 법이다. 이런 '수업 교재' 개발의 능력과 경험이 교사의 질을 결정한다.

어쩌면 교과서에 실린 작품은 이 시에서 말한 '장작불' 같은 것인지도 모른다. 그것은 "먼저 불이 붙은 토막은 불씨가 되고/ 빨리 붙은 장작은 밑불이 되"어 학생들을 시의 모닥불 곁으로 이끄는 기능을 한다. 제대로 된 작품 하나가 학생의 사정거리에 들면 그대로 "불의 중심이 되어" 타기 시작한다. 그러면 다른 작품들도 타기 시작하고, 한 단원의 작품들이 타오르면서 학생의 시 역량이 타오르게 된다. '읽기' 영역의 제재글은 글 자체가 중요하다기보다 글의 내용 구성 방식, 표현 방식, 그런 글을 읽는 방식 등이 중요하겠지만, ─ 시도 역시 그러하기는 하나, ─ 시는 제재 작품 자체가 중요하다. 어떤 시를 어떤 방법으로 읽었느냐에 따라 그의 시적 성장이 달라진다. 이때 교과서와 그를 바탕으로 한 수업 교재 구성이 무엇보다 중요해지기 때문이다. '그을음'이나 '잿더미'만 남기는 교육이 되면 안 되지 않겠는가.

교육과정과 교과서의 개정 작업을 관찰해 보면, 우리나라의 교육이 근본적으로 관련 집단 간의 갈등에 기초하고 있음을 알 수 있다.[57] 정부와 교사 사이에, 학교와 학부모와 전문 연구자 사이에, 그리고 문학교육과 관련해서는 문인 집단과 교육 집단 사이에 서로를 불신하거나 적어도 외면하는 경향이 상존한다. 이러한 갈등은 한편으로 관련 집단 간의 의사소통을 저해하기도 하지만, 다른 한편으로 다양한 담론 사이의 견제와 균형을 담보

---

57 이 부분은 김창원(2012)에서 논의한 내용을 가져왔다.

하기도 한다. 교과서는 그러한 견제와 균형을 바탕으로 한 타협의 산물이다.[58]

이와 관련하여 7차 교육과정기에 중요한 사건이 일어났는데, 바로 국가가 만들거나 검정한 교과서를 비판하며 교사 집단이 직접 교과서를 펴낸 일이나.[59] 이는 근내 교육사상 초유의 일로서 긍정적인 방향으로의 변화임에 분명하다. 그러나 그 의의 못지않게 한계도 분명한데, 그 한계는 대체로 거시적 · 원론적 차원과 관련하여 드러난다. '학생들이 좋아하는 작품을 선정하여 재미있게 수업하기'로는 교사를 따라갈 집단이 없지만, '필요한 작품을 선정하여 의미있게 수업하기'로 시선을 바꾸면 꼭 그렇지만은 않다는 뜻이다. 중학교『우리말 우리글』에 비해 고등학교『우리말 우리글』이 상대적으로 약하다는 느낌이 드는 것도 그와 관계된다. 단적으로 말하면,『우리말 우리글』은 처음 나온 7학년용이 준 충격이 가장 강했다.

이를 교과서 개발이 아니라 활용 쪽에서 바라보면, 중요한 것은 개발된 교과서 자체보다 실제 수업에서의 활용이라고 말할 수 있다. 교실 현장에서 교과서를 어떻게 재구성하여 활용하는가 하는 문제가 교재론의 핵심으로 떠오르는 것이다. 교과서를 그대로 적용하든, 교과서 내용을 취사선택하든, 그것은 전적으로 교사의 선택이다. 또는 기본 교과서에 다른 내용을 덧붙일 수도 있고, 여러 교과서를 자신의 관점에서 편집하여 사용할 수도

---

58 대안 학교의 유행과 함께, 교사 집단 스스로 공식 교육과정과 교과서 대신 대안 교육과정, 대안 교과서를 만들어내는 추세도 이러한 견제와 균형 관계의 한 표출이다.

59 전국국어교사모임(2001),『우리말 우리글』, 나라말. 몇 해에 걸쳐 중 1~3과 고등학교용이 차례로 나왔으며 이와 직접 관계는 없지만 2013년에 전국초등국어교과모임이 초등학교용『우리말 우리글』을 펴내기도 했다.

있으며, 무교과서형의 수업도 가능하다. 결국, 교재론은 수업론과 연결되지 않으면 탁상공론으로 흘러가게 된다.

교재론과 수업론 사이의 이러한 길항 관계가 단적으로 드러난 것이 지도서의 부실화 현상이다. 물론, 2~3개월 안에 800여 쪽의 지도서를 써야 하는 제도 아래서 지도서의 부실화는 필연적인 현상이다. 그러나 설령 기간을 많이 준다 할지라도, 짜깁기해 놓은 참고 내용과 학습 활동의 예시 답안으로 가득 찬 지도서를 고수하는 한 부실을 면하기는 어렵다. 지도서의 이러한 한계는 교사들 스스로 자초한 감이 없지 않다. 6차 교육과정 초기 실험적인 '지도서 없는 교과서'에 대한 불만이 대부분 "예시 답안을 달라."는 것이었고, 교사들이 수업에 자주 참조하는 자습서와 참고서가 관련 내용을 빼곡히 집어넣은 백과전서 류라는 점을 떠올리면, 지도서가 왜 그런 모양으로 나가는지 사정이 이해가 된다.[60]

시 교재론은 이러한 모순과 갈등, 길항 관계를 해소하는 방향으로 나아갈 필요가 있다. 교육과정과 수업, 교수·학습과 평가 사이에서 그들의 관계를 조절하고 구체화하는 것이 교재론이다. 교과서를 기본으로 하되 다른 한편으로 교과서를 넘어서는 수업이 가능하도록 하는 교과서, 그에 관한 모색이 필요한 것이다. 그러기 위해서는 시교육에서 교과서가 갖는 구심력과 원심력을 설명하고 통제할 수 있는 이론과 모형이 필요하다.

---

60 '지도서 없는 교과서' 정책은 지금도 추진되고 있으며, 없는 지도서에 대한 요구와 출판사 차원의 학습 보조 자료로써 지도서를 대신하는 현실 역시 계속되고 있다.

1. "시 교재는 교수·학습 목표 달성을 위한 활동과 보조 장치들을 잘 구성해서 제공해야 한다."는 주장과 "시 교재는 좋은 시를 가려서 일정한 원리에 따라 묶어 주는 데서 그쳐야 한다."는 주장을 비교, 평가해 보자.

2. 시만 모아서 별도의 '시 단원'을 만드는 경우와 다른 갈래의 작품들과 함께 '문학 단원'을 만드는 경우, 문학과 비문학을 나누지 않고 필요할 때마다 적절히 시 제재를 제시하는 경우의 장단점을 비교해 보자.

3. 〈모닥불〉을 공부하기 전의 준비 활동으로 다룰 수 있는 작품과 공부한 후 발전 학습으로 다룰 수 있는 작품을 골라 활용 계획을 짜 보자.

24
활동 구성 : 작품의 교육적 해석과 활용

시 수업은 전형적인 해석과 도전적인 해석의
긴장 위에 서 있다.

교재 개발의 핵심은 교수·학습과 평가를 위한 활동 구성이다. 검정제를 확대한 후 중·고등학교 교과서에 교사 필자가 늘었는데, 그렇게 하는 중요한 이유는 교과서의 현장성을 높이기 위해서이고, 이 '현장성'의 핵심이 활동 구성이다. 아무리 좋은(작품이 좋든 가르치기에 좋든) 작품이라도 교육의 맥락에 맞는 활동을 제시하지 않았다면 좋은 교재라 할 수 없다.

여기서의 '교육적 맥락'은 세 방향에서 살펴야 한다. 첫째는 교육과정 맥락으로 어떤 목표로 어떤 내용을 학습하기 위해 활동을 구성할 것인가의 문제이다. 교육과정의 차수가 바뀌면서 같은 작품이 다른 목표를 위해 실리는 경우가 생기는데, 그러면 활동도 달라진다. 〈봄은 고양이로다(이장희)〉를 예로 들어 보면, '봄'과 '고양이'라는 소재의 측면에서 교과서에 실을 수도 있고 이미지나 상징과 관련하여 실을 수도 있다. 또 근대시의 형성 및 서구 사조 유입과 관련하여 문학사 단원에 실을 수도 있다. 각각의 경우 활동 초점이 달라짐은 물론이다.

둘째는 학생의 맥락이다. 학년별 교육과정의 경우 발달 단계는 이미 교육과정 차원에서 반영했을 가능성이 높다. 하지만 반영 통로는 내용 요소나 성취 기준 정도이고, 구체적인 교재 수준까지 고려하기는 힘들다. 국가 교육과정은 고작해야 교재 개발의 일반 방향 정도를 제시할 수 있을 뿐이다. 따라서 교과서 개발에서는 학생 또는 학생 집단의 언어적·심리적 발달성, 그들이 처한 가정적·문화적 환경, 사전 학습 내용이나 인접 교과와의 관련 같은 전체 교육적 설계, 심지어 최근의 대중문화나 학생들과 관련이 깊은 주요 사건 등까지 고려해서 활동을 구성해야 한다. 이때 무엇보다 중요한 것은 '학습 동기를 일깨울 수 있는가?'와 '학습 흥미를 유지할 수 있는가?(여기에는 학습 난도도 포함된다)', 그리고 '교사와 학생 사이의 상호작용을 적절히 설계하는가?'이다. 동기유발과 흥미 유지만 되면 나머지는 자연스럽게 해결된다.

마지막은, 당연하게도, 작품의 맥락이다. 아무리 교육과정의 특정 목표 달성을 위해 작품을 선정했다 하더라도 수업의 출발은 시를 꼼꼼히 읽고 작품을 바르게 해석하는 일이다. 이를 바탕으로 하여 작품과 학생 독자의 기대 지평을 넓히고 자아 성장과 문화 발전을 도모하는 일이 시교육이다. 해당 차시 목표는 그 거시 목표의 일부 또는 그리로 가기 위한 징검돌 역할을 할 뿐이다. 거의 모든 단원이 '작품 이해'를 첫 활동을 넣는 이유도 이 때문이다.

작품의 맥락 때문에 ─ 거기에 교육과정 맥락과 학생의 맥락이 추가된다 ─ 교재 구성에서 작품 해석이 중요해진다. 단적으로 말해서 모든 교재에는 집필자의 해석이 반영된다.[61] 작품 선정은, 그리고 활동 구성은 교과서 집필자의 문학관과 교육관의 제도적 표현이다.

그런 점에서 비평과 교육은 상동성과 상이성을 동시에 지닌다. 비평이 작품의 의미를 해석하고 가치를 평가하여 변별하는 작업이라고 할 때, 그렇게 해석하고 평가하여 변별한 결과를 누구에게 내놓을 것인가? 시인에게? 그런 경우도 일부 있겠지만 대부분의 비평 결과는 독자에게로 향한다. 그것이 월평이나 시평이든, 시집의 해설이나 대형 서점의 추천사든, 문학상 수상이나 문학사에서의 우대든 마찬가지다. 비평은 본질적으로 교육적 행위다.

그렇지만 교육은 비평과 분명히 다르다. 둘 다 일종의 멘토 역할을 하는 소수의 '강한' 독자가 다른 약한/일반/다수 독자에게 자신의 읽기를 소개하고 안내하고 합리화하는 작업이기는 하다. 하지만 비평이 다분히 문학 이론 지향적이고 비평가의 에고가 강하게 드러난다면 교육은 문학 이론과 교육 이론을 병행하려고 하고 교사의 에고보다는 교사와 학생의 상호작용을 강조한다. 관계를 말하자면, 모든 교사는 비평가가 되어야 하지만 모든 비평가가 교사가 될 수는 없다.

그럼에도 불구하고, 시교육의 첫 번째 활동은 작품 꼼꼼히 읽기, 곧 해석이다. 여기서 교사는 하나의 난관에 봉착한다. – 필요한/가능한 만큼만

---

61 교과서 제도를 국정에서 검인정으로 바꾸려고 한 이유도 이와 관련된다. 국정 교과서에서는 아무래도 교재에 국가 또는 정부의 가치관이 반영되기 때문이다. 안 그래도 공적 교재인 교과서는 적극적으로 지배 이데올로기에 봉사하는 모습은 피하더라도 최소한 비판 활동은 자제하는 경향이 있는데, 국정 교과서는 이 경향이 더욱 노골적으로 드러난다. 2016~2017년을 달군 한국사 국정 교과서 논란도 이 연장선상에 있었다.

해석할 것인가 가능한 해석은 모두 다룰 것인가? 작품에 관해 말할 수 있는 것들이 이렇게나 많은데, 그것을 다 하자니 시간도 부족하고 학생들에게 부담도 된다. 어떤 해석은 그렇게 생각해 볼 수는 있겠지만 확실히 그렇다고 말할 자신은 없다. 그렇다고 해서 주어진 시간에 맞춰서, 또는 학생 수준에 맞춰서 가능한 만큼만 하자니 작품이 너무 아깝고 시인에 대한 모욕인 것 같다. 교육과정 맥락에 따라 어떤 부분을 강조해서 활동하지만 그 때문에 놓치는 부분은 어떻게 할 것인가? 도대체, 시 작품을 놓고 '여기까지만' 또는 '이 부분에만 주목해서' 해석하라는 것이 가당키나 한 일인가?

오랜 시간 이런 고민을 하며 수많은 교실, 수많은 교재를 거쳐 어느 정도 정리된 해석이 나온다. 그것이 정전적 해석, 또는 해석의 정전이다. 앞에서 봤던 교육 정전을 작품이나 작가가 아니라 해석에까지 넓힌 개념이다. 공적 교재는 이런 해석 정전의 자장 안에서 해당 단원의 교육적 맥락에 따라 활동을 구성한다. 유명한 작품을 하나 보자.

나는 나룻배
당신은 행인

당신은 흙발로 나를 짓밟습니다.
나는 당신을 안고 물을 건너갑니다.
나는 당신을 안으면 깊으나 얕으나 급한 여울이나 건너갑니다.

만일 당신이 아니 오시면 나는 바람을 쐬고 눈비를 맞으며 밤에서 낮까지 당신을 기다리고 있습니다.

당신은 물만 건너면 나를 돌아보지도 않고 가십니다 그려.

그러나 당신이 언제든지 오실 줄만은 알아요.

나는 당신을 기다리면서 날마다 날마다 낡아 갑니다.

나는 나룻배

당신은 행인

- 한용운, 〈나룻배와 행인(行人)〉

이 시뿐 아니라 한용운 시의 핵심은 '님/당신'이 누구인가에 있다. 이미 가 버린 "사랑하는 나의 님(《님의 침묵》)"도 그렇고 등불을 켜려다 초를 거꾸로 꽂은 채 "이제 곧 가요"하고 답하는 님(《사랑의 끝판》)도 그렇다. 그칠 줄 모르고 타는 나의 가슴이 지키고자 하는 '누구(《알 수 없어요》)'도 마찬가지다. 위 시에서 "나는 나룻배/ 당신은 행인"이라고 했을 때, 나는 누구이고 당신은 누구인가? 둘은 어떤 관계인가? "물만 거너면 나를 돌아보지도 않고" 가는 당신과, "당신을 기다리면서 날마다 날마다 낡아" 가는 나의 의미를 알지 못하면 이 시를 읽었다고 할 수 없다.

이에 관해 정전적 해석은 세 가지 답을 내놓는다 - '부처, 조국, 영혼의 애인'. 셋 중 어느 것을 대입해도 그 맥락에서 의미는 풀리며, 그 다음에는 그러한 그리움, 갈망, 믿음 등을 어떤 방식으로 승화했느냐 하는 표현의 문제로 넘어간다. - 여성적 어조니 역설이니 뭐 그런 것들. 그러다 보니 한용운의 시가 이 세 해석 틀 안에 갇혔다는 점은 모두가 안다. 예전에는 시를 함께 읽으면서 이 세 의미를 읽어 내는 노력이라도 했지, 요즘에는 학생들이 배우기 전부터 이미 이 틀이 작품 앞에 떡, 하니 자리 잡고 있다. 이

틀 안에서 〈나룻배와 행인〉은 낡아 버렸다.

방법은 세 가지다. – 낡았으니 작품 자체를 빼 버리기, 다른 해석 틀을 찾아서 활용하기, 학년을 낮추기. 여기서 학년 낮추기는 이미 많은 작품에서 볼 수 있는 현상이다. 예전에 주로 고등학교에 실리던 〈님의 침묵〉이 중학교로 내려오고, 〈나룻배와 행인〉은 중1까지도 내려왔다. 윤동주의 〈서시〉도 고등학교에서 중학교, 그것도 1학년까지 내려온 지 오래다. 시 해석의 틀이 이미 정해져 있으니 – 말을 바꾸면 시 해석이 더 쉬워졌으니 학년을 내리는 건 일견 타당한 대응이다. 하지만, 과연 그것이 타당한 대응인가.

빼 버리는 것도 어딘지 마뜩지 않다. 만해를 빼놓고 한국 현대시를 이야기할 수 있던가? 비록 문학사를 깊이 있게 배우지는 않지만, 그래도 중· 고등학교 6년 동안(초등학교는 그렇다 치자.) 한용운을 접하지 않고 지나가도록 하는 것은 아닌 것 같다. 한용운은 문학 정전이자 교육 정전이고, 어떤 면에서 한국 문화의 정전이다.

마지막 대처 – 그렇다면 세 해석 틀 말고 다른 해석을 권장/요구할까? 이는 학생의 맥락에 맞지 않다. 전문가가 아닌 학생들에게 그렇게 깊은 해석을 요구할 일은 아니다. 학생들에게는 원래의 세 가지 정도가 적당하다. 우리는 딜레마에 빠졌다.

그래서 활동이 중요해진다. 교사가 비평가가 되어 작품을 해석한다면, 학생 역시 '작은 비평가'가 되어 작품을 해석할 수 있다. 곧 '부처· 조국· 연인'의 세 틀을 제시하고 그에 맞춰 작품을 해석하는 것이 아니라 작품에서 '부처· 조국· 연인'을 끌어내는 과정을 함께 경험하도록 하는 것이다.[62] 학생들은 기억· 경험 등 자신의 삶에 조회하거나 다른 장르 또는 역사· 철학· 사회 등 다른 학문 영역과 대비하면서 '정전적 해석 더듬어 가기' 활동을 한다. 작가의 삶, 역사적 배경 등 배경 요인을 고려한 평가도 있고 구체적인 상황 또는 다른 상황에 적용·활용하는 활동도 있다. 2차 창작이나 2차 텍스트 쓰기, 교과 통합, 매체 통합도 있다. 해석은 반드시 활동과 병행하며, 그를 통해 해석 정전에 이르게 된다.

이미 낡아 버린 해석 정전을 위해 굳이 그런 활동을 할 필요가 있느냐고? – 이는 시교육, 이 자리의 테마와 관련해서 좁히면 시 교수·학습 활동의 목표 층위를 이해하지 못한 질문이다. 시/문학/국어 교육은, 사실 다른 교과교육도 마찬가지인데, 영역별 목표뿐 아니라 상위 – 하위, 또는 거시 – 미시 목표라는 성층적 목표를 추구하고 있다. 작품의 의미를 해석하고 가치를 평가하는 일은 가장 1차적인 목표다. 그런데 여러 차례 얘기했듯이 교과서에 실린 하나의 작품은 그 작품이 중요해서이기도 하지만 그 작품이 교육과정 목표 달성에 효과적이어서 선택된 것이다. 〈나룻배와 행인〉에서 '당신'의 의미를 해석하는 것은 1차 목표. 그보다 상위의 목표는 다양한 맥락에서 작품의 의미를 해석하는 일이고, 그보다 또 상위의 목표는 작품의 의미를 다양한 관점에서 평가하는 일이다. 또 그보다 상위는… 이렇게 올라가서, 궁극적으로는 자아 성장과 문화 발전, 평생의 직업 역량 신장, 인류의 보편적 가치 구현 등과 같은 최상층 목표로 이어지는 것이다. [63]

---

62 "학생들이 학원이나 인터넷 등을 통해 이미 알고 온다."는 불만이 나올 수 있다. 말하자면 학생들은 결론을 알고 있는 상태에서 그 결론으로 가는 과정을 '짐짓' 해 본다는 것이다. 아마 이것이 현실일 것이다. 그러나 명제 상태로 알게 된 지식을 활동을 통해 체험하는 일이 결코 의미없는 일이라고는 생각하지 않는다. 이미 알고 있던 내용에 관해 나중에 "아하, 그게 그런 거였어?" 하고 무릎을 치는 일이 한두 번이던가?

63 상위 심급으로 가면 '목표(目標·Objecives)'라기보다 '목적(目的·Purpose)'이라고 보는 게 맞을 터이다. 이들의 차이는 따로 이야기해야 한다.

이 수업에서 가르치고 배우는 것은 "이 작품(나아가 한용운)에 나오는 '당신/님'의 의미가 이것이다."라는 명제가 아니라 "이 작품에 나오는 '당신/님'의 의미는 이런 식으로 찾을 수 있다."라는 원리다.[64]

"좋은 시가 교과서에만 실리면 재미없어진다."고들 하는데, 그 이유는 정전의 해석을 날것 그대로 전달하려 하기 때문이다. 시교육은 교재에 실린 '작품을' 가르치는 것처럼 보이지만 실은 '작품을 활용하여' 가르치는 일이라는 점을 잊으면 안 된다. 활용의 아이디어를 찾으면 교과서 시도 얼마든지 재미있게 가르칠 수 있다. 간혹 교과서에 싣는 시들의 체계 - 예컨대 작가의 연령·출신 지역·성비 안배, 작품의 주제와 소재·하위 장르·사조나 경향 안배, 학교 교육의 체계에 따른 다른 교과나 이전·이후 학습과의 관계 조정 등 때문에 시를 향한 학생의 기대가 무너지는 경우도 있다. 예컨대 "고전시가라고 하면 그런가 보다 하겠는데, 소위 '현대시'라고 하면서 백년 묵은 작품을 내놓으니 재미있을 리가 없다."라고 비판하면 어떻게 답하겠는가? - 재미있고 통통 튀는 방법으로 가르친다!

교실에서 시 읽기는 전형적·정전적 해석과 도전적·창의적 해석 사이의 긴장 관계 위에 있다. 문학교육에서 문학적 안목이 없는 교사는 상상할 수 없거니와, 모든 교사는, 나아가 학생까지도 늘 창의적 해석의 가능성을 가지고 있다. 혼동하면 안 되는 것이, 이 '창의적 해석'을 자극하고 확산하는 일이 정전적 해석을 가다듬어 가는 활동의 일부라는 점이다. 해석 정전은 무수한 창의적 해석이 겹치는 부분에서 생성된다. 그런 점에서 창의적 해석

---

64 이들을 지식론에서는 개념적·명제적·선언적 지식과 방법적·절차적·수행적 지식으로 구별하기도 한다. 개념지는 방법지를 더 튼튼하게 해 주는 역할을 한다.

은 교재에서 창의적 활동과 동의어이다.

교재 개념의 확장 : '시'로부터 '시적인 것'으로

교과서가 문제라면
교과서를 바꿔야 할까, 없애야 할까.

시교육은 학생들을 시에 '빠뜨리는' 일이다. 시에 빠져서 허우적대다가 간신히 지푸라기라도 잡고 모래밭으로 기어올라왔을 때, 그렇게 빠졌다가 빠져나왔다가를 반복하다가 어느 순간 자신있게 스스로 바다에 뛰어들어 그 물결과 물살을 느끼고 자연스럽게 첨벙대며 시를 즐기게 될 때, 비로소 시교육이 이루어졌다고 말할 수 있다. 물론 아무렇게나 던져 넣어서 학생들이 익사 지경까지 가도록 하는 일은 피해야 하겠지만.

하지만 역설적으로, 시교육의 최종 목표는 학생들을 시에서 '건져 내는' 일이기도하다. 바다갈매기가 바다에서 생의 대부분을 보낸다고 하지만 실제로 바닷물 속에 있는 시간은 얼마 안 되는 것처럼, 학생들도 언제까지나 시의 바다에 빠져 살 수는 없는 일이다. 시인이나 비평가처럼 시로 먹고 사는 극히 소수를 제외하고는 시는 그저 삶의 무늬 같은 것, 시는 삶의 이쪽에 잠시 어렸다가 한순간 사라져서 다른쪽에 나타날 때까지 숨어 있다.

여기서 잠시 헤아려 보자. 학생들은 학교에서 몇 편이나 현대시를 배울까? 중·고등학교만 헤아려 보면 한 학기에 한두 단원, 한 단원에 다시 한두 편이므로 공통 〈국어〉 4년 동안 아무리 많아야 30편 남짓이다. 선택 〈문학〉에서 10여 편을 더 배운다고 해야 50편 채우기가 어렵다. 이마저도 후하게 쳐준 숫자다.[65] 이것만으로 시의 '바다'라고 하기는 민망하다. 하지만 여건이 이러하므로 교재에서는 대표적이고, 전형적이며, 전이성이 높은 작품을 골라 제시하고 그로부터 얻은 시적 안목을 교재 밖의 다른 시들에 적용하라고 할 수밖에 없다. 학생들을 교과서 안의 시에서 건져 내어 교과서 밖의 세계로 던져야 하는 것이다.

시교육이 자료(작품)가 중요한 교육임에도 불구하고 교과서에서 다룰 수 있는 수는 매우 한정되어 있다. 그러므로 교사도 교과서 밖 자료를 많이 활용하고, 학생들도 교과서 밖 자료를 많이 접하면서 수업이 이루어지게 된다. 학교를 졸업하고 학교 밖으로 나가면 이 현상이 더욱 짙어진다. 이는 마치 병원에서 회복식이나 영양식을 먹다가 퇴원하면 일반식을 먹어야 하는 과정과 유사하다. 이때 문제가 되는 것이 학교 밖의 시 환경이 학교 안 시교육 상황과 많이 다르다는 점이다. 학생들은 병원, 그중에서도 무균실이나 음압실에 있던 환자가 갑자기 병원 밖에 나간 것과 비슷한 상황에 처한다.

다시 앞으로 돌아가자. 시교육은 '시'라는 독특한 텍스트를 다룬다는 점

---

65 3·4차 교육과정에서는 이보다 훨씬 많은 시를 배웠다. '시의 세계' 같은 단원이 있어서 한 단원에서 대여섯 편씩(외국 시도 포함하여) 배웠고 문학사 단원이 따로 있어서 거기서도 여러 시인과 작품을 접할 수 있었다.

에서 다른 교과 및 문학교육 내의 다른 장르 교육과 구별된다. 하지만 시교육의 목표는 작품을 다루는 것이 아니다. 학생들의 시작 사고력과 소통능력, 그리고 시적인 문화 소양을 기르는 것이다. 교재로 들어온 작품들은 그런 역량을 기르기 위해 활용하는 예시 자료일 뿐이다. 고작 50편도 안되는 작품을 가르치고서 시를 가르쳤다고 할 수 있겠는가? 이들 작품은 말하자면 강을 건너기 위한 나룻배이고 달을 가리키는 손가락이다. 작품으로서의 '시'만 가르쳐서는 시교육이 되지 않는다.

방향은 '시적인' 텍스트를 교재로 포섭하는 것이다. 언어는 한쪽으로 가장 시적인 – 극단적으로는 김춘수나 아폴리네르 등이 시도했던 것같이 의미 없이 소리나 형태만 남은 언어에서[66] 다른 한쪽으로 가장 논리적·과학적인 언어 사이에 폭넓게 퍼져 있고, 그중에는 '더 시적인' 것과 상대적으로 '덜 시적인' 것이 있다. 시적인 언어 중에서 예술로서의 전통과 의장을 갖춘 것을 우리는 '시'라고 부르며 학생들에게 가르치지만, 그를 통해서 달성하고자 하는 목표, 예컨대 사고력이나 소통 능력 같은 것들은 그런 제도화된 시가 아니라도 추구할 수 있다. 어느 때는 더 효과적인 경우도 있다.

따라서 우리는 두 경우를 구별해야 한다 – 좁은 의미의 시교육과 넓은 의미의 시교육. 좁은 의미의 시교육은 가장 순정한 예술 작품을 창작하고 감상하는 예술교육의 성격을 띠지만, 넓은 의미의 시교육은 시의 언어적·인문적 속성을 고려하며 심미안보다 더 넓은 사고력과 소통 능력을 목표로 정한다. (음악이나 미술도 마찬가지라고 생각하는데,) 시교육이 좁은 의미의

---

66 김춘수는 의미없이 음성 이미지만 남은 시를 '무의미시'라 했다. 라흐마니노프의 〈보칼리제〉나 푸치니의 〈허밍 코러스〉 같은 작품은 성악이지만 가사를 쓰지 않고 오로지 '악기로서의 성대'를 쓰는데, 그와 비슷할 것이다. 아폴리네르나 보탑시 같은 구체시는 황지우도 활용한 바 있다.(〈산〉)

시교육에 머물러서는 현대의 학교에서 살아남기 힘들다. 그 방향을 고집하면 보통 교과가 아니라 전문 교과, 또는 기초 영역이 아니라 예술 영역으로 편제될 공산이 크다.[67]

돌아보자. 현대 사회(뿐 아니라 모든 언어 사회는)는 다양한 시적 텍스트로 미만해 있다. 상품명이나 가게 이름, 광고 · 홍보, 수수께끼와 퀴즈, 격언과 속담, 유머나 말장난, 표어 · 슬로건, 건물이나 지하철 역에 걸려 있는 시인지 시가 아닌지 모를 글들, 하다 못해 욕설에조차 시성(詩性)이 차고 넘친다. 영화나 드라마의 명대사, 잠언 또는 아포리즘, 노래 가사는 또 어떤가? 비유적인 용법이기는 하지만 음악이나 미술, 사진, 건축 등에도, 심지어 경치나 목소리에조차 '시적'이라는 말을 붙인다.

언어 이전의 대상까지 시와 연관 짓는 것이 억지스럽다고 생각할 수 있다. 하지만 시적 사고의 본질이 상상력이라는 점을 감안하면, 그리고 '시적 상상력'이 그보다 넓은 보편 상상력에 포함된다는 점을 인정한다면, 줄포 앞바다에 노을 지는 모습을 보며 감상에 젖는 일이 미당의 시 한 편 읽는 일보다 못하다고 얘기하지 못한다. 언외언(言外言)이 언어보다 더 깊은 울림을 주는 법이다.

'시'와 '시적인 것'이 어떤 차이가 있는지를 알려면 시, 시적인 언어, 시적이지 않은 언어를 비교하여 보는 것이 제일 쉬운 방법이다. 예를 들어 다음 텍스트는 시인가?

---

67 이미 2015 교육과정 개정 과정에서 교과군을 묶으면서 문학을 음악, 미술과 함께 묶어 '예술 영역'으로 편제하려는 시도가 있었다. 그 흔적으로〈연극〉과목은 고등학교 '체육 · 예술' 영역에 〈체육〉, 〈운동과 건강〉, 〈음악〉, 〈미술〉과 함께 편제되어 있다.

지난여름이었습니다. 가세가 기울어 갈 곳이 없어진 어머니를 고향 이모님 댁에 모셔다 드릴 때의 일입니다. 어머니는 차 시간도 있고 하니까 요기를 하고 가자 시며 고깃국을 먹으러 가자고 하셨습니다. 어머니는 한평생 중이염을 앓아 고기만 드시면 귀에서 고름이 나오곤 했습니다. 그런 어머니가 나를 위해 고깃국을 먹으러 가자고 하시는 마음을 읽자 어머니 이마의 주름살이 더 깊게 보였습니다. 설렁탕집에 들어가 물수건으로 이마에 흐르는 땀을 닦았습니다.

"더울 때일수록 고기를 먹어야 더위를 안 먹는다. 고기를 먹어야 하는데……. 고깃국물이라도 되게 먹어 둬라."

설렁탕에 다대기를 풀어 한 댓 순가락 국물을 떠먹었을 때였습니다. 어머니가 주인아저씨를 불렀습니다. 주인아저씨는 뭐 잘못된 게 있나 싶었던지 고개를 앞으로 빼고 의아해 하며 다가왔습니다. 어머니는 설렁탕에 소금을 너무 많이 풀어 짜서 그런다며 국물을 더 달라고 했습니다. 주인아저씨는 흔쾌히 국물을 더 갖다 주었습니다. 어머니는 주인아저씨가 안 보고 있다 싶어지자 내 투가리에 국물을 부어 주셨습니다. 나는 당황하여 주인아저씨를 흘금거리며 국물을 더 받았습니다. 주인아저씨는 넌지시 우리 모자의 행동을 보고 애써 시선을 외면해 주는 게 역력했습니다. 나는 그만 국물을 따르시라고 내 투가리로 어머니의 투가리를 툭, 부딪쳤습니다. 순간 투가리가 부딪치며 내는 소리가 왜 그렇게 서럽게 들리던지 나는 울컥 치받치는 감정을 억제하려고 설렁탕에 만 밥과 깍두기를 마구 썹어 댔습니다. 그러자 주인아저씨는 우리 모자가 미안한 마음을 안 느끼게 조심, 다가와 성냥갑만 한 깍두기 한 접시를 놓고 돌아서는 거였습니다. 일순, 나는 참고 있던 눈물을 찔끔 흘리고 말았습니다. 나는 얼른 이마에 흐른 땀을 훔쳐 내려 눈물을 땀인 양 만들어 놓고 나서, 아주 천천히 물수건으로 눈동자에서 난 땀을 씻어 냈습니다. 그러면서 속으로 중얼거렸습니다.

눈물은 왜 짠가.

- 함민복, 〈눈물은 왜 짠가〉

시를 '정형시, 자유시, 산문시'로 나누는 경우가 많다. 한편에서는 '시=운문 문학', '소설=산문 문학'이라고 가르치기도 한다. 사실 서정 – 서사의 구분과 운문 – 산문의 구분은 완전히 기준이 다른 구별이니 서정 산문이 없을 리 없고 운문 서사가 불가능할 리 없다. 그래서 서정 수필도 있고 서사시가 있는 것이다. 그럼, 이 시는 산문시인가?

인터넷에서는 대부분 이 글을 '시(또는 산문시)'라고 소개하지만 그냥 '산문'이라고 하는 경우도 가끔 있다. 글의 출판 이력을 보면 시집(『모든 경계에는 꽃이 핀다』, 창작과비평, 1996)에 실려 있기도 하고 산문집(『눈물은 왜 짠가』, 책이있는풍경, 2014)에 실려 있기도 해서, 시와 산문 양쪽에서 다 통용된다. 한동안 유행했던 단편서사시론을 적용할 수 있을 것 같기도 하고, 서정 수필의 전형에 딱 들어맞기도 한다.

당신이라면 이 글을 '시' 단원에 넣겠는가?

이보다 더 의미있는('좋은'이라고 말하기에는 좀 부담스럽다.) 작품이 많이 있으므로 군이 이 작품을 교과서에 넣어야 할 이유는 없다. 하지만 그렇다고 절대로 안 될 이유도 또 없다. 이 작품은 학생들에게 '시란 무엇인가'가 아니라 '무엇이 시적인가'를 얘기해 주기 때문이다. 멀리 떠나면서 아들에게 고깃국물이라도 먹이고 싶은 어머니의 마음, 가난한 모자의 상에 슬쩍 깍두기 한 접시를 두고 가는 주인아저씨의 마음, 어머니를 이모님 댁에 보내며 눈물을 땀인 양 훔쳐 내는 아들의 마음 – 여기에 참신한 비유나 발랄한 운율은 없더라도 텍스트는 분명히 시적이다. 군이 이것을 시가 아니라고

우기면 "그러냐?" 하고 끄덕이면 될 뿐, 어쨌든 여름날의 더운 고깃국집은 충분히 시적이다.

'시적인 것'은 과학적 · 설명적 언어의 반대이고 서사적 · 극적인 서술의 반대이며 논리적 · 인과적 전개의 반대이다. 또한 계산적 · 실용적 태도의 반대이다. 대신 시적인 것은 함축적이고, 순간의 발견과 정서적 교감을 중시하며, 무엇보다도 비세속적이다. 이런 자료로 교실에서 활용하기 좋은 텍스트를 고르면 학생들은 시적으로 수용하고 사용한다.

시적인 것으로 또 하나 들 수 있는 것이 시적인 매체 텍스트다. 시가 언어 예술임은 분명하지만 인간의 1차적인 언어, 곧 음성 언어는 단지 '언어'로써만 소통하지는 않는다. 문자 언어와 달리 음성 언어는 구체적인 상황 맥락 속에서, 다양한 준언어적 · 비언어적 표현을 사용하여, 다감각적으로 소통한다. 전화로 외국어 대화를 하기가 얼마나 어려운지 생각하면 금방 알 수 있는 일이다. 여기서 (좁은 의미의)언어는 주로 정확한 의미 전달을 맡고, 준언어적 · 비언어적 표현은 주로 효과적인 의미 전달을 담당한다고 볼 수 있는데, 이때의 '효과적인 의미 전달'이란 좋은 시가 주는 효과에 정확하게 대응한다. 매체의 다양한 시각 · 청각 효과에 시적인 효과가 얹히면 근대 이후의 '읽는 시'의 한계를 단번에 뛰어넘을 수 있다.

학생들이 〈문학〉 과목을 싫어하거나 어려워하거나 재미없어하는 제일 큰 이유는 그 텍스트들이 자신들의 정서나 삶과 다르기 때문이다.[68] (조용하고 왠지 고상한)'성북동'에 대한 관념이 전혀 없는 학생들에게 던져진 〈성북동 비둘기〉, 〈해리 포터〉 시리즈나 각종 판타지물에 익숙한 눈에 결코 찰

---

68 이 부분은 김창원(2012)에서 논의한 내용을 가져왔다.

리 없는 〈홍길동전〉과 〈전우치전〉, 학생은 물론이고 교사들조차 태어나기도 전에 개봉한 〈서편제〉와 같은 작품들에 감동을 느끼라고 요구하는 것은 무리다. 세상에는 재미가 없더라도 알아야/배워야 할 것들이 분명히 있지만, "재미가 없거나 삶과 다소 거리가 있어도 배워 두면 좋다."라는 논리는 문학교육의 논리가 아니다.[69] 그렇다고 해서 지금·여기의 학생들이 열광하는 작품들을 다루어야 한다는 뜻도 아니니, 문학교육은 이 부분에서도 역시 절묘한 균형 감각을 요구한다.

『문학』 교과서가 지나치게 보수적이어서 새로운 작품을 발굴하는 데 인색하다는 점도 지적해야 한다. 그래서 현장에서 '교과서가 바뀌어 봐야 실리는 작품은 거기서 거기'라는, 비판 아닌 푸념이 나오는 실정이다.(사실 새 작품이 들어가면 정작 고단한 사람은 그걸 연구해서 가르쳐야 할 교사인데도.) 교과서에는 '문학사적 평가'를 받은 작품들만 실어야 한다는 고정 관념 때문에 최근작들이 외면 받고, 저자들이 외국 문학에 대한 자신감이 없어서 외국의 중요한 작품들도 싣지 못하는 것이 현실이다.[70] 예컨대 현대 중국 문학의 대가 빠진(巴金)은 지금까지 한 번도 교과서에 실리지 못했다. 교과서에

---

69 '삶과의 연관'을 강조하면서 학자·교사(=기성 세대)들은 그 '삶'을 자신들의 성장기에 투사해서 이해하는 잘못을 자주 저지른다. 1987년에 썼다고 하는 〈엄마의 런닝구〉를 '삶이 진솔하게 배어나는 참된 시'라고 추천하는 식인데, 대다수의 학생들은 이 시의 상황부터 이해하지 못한다. 그런 학생들을 추슬러서 감동에 이르게 하려면 많은 설명과 강요가 필요하다. 베스트셀러 목록에 오른 김정현의 〈아버지〉나 신경숙의 〈엄마를 부탁해〉, 조남주의 〈82년 김지영〉도 마찬가지다.

70 거꾸로 7차 교과서에 여러 군데 들어간, 시애틀 추장이 썼다는 〈우리는 모두 형제들이다〉 같은 경우는 원전을 철저하게 확인하지 않고 교과서에 수록하면서 문제가 생겼다. 사실상 이 글은 시애틀 추장이 쓴 글이 아니라,(그는 글도 몰랐고, 'Chief's of Seattle'이 그의 이름도 아니다.) 시나리오 작가이자 영화학 교수인 Ted Perry가 그의 풍문을 듣고 쓴 드라마 대본 중 일부이다. 새 글을 발굴해서 실을 경우 이런 문제가 늘 생긴다.(그런데 이 글은 초등학교 5학년 『국어』 교과서에도 계속 '시애틀 추장의 글'로 실려 있다.)

실을 '시'의 개념을 확장해야 할 이유다. 그러면 시교육의 품이 훨씬 넓어질 것이다.

> **▶ 교실을 위한 질문 — 교재 개념의 확장 : '시'로부터 '시적인 것'으로**
>
> 1. 〈눈물은 왜 짠가〉를 산문으로 보아 학습 활동을 설계하고, 다시 시로 보아 활동을 설계해 보자. 학습 활동이 어떻게 달라지는가?
> 2. 주변에서 '시적인 것' − 언어가 아닌 것까지 포함하여 − 들을 찾아보자. 우리는 무엇을 '시적'이라고 하는가?
> 3. 교재의 범위를 시에서 시적인 것으로 넓히면 시교육 양상이 어떻게 달라질지 발표 해보자.

3장
시교육의 방법

언제부터인가 학교 교육에서 시는 시 자체로서 음미하기보다는 분해·조립하는 기계 부속품처럼 둔갑해 버렸다. 한낱 문제풀이를 위한 분석 대상으로 전락하다 보니 시의 이미지와 리듬, 글의 맛과 멋은 뒷전이고 주제가 뭔지, 사조(思潮)가 뭔지 등 기계적이고 획일적인 답안 찾기에 매달리기 일쑤다. 작가의 의도보다는 출제자의 의도를 파악하는 게 먼저다. 이러니 작가가 자신의 시에 얽힌 문제를 풀지 못하는 웃지 못할 일이 벌어지는 것이다. 이런 교육은 학생을 문학으로부터 더 멀어지게 할 뿐이다. **"이런 가르침은 가래침"이라는 최 시인의 한탄**은 죽은 문학교육에 대한 뼈아픈 질타다."(「내 시(詩) 출제 문제 나도 모두 틀렸다」, 중앙일보, 2009.11.23)

일간지 사설의 일부로, 여기서의 '최 시인'은 최승호 시인이다. 최 시인은 교육대학 출신으로 현장 교사 경력이 있고 대학 교수로도 재직했으니 시교육의 병폐에 대해 누구보다 잘 알 일이다. 사설이 비판한 대로 "한낱 문제풀이를 위한 분석"으로 일관하는 시교육에 대한 비판은, 수십 년 동안 계속돼 왔다. 그러므로 지금쯤은 질문해야 한다. —"그렇게 많은 사람이 그렇게 오랫동안 비판해 왔는데, 왜 시교육은 바뀌지 않을까?"

함정은 '학교'라는 커다란 제도가 이 문답의 전제라는 점이다. 평균적인 시 교실은 교사 한 명이 학생 20~30명과 함께 한 시간 이내에 한두 편의 시에 관해 이야기하는 형태다. 1년에 배우는 시는 몇 편 되지 않으며, 차시마다 교수·학습 목표가 있고 그에 따라 단원별, 학기별로 평가를 해야 한다. 수능시험 같은 고부담 평가도 있다. 평가에서 중요하게 여기는 것이 신뢰성과 타당성인데, 우리나라는 거기에 공정성과 형평성이 추가된다. 이 틀을 깨고자 하는 교사들이 많이 있지만 제도 자체가 쉬이 변하지는 않는다. 그러므로 현실적으로 필요한 일은 '주어진 시간과 여건 안에서' 가장 좋은 시교육을 하는 방법 찾기다. 방법이 쌓이면 언젠가는 여건도 바뀔 일이다. 그때까지 수렴과 확산 사이에서 상충하는 요구를 어떻게 조화시킬 것인가.

26

시는 배우고 익히는 것인가 즐기며 깨치는 것인가

> 배우고 익히기와 즐기며 깨치기는
> 시교육을 밀어 올리는 양날개다.

문학 수업은 시와 학생독자의 상호작용에 교사가 개입하여 활동을 안내하고 도와주고 점검하는 일이다. 그때 교사와 학생은 시 작품을 어떻게 다루고 있나? 곧, 시 수업은 어떻게 이루어지고 있나?

전형적인 시 수업은 대체로 아래와 같이 이루어진다.

① **준비** : 목표 확인, 진단, 사전 지식·경험 활성화

② **도입** : 제목·시 본문·삽화 훑어보기, 첫인상 말하기, 이해·감상의 초점 안내

③ **전체적 읽기** : 낭송('~에 유의하며'가 붙는 경우가 많다.)

④ **부분적 읽기** : 시어·시구 해석, 시상 전개 파악, 표현의 개성 파악 등

⑤ **생각·느낌 나누기** : 전체에 관하여/부분에 관하여

⑥ **맥락 이해하기** : 작가 탐색, 창작 배경 탐색, 역사적·문학사적 의의 탐색

⑦ **종합하기 :** 주제 탐색, 비평

⑧ **확장하기**
  – 주체 중심 확장 : 감상문/비평문 쓰기, 관련 경험 쓰기 등
  – 소통 중심 확장 : 발표, 토의, 인터넷·SNS 참여 등
  – 텍스트 중심 확장 : 개작·모작 쓰기, 장르·매체 변용, 시화·노래·시극 만들기 등
  – 맥락 중심 확장 : 상호 텍스트적 읽기(상황, 주제·소재, 형식, 시대·작가 등), 교과 융합 활동 등

⑨ **정리 :** 평가, 자기 점검, 내면화

이 과정은 대개 교사가 주도하거나 상황을 조성하고 학생은 주어진 또는 스스로 정한 과제를 해결하고 과업을 수행하는 방식으로 진행된다. 일반적인 읽기 수업과 비교하면 외적으로 낭송과 학생의 반응 활동이 강조되고 내적으로 작품 해석에 정서적·미적·개인적 특성이 두드러진다는 차이를 보인다.

이런 수업을 통해 기르고자 하는 시 역량은 시에 관한 능력(지식과 기술)과 태도, 경험이다. 여기서 경험은 수업 활동 자체이고 태도는 수업을 통해 잠재적으로 신장되는 어떤 것이다. 결국 수업 시간에 직접 전수·계발되는 역량은 지식과 기술이라는 뜻이다. 곧 학생은 수업 시간에 교사와 함께 시를 읽고 배우는 경험을 통해 시에 관해 무언가를 알게 되고, 잘하게 되고, 그 결과가 태도로 수렴된다. 이때 지식과 기술은 상호적이어서 알면 더 잘하게 되고 하면서 새로운 앎을 얻게 된다. 따라서 수업 시간 내의 매 학습 활동은 '알기 → 하기', '하기 → 알기'를 기본 구조로 이루어진다.[71] 이 관계를 교수·학습의 주도권이 어디에 있느냐에 따라 나누면 다음과 같은 분류가 가능하다.

〈교육의 진동 : '알기'와 '하기'의 상호성〉

주도권＼학습 특성	[A] 알기 → 하기	[B] 하기 → 알기
(가) 교사	교사의 설명 · 시범을 보며 배운다	교사가 부여한 활동을 하며 배운다.
(나) 교재 (교과서 · 수업 교재)	교재의 설명을 보며 배운다.	교재에 제시된 활동을 하며 배운다.
(다) 학생(군)	스스로 외부 자료를 찾아 가며 배운다. 친구의 설명 · 시범을 보며 배운다.	스스로 정한 활동을 하며 배운다.

　여기서 (가)와 (나)는 교수·학습의 주도권이 학생 외부에 있고 (다)는 학생이 주도권을 가지고 있다. 이것이 첫째 질문이다. – "시 학습의 주도권은 어디에 있는가?" 한편, [A]는 지식이 기초가 돼서 활동을 하는 방식이고 [B]는 활동을 통해 지식을 구성하는 방식이다. 이것이 둘째 질문이다. – "학생은 배워서 시를 읽는가 시를 읽음으로써 배우는가?" 교육 이론에서 강조하는 학습자 중심, 구성주의적 접근에 따르면 (다) – [B]가 제일 이상적인 교수·학습 형태인 것 같다. 하지만 그렇게 단순한 문제는 아니다.

　스칸디나비아라든가 뭐라구 하는 고장에서는 아름다운 석양 대통령이라고 하는 직업을 가진 아저씨가 꽃리본 단 딸아이의 손 이끌고 백화점 거리 칫솔 사러 나오신단다. 탄광 퇴근하는 광부들의 작업복 뒷주머니마다엔 기름 묻은 책 하이데거 러셀 헤밍웨이 장자(莊子) 휴가 여행 떠나는 국무총리 서울역 삼등대합실 매표구 앞을 뙤약볕 무릅쓰며 줄지어 서 있을 때 그걸 본 서울역장 기쁘

---

71 이를 기본 단위로 하되, 궁극적으로는 '알기(배우기) → 하기(해 보기) → 알기(제 것으로 이해하기)'와 '하기(해 보기) → 알기(요령 깨닫기) → 하기(숙달하기)'의 피드백을 통한 지식과 기술의 정착을 목표로 한다. 이 단계들이 더 길어질 수도 있지만, 차시 수업 단위에서는 대개 이 정도로 충분하다. '알기'와 '하기'의 상호성에 관해서는 최영환(2003) 참조.

시겠소라는 인사 한마디 남길 뿐 평화스러이 자기 사무실 문 열고 들어가더란
다. 남해에서 북강까지 넘실대는 물결 동해에서 서해까지 팔랑대는 꽃밭 땅에
서 하늘로 치솟는 무지갯빛 분수 이름은 잊었지만 뭐라군가 불리우는 그 중립
국에선 하나에서 백까지가 다 대학 나온 농민들 트럭을 두 대씩이나 가지고 대
리석 별장에서 산다지만 대통령 이름은 잘 몰라도 새 이름 꽃 이름 지휘자 이름
극작가 이름은 훤하더란다. 애당초 어느 쪽 패거리에도 총 쏘는 야만엔 가담치
않기로 작정한 그 지성(知性) 그래서 어린이들은 사람 죽이는 시늉을 아니하고
도 아름다운 놀이 꽃동산처럼 풍요로운 나라, 억만금을 준대도 싫었다. 자기네
포도밭은 사람 상처 내는 미사일 기지도 탱크 기지도 들어올 수 없소. 끝끝내
사나이나라 배짱 지킨 국민들, 반도의 달밤 무너진 성터가의 입맞춤이며 푸짐
한 타작소리 춤 사색뿐 하늘로 가는 길가엔 황토빛 노을 물든 석양 대통령이라
고 하는 직함을 가진 신사가 자전거 꽁무니에 막걸리 병을 싣고 삼십 리 시골
길 시인의 집을 놀러 가더란다.

– 신동엽, 〈산문시 1〉

이 시를 가지고 공부한다고 하자. 목표/학습 내용은 시 작품의 내용(반
전, 평화, 공동체의 선… 무엇이든.) 또는 형식(산문시), 또는 표현(문체와 어조) 중
어느 것일 수도 있고, 신동엽이라는 시인을 매개로 한 사회·문화적 맥락일
수도 있으며, 도덕과나 사회과 등과의 교과 연계일 수도 있다. 무엇이 되었
든, 학생들은 이 시와 관련하여 무언가를 배우고(지식) 그것을 작품을 통해
익힌다(기술). – 이렇게 이야기하면 [알기 → 하기] 모형을 따르는 것이다.
하지만 그게 아니라 학생들은 시를 읽으며 무언가를 느끼고, 자신의 생각
과 경험을 바탕으로 그에 반응하며, 서로 의견을 나누면서 즐기고 말 수도

있다. 이를 통해 배운 것이 무엇이고 익힌 것이 무엇인지는 모호하다. 그저 작품이 좋다는 기억 정도만 남고, 조금 더 가면 신동엽이라는 시인에 관해 흥미가 생기는 정도다. 그러면 지식과 기술은? – 어딘가에 그 씨앗이 저장돼 있을 것이다. 시간이 지나고 시와 삶에 관한 경험이 쌓이면서 지식과 기술이 자연스럽게 싹을 틔워 자라난다. 수확 시점이 언제인지는 잘 모르지만. – 이건 [하기 → 알기] 모형을 취한 셈이다. 다만 '하기'와 '알기' 사이에 시간적 거리가 있다는 점이 문제다.

자주 비판받는, 그러나 많이 쓰이는 방법은 첫째 방법이다. 대안적 방법이라 할 둘째 방법은 시인·비평가와 학생·학부모뿐 아니라 교사들도 원론적으로 좋아하는 방법이다. 하지만 학교/교실이라는 환경과 교육과정 맥락을 생각하면 효율적인 방법은 아니다.[72] 비교과 활동이나 학교 밖 활동으로는 적합한지 몰라도 학교의 교과로 최선인지는 따져 봐야 한다.

이런 회의는 문학교육 전반에 관한 회의로 이어진다. 문학교육에 대한 회의와 걱정은 대체로 다음과 같은 근거에서 나온다.

- 문학적 감수성이나 창작 능력은 타고나는 경우가 많다.
- 문학은 교실에서 일제 수업으로 가르칠 수 있는 것이 아니다.
- 학교에서 가르치는 낡은 문학은 대중적, 상업적 문학의 공세에 무력하다.
- 요즘 학생들은 12년 동안 교육받으면서 꼭 읽어야 할 작품도 안 읽고 졸업한다.
- 대다수의 학생들은 학교만 벗어나면, 또는 학교를 졸업하면 문학과는 담을

---

72 이때의 '효율성'이 꼭 기능적인·양적인 의미로 한정되지는 않는다. 학생을 선하게 이끌고 문학적 감수성을 높이는 데에도 효율적인 방법과 비효율적인 방법이 있다.

쌓는다.

- 문학 환경은 빠르게 변화하는데 학교는 아직도 낡은 이론에 매달려 있다.
- 문학에 재능 있는 아이들이 입시 위주의 교육 아래서 썩어 가고 있다.

대체로 맞는 말이다. 문학 교육은 효율성과 경쟁력을 강조하는 오늘의 교육 환경에서 왕따 취급을 받는 경우가 많다. "내신에 반영되고 수학능력 시험에 나오니까 어쩔 수 없이 배운다."는 식이다. 하지만, 이를 뒤집어 보면 어떨까? – 문학 교육은 현대 교육의 병폐를 예방하고 치료할 수 있는 안전판 역할을 한다. 관점에 따라 문학 수업은 국어 사용 교육의 일환이 될 수도 있고, 그 자료도 교과서를 벗어나 다른 데서 끌어 올 수도 있다. 교육과정이 있음에도 불구하고 문학 수업의 목표, 내용, 방법, 그리고 평가의 원리는 매우 느슨하게 규정되어 있다. 이는 문학 수업의 그늘 아래 거의 무제한적인 행위가 이루어질 수 있다는 것을 의미한다.

목표와 내용을 어떻게 정하든, 문학 수업이라면 문학과 문학교육의 본질에 충실해야 한다. 그러기 위해서는 몇 가지 사항들이 전제되어야 한다.[73]

첫째, 문학의 자율성을 바탕으로 한 문학 수업이어야 한다. 문학을 인간 교육을 위한 통로로 이해하는 경우라 할지라도, 형상적 사유를 본질로 하는 문학의 본령에서 벗어나서는 안 된다. 어떤 교육 목표가 문학 말고 다른 교과에서도 달성할 수 있는 것이라면, 굳이 문학 수업을 따로 할 필요는 없다. 이 말은 문학교육은 다른 어떤 교과에서도 달성할 수 없는 문학

---

73 이 부분은 김창원(1996b)에서 논의한 내용을 가져왔다. 특히 '첫째'~'여섯째'는 거의 그대로 전재했다.

교육만의 독자적 영역을 확보해야 한다는 뜻이며, 그 영역은 문학 수업이 문학의 자율성을 인정할 때 가능하다는 뜻이다.

둘째, 문학을 고정적 실체로 보지 않고 역동적인 작용태로서 보아야 한다. 문학을 고정적 실체로 보면 이론 정립에는 도움이 될지 모르지만 학습자의 문학적 사고 능력을 기르고 그를 문학적 소통 체계에 편입시키는 데는 별 도움이 되지 않는다. 문학 수업은 작품이 아니라 문학 행위와 문학 현상을 중심으로 이루어져야 한다.

셋째, 열린 시각에서 문학 수업을 바라보아야 한다. 문학교육은 제도 교육 안에서 완성되는 것이 아니라 확산적이고 지속성을 띠는 것이다. 문학적 사고 능력, 문학적 감수성은 평생동안 지속적으로 발전하며 교실에서뿐 아니라 일상생활 속에서도 문학교육이 가능하기 때문이다. 이러한 점을 염두에 두고 제한된 교재, 제한된 목표, 제한된 교실 상황을 벗어나서 다양한 관점에서 문학 수업에 접근하는 자세가 필요하다.

넷째, 문학 수업 자체도 하나의 문화 행위의 일종이라는 점을 받아들여야 한다. 이 입장은 교육 일반에도 적용되는데, 인간을 매개로 하여 이루어지는 모든 의미 작용은 상호 주관성(intersubjectivity)을 띠기 때문이다. 문학 행위의 일부라는 관점에서 문학교육을 바라본다면, 문학과 문학 교육의 의미는 다층적, 상호 주관적으로 전달되는 기호론적 실천이고, 문학 수업은 궁극적으로 문학을 중심으로 한 대화라는 점을 알게 된다(구인환 외, 1988: 31 - 34).

다섯째, 문학 수업은 다른 어느 수업보다도 학생 중심의 수업이 이루어져야 한다. 수업의 주체가 교사에서 학생으로 이동하는 것은 문학 수업뿐 아니라 모든 교과에 공통되는 현상이지만, 문학 수업은 특히 학생의 주체적 행위를 유도 강조해야 한다. 문학 수업의 이 조건은 전적으로 문학의 다의성과 자율성에서 나오는 것으로, 교사와 학생이 동일한 작품을 서로 다르게 해석하더라도 그 해석의 원리와 절차가 타당하다면 거꾸로 교사가 학생에게 배울 수 있는 것이다.

여섯째, 문학 해석 및 감상의 일반 원리를 체득하는 데 주안점을 두어야 한다. 학교에서 문학에 관해 모든 것을 가르친다는 생각은 가능하지도 않고 있어서도 안 된다. 학교에서는 문학과 관련된 여러 가지 사항 중 대표성과 전이력이 높은 것들을 선별하여 교과 내용으로 삼게 된다. 그러나 그 내용이 문학에 관한 명제적 지식으로 한정되어서는 안 되며, 작품을 해석하고 감상하며 능동적으로 생산할 수 있는 원리, 절차, 판단 기준 등 방법적 지식을 제공하도록 힘써야 한다. 그럼으로써 학생들은 저 광대한 문학의 바다에서 교사 없이도 항해해 나갈 수 있는 것이다.

이런 조건 아래, 마지막으로 물어 보자. "시는 (지식을)배우고 (기술을)익히는 것인가 (정서적으로)즐기며 (인지적으로)깨치는 것인가?" – 이에 대한 답은 이미 서술하였다. '배우고 익히기'와 '즐기며 깨치기'를 이분법적으로 나누면 안 된다는 준칙이다. 알아야 즐길 수 있고 즐기는 가운데 깨우칠 수 있는 법이다. 시교육은 한편으로 지식과 기술을 가르치고 한편으로 즐기면서 깨닫는 과정이다.

▶ **교실을 위한 질문 ― 시는 배우고 익히는 것인가 즐기며 깨치는 것인가**

1. 지식교육과 예술교육의 방법적 차이를 말해 보자. 시교육은 어디에 더 가까운가?
2. 시 교사는 교실에서 어떤 역할을 수행해야 하나? 읽기 수업을 할 때와 어떤 차이가 있는가?
3. '공부를 잘하는데 시 읽기를 어려워하거나 싫어하는 학생'이 있는가 하면 '다른 과목은 잘 못하는데 시 읽기나 쓰기를 잘하는 학생'도 있다. 왜 이런 현상이 나타날까?

27
울림과 깨침을 위한 수업 모형들

목적에 따라 수업 맥락에 따라
다양한 모형을 변형하여 활용할 수 있어야 한다.

특별한 경우를 제외하면, 교육은 교사와 학습자 사이의 소통으로 이루어진다.[74] 정규 교육을 염두에 둔다면 그 소통은 일정한 시간과 공간, 그리고 내용 범위 안에서 이루어지는 것이 보통이다. 이처럼 교육과정의 계획에 따라 제반 자원(시간·공간·교재·환경)을 동원, 학습이 이루어지도록 하는 일련의 과정을 '수업(授業·instruction)'이라고 한다. 곧, 수업은 능력이나 태도와 같은 학습자의 행동 특성을 변화시키기 위하여 교사와 학습자가 일정한 순서에 따라 단계적으로 진행하는 활동(이대규, 1999: 68)을 가리킨다.

수업 모형(models of instruction)이란 이러한 수업 현상을 기술·설명하고 예언·통제할 수 있게 해 주는, 수업의 주요 특징을 간추린 개념과 원리의

---

74 이 부분은 김창원 외(2005)에서 논의한 내용을 가져왔다.

체계이다(서울대 교육연구소, 1998: 1680). 수업 모형은 수업 현상에서 유도되지만 다시 현상을 규제하는 역할을 하며, 수업이 효과적으로 이루어질 수 있도록 수많은 변인들을 조직하는 방법을 제시해 준다(Reigeluth/박성익·임정훈 역, 1993: 28-29). 모든 경우에 있어서 '모형'은 일정한 정도의 구조와 질서를 갖고 현실을 표상하는데(representation of reality), 그 과정에서 현실의 구체상을 놓치는 경우도 자주 생긴다. 하지만 복잡한 수업 현상을 일목요연하게 파악해서 보여 준다는 점에서 수업 모형의 필요성을 인정할 수 있다(Richey/김종량·김희배 역, 1993: 18).

수업 모형은 그야말로 '모형(模型·model)'으로서 수업의 지향점과 기본 틀만을 보여 줄 뿐, 그로부터 수업을 이끌어내는 과정에는 많은 변환 과정과 변수가 개입한다. 따라서 수업 모형이 최상의 결과를 가져오도록 하려면 그것을 고정된 수업 형식(fixed, inflexible formula of teaching)으로만 볼 것이 아니라 최대한의 융통성과 적응력을 부여하도록 노력해야 한다(윤기옥 외, 2002: 33). 이는 언뜻 수업 모형이 이론적·추상적 수준에서만 의의를 지닐 뿐 실제 수업에는 직접적인 부가 가치를 주지 못한다는 뜻으로 들릴 수도 있다. 하지만 수업 모형은 메타 차원뿐 아니라 수업의 계획과 실천, 평가의 전과정에서 실질적인 기능을 담당하는 작동인(作動因) 역할을 하며, 수업 모형을 통해 수업은 막연한 '교수(teaching)'와 '학습(learning)'의 혼합체에서 벗어나 일관되고 체계적인 목표 중심 활동이 될 수 있다.

수업의 일반 모형은 기본적으로 다음과 같은 물음들에 대한 답을 담고 있어야 한다(이성호, 1986: 292). 이 물음은 모든 교과에 보편적이며, 교과의 고유성은 이 물음에 대한 답의 구체적 작용상에 따라 드러난다.

- 어떠한 목표가 성취되어야 하는가?

- 어떠한 구체적인 내용이 학습되어야 하는가?

- 어떠한 학습 활동들이 그러한 목표를 성취하게 할 것인가?

- 교수자는 적절한 학습 활동을 어떻게 조직하고 이끌어 갈 것인가?

- 목표를 실현하는 데는 어떠한 구체적인 방법들이 사용될 수 있는가?

- 학습 활동이 보다 의미있게 하기 위해서는 어떠한 자료 및 자원들이 필요한가?

- 목표가 어느 정도나 성취되었는가를 결정하는 데 사용될 수 있는 평가적 방략으로서는 어떠한 것이 적절한가?

이 물음들에 대한 답을 개념적으로 조직해 놓은 것이 수업의 일반 모형이 된다. 그 종류는 학자에 따라 다양하게 분류하는데, 크게 보면 일반 절차 모형, 학습 조건 모형, 행동 모형으로 나눌 수 있다. 일반 절차 모형이란 수업의 진행 절차를 중심으로 체계화한 이론으로, Glaser의 수업 모형(목표 →진단→지도→평가), KEDI의 수업 모형(계획→진단→지도→발전→평가) 등을 예로 들 수 있다. 학습 조건 모형이란 학습이 일어나는 조건 또는 상황을 중심으로 체계화한 이론으로, 개념 학습 모형(개념 이해+적용), 경험 수업 모형(경험+행동 변화), 탐구 학습 모형(탐구+원리 발견+일반화) 등이 그 예이다. 그에 비해 행동 모형이란 교사의 수업 행동을 중심으로 체계화한 이론으로, 플랜더스(Flanders)의 수업 형태 분석 모형이나 대화 분석 모형 등이 예가 될 수 있다(권낙원 외, 1990).

시를 포함한 문학교육의 장에서 활용할 수 있는 수업 모형은 다음과 같이 몇 가지 기준으로 나누어 살필 수 있다.

① **목표 중심 모형**

  - 인지적 모형 : 시교육에서 지식·지혜·깨달음 등을 강조한다.

  - 정서적 모형 : 시교육에서 정서·감동·공감 등을 강조한다.

  - 사회적 모형 : 시교육에서 가치·이데올로기·사회와 역사관을 강조한다.

② **내용 중심 모형**

  - 사고력 계발 모형 : 시적 사고력 계발에 주안점을 둔다.

  - 소통 능력 계발 모형 : 시적 소통 능력 계발에 주안점을 둔다.

  - 개념 획득 모형 : 시의 기본 개념과 명제 습득에 주안점을 둔다.

  - 문화화 모형 : 시적 문화 함양, 문화적 소양 계발에 주안점을 둔다.

③ **활동 중심 모형**

  - 표현 중심 모형 : 표현론적 입장에서 시인을 중심에 둔다.

  - 인상주의적 모형 : 수용론적 입장에서 학생독자를 중심에 둔다.

  - 분석주의 모형 : 구조론적 입장에서 작품 자체를 중심에 둔다.

  - 맥락 분석 모형 : 반영론적 입장에서 작품 생산과 수용의 맥락을 중심을 둔다.

  - 대화적 모형 : 대화론적 입장에서 텍스트를 둘러싼 제반 주체들의 대화를
     중심에 둔다.

또는 작품을 중심으로 하여 [주체 – 텍스트 – 맥락] 기준으로 살필 수도
있다.

① **주체 중심 모형**

  텍스트를 생산하고 유통·중개하며 수용하는 텍스트 주체들의 수행 능력을
  신장하는 데 초점이 있는 모형. 총체적 언어 접근(whole-language ap

proach), 개별화된 교수(individualized teaching), 구성주의적 접근(constructive approach), 내면화 모형(계획 – 진단 – 지도 – 평가 – 내면화) 등

② **텍스트 중심 모형**

텍스트의 부분과 전체의 관계, 텍스트와 지시 대상의 관계, 한 텍스트와 다른 텍스트 간의 연관 구조 등을 파악하는 데 초점이 있는 모형. 기초 독서 접근법(basal reading approach), 구조주의적 접근법(structural approach), 인지적 접근법(cognitive approach), 제재 중심 읽기 모형(준비 – 분석 – 통합) 등

③ **맥락 중심 모형**

학습자가 문학 문화의 관습에 동화하고, 대화 과정을 통해 문화를 형성·발전시키도록 하는 데 초점이 있는 모형. 문화적 접근(cultural approach), 사회 구성주의적 접근(socio – constructive approach), 비판적 대안 교육 등

다음 작품을 보고 구체적인 모형의 적용 방향을 알아보자.

나는

나는

죽어서

파랑새 되어

푸른 하늘

푸른 들

날아다니며

푸른 노래

푸른 울음

울어 예으리

나는

나는

죽어서

파랑새 되리

– 한하운, 〈파랑새〉

① 한국교육개발원의 제재 중심 수업 모형

1. 준비 단계

   ① 시 낭독하기 : ㉠ 교사의 시 낭독 듣고 운율 및 시 세계 상상하기

2. 분석 단계

   ① 형식 분석 : ㉠ 시의 연과 행의 배열 살펴기

   ㉡ 운율 찾아내기

   ㉢ 각 연의 형식적 짜임 알기

   ㉣ 낭독 듣기와 낭독하기 활동

   ② 내용 분석 : ㉠ 각 연에 사용된 심상을 상상하기

   ㉡ 숨겨진 의미 찾아내기

   ㉢ 각 연의 지시적 의미 알아내기

   ㉣ 비유나 상징을 해석하여 함축적 의미 알아내기

3. 통합 단계

① 분석 단계에서의 형식 분석과 내용 분석의 통합

  ㉠ 연의 형식과 의미와의 관계 찾아내기

  ㉡ 연의 바뀜에 따른 형식의 변화와 의미의 발전 찾아내기

  ㉢ 연 사이의 의미망의 관계 찾아내기

  ② 시작품 전체의 주제나 효과(분위기나 느낌과 원인) 판단하기

  ③ 시를 즐기는 감상 경험 갖기(시 낭송 청취와 시에 대한 종합적 접근 활동)

  ④ 시 암송 활동하기(개별적으로, 또는 집단적으로 낭송 활동과 함께)

여기서 중요한 것은 '분석'과 '통합'의 상호 조응이다. 통합은 분석을 전제하므로 사실상 분석이 수업의 핵심이 된다. 4차 교육과정에서 그 전형적인 예를 볼 수 있는데, 신비평 이론에 바탕을 둔 분석적 수업이 성행했던 때다. 〈파랑새〉는 "나는/ 나는/ 죽어서/ 파랑새 되어"로 시작하여 "나는/ 나는/ 죽어서/ 파랑새 되리"로 끝나는 구조 안에서 '파랑새'가 지니는 상징적 의미를 찾는 데 수업의 초점이 놓인다.

② 글레이저 모형에 입각한 정동화(외)의 문학 교수 모형

1. 목표

  단원 및 작품 분석 → 목표 설정

2. 진단

  작품 감상 능력 및 태도. 감상 욕구 및 흥미 진단 → 감상 능력 결손 처치

  및 계략

3. 교수 학습

  1) 도입 : 동기 유발, 목표 확인

  2) 전개

    단서 : 감수

반응(분석) : 내용 분석 → 형식 분석

형식 분석 → 내용 분석

3) 정착(강화) : 통합(형식과 내용) → 가치화 → 조직화 → 성격화

4. 평가

학습 성취도 평가 → 결과의 활용(교수·학습의 개선)

여기서 중요한 것은 [진단 – 교수·학습 – 평가]로 이어지는 일련의 과정이다. 이 접근은 사실 모든 수업에 보편적으로 적용되는 모형으로, 4차 교육과정 이후 학교 교육의 정형이 되었다. 〈파랑새〉와 관련해서는 시인 한하운에 관한 사전 이해, "나는 나는 죽어서 ○○○ 되리"로 이루어지는 사전 활동이 중요하고, 거기서 출발하여 작품을 감상한 뒤 내용·형식·표현에 관한 평가로 마치게 된다.

③ 구인환(외)의 시 수업 절차 모형

1. 계획 단계

(1) 수업 목표 설정

(2) 평가 요목 작성

2. 진단 단계

(1) 시에 대한 지식, 체험, 감수성 등의 진단

(2) 진단을 위한 도구 마련

3. 지도 단계

(1) 시작품의 전체에 접근

① 낭독 및 윤독

② 관련 경험의 재생과 경험 교환

(2) 시작품의 부분에 접근

① 시작품의 상황 이해

② 시적 화자의 톤 이해

③ 시의 이미지 파악 – 은유의 원인

④ 시의 율격 이해

⑤ 시의 구성(구조) 이해

(3) 시감상의 종합적 재구성

① 내용과 형식의 어울림

② 말맛과 의미의 어울림

③ 의미의 다의성과 함축성 이해

4. 평가 단계

(1) 문학 교육 평가의 일반적 고려 사항에 의거

(2) 시교육 평가 방법에 의거

5. 내면화 단계

(1) 시적 체험의 수평적 확대

(2) 시적 체험의 수직적 심화

(3) 시작품 쓰기

여기서 중요한 것은 '내면화' 단계이다. 공학적 접근에 따르면 모든 수업의 마지막 단계는 '평가'이고, 평가 결과를 교수 · 학습 주체(교사와 학습자), 교육과정과 수업 등으로 피드백함으로써 단위 수업이 완성된다. 그런데 이 모형은 그 뒤에 장기적 · 잠재적 · 확장적인 내면화 단계를 두어 문학 수업의 특성을 구현하고자 하였다. 〈파랑새〉와 관련해서는 유사 사례나 경험을 찾아보기, 작가 · 소재 · 발상 등에 주목하여 서로 연관되는 작품을 찾기, 작품에 관한 감상을 시로 써서 서로 공유하기 등이 내면화 활동으로 가능하다.

④ 로젠블랫/경규진의 반응 중심 수업 모형

1단계 : 텍스트와 학생의 거래 → 반응의 형성

 (1) 작품 읽기

   · 심미적 독서 자세의 격려

   · 텍스트와 거래 촉진

2단계 : 학생과 학생 사이의 거래 → 반응의 명료화

 (1) 반응의 기록

   · 짝과의 반응 교환

 (2) 반응에 대한 질문

   · 반응을 명료히 하기 위한 탐사 질문

   · 거래를 입증하는 질문

   · 반응의 반성적 질문

   · 반응 오류에 대한 질문

 (3) 반응에 대한 토의(또는 역할놀이)

   · 짝과의 의견 교환

   · 소그룹 토의

   · 전체 토의

 (4) 반응의 반성적 쓰기

   · 반응 자유 쓰기(또는 단서에 따른 쓰기)

   · 자발적인 발표

3단계 : 텍스트와 텍스트의 상호 관련 → 반응의 심화

 (1) 두 작품의 연결

 (2) 상호 텍스트성 확대

   · 태도 측정

여기서 중요한 것은 작품에 대한 반응이다. 작품을 빠르게 또는 느리게 읽으며 떠오르는 인지적·정서적 반응을 들여다보고, 그 반응이 어떤 의미를 지니는지 성찰하며, 다른 독자와 반응을 교류하면서 자신의 반응을 객관화하는 활동이 수업의 주가 된다. 〈파랑새〉에 관해서는 "왜 시인은 죽어서 파랑새가 되고자 하는가?" 하는 핵심 질문에서 다양한 세부 질문을 이끌어내고(예컨대 "시인은 정말로 죽고 싶어 하나?", "왜 다른 것이 아니고 굳이 파랑새인가?" 등등.) 그에 관한 반응들을 쌓아 가도록 한다. 나아가, 자신과 동료의 반응을 관찰하여 시 읽기의 특성을 살피면 좋다.

물론, '모형'은 이름 그대로 모형(模型·model)일 뿐이다. 그것은 전적으로 이론과 실제를 연결해 주고, 그들 사이의 상호작용을 통해 서로를 발전시키는 데 의의가 있다. 여기에는 두 가지의 의미가 담겨 있는데, 첫째는 '지향하거나 벤치마킹해야 할 이상형(≒모범/模範)'의 의미이고, 둘째는 '다양하게 응용할 수 있는 기본 틀(≒주형/鑄型)'의 의미이다. 수업 모형은 사실상이 두 의미를 모두 담고 있어서, 한편으로 수업의 이념태를 제시하면서 다른 한편으로 여러 형태의 응용을 제안한다. 따라서 모형의 숫자나 명칭에 제약을 받지 않고 목표를 달성하는 데 필요한 모형을 자유롭게 선택하고 연결하여 사용함으로써 교육의 효과를 높이는 것이 중요하다(최영환, 1999: 192).

▋ 교실을 위한 질문 — 울림과 깨침을 위한 수업 모형들

1. 국어과에서 자주 활용되는 수업 모형들을 모아 보자. 그들을 모두 시 수업에도 적용할 수 있을까?
2. 같은 작품에 서로 다른 수업 모형을 적용하면 교수·학습 내용과 효과가 달라질까? 달라진다면 어떻게 달라질까?
3. 〈파랑새〉를 자료로 하여, 임의의 목표를 정하여 적절한 수업 모형을 선택하여 수업 설계를 해 보자.

시 자체가 수업 아이디어를 품고 있다.

작품을 섬세하게 읽어라.

수업 모형에 따라 시 수업을 설계했다 치자. 그때 제일 핵심이 되는 부분은 역시 단위 학습 요소에 관한 교수·학습 활동이다.[75] 학습 요소는 층위에 따라 '큰 단위·상위 단위·복합적인 단위'와 '작은 단위·하위 단위·단일한 단위'로 나눌 수 있다. 작은 단위 몇 개가 모여서 큰 단위를 이루고, 큰 단위 몇 개가 모여서 '도입', '전개 ①', '전개 ②', '정리'와 같은 기본 단계를 이루며, 다시 이들이 모여서 차시 학습을 이룬다.

개별 학습 요소와 관련하여 시교육에서 주로 하는 활동을 들어 보면 다

---

75 한 차시 수업은 대개 '도입 – 전개 – 정리'로 이루어지고, 각 단계는 다시 몇 개의 학습 요소별 단위로 나뉜다. 곧 '전개' 단계는 '학습 요소 ①→학습 요소 ②→학습 요소 n'으로 전개되고, 하나의 학습 요소를 학습하면 이어서 다음 요소로 넘어가게 된다. 학습 요소는 교과서에서 '학습 활동'으로 구현된다.

음과 같다. 여기서 읽기 전 활동과 쓰기 전 활동은 아이디어 활성화와 지식·경험 환기에 치중한다는 점에서 활동 형태를 공유한다. 또한 읽기 활동과 쓰기 활동은 '읽기 학습 결과 → 쓰기 활동', 또는 '쓰기 학습 결과 → 읽기 활동'으로 송환할 수 있다는 점에서 상호적이다.[76]

〈시 읽기·쓰기의 전 – 중 – 후에 할 수 있는 활동 예〉

읽기 전/쓰기 전 활동

그림 자료·녹음 자료·동영상 자료 활용하기,
직·간접 경험에 관한 기억 활성화하기, 텍스트에
일차 반응하기, 상황 상상하기·상황 만들기 등

⇓

읽는 중 활동	**쓰는 중 활동**
표현의 개성에 반응하기, 시 형식의 기능 활용하기, 장면·심리 연상·상상하기, 화자에게 투사·공감하기, 낭송하기 등	시구 만들어 내기, 제목 만들기/붙이기, 작품 전개하기, 시의 형식 갖추기, 다듬기 등

⇓

읽은 후 활동	**쓴 후 활동**
작품 비평하기·비평 텍스트 쓰기, 장르·매체 변환하기, 개작·모작 쓰기, 작품을 더 길게 확대하기, 시각화·청각화하기, 극화하기, 편집자·출판자 역할하기 등	편집·인쇄하기, 시각화·청각화하기, 인터넷·SNS 등에 업로드하기, 시집 만들기, 시/시집 소개·광고하기, 쓴 작품을 교차 감상하기, 상호 비평하기 등

 → 상호적 ←

---

76 여러 차례 강조하지만, 이 책에서 '시 읽기'와 '시 쓰기'는 확장된 읽기/쓰기를 의미한다. 언어·문자·매체로 된 모든 시적 텍스트의 이해·감상을 시 읽기로, 그런 텍스트의 창작·소통을 시 쓰기로 썼다. '수용 – 생산'의 단어 쌍과 사실상 같지만 '수용', '생산'의 의미 자질을 좀 더 구체적으로 표현하기 위해 '이해·감상 – 창작·소통'으로 대비한다.

그럼 다음 작품을 가르칠/배울 경우에는 어떤 활동을 할 수 있을까? 교사는 작가·작품에 관한 맥락 지식 습득부터 작품과 삶의 통합에 이르기까지 단계별로 학생들이 어떤 활동을 하도록 할지 사전에 설계하고, 학습 도중에도 지속적으로 수정·보완해야 한다. 그와 달리 학생은 작품을 인지하고 그에 관해 능동적인 반응을 형성하여 자신의 삶으로 투영하는 일련의 과정을 사전 설계하기 어려우므로, 학습 상황에 처해서 정할 수밖에 없다. 그래서 수업 활동 아이디어를 짜는 데에 교사의 역할이 중요하다.

내 고장 칠월은
청포도가 익어가는 시절

이 마을 전설이 주절이 주절이 열리고
먼데 하늘이 꿈꾸며 알알이 들어와 박혀

하늘 밑 푸른 바다가 가슴을 열고
흰 돛 단 배가 곱게 밀려서 오면

내가 바라는 손님은 고달픈 몸으로
청포(靑袍)를 입고 찾아온다고 했으니

내 그를 맞아 이 포도를 따 먹으면
두 손은 함뿍 적셔도 좋으련

아이야, 우리 식탁엔 은쟁반에

하이얀 모시 수건을 마련해 두렴

- 이육사, 〈청포도〉

수업 단계별로 학습 요소를 추출하고 그에 적합한 활동 아이디어를 구 안하는 일은 전적으로 교사의 일이다. 하지만 이 과정은 학생과의 잠재적 인 대화 과정이기도 하다. 학생의 반응과 어려움을 예측해서 학생이 제일 쉽고 재미있게, 그러면서도 의미있는 학습이 이루어질 수 있도록 계획해야 한다. 또한 실제 수업에서 학생들의 반응에 따라 융통성 있게 응용할 수 있는 여유를 둬야 한다. 아래 표에서 학습 단계 내 학습 요소들은 꼭 이 순 서대로 학습하지 않아도 된다.

〈〈청포도〉를 읽으며 할 수 있는 활동 예〉

단계	학습 요소	활동 아이디어		
		텍스트 지향	주체 지향	문화 지향
읽기전	시 읽기에 관한 지식과 기술 점검·활성화	- 시적 화자란 무엇인지 말하기	- 나의 생각을 바꾼 시 경험 말하기	- 시 작품과 시대적 배경의 관련성 말하기
	작품에 접근하기	- 시와 그림에 대한 첫 느낌 말하기	- '청포도'와 관련되는 기억 말하기	- 이육사 시를 읽어 본 경험 말하기
읽는중	작품의 내용에 관한 학습	- 시적 화자의 정서 파악하기	- 기다리는 손님과 하고 싶은 일 말하기	- '7월' '내 고장'의 문화적 이미지 말하기
	작품의 형식에 관한 학습	- 연별로 시상의 흐름 정리하기	- 시의 연들을 내 관점에서 재배열하기	- '아이야'를 활용하는 시조 찾아보기
	작품의 표현에 관한 학습	- '청포도'와 '청포'를 겹쳐 표현한 효과 말하기	- '아이'가 나라고 생각하고 반응하기	- 작품에 묘사된 색채의 문화적 의미 찾기

단계	학습 요소	활동 아이디어		
		텍스트 지향	주체 지향	문화 지향
읽는 중	시인·작품의 맥락에 관한 학습	– '내가 바라는 손님'의 의미 추측하기	– 이 시를 읽기 적절한 상황 상상하기	– 이육사의 연보 조사하기
	주체적으로 작품을 읽기 위한 학습	– 시 암송하기	– 나의 상황에 맞게 시나 시구를 바꾸기	– 작품을 이육사의 다른 시와 비교하기
읽은 후	시 읽기 경험의 자기화	– 시에 관한 느낌을 글로 표현하기	– 작품을 모방하는 시 쓰기	– 이 시를 저항시로 볼 수 있다면 그 이유 말하기
	시 읽기 경험의 공유	– 시를 한 줄로 평하는 롤링페이퍼 만들기	– 인터넷에서 이 시에 관련 평 찾기	– 「내가 고른 이육사 선집」 만들기
	시 읽기에 관한 지식과 기술 정리	– 이미지와 운율의 개념을 말해 보기	– 시를 읽으면서 내가 부족했던 부분이 무엇인지 정리하기	– 일제 강점기 저항시인에 대하여 조사하기

모든 교수·학습 아이디어는 교육과정과 작품에서 나온다. 작품은 무한한 활동거리를 품고 있는 카오스와 같으며, 거기에 교육과정이 질서를 부여해서 실제로 쓸 수 있는 몇 가지 활동을 끌어내게 된다. 교과서를 만들 때에는 '교육과정 → 작품' 순서로 분석과 성찰이 이루어진다면 교과서를 활용할 때는 '작품 → 교육과정' 순서로 분석과 활동이 일어나는 것이다. 현장의 시 수업은 작품을 핵으로 하여 끓어 넘치는 역동적인 현상이다. 그로부터 교육과정 목표와 학생 수준에 적합한 아이디어를 만들어 내는 것은 전적으로 교사의 몫이다.

29
시교육 평가, 꼭 해야 하나

평가 없는 교육은 없다.
단지, 평가의 개념을 넓혀야 할 뿐이다.

시교육과 관련하여 제일 많이 제기되는 문제가 평가에 관한 문제다. 시는 애초부터 불온한 것이고 어떤 정답이 있는 것이 아니기 때문에 평가라는 포충망으로 잡을 수 없다는 것이다. 신경림이나 최승호 같은 일급의 시인들이 자기 시를 가지고 낸 문제에 불만을 토로하는 걸 보면 과연 그렇기도 하다.[77] 그렇다고 해서 평가를 없애면 어디에 초점을 맞춰서 교육해야 할지 알기 어려워져 맹교(盲教)에 빠질 공산이 크다. 문제의 핵심은 "과

---

[77] 최승호 시인은 수능시험 모의고사에 나온 자신의 시 〈아마존 수족관〉에 관한 문제를 풀었는데 한 문제도 정답을 맞히지 못했다고 비판했다. 신경림 시인도 자신의 시 〈가난한 사랑 노래〉에 관한 문제 10개를 풀었는데 겨우 세 문제밖에 맞히지 못했다고 털어놓은 적이 있다. 소설가 김영하는 아예 교과서 제재로 자기 작품을 싣지 말라고 선을 그었다. 모두 학교에서 문학 작품을 다루는 방식이 반문학적이라는 불만의 표시다.

연 시 역량을 객관적으로 평가할 수 있나?" 하는 것인데, 이 자체가 정/오로 답할 수 있는 논제가 아니다. 그저 완전한 신뢰와 완전한 불신 사이에서 각자의 관점에 따라 어느 위치에 서서 자기 견해를 말할 뿐이다. 대다수가 평가할 수 있다고 동의하면 어렵더라도 방법을 찾으면 될 일이고, 만일 대다수가 동의하지 않는다면 사실상 학교의 정규 교과로 다루기는 어려워진다. 기껏해야 창의적 체험 활동 영역에나 들어갈 수 있을 뿐이다. 평가 문제는 결국 이상과 현실의 타협 지점에서 밀고 당기기를 반복할 것이다.

평가가 왜 필요한가? 교육이 인간을 대상으로 한 시간적 기획이기 때문이다. 여기에는 반드시 시작과 끝이 있으며, 시작 상태와 끝 상태에 유의미한 변화가 있어야 한다. 그 '변화'를 알기 위해서, 그런 변화를 일으키기 위해서 평가는 반드시 필요하다. 평가를 통해 미숙한 상태와 숙련된 상태를 판별하지 못한다면 교육의 방향 자체를 정할 수 없다. 다만 평가 목표와 내용, 대상에 알맞은 방법을 써야 하는데 그렇지 못한 것이 문제일 뿐이다. 최근에는 양적 평가 대신 질적, 기술적(記述的) 평가를 대안으로 내세우기도 하는데, 문학 영역에서 그것을 어떻게 구안할지에 대해서는 구체적인 안이 나온 것이 없다.

시교육에서 평가의 목표는 교육 프로그램 단계에 따라 달라진다. 진단 평가, 형성 평가, 총괄 평가는 각각 평가 목표가 다르다. 진단 평가가 학습을 시작하기 전에 최적의 학습 조건을 찾기 위한 평가라면 형성 평가는 학습 과정을 모니터링하고 조정하기 위한 평가이고 총괄 평가는 최종적인 교수·학습 목표 달성 여부를 판단하기 위한 평가다. 당연히 평가 내용도, 방법도 다르다.

평가 대상도 다양하다. 대표적으로 교육과정 평가, 교재 평가, 수업 평가, 교사 평가, 학습자 평가, 교육 시스템 평가, 평가에 대한 평가 등이 있지만, 이외에도 교육의 실천 국면에서 평가가 필요한 분야는 매우 많다. 어떤 경우에는 '시험', 어떤 경우에는 '장학', 또 어떤 경우에는 '점검', '컨설팅', '검사' 등의 여러 다른 이름으로 불릴 뿐, 이들 모두 본질적으로 평가라는 점은 같다. 대부분의 사람들이 '평가'라고 하면 학습자 대상의 시험, 그것도 총괄 평가만 떠올릴 뿐이다.

이제부터는 학생에 초점을 맞추자. 학생 대상으로 시교육에서 무엇을 평가할 것인가? 당연히 시교육의 목표이자 내용인 시 역량이다. 시 역량이 시적 능력(지식+기술) 및 시에 관한 경험과 태도를 가리킨다면 평가도 시 이론과 역사에 관한 지식, 시의 이해·감상 및 표현·소통 기술, 시에 관한 관점과 태도, 다양한 시적 경험을 평가해야 한다. 이는 시교육 평가가 '인지 평가, 수행 평가, 태도 평가, 경험 평가'로 범주화된다는 뜻이다.

시교육 평가는 평가에 관한 일반 이론을 바탕으로 하되 다른 교과·영역의 평가와 다른 특정을 지닌다. 평가 내용, 곧 시 역량이 다른 교과·영역이 요구하는 역량과 다르기 때문이다. 평가의 보편성과 시교육 평가의 개별성 사이에서 적절한 균형을 취해야 의미있고 활용 가능한 평가가 이루어진다.

알룩조개에 입 맞추며 자랐나
눈이 바다처럼 푸를 뿐더러 까무스레한 네 얼굴
가시내야
나는 발을 얼구며
무쇠다리를 건너온 함경도 사내

바람소리도 호개도 인전 무섭지 않다만

어드운 등불 밑 안개처럼 자욱한 시름을 달게 마시련다만

어디서 흉참한 기별이 뛰어들 것만 같애

두터운 벽도 이웃도 못 미더운 북간도 술막

온갖 방자의 말을 품고 왔다

눈포래를 뚫고 왔다

가시내야

너의 가슴 그늘진 숲속을 기어간 오솔길을 나는 헤매이자

술을 부어 남실남실 술을 따르어

가난한 이야기에 고히 잠거 다오

네 두만강을 건너왔다는 석 달 전이면

단풍이 물들어 천 리 천 리 또 천 리 산마다 불탔을 겐데

그래두 외로워서 슬퍼서 초마폭으로 얼굴을 가렸더냐

두 낮 두 밤을 두루미처럼 울어울어

불술기 구름 속을 달리는 양 유리창이 흐리더냐

차알싹 부서지는 파도소리에 취한 듯

때로 싸늘한 웃음이 소리없이 새기는 보조개

가시내야

울 듯 울 듯 울지 않는 전라도 가시내야

두어 마디 너의 사투리로 때 아닌 봄을 불러 줄게

손때 수집은 분홍 댕기 휘 휘 날리며

잠깐 너의 나라로 돌아가거라

이윽고 얼음길이 밝으면

나는 눈포래 휘감아치는 벌판에 우줄우줄 나설 게다

노래도 없이 사라질 게다

자욱도 없이 사라질 게다

- 이용악, 〈전라도 가시내〉

학생들은 어떤 평가 상황에서 이 시를 만나게 될까? 제일 먼저 수학능력시험이 떠오르고, 이어서 중간·기말 고사가 떠오를 것이다. 하지만 앞에서 얘기했듯이 이런 시험이 평가의 전부는 아니다. 과정을 예로 들면 작품을 배우기 전에 시인과 작품에 관해 얼마나 알고 있는지 먼저 평가받을 때가 있고(그래야 교사가 교수·학습의 방향과 수준을 가늠할 수 있다), 맥락을 예로 들면 교실 시험에서, 상담 교사와의 면담에서, 동아리 가입을 위한 면접에서 이 시에 관해 평가받을 수도 있다. 하지만 중요한 점은, 그 상황만 보면 이 작품에 관해 평가가 이루어지는 것 같지만, 사실 그때 이루어지는 평가는 이 작품이 아니라 학생의 총체적인 시 역량에 관한 평가라는 점이다.

많은 사람이, 심지어 국어 교사까지도 서슴없이 던지는 질문이 있다. 바로 "대학수학능력을 평가하는데 왜 문학 작품이 제재로 나오는가?" 하는 질문이다. 대상을 시로 한정하면 질문의 강도는 더욱 가팔라진다. 구체적으로 "대학에서의 학업과 〈전라도 가시내〉는 별 관계가 없지 않은가?", "이공계 학생들에게 〈전라도 가시내〉가 꼭 필요한가?" 하는 질문, 더 나가면

"수학능력시험에서 시를 출제하는 것은 문학 전공 교수들의 횡포가 아닌가?" 하는 질문까지 나오는 형편이다. 과연 그런가. 시적 능력은 대학수학능력과 관계가 없는가.

대학수학능력시험에서 시를 다루는 이유는 그것이 국어영역을 다루는 이유와 큰 차이가 안 나기 때문이다.[78] 모두 인정하다시피 수능시험의 국어영역은 '언어'라는 창을 통해 학습자의 수학 능력을 예측하는 것이 그 목표다. 이때 시 제재는 다른 텍스트에서 다루기 어려운 사고력, 언어 사용 능력, 문화 능력을 다룰 수 있다는 타당성을 지닌다. 그러면서 그러한 능력들이 언어 사용의 질을 높일 수 있는 고급 능력이라는 점에서 상대적인 비교 우위가 있다. 아울러 시 읽기를 통해 학습자의 지식 및 태도를 유추할 수 있고, 세계관을 파악할 수 있다는 부수적인 효과도 있다.

대학수학능력시험과 시교육 평가에 대해 얘기하는 것은 결국 "시란 무엇인가."에 대해 얘기하는 것과 크게 다르지 않다. 또는 "시는 어떤 가치를 지니는가."에 대해 얘기하는 것도 마찬가지이다. 일상생활에 하등의 도움이 안 되는(?) 시를 12년 동안이나 배우는 것도 모자라서 수학능력시험에서까지 만나야 하느냐고 땅을 치는 학생도 있을지 모르겠다. 하지만 필자는 여기서 뒤집어 말하고 싶다. 대학에서 어떤 공부를 하든, 학문의 깊이가 깊어질수록 시는 더욱더 필요하다고. 과학이든 기술이든 학문이든, 결국은 인간이 주체가 되어 인간의 삶을 개척해 가는 한 방식인 한에는 결코 시를 외면할 수 없다고.

왜 그런가? 그런 문학 쇼비니즘적인 말을 어찌 그리 자신있게 내뱉을 수

---

78 이 부분은 김창원(2001a)에서 논의한 내용을 가져왔다.

있는가? 그 근거의 첫째는 대학의 가치 때문이고, 둘째는 사회의 특성 때문이며, 셋째는 교육의 이념 때문이다. 쉽게 말하면 대학이 단순한 지식 습득이나 직업 훈련의 장이 아니기 때문이고, 사회가 사람과 사람이 만나 부대끼며 살아가는 공간이기 때문이며, 교육이 진정한 의미의 자아 실현인을 위한 장기 기획이기 때문이다. 그래서 바람직한 시교육이 필요하고, 시교육 평가의 이론도 필요하며, 수학능력시험에 대한 비판적 재점검도 필요하다. 단순히 문제 하나가 잘 됐느냐 잘못 됐느냐 하는 점검이 아니라 수학능력시험의 철학과 국어영역의 본질, 시 평가의 궁극적 목표 등에 대한 포괄적 점검이 필요한 것이다. 그러한 점검 위에서 수학능력시험의 질적 개선을 기대하게 된다.

사실 한 인간의 시적 능력을 한 번의 시험으로 평가하는 것은 불가능한 일이다. 점수가 높다고 해서 그가 반드시 바람직한 주체이리라는 확신을 가지기도 힘들다. 아무리 머리를 싸매고 궁리해도 이상적인 평가 방법을 찾기는커녕, 비판이나 안 받으면 다행일 정도다. 그래도 시는 나아간다. 우리는 그렇게 나아가는 시와 어깨를 나란히 하고 호흡을 맞춰 달릴 뿐이다.

다시 〈전라도 가시내〉로 돌아가 보자. 그리고 작품 읽기 중심으로, 시험으로 평가 상황을 좁혀 보자. 그러면 작품의 내용·형식·표현을 정확히 이해·해석했는가, 작품의 시대적·공간적 배경과 창작 배경을 이해하고 작품을 읽었는가, 작품을 자신의 관점과 상황에 비추어 주체적으로 감상했는가, 작품을 읽고 나서 이용악이나 한국 현대시에 대한 관심이 늘었는가 등에 관한 '문제'가 나올 것이다. 다음과 같은 방식이다. 선택형의 문두를 예시했지만 서술형 시험이라면 발문이 바뀌면서 답지 없이 빈 칸만 있겠다.

- 시의 화자가 처한 상황을 바르게 설명한 것은?

- 밑줄 친 부분과 표현 방법과 효과가 유사한 것은?

- '함경도 사내 – 전라도 가시내'의 대비를 중심으로 이 시의 시상을 바르게 구조화한 것은?

- 〈보기〉의 내용에 비추어 볼 때, 이 시를 통해 짐작할 수 있는 사건이나 상황으로 적절한 것은?

- 두 학생이 작품에 대한 감상을 나누고 있다. ㉠~㉣ 중 적절하지 않은 것은?

여기에 네다섯 개의 답지가 붙으면 전형적인 '시험'이 된다. 시험의 현실은 이렇고, 학교 밖의 전문가나 여론은 이런 시험의 가치를 부정한다. '평가 무용론'을 넘어 '평가 유해론'까지 제기되는 상황에서 이런 시험이 과연 필요할까?

여기에 학교 시교육의 딜레마가 있다. 수학능력시험에서 음악과·미술과·체육과 평가를 안 하는 이유는 그것들이 대학에서 공부하는 데 필요없어서가 아니라(만일 정말로 필요없다면, 대학 교양과정에는 왜 이런 과목들을 편성하는가?) 객관적이고 신뢰할 만하며 타당성이 있는 대규모 평가를 하기 어렵기 때문이다. 조금이라도 가능성이 있다면 평가하는 것이 맞다. "왜 수학능력시험에 시를 넣는가?"가 아니라 "왜 수학능력시험에서 음악·미술·체육을 빼는가?"라고 물어야 평가의 본질과 관련하여 옳은 질문이 된다.

위의 여러 문두들은 〈전라도 가시내〉를 읽을 때 초점을 둬야 할 부분들을 짚었다. 작품의 텍스트 특성, 곧 내용·형식·표현상의 특성과 컨텍스트 특성, 곧 역사·사회·문학적 맥락을 깊이 있게 이해하고 민감하게 반응해야 이 작품을 '읽었다'고 할 수 있기 때문이다. 인지·정의·수행 측면에서 작품을 잘/제대로 읽었는지 알기 위해서는 이런 포인트를 짚어 봐야 한다. 다만 그에 대한 반응을 네 개 또는 다섯 개 정도의 답지로 제한한 것이 문제인데, 그렇다고 하여 서술형으로 열어 두는 것만이 능사도 아니다. 채점·해석의 문제가 남아 있기 때문이다.

문제가 있음에도 알고 이런 방식으로 평가를 하는 이유는 그것이 학교 수준에서 학생들의 반응을 가장 명료하게 살펴보는 방법이기 때문이다. 해석의 타당성에 관해 오래된 논란이 보여 주듯 문학 작품 읽기에 어떤 '정답'이 있는 것은 아니다. 하지만 보편적인 관점과 오래 축적된 관례에 비추어 '허용 가능한 답'은 분명히 있다. 오독을 권장하는 이론가도 있지만 교육 현실에서 오독은 허용 가능한 범위 안의 오독이어야 한다. 마치 풍선을 최대한 크게 불되 터지지 않는 정도만 불어야 하는 상황과 같다. 학생들이 맞히고 못 맞힌 결과를 '수치(數値)'로 보지 않고 학생의 상태를 보여 주는 '검사 결과'로 보는 관점 변화가 필요할 뿐이다. 예를 들어 첫 번째 질문 – "시의 화자가 처한 상황을 바르게 설명한 것은?"이라는 문두에는 작품 내용과 연관되는, 그러나 조금씩 어긋난 여러 상황을 답지로 줄 터인데, 학생들이 어떤 답지에 반응하는지를 보고 그 학생이 이 시를 어떤 해석 체계에 따라 읽었는지를 짐작할 수 있고, 그에 따라 이 작품, 또는 앞으로 읽을 다른 작품을 가르치고 배우는 전략을 정교화할 수 있다. 닫힌 평가관으로부터 열린 평가관으로의 전환이 중요한 것이다.

▶ **교실을 위한 질문 — 시교육 평가, 꼭 해야 하나**

1. "평가할 수 없는 것은 학교에서 가르칠 필요가 없다."는 주장이 옳은지 토의해 보자.
2. 대학수학능력시험의 목적에 비추어 볼 때, "시 제재를 다뤄야 한다."는 관점과 "시 제재를 다루지 말하야 한다."는 관점에서 토론해 보자.
3. 〈전라도 가시내〉에 집중하여 관찰 평가, 선택형 평가, 서술형 평가, 수행 평가, 자기 보고 평가 도구를 만들어 보자.

30
시교육 평가의 범위

필요없는 것만 평가하고
정작 평가해야 할 요소들은 놓치는 것은 아닌가?

    시교육 평가에는 여러 평가 요소 또는 내용이 담긴다. 텍스트 요소를 강조한 작가·작품·교재 평가, 주체 요소를 강조한 교사·학생 평가, 맥락 요소를 강조한 교육과정·환경 평가, 과정 요소를 강조한 수업 평가 및 평가에 대한 평가 등이 모두 시교육 개선을 위한 평가 영역이다. 평가 관점 역시 시교육 현상에 기반한 기술적·해석적 평가, 선발·평정 또는 정보 수집이라는 평가 목적에 따른 평가, 전통적인 규준 지향과 준거 지향 평가 등으로 다양하다. 평가론에서 정교하게 발달한 평가 이론은 시교육에도 그대로(또는 약간의 변형을 거쳐) 적용된다.

    여기서 다시 환기해야 할 점이 평가는 교육과 관련된 하나의 의사결정 행위이고, 이 행위에는 반드시 목적이 있다는 점이다. 목적을 위해 활용할 수 없다면 평가로서 의의를 지닐 수 없다. 또한 평가는 마치 불확정성 원리의 그것과 비슷하여, 평가한다는 사실 자체가 평가 대상(학습자나 응시자)에 영향을 미친다는 사실이다. 물론, 관찰 카메라같이 피평가자가 평가 상황임을 전혀 모르고 평가자도 평가 상황에 일체 개입할 수 없는 평가도 있다. 하지만 학교 교육에서 그런 상황은 매우 드물다.

평가가 일정한 목적 하에 이루어진다면, 예를 들어 교육과정과 교과서 개정, 수업 개선, 교사 근무 평정, 예산 배정 등의 목적으로 평가를 한다면 각각 그에 맞는 평가틀이 있을 터이다. 학생 평가로 한정하더라도 선발이나 등급 부여, 영재아·부진아 판별, 해당 교육 프로그램의 이수 여부 또는 성취도 판정, 선호도·경험 조사, 취약점 진단과 학습 방법 컨설팅 같은 다양한 목적 평가틀이 달라진다. 또한 개인 평가를 넘어 집단 평가도 이루어질 수 있다. 이 말은 시교육 평가와 관련하여 고려해야 할 요소가 매우 많다는 사실을 보여 준다.

학생 평가로 들어가 보자. 시교육의 목표가 학생의 시 역량 신장이라 전제하고, 시 역량이 시적 능력(지식과 기술), 시적 경험, 시적 태도라는 점도 인정해 보자. 그러면 학생 대상 평가의 내용도 지식 평가, 기술 평가, 경험 평가, 태도 평가로 범주화된다. 그런데 시교육의 실제는 '시교육의 맥락·배경 아래서 시텍스트에 관해 교사의 지원으로 학생이 수행하는 시적 행위'이다. 곧, 맥락·배경 평가와 텍스트 평가, 그리고 행위(활동) 평가가 병행해야 한다는 뜻이다. 이들의 관계는 다음 도식으로 정리할 수 있다.

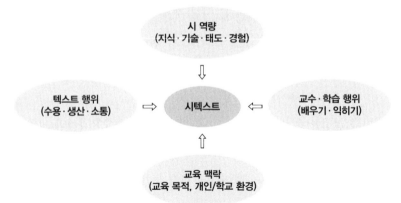

시교육은 텍스트를 중심으로 하여 다양한 영역과 관련된다

즉 시교육은 하나의 텍스트를 두고 학생들이 수용·생산·소통 행위를 하면서 시에 관해 지식을 배우고 기술을 익히는 과정이다. 이 과정은 교육 과정·교과서·교사·교실 환경 같은 학교 내의 맥락과 가정·또래·지역 사회 같은 학교 외의 교육 맥락 안에서 이루어지고, 시에 관한 기존의 지식·기술·태도·경험을 바탕으로 한 차원 높은 지식·기술·태도·경험을 습득해 가는 과정이기도 하다. 시교육 평가는 이들 영역 모두에 관심을 가져야 한다.

군어지기 전까지 저 딱딱한 것들은 물결이었다

파도와 해일이 쉬고 있는 바닷속

지느러미의 물결 사이에 끼어

유유히 흘러다니던 무수한 갈래의 길이었다

그물이 물결 속에서 멸치들을 떼어냈던 것이다

햇빛의 꼿꼿한 직선들 틈에 끼이자마자

부드러운 물결은 팔딱거리다가 길을 잃었을 것이다

바람과 햇빛이 달라붙어 물기를 빨아들이는 동안

바다의 무늬는 뼈다귀처럼 남아

멸치의 등과 지느러미 위에서 딱딱하게 굳어 갔던 것이다

모래더미처럼 길거리에 쌓이고

건어물집의 푸석한 공기에 풀리다가

기름에 튀겨지고 접시에 담겨졌던 것이다

지금 젓가락 끝에 깍두기처럼 딱딱하게 잡히는 이 멸치에는

두껍고 뻣뻣한 공기를 뚫고 흘러가는

바다가 있다 그 바다에는 아직도

지느러미가 있고 지느러미를 흔드는 물결이 있다

이 작은 물결이

지금도 멸치의 몸통을 뒤틀고 있는 이 작은 무늬가

파도를 만들고 해일을 부르고

고깃배를 부수고 그물을 찢었던 것이다

- 김기택, 〈멸치〉

여기서 '멸치'를 시로, 그리고 학생으로 치환해 보자. 시 또는 학생들은 "파도와 해일이 쉬고 있는 바닷속/ 지느러미의 물결 사이에 끼어/ 유유히 흘러다니던 무수한 갈래의 길"이었을 것이다. 그러다가 "햇빛의 꼿꼿한 직선들 틈"에 끼어 "부드러운 물결은 팔딱거리다가 길을 잃었을" 것이다. 부드러웠던 시와 학생을 딱딱하게 만드는 것이 수업이고 평가다. 하지만 그

가 "파도를 만들고 해일을 부르고/ 고깃배를 부수고 그물을 찢"게 만드는 힘도 또한 수업과 평가에서 나온다. 멸치의 등과 지느러미 위에 '바다의 무늬'가 남아 있듯이 학생들의 시 행위에 시와 학생의 본질이 남아 있고, 그것을 끄집어내는 일이 수업이고 평가가 되어야 한다. 말하자면 시교육 평가는 시 읽기와 시교육을 통조림 속에 넣고 라벨링하는 일이 아니라 냉동되고 박제된 물고기를 어떻게 하면 다시 살릴까 고민하는 일이다.

그런 점에서 시교육 평가는 세 가지 요소를 다뤄야 한다. – 시 역량의 실체인 사고력, 의사소통 능력, 문화 소양이다. 우선 시교육 평가에서 중시해야 할 요소는 시적 사고이다. 촌철살인의 묘사, 비유와 상징, 반어와 역설 등으로 표현되는 시적 사고는 한편으로 인지영역, 다른 한편으로 정의 영역에서 학생들의 시 역량을 보여 준다. 인지 영역이 세심한 관찰, 독창적인 발견과 해석, 돈수(頓修)와 점수(漸修)를 거듭하여 돈오(頓悟)와 점오(漸悟)로 나아가는 데 초점을 둔다면 정의 영역은 감동, 동일시와 공감, 소통과 연대를 통하여 나를 다스리고 삶의 자세를 갖추고자 한다. 전자가 깨침이라면 후자는 울림이다. 다만, 시를 제재로 하여 학습자의 사고력을 평가하는 데는 몇 가지 제약이 있다. 시적 사고가 논리적 사고와 일정한 거리를 둔다는 점도 그렇고, 현실 세계에 직접 조회하지 않는다는 점도 그렇다. 하지만 이러한 제약은 뒤집어 보면 시에서의 사고력 평가가 설명·논설적인 텍스트를 자료로 하는 평가의 한계를 보완할 수 있다는 뜻도 된다.

이러한 요구에 답하기 위해서는 대상 시에 대한 세밀한 관찰과 분석을 바탕으로 요소들 간의 관계를 파악하고 전체 구조를 이해해야 한다. 이 과정은 '기술(記述) – 분석·해석·설명 – 판단·평가 – 예측·통제'라는 학문의 일반 속성을 연상시키고, '해석 – 이해 – 분석 – 종합 – 평가'라는 블룸 식의 인지적 사고 특성과도 유사하다. 대개의 설명·논설적인 글이 현상에 대한 필자 나름의 해석 결과를 서술한 것이기 때문에 독자는 2차적인 역할을 할 수밖에 없는 반면, 문학 제재는 글 자체가 하나의 '현상'으로서 독자가 1차적인 해석자의 역할을 한다. 시교육 평가 역시 바로 이 부분에 초점을 두어, 외부의 안내 없이 스스로 텍스트와 대면하는 능력을 측정해야 한다.

의사소통, 곧 언어의 문제는 시교육 평가의 중핵 요소라 할 만하다. 다른 어느 텍스트보다도 시의 언어 사용법이 농밀하기 때문이다. 비유와 함축으로 대표되는 시적 언어의 특성은 독자에게 가장 예민한 언어 사용자가 될 것을 요구한다. 평소에는 별 의식 없이 쓰던 언어도 시와 학문의 영역에 가면 단어 하나, 표현 하나가 태산같은 무게로 다가오게 된다. '퇴(推)'와 '고(敲)' 사이에서 세상마저 잊었던 가도(賈島)의 고사도 시에서 언어가 얼마만한 의의를 지니는지 보여 주는 작은 예일 뿐이다. 아주 단순하게는 '서울시 장애인 전용 버스'냐 '서울 시장 애인 전용 버스'냐 하는 우스개에서 시작해서 복잡하게는 "겨울은 강철로 된 무지갠가보다"와 같은 절창(絶唱)에 이르기까지, 가장 일상적으로는 '버리는 손 미운 손/ 줍는 손 예쁜 손' 류의 표어에서부터 가장 학문적으로는 '편측성 후방 연장 국소 의치의 의치상에 이탈력이 가해질 때 간접 유지 장치가 장착된 치아 주위 조직에 발생하는 응력에 관한 광탄성 분석(치의학 박사학위논문)'과 같은 논문 제목에 이르기까지, 우리 삶에서 언어의 문제가 걸리지 않는 영역은 없다. 설명 논설적인 텍스트의 언어 사용법과 다른 부분을 측정해야 하는 문제가 남을 뿐이다.

마지막으로 문화 요소는 최근 들어 부쩍 자주 등장하는 요소로, 날이 갈수록 그와 관련된 얘기를 많이 듣게 된다. 이는 언어뿐 아니라 생활과 예술, 학문 전반에 걸치는 현상이기도 하다. 실제로 7차 교육과정 이후 많은 교과에서 문화 요소를 중요하게 다루는 것을 보게 된다. 분야에 따라 '문화'라는 말이 매우 다양하게 쓰여서 그 개념을 한 마디로 말하기는 어렵지만, 우리 삶에서 문화와 관련이 안 되는 부분이 거의 없다는 점에는 다들 동의하고 있다.

그렇다면 시에서 문화 요소는 어떻게 나타나는가? 첫째는 내용 참조 조건으로서의 문화를 들 수 있다. "접동/ 접동/ 아우래비 접동// 진두강 가람가에 살던 누나는/ 진두강 앞마을에/ 와서 웁니다(김소월, 〈접동새〉)"와 같은 시를 외국인이 얼른 이해하지 못하는 이유는 접동새 설화에 관한 사전 지식이 없기 때문인데, 이것이 문화가 주는 내용 참조의 기능이다.

둘째는 형식 참조 조건인데, "달아 달아 밝은 달아"에서 볼 수 있는 aaba 구조가 "한 송이의 국화꽃을 (…) 울었나 보다/ 한 송이의 국화꽃을 (…) 울었나 보다/ 그립고 아쉬움에 (…) 누님같이 생긴 꽃이여/ 노오란 네 꽃잎이 (…) 않았나 보다(서정주, 〈국화 옆에서〉)"에도 AABA로 나타난다든지, 전통적인 한시의 '기-승-전-결' 방식도 실은 aaba 구조의 또 다른 모습이라든지 하는 것이 문화가 주는 형식 참조의 기능이다.

셋째는 소통 참조 조건으로, 시인과 시적 화자의 분리, 제목과 본문의 관계, 하나의 텍스트에 '시 작품'으로 접근하려는 지향성 같은 것들이다. 예를 들어 "예비군 훈련 기피자 일제 자진 신고 기간(황지우, 〈벽〉)"이라는 텍스트는 지극히 일상적인 언어 표현일 뿐이지만, 제목과 관련지어 하나의 '시'로 해석하게 되면 일상적 의미와는 전혀 다른 의미를 지니게 된다. 미숙한 독자는 그러한 맥락에 쉽게 동조하지 못하는 데 비해, 숙련된 독자는 자유자재로 그런 맥락을 활용하고 적극적으로 구성해 내기까지 한다.

물론 우리 문화권에 고유한 문화 요소뿐 아니라, 인류 공통의 문화 요소도 이해해야 한다. 그래야만 '텍스트에 간섭하는 모든 요소에 대해 시시콜콜이 언급하지 않고도 효율적으로 언어를 사용할 수 있다. 우리말의 어휘 체계,(예를 들면 영어의 'tree'와 'wood'를 우리는 다같이 '나무'라고 한다. 서양은 속성과 기능을, 우리는 본질을 중시하는 것으로 볼 수 있다.) 언어 관습(예를 들면 경어법), 문학의 장르 규칙, 이데올로기나 윤리 체계 등등이 모두 포괄적인 문화의 테두리 안에 들어간다. 법학과 지망생이라면 법학의 방식으로 쓰고 읽는 능력을, 또 의학과 지망생이라면 의학의 방식으로 쓰고 읽는 능력을 평가하는 것이 가장 이상적이겠지만, 그렇게 상세화하기 어려울 경우 보다 보편적으로 적용되는 높은 심급의 평가로 미루어 짐작할 수밖에 없다.

> ◢ **교실을 위한 질문 — 시교육 평가의 범위**
>
> 1. 시 작품을 활용해서 평가할 수 있는 내용(또는 평가 목적)을 부수적이거나 사소한 것들을 빼고, 본질적이고 중요한 내용들을 평가해야 함은 물론이다. 있는 대로 많이 찾아 나열해 보자. 시를 통해 어디까지 평가할 수 있는가?
> 2. 시 작품에서 특정 부분에 밑줄을 긋고 문법 개념을 묻는 문항(예컨대 〈멸치〉에서 '담겨졌던'에 밑줄을 긋고 정서법을 묻는 경우)의 타당성을 논변해 보자.
> 3. 〈멸치〉에 관해 시적 사고력 평가, 시적 소통 능력 평가, 시 문화 평가로 영역을 나누어 평가 도구를 만들어 보자.

31
평가 변인에 따른 평가 방법

평가 받는 사람이 즐거이 수용하는 평가가 좋은 평가다.

과정과 결과 모두.

똑같이 학습자를 대상으로 하더라도 평가의 실제는 평가 목표와 내용, 평가 대상, 텍스트 특성 등에 따라 다양하게 이루어진다. 체계적인 평가를 위해서는 평가틀 구안이 중요한데, 대체로 다음 변인들이 중요하게 작용한다.

- 평가 목적 : 평정·인증, 선발, 기술(記述), 개선을 위한 정보 수집 등
- 평가 기준 : 규준 지향 평가/준거 지향 평가, 절대평가/상대평가 등
- 평가 영역 : 시적 사고력, 시적 의사소통 능력, 시적 문화 소양
- 평가 내용 : 시론, 시사(詩史), 시 이해·감상 능력, 시 창작·소통 능력
- 평가 요소 : 지식, 기술, 태도, 경험
- 평가 대상 : 나이/학년, 성, 학력(學歷), 학력(學力), 교육사회학적 배경 등
- 평가 시점 : 수업 전/수업 중/수업 후

• 텍스트 특성 : 내용·형식·표현 기준, 시대·지역 기준, 담화적 특성 기준 등

평가 목적과 맥락에 따라 변인이 달라지면 평가 방법도 바뀐다. 일반적으로 학습자 평가는 조사(설문·체크리스트 등), 검사(적성검사 등), 보고(이력서·기록철, 자기소개서 등), 시험(선택형, 서술형) 등의 지필 평가와 수행 평가(개인/집단, 단기/장기), 포트폴리오 평가, 면접·면담·관찰 평가 등의 비지필 평가로 이루어진다. 시교육 평가 역시 마찬가지다. 평가 방법이 너무 많아서 그중 시교육의 목적과 맥락에 맞는 평가 방법을 고르는 일이 오히려 어려울 지경이다.

제일 중요한 것은 평가를 보는 관점의 변화이다. 시교육 평가는 좁은 의미의 지식이나 기술을 다루는 교과와 달리 인지와 정의, 지식과 기술, 사고와 소통 등을 다면적으로 다뤄야 한다. 또한 논리적 구조와 내용의 정확성·풍부성 등을 중시하는 텍스트들과 달리 시교육 평가는 함축적이고 압축된 텍스트를 다뤄야 한다. 그런 점에서 학교 평가의 현실태와 이념태를 비교한 다음 표가 유용하다.[79]

---

79 여기서 주의해야 할 것이, 현실태는 그르고 이념태는 옳다는 뜻이 아니라는 점이다. 현실태는 현실의 요구에 맞춰서 실행되는 양태이고, 이념태는 그와 대비하여 이념적으로 설정할 수 있는 양태다. 이들 사이 어디쯤에 우리가 추구해야 할 가능태가 있다. 김창원(2012) 참조.

〈학교 평가의 현실태와 이념태〉

	현실태	이념태
평가 목적과 원리	서열화·관리·기록 문학 및 교육 제도의 유지 객관성 규준 지향 변별도 교육과정·교재 중심	교수·학습의 정보 수집과 개선 문학과 교육에 관한 철학의 구현 타당성 목표 지향 진단과 예측 능력 학습자 활동 중심
평가 내용	인지적 영역 세분된 하부 지식과 기능 학습 내용의 기억·재인 능력 문학 자체에 관한 내용 수업 성취도 텍스트 해석의 결과 문학 작품의 이해 능력	인지·정의적 영역 언어·사고·문화의 통합적 능력 창의적 의미 구성 능력 문학 활동에 관한 내용 문학적 경험과 성향 텍스트 해석과 감상 과정 문학적 사고와 표현·이해 능력
평가 자료	교육적으로 확고한 정전 수업 중에 다룬 텍스트 초점화된 텍스트 텍스트 하부 단위	넓은 범위의 개방적 텍스트 평가 의도에 부합하는 텍스트 유연하고 기대 지평이 넓은 텍스트 텍스트 단위
평가 상황	명시적이고 예고된 평가 인위적 상황 구성 대단위 일제 평가 단기간의 집중적 평가 사후 평가 교수·학습과 유리된 평가 제도적으로 부과되는 평가	잠재적이고 일상적인 평가 문학 행위의 실제 상황 개별화된 수시 평가 장기간에 걸친 변화 평가 사전·중간·사후 평가 교수·학습과 통합된 평가 교수·학습 주체의 필요에 따른 평가
평가 방법	지필 평가 분절적 양적 평가 속도 평가 형식적 평가 자기 완결적 평가	수행·관찰 평가 통합적 질적 평가 능력 평가 비형식적 평가 환원론적 평가

이런 전제 위에 시교육 평가의 구체적인 방법을 살펴보기로 하자. 여기
서는 평가의 두 극단을 보여 주는 대학수학능력시험과 경험 평가를 비교

한다. 수능시험이 오지택일형의 대규모 평가로 객관성과 신뢰도를 중시하고 경험 평가는 다양한 대안적 평가 방법을 활용하여 타당도 중심의 '참 평가'를 지향한다는 점에서 비교가 되기 때문이다.

> 낙엽은 폴 – 란드 망명정부의 지폐
>
> 포화(砲火)에 이즈러진
>
> 도룬 시의 가을 하늘을 생각케 한다.
>
> 길은 한 줄기 구겨진 넥타이처럼 풀어져
>
> 일광(日光)의 폭포 속으로 사라지고
>
> 조그만 담배 연기를 내어 뿜으며
>
> 새로 두 시의 급행열차가 들을 달린다.
>
> 포플라나무의 근골(筋骨) 사이로
>
> 공장의 지붕은 흰 이빨을 드러내인 채
>
> 한 가닥 꾸부러진 철책이 바람에 나부끼고
>
> 그 우에 세로팡지로 만든 구름이 하나.
>
> 자욱 – 한 풀벌레 소리 발길로 차며
>
> 호올로 황량한 생각 버릴 곳 없어
>
> 허공에 띄우는 돌팔매 하나,
>
> 기울어진 풍경의 장막 저쪽에
>
> 고독한 반원을 긋고 잠기어 간다.
>
> — 김광균, 〈추일 서정〉

이 텍스트와 관련하여 수능시험과 경험 평가의 두 방법으로 평가한다고 가정하자. 그럴 경우 두 평가의 평가 도구는 아래와 같이 다르게 구성될 것이다. 평가 내용, 평가 대상, 평가 자료 등은 양자가 같다.

<시교육 평가 방향의 다면성>

변인	수능시험	경험 평가
평가 목적	·대입 전형을 위한 자료 제공	·학생의 시 역량 기술
평가 성격	·성취도 평가	·경험·적성 평가
평가 기준	·규준 지향	·특별한 준거나 규준을 상정하지 않음
평가 내용	·텍스트 이해·감상 능력 ·시적 사고력, 문화 소양	·텍스트 이해·감상 및 표현·소통 능력 ·시적 사고력, 소통 능력, 문화 소양
평가 요소	·시에 관한 지식, 기술	·시에 관한 지식, 기술, 태도, 경험
평가 시점	·고3 마지막 학기(1회)	·중·장기 교육 프로그램 단위 (학년·학기·단원 등)
평가 상황	·형식화된 표준화 검사	·비형식적 평가
평가 방법	·오지택일형 지필 검사	·조사(설문·체크리스트 등), 보고(이력서·기록철, 자기소개서 등), 포트폴리오, 면접·면담·관찰 등

이중 수능시험에 관해 평가 방법의 측면에서 제기되는 첫째 문제는 선택형에서 오는 문제다.[80] 일반적으로 수학능력시험의 오지택일형(복수 정답이나 '정답 없음'도 인정한다고 했지만, 그 비율은 극히 미미하다.)은 대입학력고사의 사지택일형보다 발전적이라고 한다. 그렇더라도 선택형 문항의 한계는 여전히 남으며, 그 한계는 어느 제재보다도 시 제재에서 두드러진다. 시 읽기는 본질적으로 텍스트와 독자의 만남인데, 문항 구성 과정에서 출제자의 의도가 강하게 개입하기 때문이다. 시의 특징에 대한 설명, 정서의 유사성 추리, 서정적 자아의 태도 추리, 심상의 유사성 추리 등 시에서 자주 볼 수

---

80 이 부분은 김창원(2001a)에서 논의한 내용을 가져왔다.

있는 문제 유형 대부분이 매우 주관적인 반응과 관계되는 것들이다. 그러다 보니 출제자가 해석한 결과를 정답으로 제시하고는 오답 시비를 피하기 위해 나머지 답지들을 의도적으로 비트는 경향이 나타난다. 마치 양치기처럼 학습자의 해석을 한 방향으로 몰아가는 것이다. 자연히 학습자는 '출제자의 의도를 파악하는' 요령에 관심을 두게 되고, 창의적이고 자율적인 해석은 실종된다. 제도 운영상 어쩔 수 없이 선택형 문항을 써야 한다면 답지를 충분히 길게 제시해서 한계를 보완하는 방안을 모색해야 한다.

둘째는 평가 초점의 문제이다. 현재의 수학능력시험은 '지식을 다루면 안 된다.'는 강박 관념 때문에 텍스트 외적 요소를 전혀 다루지 못하고 있다. 아울러, 제시된 지문 내에서 모든 문제를 해결할 수 있어야 한다는 조건 때문에 꼼꼼한 읽기를 강조하게 되고, 작품의 맥락과 문화는 상대적으로 소홀하게 취급된다. 하지만, 굳이 텍스트 상호성이니 차연이니 하는 말을 할 필요도 없이, 세상에 어느 텍스트가 '그 자체만으로' 해석이 되는가? 이 부분을 의도적으로 외면하기 때문에 이미지의 유사성이나 함축적 의미의 해석 같은 문제들이 해마다 반복되는 것이다. 이러한 딜레마에서 벗어나려면 포괄적인 언어 능력에 지식과 경험, 태도까지 포함시키는 일반 조류를 수용할 필요가 있다.(이때의 지식이 '단편적 사실의 나열'이 아님은 물론이다.) 꼼꼼한 읽기의 결과가 아니라 텍스트에 대한 가치, 해석의 과정과 전략, 결과 활용 능력 등을 두루 평가해야 하는 것이다. 그럴 때 비로소 '시텍스트를 매개로 한 고차원의 사고 행위'를 다룬다는 수학능력시험 본연의 목표를 달성할 수 있게 된다.

한편으로, 경험 평가에 관해서도 문제를 제기할 수 있다. 가장 현실적인 문제는 객관적인 평가 도구가 있는가? 하는 문제이다. 그때그때 임의적인 관찰과 면담, 포트폴리오,(이 경우에는 독서 이력이 되겠다.) 설문과 자기 보고 등이 경험 평가에서 주로 쓰는 방법이다. 그 결과가 얼마나 객관적이고 신뢰할 만한가를 알고 싶으면 "대학 입시에 이 평가 결과를 활용할 수 있겠는가?" 하는 한 가지만 물으면 된다. – 대다수는 "취지는 이해하지만 실제로 쓰기는 어렵다."고 답할 것이다. 객관적이기 어렵다는 것이다. 김광균을 읽었으니 합격시키고 읽지 않았다고 불합격시킬 수는 없는 일이다.

지식, 기술 정도만 객관적으로 평가할 수 있고(이들 마저도 안정적이지 않다.[81]) 태도와 경험은 객관적인 평가가 어렵다면 시교육 평가는 불가능하거나 적어도 늘 불충분한 것인가? – 여기서 다시 평가의 출발점, 곧 평가 목적을 환기할 필요가 있다. – "왜 이 평가를 하는가?" 그에 비추어 그에 맞는 내용, 수준, 방법을 정하면 될 일이다. 'all or nothing'으로는 시교육뿐 아니라 어떤 일도 시작조차 할 수 없다.

▶ **교실을 위한 질문 — 평가 변인에 따른 평가 방법**

1. 시 평가에 초점을 맞춰 미래 지향적 평가의 방향을 말해 보자.
2. 〈추일 서정〉에 관해 지식 평가, 기술(수행 기능) 평가, 태도 평가, 경험 평가를 위한 평가 도구를 만들어 보자.
3. 평가에서는 평가 그 자체와 함께 평가 결과의 해석과 활용이 중요하다. '2'의 평가 도구별로 평가 결과 해석과 활용 지침을 만들어 보자.

---

81 지식의 임의성에 관해서는 여기서 새삼 이야기할 필요가 없겠다. 예컨대 김광균을 모더니스트로 규정한 '지식'에 이의를 제기하는 일이 시 전문가의 역할이다. '30년대의 대표적 모더니즘 시인 김광균'은 김광균 시 세계의 극히 일부일 뿐이기 때문이다. 기술 역시 시의 텍스트적, 의사소통적, 문화적 특성상 설명·논설적 텍스트 읽기·쓰기 기술만큼 객관적으로 평가하기가 쉽지 않다. 도대체 "새로 두 시의 급행열차가 들을 달린다."는 구절의 의미 해석에 정답이 어디 있겠는가?

IV

시와 삶의
통합에 관하여

1장
시와 언어적 삶 : 언어를 통한 세계와 삶의 이해

"하나님이 이르시되 빛이 있으라 하시니 빛이 있었고 (…) 하나님이 빛을 낮이라 부르시고 어둠을 밤이라 부르시니라." – 너무나 유명한 창세기의 서두 부분이다. 그때부터 여섯 날 동안 야훼는 말로써 세상과 만물을 창조하고 그 각각에 이름과 역할을 주었다. 그리고 그의 피조물들에게 말로써 경계를 내리고 말로써 뜻을 집행했다. 바벨탑 이전의 언어는 인간의 언어이자 신의 언어였을 터이다.

오늘날 언어는 타락했다. 플라톤 식으로 말하면 이데아의 그림자일 뿐인 현상을 다시 불완전하게 모방한 것이 언어다. 그런 언어로 만든 주제에 사람들의 심금을 울리니 이는 마약과 같은 것! – 그가 만든 철인(哲人) 국가에 시인을 들이지 않겠다는 논리의 얼개다. 하지만 언어는 마치 돌아온 탕아처럼 타락 뒤에 다시 구원받을 길을 스스로 열었으니, 그 역설의 결과가 시(詩)다. 아리스토텔레스 식으로 말하면, 이데아로부터 두 겹(劫)이나

312

멀어져 버린 언어를 '새 희망의 정수박이에' 들이부어 잃어버린 낙원을 다시 꿈꾸도록 만드는 것이 시이다. 시는, 바벨탑 이전의 신의 언어를 꿈꾼다.

'시는 언어의 정수'라는 말은 이미 그 하는 사람조차 진부하게 만드는 클리셰로 전락했다. 그래도, 시로 들어가는 관문은 여전히 언어다. 문학을 다른 예술들과 구별해 주는 것도 언어이고 시를 소설이나 수필, 희곡과 구별해 주는 것도 언어이다. 언어에 민감한 사람이 시를 즐길 수 있다면 거꾸로 시를 익힘으로써 언어적 감수성을 기를 수도 있지 않을까? 언어가 인간의 삶과 의식을 표상한다는 점에서, 그리고 시 쓰기와 시 읽기가 언어의 심미적 수행이라는 점에서 언어 – 시의 관계는 단순한 질료와 형상의 관계를 넘어선다. 학교 언어의 특성을 바탕으로 시와 언어적 삶의 관계를 생각해 봐야 할 이유다. 시교육과 언어교육은 서로에게 어떤 의미인가.

32
학교 언어의 특성과 시의 의의

학교 교육이 태생적으로 인지적 측면을 중시한다고 할 때,
시는 어떤 역할을 하는가.

　언어를 과학적 언어와 시적 언어, 또는 [일상어 – 과학어 – 문학어]로 나누는 방법은 이제 낯선 일이 아니다. 이처럼 특성에 따라 나누지 않고 (한국어교육에서 하듯이) 목적 중심으로 나누는 방법도 있다. 예컨대 일상생활을 위한 언어, 학업·직업을 위한 언어, 교양·여가를 위한 언어 등으로 나누는 방법이다. 이는 다른 관점에서 보면 공간에 따른 분류라고 말할 수도 있다. – 일상 공간, 학업·직업 공간, 교양·여가 공간. 그렇다면 교육을 축으로 삼아 '학교 안의 언어'와 '학교 밖의 언어'로 나누는 방식도 가능할 것이다. 학교는 학업이라는 구체적인 목적 아래 다양한 언어들이 협력적으로, 또는 갈등하며 소용돌이치는 특별한 공간이다.

　학교에서 사용하는 언어는 다시 두 가지로 나뉜다. 하나는 친구들끼리, 또는 교사와 학생 사이에 나누는 일상의 언어이고(이를 '생활 국어', '생활 영어'

등을 참고하여 '생활어'라고 해 보자.) 다른 하나는 교과서에 담기거나 수업 시간에 쓰이는 교수·학습을 위한 언어이다.(이를 '교실 언어', '수업 담화' 등으로 다양하게 부르지만 여기서는 '생활어'와 대비하여 '학습 언어'라 하자.) 비록 학교 안의 언어이기는 하지만 생활어는 학교의 안과 밖, 또는 재학 중과 그 이전·이후 사이에 본질적인 차이가 없다. 어휘의 양과 종류가 다르고 어법과 소통 방식이 조금씩 다를 뿐이다. 그에 비해 학습 언어는 (가정이나 학원 등 학교 밖에서 나타나는 학습 언어를 접어 둔다면) 오로지 학교에서만 나타난다. 그것은 목적이 분명하고, 시간적·공간적·인적으로 통제된 상황에서 이루어지며, 무엇보다도 교수·학습을 위한 수단 언어[1]와 교수·학습의 내용인 목표 언어, 그리고 그를 위해 활용하는 자료 언어로 삼중으로 구성된다. 야콥슨이 말한 언어의 메타적 기능이 아주 잘 드러나는 언어가 학습 언어다.

시교육도 학습 언어로 이루어진다. 제재로 사용된 시(= 자료 언어), 그에 관해 교사·학생들 사이에 이루어지는 여러 성격의 대화(= 수단 언어), 그 결과로 얻게 되는 개념이나 명제(= 목표 언어)가 그것이다. 이런 언어들이 사용되는 출발점이 시 작품이기 때문에 시교육에서 사용되는 언어의 양상은 다른 교과의 그것과 사뭇 다를 수 밖에 없다. 아마 다른 교과의 교사들이 시 수업을 참관하면 "무슨 수업이 이런가?" 하고 낯설어 할 것이다.

다음 시를 보자.

나는 한 여자를 사랑했네. 물푸레나무 한 잎같이 쬐그만 여자, 그 한 잎의 여자를 사랑했네. 물푸레나무 그 한 잎의 솜털, 그 한 잎의 맑음, 그 한 잎의 영혼,

---

[1] 수단 언어는 다시 안내·설명·지시등의 교사 언어와 필기·질문·답변 등의 학생 언어로 나뉜다.

그 한 잎의 눈, 그리고 바람이 불면 보일 듯 보일 듯한 그 한 잎의 순결과 자유를 사랑했네.

정말로 나는 한 여자를 사랑했네. 여자만을 가진 여자, 여자 아닌 것은 아무것도 안 가진 여자, 여자 아니면 아무것도 아닌 여자, 눈물 같은 여자, 슬픔 같은 여자, 병신 같은 여자, 시집(詩集) 같은 여자, 그러나 누구나 영원히 가질 수 없는 여자, 그래서 불행한 여자. 그러나 영원히 나 혼자 가지는 여자, 물푸레나무 그림자 같은 슬픈 여자.

— 오규원, 〈한 잎의 여자〉

이 시는 '사랑했네'라는 자신의 심정을 토로하는 데서 한 발짝도 더 나가지 않는다. 잠재적 청자가 누구인지도 분명치 않고(아마도 운명, 그것이리라.) 사랑의 이유나 경과 같은 것도 말하지 않는다. 그저 첫 연은 "물푸레나무 한 잎같이 쬐그만 여자"의 무엇을 사랑했는지 나열하는 데 다 바쳤고, 둘째 연은 그 여자의 속성을 나열하느라 말을 다 써 버리고 말았다. 내용을 간추리면 단 한 문장이면 될 것 같고 늘리자면 한도 끝도 없이 늘어날 것 같다. 그런데 아름답고 슬프다.

이 시를 읽는 데에 '물푸레나무'가 어떤 나무인지, 잎은 어떻게 생기고 꽃은 언제 피는지를 알 필요는 없다. 알면 오히려 해석의 폭이 좁아질 것도 같다. 그저 /ㅁㅜㄹㅍㅜㄹㅔㄴㅏㅁㅜ/라고 퍼덕거리며 뛰어가는 그 어감이면 충분하다. 어떤 이는 하늘거리는 물풀을 연상할 수도 있겠다.[2] '한 잎'에 대해서도 마찬가지다. "바람이 불면 보일 듯 보일 듯한 그 한 잎"이 이 모든 이미지의 출발점이며, 그로부터 솜털, 맑음, 영혼, 눈, 그리고 순결과 자유가 다 나온다. 어디 이뿐이겠는가. 이런 가녀리고 순수한 이미지를 가진 시어는 얼마든지 있다. 그리움, 애틋함, 숨결, 하늘거림…. 하나의 단어를 떠올릴 때마다 사람들은 각자의 기억과 상상을 떠올릴 터이다.

2연은 그야말로 한 편의 '여자론'으로, (여성의 이미지를 지나치게 '여성적'인 것으로 한정한데다 '가지다'라는 말 때문에 비판을 들을 수도 있겠지만,) 시인이 어떤 대상을 사랑했는지를 끊임없이 이어지는 시냇물 소리처럼 들려주고 있다. '여자' 자리에 어떤 말을 가져다 놓은들 어울리지 않으랴. 윤동주가 그리움 속에서 별을 보며 그랬듯이(《별 헤는 밤》), 기형도가 공포 속에서 흰 종이를 마주하고 그랬듯이(《빈 집》), 독자는 이 시를 읽으며 슬픈 여자 혹은 여자의 슬픔을 통해 세상을 헤아린다.

이 시를 가르친다고 해 보자. 그러면 대개 "다음 시를 읽고 ○○○해 보자." 또는 "다음 시를 읽으며 ○○○에 관해 알아보자."는 식으로 시작할 것이다. 수단 언어다. 그리고 학습 활동으로 "이 시에 묘사된 '한 여자'의 특징을 말해 보자."라거나 "시를 읽고 떠오른 이미지를 그림으로 표현해 보자."와 같은 과제를 줄 것이다. 역시 수단 언어다. 이들 수단 언어는 학생들이 작품이라는 자료 언어를 이해·해석하고 감상·반응하도록 안내하는 역할을 한다. 그렇게 해서 얻고자 하는 목표는? '상상력과 감성이 충만한 시적 언어'라는 목표 언어다.

이 과정에서 서로 구별하기도 힘든 시학 개념들을 들먹일 필요는 없다. 중요한 것은 시인이 물푸레나무 안에 나와 여자를 던져 넣고 그로부터 퍼

---

2 사실 물푸레 나무는 키가 10미터나 되는 교목이니 물풀과는 거리가 멀다. 하지만 이 나무의 가지를 꺾어서 물에 담가 두면 물이 푸르게 변하기 때문에 '물푸레나무'라고 불렀다고 하니, 전혀 관계가 없다고 하기도 그렇다.

져 나가는 파문을 응시하며 스스로를, 스스로의 삶을 돌아보는 그 자세이다. 과거형으로 기술된, 그래서 지금은 사라진 그 사랑을 통해 시인은 자신이 누구인지를 세상 속에서 자기가 어떤 곳에 서 있는지를 확인한다.

이런 언어는 일반적인 학습 언어와 성격이 많이 다르다. 이질적이기 때문에 다른 교과와 동시에 학교에 두기 어렵다고 말할 수도 있다. 하지만 바로 그렇기 때문에 학교에 필요하다고 말할 수도 있다. 학교 안에 다양한 언어가 있어야 한다는 관점에서, 말하자면 '학교 안의 언어 다양성'을 위해 시를 학습 언어 안에 포함하는 것이다. 그리고 학습 언어는 생활어와 함께 학생의 총체적인 언어 능력으로 이어진다.

평가도 마찬가지다. 지금은 성격이 다소 바뀌었지만, 대학수학능력시험의 원래 의도는 교과를 초월하여 대학 수학에 필요한 보편적이고 기본적인 능력을 평가하는 데 있었다. 그래서 과목명도 '언어', '수리·탐구', '외국어'였고, 암기해야 하는 지식보다 문제 해결을 위한 사고력에 초점을 두었다. 언어 영역에서 교과서 밖의 지문을 활용하는 방식도 이 맥락에서 도입된 것이다. 시험 설계를 위해 일곱 차례 시험평가를 했는데, 횟수를 거듭하면서 시험의 틀이 조금씩 조정됐다. 시를 지문으로 쓰기 시작한 것은 3차 시험평가 때부터이고(2문항), 5차 때부터 비중이 커졌다(4~5문항). 그 과정에서 벌어졌던 논쟁이 "시 읽기가 대학수학능력과 어떤 관계가 있나?" 하는 문제였다. 결론은 모두 알다시피 관계가 있는 것으로 내려졌고, 지금 그 논쟁을 다시 벌일 생각은 없다. 수능시험의 성격도 변했고 이미 한 번 결론이 난 사안이기 때문이다. 다만 '시적인 언어사용', '시적 담화', '시적 소통' 등의 개념이 보편화되었고, 학교 안에서 그런 언어가 의미있는 자리를 잡고 있다는 점만 환기할 뿐이다.

최초의 수학능력시험(1994학년도 1차)에서 〈산(김소월)〉, 〈생명의 서(유치환)〉, 〈폭포(김수영)〉를 지문으로 주고 출제된 네 문항의 문두(問頭)를 보자.

17. (가), (나), (다)에 모두 적용될 수 있는 설명은?

18. (가)의 셋째 연에 보이는 정서와 가장 유사한 것은?

19. (나)에 나타난 서정적 자아의 태도로 가장 적절한 것은?

20. (나)의 '거기'와 가장 유사한 분위기를 담고 있는 시어를 (다)에서 찾는다면?

17번의 답이 "① 자연의 심상을 통해서 시인의 내면을 표현했다."인데, 이것은 박하게 말하면 시 문제가 아니다. 읽기 문제일 뿐이다. 다른 문항들도 성격이 비슷해서 오히려 시인이나 비평가들에게 '시를 훼손했다.'는 비판을 받을 정도이다. 이렇게 된 이유는 수능시험이 학교를 전제하여, 언어의 다층성 – 목표·자료·수단을 능숙히 다루는 능력을 평가하고자 하였기 때문이다. 말하자면, 학교에서 시는 언어교육의 극한점에 서 있다.

이런 이야기가 너무 교육 편향적이라면 이번에는 문학 쪽에 무게중심으로 두어 다시 살펴보자. 쉽게 떠올릴 수 있는 이론이 대화주의와 소통이론이다. 이들 관점에서 보면 시는 [시인 – 시적 대상 대상 – 독자] 사이의 대화 또는 소통이다. 이때 어디에 초점을 두는가에 따라 〈초혼(김소월)〉처럼 고백적이고 영탄적인 시도 나오고 〈우리 오빠와 화로(임화)〉처럼 가상의 청자에게 말을 건네는 방식의 시도 나온다. 〈고풍(古風) 의상(조지훈)〉처럼 대상에 몰입해서 묘사·기술하는 시도 나오고 〈진달래꽃을 노래함(박팔양)〉처럼 대상에 감정이입해서 세상과 대립하는 시도 나온다. 또 〈여승(백석)〉처럼 몇 권의 소설로 써도 못 다할 이야기를 그 안에 담고 있는 시도 나온다.[3] 이처럼 다양한 담화들을 압축하고 추상해서 짧은 시편 안에 쟁여 넣은 언어의 용광로가 시다. 소설이 다성적인 카니발이라면 시는 그 카니발의 중심에 선 무녀(巫女)의 신들린 기도문이다. 언어에 민감하지 않고 어찌 시를 말하 겠는가.

사실 이런 점에 주목해서 일찍이 '말하는 방법으로서의 시'에 주목한 이 론가들이 러시아 형식주의자들과 영·미의 신비평가들이었다. 이들이 개발 한 '낯설게 하기', '긴장', '애매성' 등의 개념은 모두 일상어−리차즈 식으 로 말하면 과학적 언어와 대비되는 시적 언어의 특성을 강조하는 개념들 로, 텍스트 자체의 형식과 구조에 집중한다는 공통점을 지닌다. 하지만 독 일 수용미학과 영·미 독자반응주의, 나아가 리비스와 윌리엄즈 등의 문화 이론가들은 이들과 달리 어떤 텍스트가 문학이 되고 안 되고는 그를 둘러 싼 주체나 문화가 정할 일이지 텍스트 자체가 정할 수는 없다는 입장을 취 한다. 고립주의 대 맥락주의라 할 이 대비는 사실 배타적이라기보다 상호 보완적이라고 보는 것이 적절할 터, 어느 한쪽이 전적으로 옳다고 말할 수 는 없다. 언어는 텍스트 자체로, 그리고 소통과 문화 안에서 동시에 존재하 기 때문이다. 이는 마치 음악이 악보 안에, 연주자 안에, 또는 콘서트홀 안 에 동시에 존재하는 정황과 같다.

하이데거는 언어를 '존재의 집'이라고 했다. 반대 논거가 많기는 하지만 "언어가 사고를 결정한다."는 사피어−워프의 가설은 지금도 여전히 유효 하다. "문체는 곧 그 사람이다."라는 바이이의 말도 있다. 더 큰 범위에서 언 어와 국민 정신의 관계를 강조한 이는 피히터였던가? 이 모두, 언어가 인간

---

3 김창원 (1995) 참조.

의 존재, 또는 사고 양식, 아주 좁혀도 그의 소통 양상을 결정한다는 점을 강조한다. 정확하고 적절한 언어를 사용하는 사람이 그렇지 않은 사람보다 더 자의식이 강하고 세계를 민감하게 의식하다는 말을 부정하기는 힘들다.

鳥宿池邊樹　　새들이 못가 나무에 깃을 들이니
僧敲月下門　　스님은 달빛 아래 문을 두드리고
棹穿波底月　　노가 파도 속의 달을 찌르니
船壓水中天　　배는 물 속의 하늘을 누르네

가도(賈島)가 한유(韓愈)를 만나지 않았으면 스님은 문을 두드리지(敲) 않고 밀(推) 뻔했다.

시 한 편을 써 보면 안다. 언어라는 것이 얼마나 민감하고 얼마나 요사스러운지를. 또한 언어를 깎고 다듬고 주물럭거리는 동안 나의 내면이 얼마나 순정해지는지를. 가도(賈島)가 자기의 목숨마저 잊어버린 채 문을 '밀 것인지(推)' '두드릴 것인지(敲)' 고민하던 그 순간은 인간의 의식과 언어가 실오라기 하나 걸치지 않은 채 마주선 떨리는 순간이다. 그를 통해 인간은 때 묻기 전의 언어의 원형을 발견한다.

◣ **교실을 위한 질문 — 학교 언어의 특성과 시의 의의**

1. 과학적 언어와 시적 언어 모두 일상어를 바탕으로 한다. 둘의 특성을 공통점과 차이점 중심으로 말해 보자.
2. 시를 언어의 정수라 하고, 시적 능력을 국어 능력의 최고 수준으로 보는 관점에 대해 어떻게 생각하는가?
3. 〈한 잎의 여자〉를 교재로 쓴다면, 학생들에게 어떤 질문을 하고 어떤 활동을 시키겠는가?

33
시와 언어의 선순환 구조 만들기

> 21세기 언어 문화를 발전시키는 데
> 시는 어떤 기여를 할 수 있을까?

시가 언어교육에서, 그리고 학생(학령기뿐 아니라 평생으로 확대해도 마찬가지다.)의 언어적 삶에서 중요한 역할을 한다면 시교육과 언어교육 사이의 다리를 튼튼히 놓는 일이 중요해진다. 시교육이 언어교육으로, 다시 언어교육이 시교육으로 선순환(善循環)하고 이를 확대하여 시적인 삶과 언어적인 삶 사이의 선순환 고리까지 만든다면, 시는 충분히 학교에서 가르쳐야 할 가치를 증명하게 된다. 어떻게 할 것인가.

먼저 따져봐야 할 것은 '21세기에 필요한 언어 능력이 무엇인가?' 하는 점이다. 야콥슨이 언어의 여섯 가지 기능(機能)을 이야기하고 리치가 그것을 다섯 가지로 간략화한 이래, 언어 기능론은 대체로 그 범주 안에서 왔다갔다 하며 모양을 다듬어 왔다. 학교 교육과정에서는 그것을 '정보적 기능, 설득적 기능, 정서적 기능, 친교적 기능'으로 정리하였는데,[4] 이는 다시 텍스트 관련 기능과 소통 관련 기능으로 크게 묶을 수 있다. 텍스트 관련 기능은 텍스트에 담는, 또는 텍스트로 표현되거나 전달되는 정보에 주목한 기능으로 정보적 기능이 이에 해당한다. 그에 비해 소통 관련 기능은 텍스트를 매개로 한 발신자와 수신자 사이의 관계에 주목한 기능으로 설득적 기능, 친교적 기능, 정서적 기능이 모두 여기에 해당한다. 말하자면 언어의 기능은 — 비중을 따지면 다르게 판단할 수 있지만 — 정보보다는 사람과 사람 사이의 소통에 관한 기능이 다수를 점한다.

사실 '정보'에 집중하는 언어는 이미 그 상당 부분을 기계가 처리할 수 있게 되었다. 세계 지식(World Knowledge) 또는 그 언어적 표상인 레지스트리/온톨로지/코퍼스는 거의 모두 빅데이터 안에 저장되어 있다. 1971년 시작된 구텐베르크 프로젝트나 이를 벤치마킹하여 시작한 일본의 아오조라(靑空) 문고, 한국의 직지 프로젝트 등은 어느 정도 정전성이 있는 텍스트만을 e-텍스트화 하고 있지만, 일상에서는 그보다 훨씬 많은 텍스트가 매일 사이버 공간에 차곡차곡 쌓이고 있다. 언어 이외의 정보도 포함하면 21세기는 매일 엑사바이트(1,000,000,000,000,000,000bytes) 단위로 정보가 생산, 축적되는 시대이다. 이렇게 방대한 정보를 다룰 능력은 기계밖에 없다. 또한

4　제6차 교육과정부터 교육과정에 '내용 체계'를 두어, 언어의 기능을 중심으로 텍스트 유형을 나누어 '실제'로 제시하였다. 6차에서는 '정보 전달, 설득, 친교 및 정서 표현'으로 체계화했다가 7차와 2007에서는 '정보 전달, 설득, 정서 표현, 친교(사회적 상호작용)'로 나누고, 2009와 2015에서는 다시 '정보 전달, 설득, 친교·정서 표현'으로 돌아갔다. 이처럼 '친교'와 '정서 표현'을 붙였다 떼었다 고민하는 이유는 친교가 정서적 사고와 깊이 연루되기 때문이다. 이런 점을 반영하여 '인지 – 정서'의 대비를 '인지 – 정의'로 확대하거나 아예 '인지 지능 – 사회·정서 지능'으로 대비하는 경우가 많아졌다. 여기서도 정서의 사회적 속성을 엿볼 수 있다.

음성 인식(= 듣기)과 문자 인식(= 읽기), 호킹 박사가 사용했던 음성 합성 장치(= 말하기), 수많은 글꼴로 아름답게 편집해서 프린트하는 출력 장치(= 쓰기), 그리고 질에 관한 논란은 있어도 필요성에 관한 논란은 없는 자동 번역 등은 모두 정보 중심의 언어와 관련된다.

생각해 보자. 기술 발달로 인간의 기억력은 점차 외부의 기억 장치 – 빅데이터가 대체하고 있고 논리적 사고력은 AI가 대체하고 있다. 전화번호나 생일 정보 외기, 큰 숫자 연산하기, 지리 정보를 활용하여 길 찾기 등은 이미 인간이 잃어버린 능력이 아니던가. 또한 운동 능력은 로봇이 대체하고, 소통 능력은 인터넷과 모바일이 대체하며, 감각 능력은 AR과 VR이 대체할 것이다. 안방에서 건넌방의 아이에게 카톡으로 뭐 하고 있는지를 묻고 카페에 마주앉은 연인이 각자 스마트폰을 들여다보는 것이 현실이라면, 이때 필요한 언어 능력은 지금까지의 언어 능력과는 많이 다를 것이다. 정보가 아니라 소통이라는 뜻이다.

결국, 21세기에는 텍스트 관련 기능이 아닌 소통 관련 기능이 언어 능력의 중심이 될 것이다. 이때의 '소통'은 단순히 정보를 주고받는 것이 아니라 머리로 동의하고, 가슴으로 공감하며, 마음으로 친숙해지는 소통을 말한다. 교육과정에서 정리한 설득적 기능, 정서적 기능, 친교적 기능의 종합이다.

시가 이 모든 기능을 다 감당한다고 장담할 수는 없다. 일단 정서적 기능이 출발점이 될 것이다. '정서'가 무엇인지는 18세기부터 미학자들이 줄기차게 논의해 왔으니 여기서는 다루지 말자. 20세기 들어서는 심리학에서 관심을 많이 보였는데, 우리의 관심은 오히려 그쪽과 관련이 깊을 듯싶다. 다만 그들이 논의하는 학문적 개념으로서의 정서보다는, 인지·정보·논리 등과 대비되는 일상적 개념으로서의 정서 정도면 충분할 것이다.

언어의 기능론을 다시 써야 한다면, 여기서 다시 한 번, 언어란 무엇인지 물어보자. 아니, 물음이 틀렸다. 인간은 언어로써 무엇을 하는지 물어야 한다. 언어의 가치는 존재론이 아니라 기능론에서 나오기 때문이다. 무엇엔가 쓰임이 없다면 언어는 도대체 무엇 때문에 존재하겠는가?

이와 관련하여 2015 교육과정은 세 가지 답을 내놓는다. – 언어는 "사고와 의사소통의 도구이자 문화 창조와 전승의 기반"이다. 더불어 학교에서 언어는 "학습의 중요한 토대이기도 하다." 이 때문에 "국어교육은 사고력 교육이다." "국어교육은 의사소통 능력 교육이다." "국어교육은 문화 교육이다."라는 테제가 생겼다. 각각 5차, 6차, 7차 교육과정에서 강조했던 내용이다. 2007 교육과정 이후는 이들을 종합하여 제시하는 것이 관례가 되었다. 2009에서도, 2015에서도 이 셋은 국어의 축이고 국어교육의 출발점이자 도달점이다.

시의 언어적 측면을 주목하면 시 역시 사고·소통·문화의 측면에서 접근할 수 있다. 그리고 우리는 이미 시적 사고력과 시적 소통 능력에 관해 생각해 봤다. 시 문화에 관해서도 마찬가지다. 그렇다면 이 세 측면에서 시 교육과 언어교육을 연결할 길도 찾아본 셈이다. 다만 아직 정리가 안 됐을 뿐이다.

돌담에 속삭이는 햇발같이

풀 아래 웃음 짓는 샘물같이

내 마음 고요히 고운 봄길 위에

오늘 하루 하늘을 우러르고 싶다

새악시 볼에 떠 오는 부끄럼같이

시(詩)의 가슴을 살포시 젖는 물결같이

보드레한 에메랄드 얇게 흐르는

실비단 하늘을 바라보고 싶다

— 김영랑, 〈돌담에 속삭이는 햇발〉

'언어의 조탁'으로 이미지가 굳어진, 한국 현대시에서 언어를 가장 섬세하게 다뤘다는 시인의 작품이다. 이 시에서 언어의 어떤 측면을 발견할 수 있는가?

보통은 '같이/ 같이/ 싶다'의 반복이나[5] "내 마음 고요히 고운 봄길 위에/ 오늘 하루 하늘을 우러르고 싶다"에 나타나는 운율[6], "돌담에 속삭이는 햇발"과 "풀 아래 웃음 짓는 샘물", "새악시 볼에 떠 오는 부끄럼"과 "시(詩)의 가슴 살포시 젖는 물결"이 주는 감각적 이미지와 부드러운 해조, '새악시, 보드레한 에메랄드'와 '실비단 하늘'에서 볼 수 있는 상상력 등을 이야기한다. 나아가 '우러르고, 보드레한, 에메랄드' 같은 시어의 부드러움도 이야기한다.

5　이 1 · 2 · 4행의 규칙성은 한시의 절구에서 유구하게 지켜 온 전통이다. 물론 여기서는 4연이 형식적인 압운에서 벗어나 있으나 그마저도 압운의 창조적 재현이라 볼 만하다.

6　이 시행들은 /ㄱ/, /ㅎ/의 두운(음위율)으로 유명하다. 거기에 "내 마음/ 고요히/ 고운 봄길/ 위에// 오늘 하루/ 하늘을/ 우러르고/ 싶다//"로 리드미컬하게 이어지는 음보율, 두 행의 글자 수가 정확하게 대응하는, 그러면서도 '내 마음'과 '오늘 하루'의 변주를 주는 음수율도 탁월하다. 또한/ㄹ/은 봄길 위를 흘러가는 음성상징을 보여 준다. 말하자면 학생들은 이 작품에서 운율론에서 이야기하는 모든 율격 유형을 발견하게 된다. 나아가, '길'의 수평 이미지와 '우러르다'의 수직 이미지가 교차하는 균형감도 발견한다. 단 두 줄로 성취한 시적 완성도로는 가히 환상적이다.

그러나, 여기까지만 이야기하면 언어의 한 면만 본 것이다. 이른바 실체로서의 언어, 또는 구조주의적 관점에서의 언어관이고 더 추상해서 얘기하면 유물론적 언어관이다. 언어 기호의 기표에 집중하여 그 감각의 효과를 강조하는 것은 시를 의미에 휘둘리지 않는 순수 예술로 이끌고자 하는 욕망의 표현이다. 추상화가 오로지 색과 선과 형으로 아름다움을 보여 주듯이 오로지 소리만으로 미를 창조하고픈 욕망. – 김영랑은 이 욕망의 팔부 능선을 넘었다.

이렇게 '음운 – 단어 – 문장 – 담화·텍스트'로 계층화되어 있는 언어의 물질성 반대편으로 언어의 심리적 측면, 곧 사고가 있다는 점을 생각해 보자. 시를 읽으면 인지 쪽에서는 분석·종합, 추론, 비판이,(유명한 사실적 사고, 추론적 사고, 비판적 사고로 말해도 되지만 '사실'이라는 용어가 적확하지 않다.) 정의 쪽에서는 감탄·흥분·선망·가련·분노·웃음 등의 정서적 반응(숭고미, 우아미, 비장미, 골계미를 떠올려도 좋다.)과 감정 이입(긍정적이든 비판적이든)이 작동한다. 이 시는 "~고 싶다."는 정서를 표현하지만 실제 독자의 내면에 환기하는 것은 그런 원망(願望)보다는 해맑은 봄날의 정서다. 군이 말로 표현하자면 나른하고 맑은 즐거움이랄까? 독자가 이 시에 보이는 반응은 언어의 형식적 측면이 아니라 이런 정서적 측면이다.

여기에 언어적 소통 문제가 끼어들어 온다. 거의 모든 나라가 '음성 – 문자'의 짝과 '표현 – 이해'의 짝, 거기에 더해 '아날로그 – 디지털'의 짝까지 더해서 언어사용의 양상을 나누고 언어교육을 실시한다. 우리도 2007 교육과정까지는 '듣기, 말하기, 읽기, 쓰기'로 의사소통 영역을 편제했던 바다. 이 작품으로 이 4대 영역을 가르칠 수 있을지 없을지에 관해 질문할 필요조차 없을 정도로 그 가능성을 증명할 학습 활동이 얼마든지 있다. 시가 언어로 된 구조물인 이상 언어 활동으로 실현되는 것은 자명한 일이다. 다만 강조할 일은 일상 언어의 소통 특성과 시적 소통의 차이다.

'시적으로' 듣고 말하고 읽고 쓴다는 것은 무엇을 의미하는가? 시적이지 않게 – 언어·문학 분야에서의 오래된 대비대로 '과학적으로' 듣고 말하고 읽고 쓰는 것과는 어떤 차이가 있는가? 논리 대 상상력, 정확성 대 함축성, 정보 지향 대 정서 지향 등등의 차이를 또 얘기하지는 말자. 그런 차이는 시적 언어와 과학적 언어를 구별할 때 이미 충분히 짚었던 이야기다. 중요한 것은 시적인 소통이 시적인 발상과 시적인 표현, 그리고 시적인 소통 맥락을 요구한다는 점이다. 돌담에 내리쬐는 햇살을 보며 '속삭임'을 떠올리는 발상, 굳이 비슷한 말을 반복하면서 서정적인 분위기를 만드는 표현, 그리고 이런 텍스트를 '시'라고 던져 주고 그것을 받아 시적으로 읽게 만드는 맥락이 시적 소통의 전제다. 말하자면 의사소통은 언어뿐 아니라 사고, 그리고 주체와 분리해서 생각할 수 없다.

다만, 이런 논의는 언어를 전적으로 '개인의 역량'으로 보는 한계를 지닌다. 하지만 애초에 인간에게 언어가 왜 필요했던가를 생각해 볼 필요가 있다. 또는, 인간이 언어를 가지고 무엇을 하는지 생각해도 좋다. 언어 능력은 개인적 속성과 집단적 속성을 모두 지니고 있다. 따라서 시를 사회의 언어 발달과 연관 지어 살피도록 해야 한다. 언어가 시간·공간·이데올로기와 연루되며, 시 행위는 – 이해·감상이든 창작·소통이든 – 개인적 언어 행위인 동시에 사회적 언어 행위임을 느끼게 하는 시교육이 좋은 시교육이다.

추가 질문 – 과연 20세기의 시로 21세기의 언어 능력을 기를 수 있을까? 이는 한편으로 언어 자체의 물질성을 보여 주는 시와 다른 한편으로 언어의 인지·정의적 총체성을 보여 주는 시, 그리고 또 다른 한편으로 언어로써 하나의 문화 공동체를 형성하고 서로 소통하는 양상을 보여 주는 시의 조화, 쉽게 말해 시교육을 통해 언어의 내용과 형식과 맥락의 일체성을 확보함으로써 가능하다. 여러 나라가 자국어교육으로 시를 가르치는 이유도 여기에 있다. 시가 그저 축적되는 언어적 자산이 아니라 그 섬세한 용법을 익힘으로써 언어생활의 수준을 높이는 동력이 된다는 점, 시와 언어 사이에 상호 자극하는 선순환 구조가 중요하다는 점, 그럼으로써 국가·사회를 건강하게 유지하고 발전시키는 데 도움을 줄 수 있다는 점을 모든 나라의 교육 당국이 인정한 것이리라.

결국 시 읽기/쓰기가 [언어 → 시]의 방향과 [시 → 언어]의 방향 양쪽에서 모두 긍정적인 효과를 보인다는 점, 언어교육의 인지 편향성을 시를 포함한 문학교육이 보완한다는 점, 그리고 '시'라는 문화체가 언어교육의 문화적 속성을 압축하여 담고 있다는 점 때문에 시교육은 언어교육의 중요한 부분이 된다. 시 쪽에서 보면 언어교육이 시교육의 중요한 부분이라고 해도 되겠다. 이들 사이의 선순환 구조를 만들고 정착시킴으로써 학교에서 국어과(또는 문학과)의 교과적 정당성이 강화되고 시교육의 타당성도 확보된다.

▶ **교실을 위한 질문 — 시와 언어의 선순환 구조 만들기**

1. "아이들은 모두 시인이다."라는 말이 있다. 이 말의 뜻은 무엇일까? 그 역도 성립할까?
2. 세계에는 수많은 언어가 있고, 각 언어마다 고유한 시의 전통이 있다. 다른 언어권의 시를 배우는 일이 해당 언어를 익히는 데 어느 부분에서 얼마나 도움이 될지 말해 보자.
3. 21세기의 언어 현상이 어떻게 변화해 갈지 예측해 보자. 그 상황에서 시는 어떤 역할을 할 수 있을까?

2장
시와 예술적 삶 : '울림'을 통한 시와 예술, 삶의 통합

    스페인 북부에 있는 알타미라 동굴에는 선사 시대의 작품이라고 믿기 어려운 벽화가 있다. 천장을 가득 메운 들소 그림은 생생한 구도와 선명한 색깔 덕분에 금방이라도 뿔을 들이밀며 뛰쳐나올 듯하다. 구석기 시대 유럽의 오리나시안(Aurignacian) 문화라고 하는데, 예술사 최초의 완전한 전통을 보여 주는 문화라고 한다. 프랑스 남부의 라스코 동굴 벽화도 이 계통에 속한다.

    그런 예술 행위를 하던 집단에 이야기와 노래, 춤이 없었다고 생각하기는 어렵다. 동굴 벽화는 그림이기 때문에 그 형태대로 지금까지 남을 수 있었고 이들 무형 문화는 그렇지 않았던 차이가 있을 뿐이다. 유형과 무형을 막론하고 예술 행위는 시·공간을 초월하여 인류에게 보편적인 행위다. 시간을 더 거슬러 올라가 호모 사피엔스의 친척인 네안데르탈인도 제의와 유희가 섞인 문화를 누렸다고 한다.

예술 행위는 모든 인간의 삶에 나타나는 보편 현상이라는 이야기를 하는 중이다. '예술(Art/Kunst)'과 예술 이전의 놀이 또는 심미적·정서적 행위 사이에 어떤 차이가 있느냐의 문제는 미학과 예술론에 맡겨 두기로 하자. 여기서는 그저 모든 인간은 미적 본능이 있고, 삶 속에서 그런 본능이 발휘되어 예술로 승화되며, 그 예술은 다시 인간의 삶을 다채롭게 만드는 데 기여한다는 점만 인정하면 된다. 시가 이 예술과 삶의 아름다운 순환에 주도적으로 참여한다는 점도.

미적 본능이 표현으로만 구현된다는 생각은 오산이다. 좋은 작품을 찾고 그로부터 감동을 느끼는 일 역시 예술 행위다. 미적 본능은 표현과 수용, 그를 바탕으로 한 사람끼리의 소통과 연대에서 모두 발휘된다. 예술적 감성은 타고나는 것으로 가르칠 수 없다고도 하는데, 과연 예술로서의 시를 어떻게 가르치고 배울 것인가.

34
가장 오래된 예술로서의 시

그리스 신화의 아홉 뮤즈는
모두 시를 알고 즐겼다.

예술은 어떤 매재와 관련하여 숙련된 기술로써 독립적이고 실재하는 객체를 만들고, 그를 통해 미(美)를 보여 주는 동시에 사람과 사람 사이에 정서적 교감을 불러일으키는 행위 또는 그 작품을 말한다. 말이 어려우면 그저 무언가로 아름답고 가치있는 작품을 만드는 행위를 예술이라고 생각하면 된다.

이때의 '무언가'는 우리가 인지할 수 있는 모든 외물(外物)이다. 돌로, 흙으로, 나무로, 모래로, 무엇으로든 만들 수 있다. 우리 몸도 가능하다. 그것들을 일정한 기준으로 묶거나 나누려면 외물들을 그 본질로 추상하는 것이 효과적인데, 그렇게 해서 나눈 결과가 음악·무용·회화·조각·연극·영화·건축 등의 예술 갈래다. 예컨대 음악은 소리의 세기, 높낮이, 길이와 휴지, 음색, 그리고 이들의 겹침으로 탄생하고 회화는 면 위의 선과 형태,

명암과 색채, 질감으로 구성된다. 건축은 공간 구성 및 그로써 얻는 형태와 기능, 재료 특성 등을 요소로 한다.

매재를 확대하거나 예술을 보는 관점을 달리하면 계속해서 다양한 예술을 구성해 낼 수 있다. 예를 들어 만화·영화·비디오 아트·행위 예술과 퍼포먼스·개념 미술 등은 20세기에 들어와서 비로소 예술로 안착하였다. 또, 어떤 예술은 순수하게 미만 추구하는가 하면 어떤 예술은 미와 기능을 동시에 추구하기도 한다. 건축·디자인·공예 등이 기능적 예술의 대표격이고, 회화와 조각도 건축 안으로 들어가서 기능적 역할을 하는 사례가 많다. 한편으로 제작에 대규모 자본이 필요한 연극·영화·건축 등은 상업 자본과 결합하기도 하고, 대중성과 시장성을 얻은 음악(성악과 기악, 순수음악과 대중음악을 모두 포함한), 미술(회화·조각·공예·디자인·사진·만화 등을 모두 포함한)도 그러하다. 한 마디로 예술의 세계는 넓고도 복잡하다.

잠시 둘러 가자. 므네모시네(Mnemosyne)라는 신이 있다. 그리스 신화 속의 여신으로, 그 이름의 뜻은 '기억'이다. 이 기억이 아홉 딸을 낳으니 이들이 곧 칼리오페·클리오·에우테르페·탈레이아·멜포메네·테르프시코레·에라토·폴림니아·우라니아의 아홉 뮤즈다. 이들은 각각 예술과 과학의 한 영역씩을 맡아서 관장하는데, 전하는 이마다 약간씩 차이는 나지만 시와 음악이 이들 모두에게 공통된 속성이다. 수금(豎琴)을 들고 노래하는 처녀신을 상상하면 된다. 낯간지러운 표현이지만 남성 시인이나 작가, 화가에게 예술적 영감을 주는 여성도 뮤즈로 비유된다.

이 이야기를 하는 이유는 '기억 – 예술 – 시'의 관계를 이야기하기 위해서이다. 인간은 세상을 기억 속에서 재구성한다. 기억은 그 존재의 전부라 할 만하다. 영화 〈블레이드 러너〉에서 안드로이드인 로이가 4년의 수명을 채우고 죽을 때, 그가 지니고 있던 심우주의 그 장대한 기억들도 모두 사라졌다. 애니메이션 〈코코〉에서는 기억해 주는 사람이 없으면 저세상의 영혼조차도 사라진다. 기억을 잊지 않기 위해서, 기억을 더 천연(天然)하게 꾸미기 위해 고안한 장치가 예술이고, 그 추상의 극단에 문학이 있다. 바꿔 말하면 예술은 기억의 성채 위에 존재한다. 인류가 날짜와 절기를 기억하기 위해 달력을 만들었다면, 사람과 사건을 기억하기 위해 역사를 기술했다면, 인간의 온갖 감정과 감동을 기억하기 위해 예술을 고안했다.

그런 점에서 예술은 인간의 본성이다. 생존을 위한 기억이 아니라 기억 자체를 위한 기억술을 발전시킨 것은 인간뿐이다. 아득한 옛날 영장목에서 성성(猩猩)이과와 사람과가 분리됐을 때 이미 예술의 단초가 생겨났다고 보면 된다. 현생 인류인 호모 사피엔스 사피엔스(Homo Sapiens Sapiens)가 되면 이미 동굴 벽화와 같은 관례화된 예술 행위가 나타나고,(이 역시 사냥의 격렬함과 감동과 자랑스러움을 기억하기 위함이다.) 이를 전문적으로 담당하는 사람이나 집단이 생겼을 것으로 추측한다.

선사시대의 예술로 그림이나 공예품만 남아 있는 것은 어쩔 수 없는 일이다. 그나마도 돌이나 단단하게 구운 흙으로 된 것만 남아 있다. 나무로 만든 것조차 탄화(炭化)된 형태로 겨우 남았을 뿐이다. 그들이 부르던 노래, 그들이 전승하던 이야기, 그들이 추던 춤은 하나도 남아 있지 않다. 그렇다고 해서 그것들이 없었다고 말할 수 있을까? 그들의 거주 흔적을 보면 형식이 잘 갖춰진 제의가 있었음을 알 수 있고 그들이 남긴 그림에서 축제와 같은 의식을 엿볼 수 있다. 오늘까지 전승되거나 재구성한 고대 민요와 신화는 문자가 발명되기 전의 문학 행위를 여실히 보여 준다. 원숭이나 돌고래의 소통에도 즐거움이나 여타의 감정을 표시하는 소리가 있는데, 언어를 사용하기 시작한 인류가 그 미적 사용을 외면했을 리 없다.

미적 사용만으로 예술이 되지는 않는다. 그저 예술의 씨앗만 숨어 있을 뿐이다. 모든 작품은 예술적인 형식(그들을 표현하는 기법도 포함하여)과 그 안에 담은 내용(때로는 기능이 되기도 한다)으로 구성된다. 여기에 해당 갈래의 문법과 역사·관습이 더해짐으로써 우리가 인지할 수 있는 예술 갈래가 형성된다. '시'라고 하면 운문이 가장 전형적인 형식이고, 그 안에 개인·사회의 꿈과 정서를 담음으로써 예술 갈래가 완성된다. 서양 전통에서 시는 미메시스와 포이에시스, 테크네의 결합으로 보는데, 이때 mimesis는 재현, poiesis는 창조, techne는 기술을 의미했다. 미메시스가 기억하면 포이에시스는 그로부터 내용을 끌어내고, 테크네가 거기에 형식을 부여했다. 곧 기억으로부터 새로운 내용을 새로운 형식으로 형상화하는 것이 시다. 시는, 가장 오래된 예술의 하나다.

현대 예술은 순수 – 응용, 시간 – 공간, 구상 – 추상 등 다양한 기준으로 나눈다. 그 초점이 감각인가 상징인가, 서사 중심인가 이미지 중심인가, 고정된 텍스트로 존재하는가 유동적인 공연으로 존재하는가도 중요한 구분 기준이다. 하나의 매재에 의존하는 단일 양식과 여러 매재를 활용하는 복합 양식도 있고, 고급 – 대중, 개인 – 집단 예술도 있다. 곧 예술의 개념은 열려 있고 그 담론은 양적으로 확산하고 질적으로 심화하는 중이다.

한편으로, 예술을 순수 예술과 교양 예술로 나누는 경우도 있다. 이 구분은 외물의 감각만을 활용하는 1차 예술과 상징 체계를 활용하는 2차 예술의 구분과 겹치며, 교양 예술은 인문학으로 곧장 이어진다. 문학(시·소설·희곡 등)이 대표적이다. 문학이 교양 예술이자 2차 예술이며 인문학과 병행하는 이유는 그 매재가 언어이기 때문이다. 다른 예술 갈래들과 달리 문학의 매재는 외물 그대로가 아니라 인간이 만들어낸 상징물이다. 그리고 거기에는 인간의 역사와 삶이 각인돼 있다.

예술 생태계에서 시는 어떤 위치를 지니나? 이른바 시적 요소, 또는 시성(詩性)이란 무엇인가? 시와 다른 예술 또는 시와 일상생활의 교배는 어떻게 이루어지나? 하는 점이 예술로서의 시교육에서 중점적으로 봐야 할 문제다. 시가 어떤 상상력과 심미안에 기초하여 미적 체험을 이끌어내는지, 시로 형상화한다는 것이 무슨 뜻인지에 관한 숙고가 필요하다. 특히 시적 감동의 보편성과 고유성·일회성은 교육이 반드시 짚고 넘어가야 할 문제다. 모든 시 읽기가 똑같거나 시 읽기가 독자마다 '단 한 번' 이루어진다면 교육은 불필요하거나 불가능하기 때문이다. 예술로서 시 읽기는 어떤 모습인가.

지금 그 사람 이름은 잊었지만
그 눈동자 입술은
내 가슴에 있네.

바람이 불고
비가 올 때도
나는
저 유리창 밖 가로등 그늘의 밤을
잊지 못하지

사랑은 가고 옛날은 남는 것
여름날의 호숫가, 가을의 공원

그 벤치 위에

나뭇잎은 떨어지고

나뭇잎은 흙이 되고

나뭇잎에 덮여서

우리들 사랑이

사라진다 해도

지금 그 사람 이름은 잊었지만

그 눈동자 입술은

내 가슴에 있네.

내 서늘한 가슴에 있네.

- 박인환, 〈세월이 가면〉

시 자체뿐 아니라 노래도 유명하고 시와 노래의 창작 과정도 유명하다. 박인환이 명동의 작은 선술집에서 즉흥적으로 시를 쓰고, 함께 술을 마시던 이진섭이 즉석에서 곡을 붙이며, 마침 합석 중이던 가수 나애심이 앉은 자리에서 노래하여 좌중을 감동시켰다는 전설이 있다.(전하는 이에 따라 세부 정보가 조금씩 다르기는 하지만.) 당대의 천재들이 어둑한 술집에 모여 앉아 뚝딱, 예술의 곳간에서 사과 하나를 훔쳐내는 장면은 신비롭기까지 하다. 박인환이 이 시를 쓰고 일주일 뒤에 죽었다는 이야기가 덧붙여지면 어찌 전설이 되기에 충분치 않으랴. '박꽃 기린 여자'라고 스스로 이름 붙였던 가수 박인희가 역시 박인환의 시 〈목마와 숙녀〉와 함께 이 노래를 부른다[歌]기보다 낮게 읊조려[吟] 사람들의 마음을 적심으로써 두 사람이 친척이 아니냐는 오해를 받았던 것은 훨씬 뒤의 일. 이 모두가 시라는 예술을 두고 벌어진 일이다.

이 시는 기억의 문제를 다루고 있다. 그것도 역사의 기억과 문학의 기억을 대비한다. 이미 잊어버린 "그 사람 이름"이 역사적 기억이라면 지금도 내 가슴에 있는 "그 눈동자 입술", "저 유리창 밖 가로등 그늘의 밤"은 문학적 기억이다. 역사는 사라져도 문학은 남았다. 그것도 어렴풋한 분위기만으로 남은 것이 아니라 가슴에 서늘하게 남았다. "바람이 불고/ 비가 올 때도" 남았고(시간) "여름날의 호숫가, 가을의 공원"에도 남았으며(공간) "우리들 사랑이/ 사라진다 해도" 남았다(상황). "나뭇잎은 떨어지고/ 나뭇잎은 흙이 되고/ 나뭇잎에 덮여서/ 우리들 사랑이/ 사라진다 해도" 남을 것이다. 남아야 한다. 무수한 세월이 흘러도 기억은 새록하고 사라진 사랑은 내 가슴에서 영원히 타오른다. 그래서 제목이 '세월이 가도'가 아니라 '세월이 가면'인지도 모른다. 세월이 가'도' 잊히지 않는 사랑이 아니라 세월이 가'면' 짙어지는 사랑이기에. 시간을 극복하는 정도를 넘어 시간의 아픔을 역설적으로 드러냈는데, 예술 외에 이런 내용을 이렇게 압축적으로 표현하는 방법을 인류는 아직까지 찾지 못했다.

시는 그 자체로 예술일 뿐 아니라 다른 예술들과 연합해서 또 예술이다. 〈세월이 가면〉이 문자 상태로 시집의 한 페이지만 차지하고 있는 경우와 그 쓸쓸한 멜로디의 노래로 만들어졌을 때, 독자/대중의 반응은 크게 달라진다. 여기에는 언어로 짜인 '시의 구성'과 언어와 음악이 한 몸이 된 '노래의 구성'이라는 두 겹의 구성이 있다.[7] 예술이 브룩스의 말대로 '잘 구워진 항아리'여서 한 점의 더함도 덜함도 허용하지 않는다고 하면, 박인환의 시

김환기는 김광섭의 시에서 어떤 영감을 받아 이 그림을 그렸을까

에 이진섭이 멜로디를 '더했다'는 말 자체가 성립이 안 되리라. 이진섭은 박인환 시에 영감을 받아서 온전히 새로운 예술을 창조한 것이어서, 시가 없이 노래가 성립할 수는 없지만 그래도 시와 노래는 온전히 다른 별개의 작품인 것이다. 김광섭의 시 〈저녁에〉에서 "어디서 무엇이 되어/ 다시 만나랴"라는 한 구절을 빌려다 김환기가 같은 제목의 그림을 그리든 또는 유씨 형제들이 결성한 듀엣 유심초가 그 제목으로 노래를 만들든, 모든 예술 작품

---

7 '음악만의 구성'도 거론할 수 있겠지만, 애초에 음악이 시를 전제로 만들어졌기에, 시가 없으면 음악도 사라지기에 음악만의 구성은 성립할 수 없다. 이는 마치 구노가 바흐의 〈평균율 클라비어 곡집〉의 한 전주곡에 피아노 멜로디를 입힌 〈아베마리아〉를 두고 '바흐의 구성과' '바흐-구노의 구성'은 이야기할 수 있어도 바흐 없이 '구노만의 구성'을 이야기할 수는 없는 경우와 같다.

은 세상에 단 한 번 존재한다.

이 유일성, 복제 불가능성, 원작의 아우라를 보기 좋게 깨는 것이 시를 포함한 문학이다. '육필 원고'야 당연히 유일한 텍스트겠지만 그것은 수집가에게나 가치가 있을 뿐, 언어 예술의 미적 가치는 육필 원고나 초판본이나 재판, 삼판본이나 차이가 없다. 시집에서 들어내서 다른 어느 곳에 가져다 놔도 마찬가지다. 다만 작품을 감상하는 독자의 맥락이 영향을 줄 뿐이다. 이에 대해서는 다시 생각해 보기로 하자.

> ▶ **교실을 위한 질문 — 가장 오래된 예술로서의 시**
>
> 1. 시와 다른 예술의 공통점과 차이점을 말해 보자.
> 2. 김광섭의 〈저녁에〉, 유심초의 〈어디서 무엇이 되어 다시 만나랴〉, 최인훈의 〈어디서 무엇이 되어 만나랴〉, 김환기의 〈어디서 무엇이 되어 다시 만나랴〉를 감상해 보자. 이들 사이를 관통하는 상념(想念)은 무엇인가?
> 3. 시가 단순한 미적 표현에서 '예술'로 넘어가는 경계는 무엇이라고 생각하는가?

35
상징 예술의 가치 구현하기

시는 언어를 매재로 하는 상징 예술로서,
모든 예술들 사이의 가교 역할을 한다.

예술이 어떤 목적이 있어서 탄생한 것은 아니다. 개인에게 미적 본능이 있듯이 인류라는 종(種)에도 집단적인 미(美)의 본능이 있으며, 그것이 형식을 갖추어 자연스레 예술로 발전했다고 보면 된다. 만일 태양계 밖의 어느 행성에 생명체가 있어서 몇 억 년 동안 진화했다면, 그래서 그 생명체가 외부의 환경과 사물을 지각하고 개체의 의지를 외물에 투사할 수 있게 되었다면, 그리고 그런 개체의 의지가 집단적으로 발휘될 수 있다면, 그곳에서도 예술은 탄생할 것이다. 비록 그 예술이 지구의 예술과는 형태나 표현 양식이 다르더라도 가치와 기능은 유사하지 않겠나.

예술을 어떤 목적 아래에 두는 것은 예술의 속성이 아니라 그것을 만들고 유통시키는 사회의 속성이다. 아무리 순수한 예술이라도 그 토대가 되는 사회·경제적 조건, 나아가 정치적 조건이 있기 때문이다. 고대 예술은 부족장 시대의 생산력 위에서 가능한 범위로 발전했고 중세, 근세도 그러하다. 왕가와 귀족의 지원이 없었다면 바로크도 로코코도 없었을 것이고, 민중 예술인 판소리나 잡가, 마당극은 양반·중인 계층의 지원으로 연행되고 발전했다. 그렇더라도, 바로크 음악은 결코 왕가의 명예를 위해 탄생하지 않았고 판소리 역시 양반 사회의 은폐된 욕망을 만족시키기 위해 탄생한 것이 아니다. 예술은 그 자체에 존재 이유가 있다.

하지만, 다르게 보면 사회 없이 예술이 불가능한 것도 사실이다. 칸트 식의 '무목적성의 목적성'이나 19세기에 흥성했던 예술지상주의도 있으나, 그런 유미적 입장은 예술 철학에서 아무리 중요하게 논의되더라도 실제 사회에서 널리 통했던 적은 없다. 예술의 지위를 한껏 높인 탐미주의/유미주의의 시도는 극히 소수의 선택받은(gifted) 엘리트 사이에서만 공유됐을 뿐이다.

예술이 그 자체로서 가치를 지니든 사회와의 관련 아래 가치를 얻든, 모종의 가치를 지닌다는 점만은 사실이다. 그러니 예술의 가치를 어떻게 판단하는지부터 찬찬히 따져 보자. 예술과 인간, 예술과 사회의 관련을 준거 삼아 살펴보면 크게 두 측면의 가치를 찾아낼 수 있다. 하나는 예술이 수면 아래에서 수면 위로 올라오는 과정과 그 결과에 주목한 발생적(generative) 가치이고, 다른 하나는 그렇게 생산된 예술을 가지고 인간이 무엇을 하느냐 하는 효용적 가치이다. 군이 대비하자면 발생적 가치는 예술의 본성에 더 치중하고 효용적 가치는 예술의 부가적 기능을 중시하는 차이가 있다. 예술이 가치와 무관하다는 일부의 주에도 불구하고 모든 예술 작품은 창작 과정에서 이미 가치가 생성되고 완성된 작품마다 다른 가치를 지닌다.

발생적 가치는 다시 두 측면에서 살필 수 있다. – 우선 작가 측면에서,

그리고 작품 측면에서. 작가가 어떤 과정을 거쳐, 어떤 기제로 시를 쓰는지를 따져서 작가 측면의 가치를, 작품이 어떤 구조로 구성되어 있는지를 따져서 작품 측면의 가치를 살피면 된다. 우리에게 익숙한 구분을 따르면 표현론적 접근과 존재론적 접근이다. 이 두 측면에서 시의 가치를 판단하고 가치를 부여하는 일은 대체로 비평가의 몫이다.

작가 측면에서의 가치화로 더 들어가 보자. 시를 포함한 문학은 기본적으로 언어화와 예술화의 두 단계를 거쳐 창작된다. 당연한 얘기지만 언어화만 거치면 문학이 되지 못한다. 예술화만 거치면? 언어가 아니기 때문에 역시 문학의 범주에 들지 못한다.[8] 시인은 추상적이든 구체적이든 어떤 대상에 관한 자신의 '생각과 느낌' – 이는 교육용으로 단순화된 용어다. 하지만 필자는 전문가를 위해서도 이보다 더 적확한 용어를 찾지 못하겠다. – 을 언어로 표상하고 이를 예술로 형상화한다. 표상과 형상화에서 언어 예술이 나온다.

소쉬르의 탁월한 견해대로, 언어화는 선택과 결합의 문제이다. 이미 만들어져서 펼쳐져 있는 어휘 목록과 이미 완성된 상태로 놓여 있는 문법을 활용하여 의미있는 문장을 만드는 것이 언어화다. 이때 유한한 목록과 한정

---

8 사실 그리 간단한 문제는 아니다. '무언극이 문학인가?' 하는 질문을 던져 보자. 언어로서 발화 (쓰기까지 포함하여 사용한다)되어야만 문학이라는 관점과, 하나의 텍스트가 서사를 구성하면 문학으로 볼 수 있다는 서로 반대되는 관점을 대비할 수 있다. 이에 대해 답을 내리기 전에 존 케이지의 〈4분 33초〉라는 음악(?)을 감상해 보자. 이 곡의 '악보'에는 4분 33초 동안 피아노 앞에서 건반을 건드리지 말고 앉아 있으라는 내용만 적혀 있다. 정확하게 4분 33초. 이는 절대 온도 영하 273도를 분·초로 환산한 시간이다. 1초라도 더 앉아 있거나 덜 앉아 있으면 '연주' 가 잘못된 것이다. 청중 역시 그 시간 동안 들리지 않는 연주를 감상한다. 이것도 음악인가?–음 악인지 아닌지는 모르겠지만, 음악사상 가장 유명한 '음악'이다. 그렇다면 언어가 없는 '문학', 예컨대 무언극은 어떤가?

된 규칙으로 무한한 텍스트를 만들어 낸다는 언어의 창조성이 작용함으로써 언어는 단순한 반복을 넘어선다. 물론 오랑우탄을 학습시켜 단어 카드의 의미를 이해하고 그들을 조합하여 문장을 만들어 내도록 하는 실험이 여러 번 성공하기도 했다. 하지만 그들이 학습하는 단어의 수는 몇 백 개에 불과하고, 무엇보다도 만들어 내는 문장이 이어문(二語文) 또는 삼어문(三語文)에 불과하여 조합 가능한 문장의 수도 몇 십 개를 넘지 못했다. 그에 비해 인간 아이는 한계가 열려 있다.

구조주의자들이 얘기하는 언어의 창조성은 딱 이 수준까지다. 언어의 형식 논리라고나 할까. 컴퓨터에 단어의 목록을 입력하고 선택과 결합에 관한 알고리즘을 적용하면 생성되는 문장이다. 그런 문장은 정확한 단어를 사용하고 문법적으로 오류가 없더라도 마치 억양 없이 기계음으로 재생하는 안내 방송처럼 딱딱하다. 최근에는 비유적 표현이나 유머까지도 서버에 넣어 두고 그 사용법을 학습시켜서 사람이 쓴 것과 거의 흡사한 글을 쓰는 수준에 이르기는 하였다. 일본의 문학 공모에 AI가 쓴 소설이 예심을 통과하기도 하고 2018년 한국에서는 아예 AI(가 쓴) 문학 공모를 열기도 하였다. 언젠가는 문학의 튜링 테스트를 통과하는 작품도 나올 것이다. 하지만 여전히, 그 텍스트는—텍스트의 구조와 텍스트에 사용된 표현들은 서버 안에 저장된 기성의 것들이다. 선택과 결합의 재료가 풍부해지고 방식이 정교해졌을 뿐이다.

언어의 창의성은 저장돼 있는 레지스트리와 알고리즘을 빠른 속도로 적용하는 양·속도·결과의 창의성을 넘어, 레지스트리에 새로운 항과 새로운 알고리즘을 추가하고 프로그램의 유연성을 강화하는 질·진폭·과정의 창의성으로 한 단계 시프트업 할 수 있다. 구조의 창의성을 차원의 창의성으로 전환하는 것이다. 문학, 그중에도 시가 그 전환점이 되리라고 전망한다. 예술화다.

언어화가 다분히 내용에 무게중심이 있다면 예술화는 형식 부여와 표현의 문제가 된다. 같은 내용을 어떻게 창조적으로 표현하는가, "아 다르고 어 다르다."는 속담을 어떻게 예술의 경지까지 끌어올리는가가 언어 예술인 문학의 고민이다. 당연히 창조성과 함께 심미성이 작동한다. 인생의 진리든 과학의 법칙이든, 가장 창조적인 표현은 가장 아름다운 법이다.

창조성이 선택과 결합의 '차원 시프트 업'과 관계된다면 심미성은 미에 관한 인간의 보편 관념과 문화적 관례에 따라 탄생한다. 곧, 보편적인 – 이는 아마 전 우주에 보편적일 가능성이 높은데 – 미의식과 문화적인 미의식이 바탕이 돼서 텍스트에 '단 한 번' 실현되는 창조적 미가 만들어지는 것이다. 이 미의식은 텍스트의 존재 양상과 그로부터 미를 발견하는, 또는 부여하는 인간의 조건에 따라 시간적, 공간적, 심리적으로 탄생한다. 예컨대 시간적 심미성은 성장(과 퇴락), 상승과 하강, 긴장과 이완, 만남과 헤어짐, 모임과 흩어짐, 상황·문제 제시와 해결, 갈등과 해소, 점진적 변이, 순환 등 시간 전개에 따른 플롯에서 나온다. 김소월의 〈산유화〉와 서정주의 〈국화 옆에서〉는 공통적으로 사계의 순환을 일부 변형하여 미를 완성하였고, 임화의 〈우리 오빠와 화로〉와 백석의 〈여승〉은 역동적인 사건을 시의 (상대적으로) 짧은 구도 안에 압축하여 넣음으로써 독자의 상상력을 만족시켰다.

한편으로 공간적 심미성은 균형, 비례, 대칭, 대비, 반복, 병렬, 확장과 축소 등에 의해, 심리적 심미성은 숭고·우아·비장·골계의 미의식이나 喜怒哀樂愛惡慾의 감정선, 기대의 충족과 배신, 무엇보다도 대상에 대한 애정과 애착에서 탄생한다. 〈산유화〉가 중간을 기준으로 정확하게 대칭을 이룬다든지[9] 〈국화옆에서〉가 균일한 형태의 반복(1 · 2 · 4연) 속에 변이형을 제시하여(3연) 연 단위의 리듬감을 주는 예가 공간적 심미성이고, 〈여승〉에서 여인의 머리오리가 눈물방울과 같이 떨어지는 것은 비애와 감정이입에 근거한 심리적 심미성이다. 이 모든 특성은 언어로서 시가 지니는 예술성의 근거가 된다.

한편, 시 행위는 상징으로 이루어진 작품에 맥락을 부여하여 단 한 번뿐인 의미를 구성한다. 여기서 텍스트를 넘어 독자가 전면에 나서게 된다. 효용적 가치다.

효용적 가치는 독자에게서 한 번, 문화로서 또 한 번 실현된다. 독자에게는 인지 · 정서적 자극, 정서 순화와 카타르시스, 기억의 환기와 재구조화(왜곡 · 미화도 포함하여), 대상을 보는 시야나 태도의 변화, 그리고 당연히 내용 지식의 함양까지 다양한 미적 가치를 실현한다. 그리고 문화 면에서는 구성원의 공동 정서 형성, 공동의 기억 전수 등으로 가치를 증명한다. 다음 시를 보자.

달 그늘에 잠긴

비인 마을의 잠

사나이 하나가 지나갔다

붉게 물들어

---

9 〈산유화〉를 세로쓰기로 표기하면 오갈 데 없이 호수에 비친 산의 모습이 된다. 화면(?) 상단에 가로로 나열된 글자들이 가상의 호수면이 되고, 그 아래로 시행들이 '뒤집어진 뫼 산(山)' 자 형태로 늘어져 있다. 좌우 대칭이자 은폐된 상하 대칭이다.

발자욱 성큼

성큼

남겨 놓은 채

개는 다시 짖지 않았다

목이 쉬어 짖어 대던

외로운 개

그 뒤로 누님은

말이 없었다

달이

커다랗게

불끈 솟은 달이

슬슬 마을을 가려 주던 저녁

– 김명수, 〈월식〉

　우리 시에서 '달'에 관해 이처럼 암시적이고 이처럼 유혹적으로 묘사한 시를 찾기란 쉽지 않다. 약간 에로틱한 느낌까지 주는 이 시는 '달 : 월식', '사나이 : 발자욱'의 대비를 '외로운 개'와 '붉게 물들어+불끈 솟은'으로 묶어서 보여 주고 그 중심에 '누님'을 둠으로써 환상적이고 처연하며 몽환적이고 무서운 이미지를 만들어 냈다. 여기서 '달'이 무엇을 상징하는지, 개가 짖는 일이 무슨 뜻인지는 각자가 알아서 상상할 일이다. 비평가는 작품에 쓰인 단어와 그들의 결합인 표현, 그리고 달에서 누님까지 이어지는 심미 체험을 자신의 말로 풀어서 쓸 뿐이다.

이 작품의 발생적 가치는 명료하다. 시인은 자신의 상념을 '월식'이라는 자연 현상에 빗대어 표현했고, 작품은 그대로 붉은 빛을 띤 채 하늘과 땅, 자연과 사람 사이를 오가며 자기만의 독특한 분위기를 자아낸다. 얼른 의미를 이해하기 어려운 이런 작품도 효용적 가치를 지닐까? – 당연히, 그렇다. 이런 질문은 '효용적 가치'의 의미를 너무 좁게 해석해서 나오는 질문이다. 효용을 구체적인 쓸모쯤으로 여기면 난해시나 순수 서정시는 효용 가치가 낮다고 볼 수 있다. 하지만 여기서의 효용은 말 그대로 '무용(無用)의 용(用)'이고 '무위(無爲)의 위(爲)'다. 독자가 작품을 읽으면서 떠올리는 상념과 반응, 구체적으로 어떤 회한이나 달뜸 같은 것들이 효용이고 그런 반응을 공유하는 것도 효용이다. 독자가 이 작품을 읽기 전과 읽은 후에 어떤 식이든 상태 변화가 있다면, 그 변화한 만큼이 작품의 가치가 된다.

그렇다면 시교육은 어떠해야 하는가? 시가 하나의 종합 예술이자 수행 예술이라면, 심미적 상상력과 예술의 관습 등이 서로 조응해서 가치를 만들어 낸다면, 시교육은 학생들이 그런 가치를 이해하고 구현하기를 원해야 한다. 특히 가장 복잡하고 정교한 상징 체계인 언어의 특성을 가장 창조적이되 모호한 예술로 전화하는 경험을 해 보도록 이끌어야 한다. 그러기 위해서는 양·속도·결과의 창조성과 질·진폭·과정의 창조성을 동시에 느끼도록 하는 전략이 필요하다. 울림을 위한 시교육의 방향이다. 그리고 그 핵심에는 이런 창조성을 한데 묶도록 하는 상상력이 있다.

문학 교사는, 나아가 국어 교사는 예술 교사가 될 수 있을까? '가르치는 것도 예술'이라는 말이 있기는 하지만 그때의 예술이 기예에 가까운 의미임은 이미 알고 있다. 또한 언어의 이지적·분석적 속성이 끊임없이 예술화를 저어하는 것도 알고 있다. 시의 예술적 속성은 음악이나 미술과 비교하여 확실히 다르다. 그 '다름'을 넘어 시를 예술의 자리에 안착시키는 것은 한 차원 높은 교양 예술·2차 예술·상징 예술의 속성에 기초해야만 가능하리라.

▶ **교실을 위한 질문 ― 상징 예술의 가치 구현하기**

1. 국어 교사는 예술 교사가 될 수 있을까? 거꾸로, 예술가로서의 시인은 좋은 교사가 될 수 있을까?
2. 2차 예술·교양 예술·상징 예술로서 시는 어떤 가치를 지니는가?
3. 시교육의 예술교육적 특성을 극대화하려면 어떤 점에 유의해야 하는지 말해 보자.

3장
시와 인문적 삶 : 삶에 관한 질문과 '깨침'으로서의 시

    하늘을 다루는 학문이 천문학(天文學)이고 사람을 다루는 학문이 인문학(人文學)이다. 이 말들은 '문(文)'으로써 하늘과 사람이 서로 통하여 하늘의 뜻이 말로 드러나고 사람의 살이도 말로 빚어진다는 점을 보여 준다. 그 핵심이 언어·문학, 역사, 철학 — 뭉뚱그려서 문사철(文史哲)이다. 이 말의 기원은 그리 오래되지 않았고 전거도 흐릿하지만, 오늘날 지성, 인성, 교양 등을 나타내는 대표적 표지가 되었다. 이공계든 사회계든 인문 소양은 기본이다.

    시가 언어로 구성된 예술이자 언어로써 이루어지는 인문 행위라는 점은 재삼 거론할 필요가 없다. 여기서 중요한 것은 시의 매재인 언어가 물리적 측면과 심리적 측면, 사회·문화적 측면을 모두 가진 기호라는 점이다. $E^\flat$의 음을 선택하거나 시안블루 색을 선택하는 일과 '모닥불'이라는 시어를 선택하는 일은 차원이 다른 일이다. 오죽하면 한 사람의 언어는 그가 이해하는 세계의 전부라는 말을 하겠는가. 또한 시가 인지적 측면과 정서적 측면을 동시에 지니는 텍스트라는 점도 중요하다. 사학이나 철학이 객관성과 논리성에 경도되는 것과 비교하면 시를 포함한 문학은 인간 심리의 양면을 균형 있게 다루어 훨씬 포괄적이다.

　공자는 "시를 배우지 않으면 세상에 관해 말할 내용이 없다.(不學詩 無以言)"고 하였다. 자기 아들에게 한 말이니 사실일 게다. 어디 세상뿐이겠는가. 그 전에 자기 자신도 살필 수 있는 길이 시를 배우는 일이다. 말하자면 시는 스스로를 살피고 찰나의 순간에 세상의 비밀을 엿보는 마법의 거울이 된다. 이 모두 시가 삶과 포괄적으로 연계된 인문 예술이기 때문이다. 좋은 시가 세상과 삶에 관하여 진정한 깨우침을 준다면, 시교육은 학생들은 그 길로 어떻게 이끌 것인가.

36
문사철의 시학

시인이 시대의 선지자이자 광야의 예언자라면,

그럴 만한 이유가 있을 것이다.

시에 관한 논의는 서양에서는 아리스토텔레스의 『시학』으로 거슬러 올라간다. 물론 『시학』은 현대적 의미의 시 이론이라기보다 비극과 희극에 관한 이론이기는 하지만, 시와 극을 넘어서 문학 전반에 관한 최초의 체계적 이론서로 의미가 깊다. 더 놀라운 것은 그가 거기서 말한 모방론이라든지 카타르시스 이론, 플롯 이론 등이 현대에도 여전히 의미가 있다는 점이다. 그는 문학의 가장 본질적인 문제에 관해 가장 보편적인 견해를 남겼다.

하지만 그보다 먼저 시에 관해 자신의 생각을 드러낸 철학자가 있는데, 바로 플라톤이다. 소크라테스의 제자이자 아리스토텔레스의 스승으로 알려진 플라톤은 『국가』에서 시(문학)의 모방적 특성을 체계적으로 비판하였다. 저 유명한 이데아론이 그 출발점이다. 그의 논리에 따르면 현상은 이데아의 그림자로서 이데아를 저급하게 모방한 것인데, 언어는 다시 그 현상을 모방함으로써 이데아를 이중으로 타락시킨다. 목수가 재료나 도구의 조악함으로 인해 '탁자의 이데아'를 현실에 구현할 수 없듯이, 인간의 언어는 그 자체의 한계로 인해 이데아는커녕 '이데아를 모방한 현상'조차 있는 그대로 묘사하지 못하는 것이다. 언어가 개입하는 순간 진리는 때가 묻을 수밖에 없다. 그 언어로 다시 시(문학)라는 성을 쌓으니, 그 성은 그야말로 모래의 성이 될 수밖에. 이데아로부터 현상으로, 현상에서 언어로, 다시 시로 무려 세 단계나 추락해 버린 것이 시의 본성이다. 그런 주제에 사람들의 감정을 움직여서 울고 웃고 사랑하고 분노하게 만드니 이처럼 요사한 것이 없다. 그가 만든 철인 국가에 시인을 들일 자리가 없는 것은 당연한 일이다. 유명한 '시인 추방론'은 이렇게 완성된다.

사제지간인데, 플라톤은 시인을 멀리하라 하였고(사실은 그도 자주 시에 심취했다고 하지만.) 아리스토텔레스는 그에 반기를 들었다. 아리스토텔레스가 볼 때 이데아와 현상에 관한 스승의 말이 옳다 하더라도, 시는 이데아로부터의 거듭된 타락이 아니라 잃어버린 이데아를 회복하게 해 주는 사다리가 될 수 있었다. '현상 → 언어 → 시'의 연속된 모방을 타락이 아니라 이데아로의 회귀 노력으로 본 것이 아리스토텔레스의 탁월함이다. – 인간은 시를 가짐으로써 잃어버린 이데아를 꿈꿀 수 있다! 통상 플라톤은 교훈설로, 아리스토텔레스는 쾌락설로 대비하는 경우가 많은데, 그런 대비는 이들의 관계를 단순하게 보여 준다.

여기서 유의할 점 – 플라톤이든 아리스토텔레스든 공통으로 인정하는 전제가 있는데, 그것은 "시가 인간의 정신과 행동에 영향을 끼친다."는 점이다. 플라톤은 철학의 입장에서 그 관념적인 특성을 주목한 것이고 아리스토텔레스는 미학의 입장에서 그 심동적인 힘을 강조한 차이가 있을 뿐이다. 시는, 고대 희랍 시대부터 지금까지 인간의 정신과 행동에 미치는 영향을 두고 꾸준히 논란이 돼 온 어떤 것이다.

동양으로 오면 플라톤과 아리스토텔레스의 대비가 『시경(詩經)』과 『초사(楚辭)』의 대비에서 비슷하게 나타난다. 시대로 보면 공자(B.C 551~479)가 플라톤(B.C. 428~347)[10]보다 백 년 이상 앞섰으니 오히려 이 대비가 그리스에서 비슷하게 나타난다고 하는 것이 맞겠지만, 굴원(B.C 343?~278?)이 플라톤보다 또 백 년 가까이 늦으니 어느 것이 앞이고 어느 것이 뒤인지는 중요하지 않겠다.

공자가 무엇이라 했는가? – "(『시경』에 실린)시 삼백여 편을 한 마디로 정리하면, 모두 삿됨이 없는 생각들이다.(詩三百 一言而蔽之曰 思無邪)" 『논어』 「위정」편에서 한 말이다. 『시경』에서는 "시라는 것은 뜻이 가는 바를 따르니, 마음에 두면 뜻이 되고 말로 내면 시가 된다.(詩者 志之所之也 在心爲志 發言爲詩)"라 하기도 하였다. 시란 한 마디로 말해 '순수한 생각이 말로 표현된 것'이라는 뜻이다. 전형적인 재도적(載道的) 시관이다. 물론 공자가 말한 '시'가 오늘날의 시와 꼭 같다고 할 수는 없으나, 시 – 넓게 보아 문학이 '思'와 '志'에 관계된다고 본 점만은 틀림이 없는 것 같다. 그래서 "詩 可以興 可以觀 可以群 可以怨 邇之事父 遠之事君 多識於鳥獸草木之名(『논어』 「양화」편)"이라고까지 하였다. 흥하고 관하고 군하고 원하도록 하고, 가까이는 부모를 공경하고 멀리는 임금을 섬기도록 하며, 조수와 초목, 곧 세상에 관해 알게 해 주는 것이 시이다. '興·觀·群·怨'을 어떻게 해석하는지는 사람에 따라 다르겠지만 나는 그것을 '즐기면서 깨치고 어울리면서 비

---

10 자료에 따라 생몰 연대 모두 앞뒤로 몇 년 편차가 있다.

판하는 것'으로 푼다. 대상의 의미를 즐기고 깨치는 것은 개인의 성정이고 남과 어울리면서 불의(不義)·불인(不仁)을 참지 못하는 것은 사람들 사이의 일이다. 또한 깨치고 어울리는 것은 생각의 소관이요 즐기고 참지 못하는 것은 마음이 하는 일이다. 곧 사람이 개인과 사회, 인지와 정의 면에서 제 몫을 다하도록 돕는 것이 시라는 것이다. 나아가 '事父'는 사적이고 '事君'은 공적이며 '鳥獸草木'은 삼라만상을 가리키니, 인의도덕과 세상에 관한 이치도 시 안에 모두 담겨 있다. 이것이 공자가 『시경』 삼백 편을 엮으며 한 말이다.

그에 비해 〈離騷〉로 대표되는 굴원의 『초사』는 개인과 정서의 측면을 더 강조한다. 강북과 강남의 문화적 분위기 차이도 있고 공자와 굴원의 성격 차이도 있겠으나, 어쨌든 이 둘의 차이는 두자미(杜子美)와 이태백(李太白), 유가시와 도가시, 도학파와 사장파 등 여러 변주를 낳으며 시의 본질에 관한 두 견해를 대표하여 보여 준다. 교훈설과 쾌락설, 형이상학파나 리얼리즘 시론과 예술지상주의의 대비도 이 틀을 참고하여 해설할 수 있다.

우리나라의 시문학 전통은 대체로 전자에 있다. 시를 웅혼(雄渾)한 시와 전아(典雅)한 시로 나누되 '웅혼'을 '전아'보다 한 길 위로 치는 관점이다. 각각 시성(詩聖)과 시선(詩仙)으로 추앙받는 두보와 이백 중 왜 두보의 시는 두 번이나 번역하여 출간하면서[杜詩諺解] 이백의 시는 한 번도 그리하지 않았는가? ─ 유가의 사대부들이 도학적·리얼리즘적인 두보의 시를 과장이 심하고 영탄적이었던 이백의 시보다 높게 쳤기 때문이다. 이 입장에서 시는 인간 정신의 예각을 보여 주는 자료이고, 시를 쓰거나 읽으려면 인간에 대한 이해, 곧 인문학적 사고가 바탕이 되어야 했다. 이몽룡이 '春塘春色古今同'에 관한 시 한 수를 쓰고 "자자이 비점(批點)이요 구구이 관주(貫

珠)"를 받아 어사가 될 수 있었던 것도 조선 사회가 시를 인문 정신의 극의를 보여 주는 것으로 여겼기 때문이다.

이처럼 시가 인문학적 속성을 띠는 이유는 여러 철학자, 미학자의 논지에서 쉽게 유추할 수 있다. 타락하기는 하였으나 이데아 또는 도(道)의 적자(嫡子)이고 이데아/도로 회귀할 수 있는 열쇠를 시가 숨기고 있기 때문이다. 물론 그 핵은 언어다.

언어로서의 시는 다른 예술들이 감각에 의지하는 데 비해 상징에 의지한다는 특성이 있다. 시의 매재가 소리·색·형태·질감(texture)·공간 등의 물리적 자극이 아니라 '언어'라는 상징 체계이기 때문이다. 시는 (나아가 문학은) 모든 잠재력이 언어라는 매재로써 표출된다. 언어는 인간의 머릿속에 있을 뿐 물리적으로 지각할 수 없으며,[11] 대상과 필연적으로 연결되는 것이 아니라 단지 상징 또는 체계로서만 존재한다. 언어는 시/문학의 출발점이자 중간 경유지이고 최종 도달점이다.

언어와 사고 – 논지를 선명히 하기 위해 '의식'이라고 해도 된다. – 의 관계에 대해서는 여러 설이 있다. 널리 알려진 사피어와 그의 동료인 워프가 내세운 가설, 사피어 – 워프 가설(사실은 워프가 사피어를 참고하여 고안한 가설이기 때문에 '워프 가설'이라고 하는 것이 더 정확하기는 하다. '마르크스주의', '레닌주의', '마르크스 – 레닌주의'가 실체는 다 비슷한 사례와 같다.)에 따르면 한 언어의 구조는 그 언어를 사용하는 사람들의 의식을 규정한다.(또는 규정하는 경향이

---

11 우리가 듣고 읽을 수 있는 그것은 언어가 '말'이나 '글'이라는 외장을 입은 것이지 언어 자체는 아니다. 소쉬르를 끌어오자면, 우리는 빠롤을 지각하여 랑그를 구성해 낸다. 여기서 빠롤이 현상이고 랑그가 이데아일까?

있다.)[12] 이런 관점은 사실 18세기에 독일의 헤르더와 훔볼트가 독일 민족주의와 연대하여 주장한 바 있는데, 워프가 미국에서 아메리칸 인디언의 다양한 언어와 습속을 비교 연구하며 발전시킨 것이다. 이 가설이 옳다면, – 부분적으로 옳고 부분적으로 옳지 않다는 견해가 다수이지만, – 이런 언어를 매재로 하는 문학은 그 문학 공동체의 의식을 상징적으로 구조화할 것이다.

물론 반대 견해도 있다. 피아제의 사고 우위설이 대표적으로, 어린이가 이해력을 획득하는 과정에 관심을 가졌던 그는 연구 결과 어린이의 정신이 일련의 정해진 단계를 거쳐 가며 성숙한다는 이론을 고안했다. 유명한 '감각 운동기 – 전조작기 – 구체적 조작기 – 형식적 조작기'의 발달 단계는 언어 발달과 밀접하게 연관되며, 그 발달은 '사고 발달 → 언어 발달'의 방향으로 이루어진다. 이를 우리 논의의 장으로 옮기면 인간의 의식이 발달하면서 그가 사용하는 언어도 발달한다는 뜻이다. 그 언어로 시/문학을 구성하니, 시/문학에는 그 의식이 반영될 수밖에 없다. 언어 우위설 또는 언어 결정론과 정확하게 반대다. 하지만 방향이 어떻든, 언어와 의식은 서로 밀접한 관련을 맺으며, 언어의 미적 표상으로서의 시도 의식과 관련을 맺을 수밖에 없다.

비고츠키가 언어 – 사고 상호작용설을 내세운 것은 언어 우위설과 사고 우위설의 대치를 해결하는 유일한 방법이었다. 서로 대비되는, 그러면서도 각자 근거가 있는 주장을 하나로 합치려면 완전히 새로운 차원으로 지양하거나 절충·종합하거나 해야 하는데, 이 문제는 절충으로 해결할 수밖에

---

12 이 명제는 마르크스 – 레닌주의에서 "토대가 의식을 규정한다."는 발상과 유사하다. 기본적으로 물질/환경 결정론의 시각이다.

없는 문제다.(물론 그 절충이 '적절히 섞기'가 아니라는 점이 전제된다.) 어쨌든 '감각의 제국'인 1차 예술들과 달리 상징과 의식으로 충만한 2차 예술로서의 시/문학이 인문학과 관계를 맺는 것은 필연적이다. 인문학 역시 언어의 문제이기 때문이다.

폭포는 곧은 절벽을 무서운 기색도 없이 떨어진다.

규정할 수 없는 물결이
무엇을 향하여 떨어진다는 의미도 없이
계절과 주야를 가리지 않고
고매한 정신처럼 쉴 사이 없이 떨어진다.

금잔화도 인가도 보이지 않는 밤이 되면
폭포는 곧은 소리를 내며 떨어진다.

곧은 소리는 곧은 소리이다.
곧은 소리는 곧은 소리를 부른다.

번개와 같이 떨어지는 물방울은
취할 순간조차 마음에 주지 않고
나타(懶惰)와 안정을 뒤집어 놓은 듯이
높이도 폭도 없이 떨어진다.

— 김수영, 〈폭포〉

'폭포'에 관한 시와 예술 작품은 많다. 저 유명한 이백의 "飛流直下三千尺"도 있고 이형기의 〈폭포〉도 있으며, 정선의 〈만폭동도〉도 있다. 물질로서의 물이 지닌 하강 본능을 가장 선연하게 보여 주면서 역설적으로 상승 본능을 자극하는 것이 폭포다. 폭포는 대개 위에서 아래로가 아니라 아래에서 위를 쳐다보며 감상하게 마련인데, 그 시선 속에서 "번개와 같이 떨어지

폭포는 수많은 예술가에게 영감을 준다.

는 물방울"들은 어느 순간 "나타와 안정을 뒤집어" 놓고 안개와 함께 허공으로 거꾸로 솟아오르는 듯한 형상을 만들어 낸다. 비유컨대 폭포는 바위벽을 타고 거슬러 오르는 이무기다. 그러기에 "무서운 기색도 없이" 떨어지는 것이다.

이 작품에서 폭포는 '번개와 같이' '고매한 정신처럼' '나타와 안정을 뒤집어 놓은 듯이' 그저 '떨어진다.' "무엇을 향하여 떨어진다는 의미도 없이/ 계절과 주야를 가리지 않고" 쉴 사이 없이 떨어지는 것은 사소한 세사(世事)나 인연을 버리는 일이고, 자신을 부숨으로써 다시 태어나는 일이며, 스스로 곧은 소리가 되어 곧은 소리를 부르는 일이다. 피카소의 〈게르니카〉에서 아이를 안고 절규하는 여인의 소리나지 않는 혀처럼, 폭포로 하여 사람들은 나타와 안정을 버리고 곧은 길로 나아가게 된다.

〈게르니카〉는 만 권의 책보다 더 강한 메시지를 전달한다

그래서 시인은 늘 철학자, 예언자, 선지자가 된다. 다른 어느 예술이 안 그렇겠는가마는, 신의 영역에 제일 근접한 자가 시인이다. 신이 인간의 입을 빌려 그 뜻을 말할 때, 인간의 손을 빌려 자신의 분노와 염려와 사랑을 전할 때 시가 탄생한다. 애초에 고대의 시는 무녀(巫女)의 신들린 방언에서 태어난 것이 아니었던가. 그래서 시교육 역시 인간의 존재 이유, 인간 대 인간이나 인간과 세계의 관계, 인간이 부대끼고 고통받고 기뻐하고 슬퍼하며 살아온 역사를 가르치는 일이 된다. 시를 읽고 자신을 한 번 돌아보지 않은 사람은 진정한 독자라 할 수 없다. 시를 가르치는 일은 '고매한 정신'으로 '곧은 소리'를 하는 시인을 알아보고 그 소리에 응답하여 다시 '곧은 소리'를 하는 독자를 만드는 일이다.

물론 인문학의 관념 위에 선 시학은 분명한 한계를 지닌다. 1920~30년대를 흔들었던 사회주의 문학 이론이나 1950년대의 반전 전후 문학, 1970~80년대의 참여시·저항시 운동은 모두 시의 인문적 속성을 끝까지 밀고

간 사례이지만 "얻은 것은 이데올로기요 잃은 것은 예술"이라는 한탄을 낳기도 하였다. 편내용주의, 엄숙주의, 계몽성 등은 늘 시를 위협한다. 시의 함축성이 죽비처럼 인문 정신을 일깨우기도 하지만 자칫하면 가짜 예언자를 낳을 수도 있다. 그래서 아슬아슬한 균형 감각이 필요하다. – 하나 더 높은 차원으로의 지양이든 양극단의 조화로운 절충이든. 수능시험이나 권장 도서 목록에서 성격이 전혀 다른 인문학과 예술을 '인문 · 예술'로 묶는 부득이함을 이해하자.

◣ **교실을 위한 질문 — 문사철의 시학**

1. 인문학과 예술의 공통점을 찾는다면 무엇인가?
2. 다른 예술과 비교하여, 유난히 시(문학)에 관해 얘기할 때 그 사상 · 주제나 역사적 · 사회적 배경을 문제 삼는 이유를 말해 보자.
3. 〈폭포〉에 관한 비평문을 내용(주제) 중심으로, 하나의 논설처럼 써 보자. 작품 자체와 어떻게 다른가?

37

시를 통해 자아와 세계를 이해하고 소통하기

시 읽기와 시 쓰기는
인간과 세계의 내면을 들여다보는 일이다.

예술이 미(美)만 추구한다고 생각하면 오산이다. 그러면 모든 예술이 '더 아름다운' 작품을 만드는 데 전력을 기울일 것이다. 하지만 예술 중에는 아름답지 않은, 나아가 괴롭고 슬프고 심지어 추한 어떤 것을 표현하는 작품들도 있다. '골계미'니 '비장미'니 하는 말들에서 알 수 있듯이 '미'의 개념이 원래 그렇게 좁은 것은 아니지만, '그로테스크한 아름다움'이나 '치졸미', 심지어 '백치미' 같은 것들에 이르면 '미'가 대상 자체의 속성이 아니라 대상이 환기하는 어떤 반응, 곧 '미적 쾌감'을 가리키는 말이 아닐까 생각하게도 된다. 수학자나 물리학자가 잘 정리된 공식을 보고 '아름답다'고 말하는 이유도 그런 쾌감을 느끼기 때문이리라.

'인형같이' 예쁘기만 한 아름다움에 금방 싫증을 느끼는 것이 인간의 본성이라면, 그와 다른 차원에서 예술이 추구하는 미는 무엇일까. 무엇이 깊이 있는 아름다움, 울림이 오래 가는 아름다움일까. 보편적인 아름다움, 또는 불후(不朽)의 아름다움이 가능할까? – 여기에 대한 답은 뜻밖에도 우리가 생각하는 '아름다움'의 바깥에서 온다. 대상의 속성에 연루된 미적 감흥이 시공간의 맥락과 엮이면서 인지적 비약으로 이어질 때 진정한 '미'가 완성된다는 것이다. 감동은 인지와 정서의 결합에서 오고 울림은 깨침과 함께할 때 그 진폭이 커진다. 잊힐 만하면 반복되는 대중문학/통속문학에 관한 논쟁들도 이 창을 통해 보면 결국 인간의 정서만(통속성을 비판하는 쪽에서는 '감각'이라고 말하지만) 자극하는 문학과 정서와 인지를 함께 자극하는 문학의 가치 확인 문제가 된다. 정서는 필요 조건이고 인지는 충분 조건이다.

그런 점에서 시는 예술 이상의 것이다. 앞에서 이미 했던 얘기를 다른 방식으로 한 번 더 얘기하면, 음악이나 미술에서 느끼는 감동과 시·연극을 포함한 문학에서 느끼는 감동은 종류가(차마 '차원'이라고 말은 못하지만 순수한 학문적 의미로는 차원이 맞다고 생각한다.) 다르다. 음악·미술·건축 등이 인간의 감각에 호소하는 1차 예술이고 문학이 사고에 직접 호소하는 2차 예술이라는 오래된 논의를 들어 봐도 그렇고,[13] 어떤 예술 양식을 다른 예술 양식 '속에' 집어넣는다고 했을 때 무엇이 제일 용량이 큰지를 생각해 봐도 그렇다.[14] 언어가 이데올로기를 반영하므로 언어 예술인 시와 문학은 본질

---

13 불교에서는 안이비설신의(眼耳鼻舌身意)를 '육근(六根)'이라 하여 이로부터 색성향미촉법(色聲香味觸法)의 육경(六境)을 인식하는 육식(六識)이 말미암는다고 본다. 단순 대비하여 시각 예술이 色을 활용하여 안계(眼界)의 미를 다루고 청각 예술이 聲을 활용하여 이계(耳界)의 미를 다루며…로 전개하면 문학은 法을 활용하여 의계(意界)의 미를 다루는, 곧 의식(意識)의 예술이라고 규정할 수 있다.

적으로 이데올로기적인 예술, 곧 인문학이 된다.

인문학으로서의 시는 [시간(時間) – 공간(空間) – 인간(人間)]의 틀 안에서 시인의 눈으로 자기 자신과 인간, 그리고 세계를 본다. 보고 해석하고 형상화하여 표현한다. 그때 필요한 능력은 궁핍한 시대를 견디며 새벽을 예감하거나 존재의 이면을 통찰하는 것과 같은 큰 능력도 있고, 햇살 속에 먼지가 떠다니거나 놀이터 모래밭에 빗방울 튀는 모습들에 공감하는 작은 능력도 있다. 크고 작고가 가치의 문제가 아님은 물론이다. 위대한 시인은 선지자가 되겠지만 모든 독자가 선지자를 원하는 것도 아니다.

인문교육이 필요한가? – 물을 필요조차 없이 필요하다. 그럼, 시교육이 인문교육에 기여하는가? – 이 역시, 당연히 그러하다. 시 정신의 본질이 인문 정신의 본질과 맞닿아 있기 때문이다. 시간과 공간과 존재와 삶의 가치에 관하여 말한다는 점에서 시와 인문학은 그 뿌리를 공유한다. 윤동주와 서정주와 김현승이 〈자화상〉을 쓸 때의 내면은 『이것이냐 저것이냐』를 고민하며 실존을 탐구했던 키에르케고르의 내면과 같은 값을 갖는 것이다. 『서유기』에서 온갖 고생을 하며 찾아온 삼장법사에게 부처님이 처음 내준 경전이 아무 글자도 쓰여 있지 않은 無文經이었고 돌아가는 도중에 그것을 확인한 삼장이 왔던 길을 되짚어 가서 항의하자 비로소 글자로 가득찬 文字經을 주셨다고 하는데, 무문경이 시라면 문자경은 인문학이라고 비유할 수 있다. 둘 다 부처님 뜻이되 하나는 말을 아낌으로써, 다른 하나는 말

---

14 음악·미술·문학으로 범위를 단순화해 보자. 음악이나 미술을 문학에 담거나 거꾸로 음악·미술에 문학을 담는 일은 종종 있다. 음악·문학을 미술에 담거나 음악·문학이 미술을 담는 경우도 많고, 미술·문학을 음악에 담거나 그 역의 경우도 있다. 그러나 그 빈도나 기능적 중요성을 따지면 단연 문학과 관련한 상호작용이 많다. 그만큼 '미적 그릇'으로서 문학의 용량이 큰 것이다.

을 풀어 넘으로써 설한 정도의 차이만 있을 뿐이다.(아마도 삼장은 시인은 못 되었던 모양이다.)

그런 점에서 시교육은 학생들이 철학자의 눈으로 세상을 보고 시인의 결벽증으로 자기를 돌아보기를 원한다. 시 작품 하나를 이해하고 감상하는 데 그치지 않고 시라는 창을 통해 세계를 바라보기를 원하는 것이다. 그 창은 때로 자기 자신을 향하기도 하고 의식이 가 닿는 한의 먼 공간을 향하기도 하며 때로 시간을 초월하여 과거나 미래로 향하기도 한다. 시를 제대로 읽기 위해서는 학생의 전체 삶과 있는 대로 열린 마음, 그리고 독수리보다 날카로운 눈이 필요하다. 시교육과 인문교육의 목적과 방법은 같다. 자료가 다를 뿐이다.

시 행위는 읽기와 쓰기로 이루어진다. 이때의 '읽기'가 형식상 문자 텍스트 읽기나 내용상 논리적 의미 구성에 한정되는 것은 아니다.[15] 이 '읽기'는 일종의 메타포로서, 모든 형태의 기호가 – 그것이 개념이든 물질적 대상이든 어떤 움직임이나 커다란 현상이든 가리지 않고 – 기호 자체로서, 그리고 맥락과의 연관 하에 지니는 의미·의도·의의를 파악하는 일을 가리킨다.[16] '쓰기' 역시 사전적 의미의 글자 쓰기나 글쓰기가 아니라 대상에 관한 주체의 생각과 느낌, 수신자와의 관련 등을 표현하는 행위 일체를 말한다. '영화 읽기', '마음 읽기', '역사에 쓰기' 등을 떠올리면 된다. 곧 시 읽기/시 쓰기는 모든 형태의 시적 텍스트에 반응하는 행위와 다양한 형식으로 시

---

15 이 부분은 김창원(2018a)에서 논의한 내용을 가져왔다.

16 여기서 '의미 – 의도 – 의의'는 각각 체계에 따른 기호 자체의 객관적 의미, 발신자가 기호로써 표현·전달하고자 했던 발생적 의미, 수신자가 기호를 해석하여 구성하는 실현적 의미의 뜻으로 사용하였다. 맥락적 의미는 발생적 의미와 실현적 의미를 포괄한다.

적 심동(心動)을 표현하는 행위가 된다. 그리고 시교육은 학생들이 시 읽기와 쓰기를 주체적, 능동적, 생산적, 창의적⋯ 등 온갖 종류의 좋은 방향으로 하도록 이끌고 도와 주는 일이다.

다시 돌아와서, 시는 학생들의 전인적인 성장에 어떤 기여를 하는가? 여기에도 역시 개인과 사회 차원의 논의가 가능하다. 개인 차원에서 창의성, 인성, 문제 해결력 같은 핵심 역량을 거론할 수 있고 사회 차원에서 대인 관계, 문화 향유, 공동체 기여 등의 방향을 제시할 수 있다. 그 바탕에 시적 소통이 있다.

차운산 바위 위에 하늘은 멀어

산새가 구슬피 울음 운다.

구름 흘러가는

물길은 칠백 리

나그네 긴 소매 꽃잎에 젖어

술 익는 강마을의 저녁노을이여.

이 밤 자면 저 마을에

꽃은 지리라.

다정하고 한 많음도 병인 양하여

달빛 아래 고요히 흔들리며 가노니⋯.

－조지훈, 〈완화삼〉

인문교육이라 해서 거창한 것이 아니다. 문사철을 인문학의 본령으로 이야기하지만 실제 역사와 철학을 문학으로 다룰 수는 없다. 역사를 보는 시선과 안목, 철학적 사유의 습관 등이 시/문학 교육의 도달 범위이다. 거꾸로 역사와 철학이 시/문학의 이해에 기여하는 바와 비교하면 암시적이고 잠재적인 가능성 정도라고나 할까? 그보다 더 가치 있는 요소는 시를 통해 자신을 이해하고 타인과 소통한다는, 인문 정신의 실천에 관한 기여다.

박목월은 이 작품을 읽고 유명한 〈나그네〉를 썼다. 화답시의 전통이야 오래된 것이니 새삼스런 일도 아니다. 하지만 왜 하필이면 조지훈의 수많은 작품 중에 이 작품이 화답시의 출발점이 됐을까를 생각해 보면 문제는 그리 단순치 않다. 이 시 자체가 이조년의 시조에 대한 화답시의 성격도 있음을 고려하면 더욱 그렇다. 두 시까지 함께 놓고 보자.

이화(梨花)에 월백(月白)하고 은한(銀漢)이 삼경(三更)인 제
일지 춘심(一枝春心)을 자규(子規)야 알랴마는
다정(多情)도 병(病)인 양하여 잠 못 들어 하노라.

- 이조년

강나루 건너서
밀밭 길을

구름에 달 가듯이
가는 나그네

길은 외줄기
남도 삼백 리

술 익는 마을마다

타는 저녁놀

구름에 달 가듯이

가는 나그네

　　　　　　　　　　　　　－박목월, 〈나그네〉

　이조년과 조지훈의 연결 고리는 "다정도 병인 양하여"다. 조지훈은 여기에 '한'을 덧붙였지만, 다정이 한의 역설적 기원이라는 점을 알면 결국은 같은 이야기다. 다정이 병이 된다? – 인간의 감정과 삶의 관계에 관한 질문이 여기 담겨 있다. '상사병'이라든지 '천석고황(泉石膏肓)' 같은 말에서 알 수 있듯이 지나침은 병이 된다. 여기서의 병은 다정에 기인한 것이니 한편으로 감미롭고 한편으로 안타까운 병이다. 그 병이 인생을 외롭고 힘들게 만든다. 이조년과 조지훈은 '정(情)'이라는 것이 사람을 얼마나 다치게 하는지, 그러면서 스스로 얼마나 성장하게 하는지를 이 한 구절로 표현했다.

　조지훈과 박목월은 '길, 달, 나그네, 마을, 노을'로 연결된다. 인생을 길로 비유하는 것은 동서고금에 두루 나타나는 상투적 발상이다. 어쨌든 길이 인생이 되므로 나그네는 그 먼 인생길을 살아가는 우리네 사람이 된다. 마치 달이 밤하늘을 누비듯이 사람은 인생길을 흘러간다. '달=나그네'의 동일시 뒤에 숨은 인생관을 이해할 필요가 있다. 그러면 길 위의 마을은? 당연히 그 사람들이 모여 사는 곳, 지리적 마을도 되고 심리적 마을도 된다. 사람이 모이고 사람의 마음이 모이는 곳은 모두 마을이다. 그래서 "살구꽃 핀 마을은 어디나 고향 같다.(이호우)"는 시조도 나오게 된다. 문제는 '노을 속의 마을'이라는 점이다. 저녁노을이다. 하루를 마감하고 저녁의 장막 뒤로 해가 떨어지는 시간, 선연한 붉은 빛이 이마 끝에서 시작해서 점차 산마루나 지평선이나 수평선으로 내려앉는 시간, 모든 것이 불안하고 모든 것이 바뀌는 개와 늑대의 시간이다. 두 시인이 주목한 것은 바로 그 시간에 바로 그런 장소를 지나는 나그네, 바로 그이다. 인간과 인생, 세상의 이치를 생각하지 않을 도리가 없다.

아울러 이 시는 이조년에서 조지훈, 박두진, 그리고 교사와 학생으로 이어지는 길고 긴 소통의 축이 된다. 학생들은 시를 읽으며 한편으로 인생을 읽고 다른 한편으로 시인과 스승과 친구들의 마음을 읽는다. 그리고 자기 마음속에 또는 종이 위에 내면의 울림을 쓴다. 이 읽기와 쓰기, 다른 사람이나 시간·공간과의 소통을 통해 학생의 내면이 성장한다. 다시 한 번, 시교육은 시를 가르치는 일이 아니라 시를 읽고 쓰며 사람을 가르치는 일이다.

여기에 시의 사회적 의미를 더해 보자. 시는 개인의 사업이자 사회의 사업이다. 인문학은 자칫하면 개인의 문제로 오해할 가능성이 있지만, 당장 역사학만 봐도 그 문제의식은 개인에 한정하지 않는다. 인문·사회라고 묶어서 얘기하는 사례만 봐도 인문과 사회는 분리할 수 없는 하나의 사고 체계다. 시 역시 그렇다.

시교육은 시를 통해 학생들이 역사와 사회의 문제를 자기 문제로 인식하고 역사·사회의 주체들과 자신을 동일시하며 역사·사회의 발전에 참여하려는 의지를 기를 수 있어야 한다. 조지훈만 하더라도 강렬한 역사의식을 시로 표현했고 4·19에 적극적인 반응을 했다. '청록파'로 같이 묶이는 박두진 역시 기독교를 바탕으로 한 역사 의식을 〈해〉와 같은 시로 표출한

바 있다. 박목월의 순수 서정도 일제 강점기, 한국전쟁과 같은 역사적 배경과 관련 지으면 더 넓게 해석할 수 있다.

한국 현대시는 짧은 역사에도 불구하고 역사·사회의 요구에 다양한 응답을 해 온 전통이 있다. 당장 그 태동부터 근대 전환기의 사회적 수요를 반영했고, 일제 강점기에는 한쪽으로 민족주의와 연결된 반식민적 저항시를, 다른 쪽으로 급격한 자본주의 정착의 모순을 비판하는 사회주의적 경향시를 발전시켰다. 광복 직후의 이념 투쟁기, 한국전쟁과 전후 시기, 1960 ~70년대의 개발 독재 시기를 거치며 시는 꾸준히 시대의 양심 역할을 했다. 구상·김수영·신동엽·김지하·고은·신경림·조태일·정희성·이성부·윤재걸 등에 이어 황지우·박노해·백무산·고정희·김남주 등의 시가 이어지면서 저항시·참여시는 한국시에 풍부한 유산을 남겼다. 학생들이 이 시를 읽을 때 당시의 사회상은 물론이고 그에 비춘 현재와 미래의 사회상을 비판적으로, 그러나 화해롭게 바라보도록 하는 일이 중요하다.

이때 참고할 수 있는 것이 중국과 북한의 시교육이다. 중국은 워낙 오래된 교술시의 전통이 있는데다 근대 이후에도 문학을 사상 교육의 일환으로 활용하는 경향이 강하다. 자연히 개인의 서정보다는 시에 담긴 이데올로기나 사상성을 강조하여, 시를 통한 역사·사회의 이해 및 가치관 교육이 폭넓게 이루어진다. 게다가 대부분 엄격한 형식을 지키는 고시(古詩)는 낭송에 적합하고, 정책적으로 이를 암송하도록 하여 생활 속에서 시의 가치를 구현하도록 하고 있다. 북한도 사회주의 이념을 담은 시를 우대하고 큰 목소리로 연극하듯 시를 낭송하는 구연시가 발달하여 시를 사상, 가치관 교육에 적절히 활용하고 있다. 물론 이런 정책은 시의 본질과 거리가 멀다 할 수 있다. 다만 시를 개인 서정의 골방 속에 가두는 방법 외에도 그 사회적 책무를 적극적으로 활용하는 방법이 있음을 짚어 두는 것이다.

시를 읽고 쓰는 일은 시간과 공간 속에서, 인간 세상에서 나의 위치를 찾고 나의 존재 의의를 확인하며 다른 존재들과의 연결망과 세계 속에 나를 던져 넣는 일이다. 읽으면서 이해하고 쓰면서 확인하며 그 과정에서 모든 대상과 소통한다. 나뭇잎 하나 떨어지는 순간에 온 세상이 들어 있다는 시 구가 공연히 나온 것이 아니다.

■ 교실을 위한 질문 — 시를 통해 자아와 세계를 이해하고 소통하기

1. 시인을 '시대의 예언자', '선지자'로 보는 관점에 대해 어떻게 생각하는가? 구체적인 시인의 삶과 연관지어 말해보자.

2. 인문 교육의 본질을 알아보고, 시교육과 인문 교육이 어떻게 연계되는지 발표해 보자.

3. 시를 활용한 창의성 교육, 또는 인성 교육의 방법을 찾아보자.

4장
성장하는 존재로서의 인간과 시 :
시는 어떻게 행복한 삶에 기여하는가?

모든 어린아이는 태생적으로 시인이다. 그가 말하는 단어 하나하나가 시어이고, 묘사하는 문장 하나하나가 시구이다. 세상에 대해 느끼는 경이로움과 상상력이 그렇게 만든다. 모자 그림에서 코끼리를 삼킨 보아뱀을 볼 수 있는 사람이 어린아이와 시인 말고 또 누가 있겠는가. 그래서 아이들은 생활 속에서 시를 읽고 쓰는 데 하등의 이질감도 느끼지 않는다. 질문하지 않고, 받아들인다. 이 어린아이가 우리 안에 있다.

"아이들은 어른의 아버지" 같은 낡은 시구를 들먹이는 것이 아니다. 사람이 성장하면서 원래 가지고 있던 내면의 시성(詩性)을 잃어버리고 있다고 탄식하는 것도 아니다. 다만, 모든 인간은 시적 본능을 지니고 있으며, 단지 성장하면서 그가 원하는 텍스트와 맥락이 바뀌는 것을 이해해야 한다

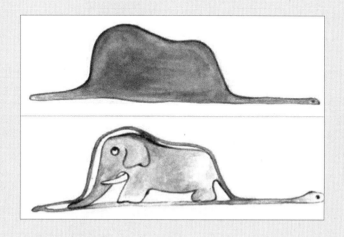

　는 뜻이다. 아이에게 아이의 시가 있듯이 어른에게는 어른의 시가 있다. 어린 왕자도 자기 별로 돌아갈 때는 처음 출발할 때의 그 왕자가 아니었다.

　사람은 성장하면서 추구하는 가치나 행복을 느끼는 포인트가 조금씩 달라지지만, 그런 변화는 덧쌓이는 것일 뿐 한 꺼풀 안에 원래의 천품을 계속 지니고 있다. 왕년의 시인은 사라졌어도 그가 태생적으로 지니고 있던 시인의 천품은 사라지지 않는 것이다. 그저 적합한 맥락과 적합한 텍스트를 기다리고 있을 뿐이다. 어느날 우연히 그것을 만날 때 그는 벼락처럼 오랜만에 보는 시가 새로운 감동을 준다는 것을 알게 된다. 마치 영화 〈시〉나 〈죽은 시인의 사회〉의 주인공들처럼. 과연 시는 어떤식으로 행복한 삶에 기여할까.

38

시와 학습하는 인간(Home Eruditus)

사람은 시와 함께 성장한다.
종(種) 차원에서, 개인 차원에서.

호모 하빌리스(Homo Habilis), 호모 에렉투스(Homo Erectus), 호모 사피엔스(Homo Sapiens) – 모두 '사람과(科) 사람 속(屬)'의 하위 종을 가리키는 생물학적·인류학적 용어다. 호모 사피엔스에 속하는 '크로마뇽인', '네안데르탈인' 등과 달리 이들 용어는 그 종의 특징, 곧 손재주가 있다든지 직립한다든지 지능이 발달했다든지 하는 특징을 압축하여 보여 준다. 이런 학문적인 종명은 아니지만 비슷한 방식으로 인류의 속성을 강조하는 용어들이 많은데, 예컨대 인간의 언어 본능을 강조하는 호모 로쿠엔스(Homo Loquens), 유희 본능을 강조하는 호모 루덴스(Homo Ludens), 그리고 학습 본능을 강조하는 호모 에루디투스(Homo Eruditus) 등이 그것이다. 이들 용어는 과학적이라기보다 문화적인 용어로서, 인류가 보편적으로 지닌 어떤 특성을 강조하기 위해 쓴다.

호모 에루디투스[17]는 모든 인간은 배우고자 하는 본능적 욕구가 있으며, 여건만 되면 언제 어디서든지 – 죽을 때까지 배운다는 점을 강조한다. 아이들이 말을 배우는 과정을 보면 알 수 있다. 아이들은 누가 가르치지

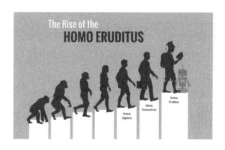

인간은 누구나 학습하도록 프로그래밍되어 있다

않아도 주변 사람들의 말과 행동을 따라하며 단기간에 그 복잡한 언어를 습득한다. 촘스키는 이런 능력을 '언어 능력(Language Competence)'으로 이름 붙였지만, 기실 이 능력이 어떤 식으로 유전자에 각인되고 어떻게 발현되는지는 아직 밝혀지지 않았다. 다만 언어 능력이 '언어를 사용하는 능력(Language Ability)'이 아니라 '언어를 습득할 수 있는 잠재 능력'이라는 점만을 강조할 뿐이다. 언어는 인간만이 배울 수 있고(=고유성), 인간이라면 누구나 배울 수 있는(=보편성) 능력이다.

인간은 언어 능력뿐 아니라 사람과 교류하는 방법, 위험에 대처하는 방법, 남는 시간에 노는 방법 등 살아가는 데 필요한 모든 능력을 본능적으로 배운다. 이는 동물도 마찬가지지만, 동물의 학습이 비교적 단순한 능력에 관한 것이고 한번 학습한 후에는 비슷한 행동의 반복에 그치는 데 비해 인간의 학습은 그 속성과 지속력 면에서 탁월한 차이를 보인다. 인간은 요람에서 무덤까지 모든 것으로부터 배운다.

---

17 그림은 https://medium.com/edtechx360/eternally-learning-2018-edtechxeurope-opening-keynote-recap-9e9d84e29f49에서 따왔다.

인간이 배우고 성장하는 기제는 두 측면에서 살필 수 있다. 인간의 내적·본능적 욕구와 외적·사회적 욕구이다. '줄탁동시(啐啄同時)'라는 말이 있다. 어미닭이 스무하루 알을 품어서 병아리가 깰 때가 되면 새끼는 안에서 그 작은 부리로 벽을 두드리고 어미는 밖에서 난각(卵殼)을 쪼아 마침내 껍질을 깨지면서 병아리가 태어나는 모양을 가리키는 말이다. 학습에서 부모와 자식, 스승과 제자의 협업을 강조하는 말이거니와, 안으로부터의 학습 욕구와 밖으로부터의 도움이 없으면 잘 태어나도 잘 자라기 어렵다.

학습에서 개인 내적 욕구를 강조하는 모형이 '성장 모형'이다. 촘스키의 언어 본능이나 피아제의 사고 발달 단계 이론에서 알 수 있듯이, 모든 인간은 유전적으로 성장을 지향하도록 프로그램되어 있다. 극단적인 예외를 제쳐 두면 학습은 인간, 나아가 모든 동물의 본성이다. 이런 성장 모형은 신체뿐 아니라 인지·정서적 측면과 사회·문화적 측면에도 적용된다. 사람은 신체적으로 자라면서 동시에 정신적으로 성장하고, 자연과 사회 속에서 살아가는 기술을 습득한다.

여기서 시는 어떤 작용을 하는가? - '시적 본능'을 상정할 수 있다. 시가 인간의 본능이고 시간에 따른 성장과 함께 시 역량 역시 확대된다는 점은, 동서와 고금을 막론하고 시가 인간의 삶에 편재(遍在)한다는 점에서 유추할 수 있다. 생각해 보라. 문자가 없는 문화는 상상할 수 있어도, 언어가 있는 한 노래나 이야기가 없는 문화는 상상하기 어렵다. 특히 문자가 없는 경우에는 이야기조차도 노래의 형태로 전승되는 것이 보통이다. 시를 포함한 문학이 인간의 본능에 속한다는 뜻이다.

이별은 손끝에 있고

서러움은 먼 데서 온다

강 언덕 풀잎들이 돋아나며

아침 햇살에 핏줄이 일어선다

마른 풀잎들은 더 깊이 숨을 쉬고

아침 산그늘 속에

산벚꽃은 피어서 희다

누가 알랴 사람마다

누구도 닿지 않은 고독이 있다는 것을

돌아앉은 산들은 외롭고

마주보는 산은 흰 이마가 서럽다

아픈 데서 피지 않은 꽃이 어디 있으랴

슬픔은 손끝에 닿지만

고통은 천천히 꽃처럼 피어난다

저문 산 아래 쓸쓸히 서 있는 사람아

뒤로 오는 여인이 더 다정하듯이

그리운 것들은 다 산 뒤에 있다

사람들은 왜 모를까 봄이 되면

손에 닿지 않는 것들이 꽃이 된다는 것을

— 김용택, 〈사람들은 왜 모를까〉

시가 인간의 삶에 편재한다는 말은 생각과 말과 행동을 통해 증명된다. "사람들은 왜 모를까"라는 의문은 사실 사람들은 모두 알고 있다는 점을,

그 '앎'을 표시하는 방법을 모를 뿐이라는 점을 역설적으로 강조한다. "사람마다/ 누구도 닿지 않은 고독이 있다는 것"이나 "그리운 것들은 다 산 뒤에 있다"는 것을 모르는 사람이 어디 있으랴. 이별 앞에서 사람들은 누구나 시인이 되고 고독과 고통 앞에서 철학자가 된다. 내 안에는 언제나 시인과 철학자가 있고, 그래서 사람의 삶은 그대로 '시적'이다. 사랑이든 이별이든, 기쁨이든 고통이든.

이 시에 시간이 숨어 있다는 것을 알기는 쉽지 않다. 하지만 찬찬히 짚어보자. '이별'과 '서러움' 사이, '강 언덕 풀잎'과 '마른 풀잎' 사이, '흰 이마가 서럽'던 '산과 산벚꽃' 피어서 하얀 봄 사이에 시간이 숨어 있고 고통은 그 사이에서 "천천히 꽃처럼" 피어나지 않는가. "사람들은 왜 모를까" 하고 묻는 시인은 그 고통 속에서 삶에 관해 배운 것이고, 시인뿐 아니라 너와 나, 모든 사람이 그렇게 배운 것이고, 시를 읽고 쓰면서 사람들은 조금씩 천천히 성장해 가는 것이다.

사람이 성장하면서 시도 함께 성장하는 모습을 뒤집으면 시가 성장하면서 사람이 성장하는 모습으로 변한다. 이 성장은 개인 차원과 사회 차원에서 모두 일어난다. "언어 이전의 인류에게도 시가 있었을까?"라는 물음은 시가 언어를 전제한다는 점에서 성립할 수 없는 물음이다. 하지만 '시'가 아니라 시적 감정이나 정서, 감흥 등으로 말을 바꾸면 그리 간단히 부정할 수 있는 물음도 아니다. 개도 웃고 꽃도 웃는데, 언어가 미숙하다 하여 인간에게 시적 사고가 없다고 단언하는 것은 너무 잔인하다. 그것이 언어를 만나서 노래가 되고, 시가 되고, 역사와 함께 발전하여 오늘날 우리가 보는 예술로서의 시가 완성되었다. 이런 시의 성장 과정은 그대로 인류의 성장 과정과 병행한다.

여기에서 성장 모형에 이은 두 번째 모형이 나온다. 인간은 자연(自然)에 의한 성장뿐 아니라 그를 둘러싼 문화의 도움을 받아 성장한다는 관점이다. 성장의 외인을 강조하는 이 입장을 '교양 모형'이라 부르면 적절할 것이다. 여기서 인간은 빈 그릇, 또는 빈 종이와 같아서 외부에서 어떤 내용을 쏟아 넣느냐, 또는 어떤 그림을 그려 넣느냐에 따라 커 가는 모습이 달라진다. 환경, 문화, 사회적 규약 – 어떤 것이든 좋다. 개인의 언어도 (언어 본능을 전제하기는 하지만) 언어 환경과의 교섭을 통해 발전한다. 당연히 문학도, 시도 그렇다.

그렇다고 하여 교양 모형이 성장의 동인을 외부에 두는 것은 아니다. 돌확에 물을 아무리 부어 봐야 돌확은 돌확이고 말을 물가에 데려가도 말이 먹지 않으면 소용없다. 교양 모형은 인간의 학습 본능과 외부 여건이 만나면서 그의 잠재력이 발현되는 양상을 주목할 뿐이다. 바꿔 말해서, 적절한 외부 자극이 주어지면 학습하는 인간으로서의 본성과 잠재력은 최대로 발휘된다. 그저 시에 담긴 내용(문화적인 내용이다), 시를 매개로 한 사람 또는 집단 간의 소통, 시와 다른 인문 또는 예술 갈래들의 교류를 통해 사람과 인류가 발전해 갈 뿐이다.

▶ 교실을 위한 질문 — 시와 학습하는 인간(Homo Eruditus)
1. "모든 인간은 어떤 상황에서도 배우고 익히며 성장한다."는 주장을 지지하거나 반대하는 논변을 펼쳐 보자.
2. 시를 읽거나 쓰면서 뭔가를 깨친 경험이 있는지, 깨쳤다면 무엇을 깨쳤는지 말해 보자.
3. '사람들은 왜 모를까'라는 주제로 시를 써 보자.

39

시의 생활화 : 일상의 시적 재구성

세상은 시로 가득 차 있고,

만사는 시로 녹아 든다.

판소리에 '눈대목'이라는 것이 있다. 판소리 한 바탕 가운데 가장 중요하게 인식되는 대목을 가리키는 말이다.(한국민족문화대백과, http://terms.naver.com) 대목 중에서 특히 중요한 부분을 따로 '눈'이라 말하기도 한다. 눈대목은 문학적 구성에서 찾을 수도 있고 음악적 짜임에서 찾을 수도 있는데, 소리꾼이 가장 내세우고 싶어하는 부분이나 관객/청중이 제일 좋아하는 부분과 대체로 일치한다. 〈춘향가〉에서 '사랑가'나 '옥중가', 〈흥보가〉에서 '화초장타령', '제비노정기' 등이 대표적이다.

시에도 눈대목이 없으란 법이 없다. 시는 짧기 때문에 암송하는 경우가 많은데, 미처 전체를 다 외지 못하더라도 그 작품에서 가장 핵심적인 한두 행만큼은 마음속에 깊이 각인되게 마련이다. 김영랑의 "찬란한 슬픔의 봄(〈모란이 피기까지는〉)"이 그렇고 이육사의 "겨울은 강철로 된 무지갠가 보다.(〈

절정)"가 그러하다. 소설에서 "아버지를 아버지라 못 하옵고 형을 형이라 못 하오니(《홍길동 전》)" 부분이나 "설렁탕을 사다 놓았는데 왜 먹지를 못하니.(현진건, 〈운수 좋은 날〉)" 부분, 영화에서 "I'm your father.(《스타워즈》)"나 "어떻게 사랑이 변하니?(봄날은 간다)》" 장면 같은 것들이 다 마찬가지리라.

판소리의 눈대목이 문학적 구성과 음악적 구성의 교차점에 둥지를 튼다면, 소설과 영화의 눈대목이 플롯의 변곡점이나 클라이맥스에 자리잡는다면, 시의 눈대목은 그 시에서 가장 빛나는 발상을 보여 주는 곳에 숨어 있다.

한번 떠올려 보라. 나는 시의 어느 대목이 가장 기억에 남는가? 생각해 보라. 어떤 시에서 '제일 가치있는 한 줄'에 밑줄을 그어야 한다면 어디에 긋겠는가? 운율도 좋은 기준이 되고 이미지도 자기 권리를 주장하겠지만, 그보다 중요한 것은 그 한 구절에서 얻는 울림과 깨침이다. 무어라 설명하기 어려운 시적인 분위기에서 얻는 깨달음, 나의 변화, 새로운 세계로의 열림이 시의 눈대목이 주는 효과다. 아름다움을 넘어 삶에 관한 성찰을 보여 주기 때문에 시가 가치있는 것이다.

눈대목에 주목하는 이유는 이것이 시와 우리의 일상을 이어 주는 환한 길이 되기 때문이다. 복잡하고 다양한 맥락 속에 존재하는 현대인이 이미 고도로 양식화되고 풍부한 전통을 쌓은 현대시와 함께 성장하려면 이 둘을 관계 맺는 끈이 매우 중요하다. 생활 속에서 시를 실천하고 삶에서 시를 건져 올리려면 무엇이 됐든 실 마리가 있어야 하는데, 눈대목이 그 단서가 될 수 있다는 뜻이다. 예컨대 우리 머릿속에 늘 지니고 있는 시구 하나, 어느 감동적인 순간에 읊조리게 되는 시행 한 줄 같은 것이다. 독자는 이러한 눈대목에서 시작해서 천천히, 그러나 보슬비에 옷 젖듯이 확실하게 시 안으로 들어서게 된다.

시를 좋아하지 않아도 배워야 하나? 하는 의문을 가질 수 있다. 하지만 생활 속에 시가 편재(遍在)한다면 굳이 의식적으로 '배운다'는 생각을 하지 않아도 된다. 다만 하나를 알면 열을 안다는 속담대로 한두 편만 알아 두면 언젠가는 쓸모가 생기게 마련이다. 물론 그 쓸모는 돈이 되고 밥이 되는 쓸모가 아니라, 예를 들면 우리를 슬픔에 푹 젖게 하고 다시 그로부터 건져 내어 새 아침을 맞게 하는 그런 쓸모다.

운주사 와불님을 뵙고
돌아오는 길에
그대 가슴의 처마 끝에
풍경을 달고 돌아왔다
먼 데서 바람 불어와
풍경소리 들리면
보고 싶은 내 마음이
찾아간 줄 알아라

— 정호승, 〈풍경 달다〉

이런 짧은 시를 굳이 쓸모 따져 가며 읽겠는가? 주제나 기법을 음미하며 읽을 일도 아니다. 그저 "먼 데서 바람 불어와/ 풍경소리 들리면" 그 풍경소리 따라 보고 싶은 사람이든, 옛 여행의 기억이든, 그도 아니면 잔잔한 마음의 울림이든 떠올리면 될 일이다. 일상에서 노트 표지나 담벼락 낙서로 둬도 좋다. 실제로 이 시의 후반 두 연은 저 유명한 광화문 네거리의 글판으로도 쓰였다. 누구나 살면서 어떤 이의 가슴에 풍경을 달고 오는 일이나

먼 데서 바람 불어와 풍경 소리 들리면 보고 싶은 내 마음이 찾아간 줄 알아라

시는 일상생활에서 다양한 모습으로 활용된다.(광화문 글판)

존재하지 않는 풍경소리를 들을 때가 있다는 점, 나도 그런 풍경 하나 가슴에 담고 살아간다는 점, 어쩌다 들리는 풍경소리는 그저 듣고 다시 흘려보내면 된다는 점 등등만 느끼면 된다. 사람사람마다 시를 생활화할 때 사회도 시정(詩情) 넘치는 사회가 되리라.

사실은, 여기까지 가지 않아도 된다. 정호승이라는 일급 시인을 끌어오지 않더라도 우리의 일상은 시로 충만할 수 있다. 수수께끼를 예로 들어보자.[18] 필자가 제일 좋아하는 수수께끼는 "연못에서 뱀이 입에 꽃을 물고나오는 것이 뭐게?" 하는 수수께끼다. 이미 시대를 저만큼 놓친 수수께끼이기는 하지만, 서정주의 〈화사〉를 연상하게 하는 아름다운 꽃뱀을 수수께끼로 가져온 그 상상력이 필자는 놀랍다. '연못'과 '뱀'의 성적인 이미지도 그렇고, '뱀'과 '꽃'의 신화적 대비도 그렇다. 우리가 시에서 말하는 비유, 상징, 신화적 이미지 등이 여기 다 들어 있다.

수수께끼뿐 아니라 옛날 동요에도 시가 들어 있고,[19] 오늘날 광고에도

---

18 이 부분은 김창원(1997b)에서 논의한 내용을 가져왔다. 참고로, 여기 나온 수수께끼의 답은 '등잔불'이다.

19 "하나 하면 할머니가~" 하는 동요 하나만으로도 운율, 이미지, 그리고 "제1의 아해가무섭다고 그리오.(이상, 〈오감도·시 제1호〉)"를 연상케 하는 상상력을 모두 이야기할 수 있다.

시가 들어 있으며, -"세상에서 제일 작은 카페" 같은 광고 카피가 시보다 못할 게 무엇이랴? - 정부나 지자체의 표어, 신문 헤드라인, 지하철의 경고문에 이르기까지 시는 도처에 산재해 있다. 그것들이 마치 공기처럼 우리 주변을 둘러싸고 있어서 평소에 느끼지 못할 뿐이다. 그것들을 '시적인 표현'이라고 하면, '시'는 그 안에서 어쩌다 맡게 되는 향기가 될 것이다.

이 대목에서 시교육의 위상이 드러난다. 마치 큰 물이 배를 띄우는 것처럼, 일상의 시적 표현들이 시라는 제도 또는 예술 장르를 자기 위에 띄운다. 노젓기가 손에 익은 사공이 배를 물 위에서 자유자재로 모는 것처럼, 시인과 시 교사는 일상어를 가지고 조몰조몰 시를 만들어 학생들에게 던져 준다. 할아버지에서 손자에게로 나룻배와 노와 노 젓는 요령이 전수되듯이 교사에게서 학생에게 시와 시 읽는 방법이 전수된다.

과거에는 이 정도로 만족했을 수 있다. 하지만 오늘날 이런 전달주의적 관점은 교육 마당에서 점점 뒤로 밀려나고 있다. 발견, 탐구, 의사소통, 공감 등이 현대 교육의 키워드이다. 그렇다면 시교육 역시 시인·시 교사로부터 독자·학생에게 전달되는 어떤 것으로 보는 관점은 지양할 필요가 있다. 학생이 언어의 바다에서 시를 건져 올리도록 자극하고 시범 보이고 예를 보여 주는 것으로 충분할 것이다.

▶ 교실을 위한 질문 — 시의 생활화 : 일상의 시적 재구성

1. 주변에서 시적인 표현을 찾아 그것을 시로 키워 보자. 또는, 시를 인용한 언어 생활 사례를 찾아보자.
2. "당장은 시가 좋지 않더라도 앞으로의 삶을 위해 시는 배워 두는 것이 좋다."는 주장에 관해 의견을 말해 보자.
3. 시를 읽거나 쓰는 일이 금지된 세상에서 일어날 수 있는 에피소드를 만들어 보자.

V

시와 교육의
미래에 관하여

1장
21세기, 학교와 시교육의 위기

　미래 사회에 없어질 직업으로 상위권에 있는 직업은 두 부류로 나뉜다. 하나는 변호사, 의사, 회계사 같은 이른바 고학력 전문직이고 다른 하나는 계산원, 운전기사, 경비원 등의 기능직이다. 전자는 체계적으로 축적된 정보와 정보 처리의 알고리즘으로 대체 가능하고 후자 역시 AI가 통제하는 IoT 등으로 처리가 되기 때문이다. 반대로 중요성이 더 커질 직업으로 연예인, 심리 치료사, 사회 복지사 등이 꼽히는데, 이들의 공통점은 감정 처리와 대인 커뮤니케이션이 중요한 직업이라는 점이다.

　교사는 이 양쪽에 다 걸쳐 있다. 지식 요소가 강한 대학 교수는 없어질 직업 쪽에, 인간 간의 소통과 스킨십이 중요한 유·초등 교사는 중요해질 직업 쪽에 있다. 중등교육은? 일단 그 중간이라고 볼 수 있지만 이 역시 지금과는 성격이 달라질 수밖에 없다. Flipped Learning이 시사하는 바처럼, 그리고 지금의 [학교 : 학원]의 관계에서 엿볼 수 있는 것처럼, 지식 습득은 학교 밖으로 아웃소싱하고 학교는 또래 집단이 모여서 사회·정서적인 역량 및 문제해결 능력을 기르는 공간이 될 공산이 크다. 이 변화에서 자유로운 것이 기본·도구 교과와 예술·체육 관련 교과다.

눈치챘으리라. 기본·도구 교과이면서 예술 교과인 과목이 〈문학〉이다. 사회나 과학은 학교 밖, 심지어 인공지능에 교육을 위탁할 수 있어도 문학은 그러기 힘들다. 특히 시교육은 개인마다 다른 섬세한 감정의 결을 학습 공동체가 함께 느끼며 배워야 한다. 시 쓰기가 특별한 의미를 지니는 이유도 그것이 인공지능으로 대체할 수 없는 표현 본능과 예술 본능, 소통 본능을 만족시켜 주기 때문이다.

시교육이 신경 써야 할 것은 오히려 시 자체의 변화다. 한데 몰아서 '현대시'라고 하지만 백 년 전의 시와 지금의 시가 이미 다른데, 21세기에는 변화 속도가 더욱 빠르기 때문이다. 이미 징후가 보이기 시작한 시의 변화를 변화하는 학교 제도에 맞춰 수용해야 하는 과제가 앞에 있다. 앞으로 시는, 그리고 시교육은 어떤 도전에 맞닥뜨리게 될까.

40
시와 학교의 변화

시와 학교 자체도 변하고,
시와 학교를 대하는 태도도 변한다.

시는 인간 정신 활동의 한 정수를 이루며 인류 역사와 함께 발전해 왔다. 시에 관한 능력은 지식인, 또는 교양인을 재는 척도가 되었고, 시텍스트는 언어, 예술뿐 아니라 사고와 인성 교육에서도 중요한 자료가 되었다. '道'에 이르는 한 길로 시를 강조한 동양적 전통이나, 시민의 기본 자질로 시를 인정한 서구적 전통이 이러한 사정을 반영한다.

시의 이러한 가치와 중요성에도 불구하고 오늘날 시를 둘러싸고 있는 상황은 그리 낙관적이지 못하다. 정치·경제 논리가 지배적인 사회에서 아무런 권력도 이익도 낳지 못한다는 이유로 시는 점차 일부 소수 계층만의 관심거리로 전락하고 있다. 이는 소설이 몇 차례의 위기에도 불구하고 끊임없는 자기 변신을 통해 대중화·다매체 시대에 적응하면서 '서사의 시대'를 이끌고 있는 상황과 대비된다.[1]

하지만 시를 둘러싼 상황이 이렇듯 낙관적이지 못하다고 해서 시의 가치 자체가 감소되었다고 보기는 어렵다. 시는 여전히 언어 사용의 정수이자 예술의 핵으로서 중요성을 인정받고 있다. 상상력과 감수성으로 대표되는 시적 사고, 고도로 응축된 언어로서의 시적 표현, 진실한 내면의 발견으로 일컬어지는 시적 성찰 등은 외적 상황의 변화를 견뎌 낼 수 있는 힘을 지닌다.

시의 위축은 시 자체의 가치가 감소해서가 아니라 시를 대하는 인간─시적 주체의 관점과 성향이 바뀌었기 때문에 일어난 현상이다. 유교 이념이나 불가(佛家), 도가(道家)의 사상을 엄밀한 형식에 실어 낸 한시가 개화기 이후 소멸해 간 것처럼, 서정성과 민족성의 논리에 기반을 둔 근대시도 1980~90년대 변혁기를 거치면서 현실과 인간으로부터 괴리되기 시작한 것이다. 이는 다른 관점에서 보면 근대시 초기부터 고급 지식인 문학으로 출발했던 시의 한계가 노출된 것으로 볼 수도 있다. 이제 대다수의 사람들은 과거에 시에서 얻었던 덕목과 가치들을 다른 데서 더 쉽게 얻는다. 굳이 '어렵고 모호한' 시를 읽지 않아도 되는 상황에서, 시를 대하는 태도가 달라지는 것은 당연한 일이다.

이런 상황에서 시를 떠받쳐 온 것은 언론·출판과 교육의 담론이다. 언론은 신춘문예 제도와 문화면을 통해서, 출판은 시집 간행과 문학상을 통해서 '시라는 제도'를 지탱해 왔다. 이른바 '문단 권력'은 이들로부터 나온다. 하지만 그 둘을 합친 것보다 더 큰 역할을 한 것이 교육이다. 교육은

---

1   영화, 만화, 광고, 게임 등에서 서사를 적극적으로 활용했고, 이제는 '웹툰의 시대'라 할 정도로 웹툰 기반 서사가 OSMU로 성행하며, 유튜브 등의 동영상도 텍스트 자체는 물론이고 텍스트를 둘러싼 사람들의 서사가 뒷받침되어야 성공할 수 있다.

끊임없이 시의 예비 독자를 길러 내고 시의 가치에 관한 담론을 재생산해 왔다. 시 비평이 강단 비평 위주로 이루어지는 것이나 교과서의 정전이 문학사의 정전과 중첩되는 현상도 시의 중요한 존립 기반이 된다. 학교 교육이 시를 망쳤다는 비판도 없는 것은 아니지만, 그래도 교육이 없었다면 상황은 현재보다 훨씬 나빠졌을 것이다.

시가 변하는 한편으로 학교도 변하고 있다. '학교의 죽음'은 이미 1960년대부터 예견되어 왔거니와, 21세기 들어 그에 관한 담론이 실제 차원으로 급속히 퍼져 가고 있다. 그에 따라 대안학교가 늘고 있고 아직은 널리 퍼지지 않았지만 홈 스쿨링을 바라보는 시각도 변하고 있다. 경기도를 중심으로 확산되는 혁신학교는 이런 변화에 대한 학교의 대응이라고 볼 수 있다.

학교가 변하는 이유는 산업계가 '다품종 소량 생산'으로 흘러가는 이유와 같다. 근대주의에 입각한 대규모의 표준화 교육이 더 이상 작동하지 않게 된 것이다. 학생들은 거의 그 숫자만큼 다양한 교육적 요구를 하는데, 근대적 교육 기구인 학교는 그에 대응하는 데 적절치 않다. 그래서 학교 졸업 이후에 재교육이나 평생교육이 계속 필요하고 재학 중에도 방과 후 활동이나 사교육으로 교육 수요가 몰리는 것이다. 특히 '학원'은 한국 상황에서 매우 경쟁력 있게 발전하여, 입시 학원뿐 아니라 유아·유치원생을 위한 태권도·미술 등의 학원부터 직장인을 위한 외국어·프로그래밍 학원, 노년층을 위한 댄스·꽃꽂이 학원까지 다양한 학원 생태계를 구성하였다. 정부 간섭을 덜 받고, 지역사회나 관련 공동체에 밀착돼 있으며, 소규모이고, 교육 수요자의 요구에 민감한 학원이 어쩌면 미래 학교의 한 모습을 보여 주는지도 모른다.

시야를 조금 넓히면 학교라는 제도의 정체성이 흐려지면서 사회 모든 분야로 교육 현상이 퍼져 감을 알 수 있다. 그 대표적인 예가 인터넷 원격교육이다. 미네르바 스쿨, 칸 아카데미 등의 본격적인 원격교육 사이트는 물론이고 아이비리그를 비롯한 세계 최고의 대학들이 원격 강의를 다양하게 공개하고 있다. TED와 그를 모방한 한국의 〈세상을 바꾸는 시간, 15분〉, 〈강연 100℃〉 등은 교육을 전면에 내세우지 않고도 교육 기능을 훌륭하게 수행하고, 유튜브 등의 동영상 사이트 역시 엄청나게 많은 콘텐츠로 수많은 주제에 관해 가르치고 있다. 학생들이 점차 기술·기능에 관한 내용은 동영상을 보며 직접 배우는 데 익숙해짐에 따라 Blended Learning 같은 온 - 오프 및 다양한 플랫폼의 연계 교육도 활발해졌다.

　이처럼 학교 교육과 직업 세계 사이의 거리가 멀어지고 원격교육이나 대안학교 같은 제도권 밖의 교육이 활발히 이루어지면 학교의 역할도 변하게 되어 있다. 나아가 전반적인 학력 인플레이션에 따라 학교는 - 심지어 대학마저도 - 그저 '거쳐야만 하는 코스' 정도로 위상이 낮아진다. 그럼에도 학교는 본질적으로 보수적인 제도라서 빠르게 변하지는 않는다. 정부도, 학부모도, 아직은 학교를 '미덥지는 않지만 그렇다고 뚜렷한 대안도 없어서' 계속 운영하고 아이들을 의무적으로 보낸다. "최소한 고등학교는 마쳐라."라든지 "그래도 대학은 나와야지." 같은 주문(呪文)을 걷어찰 만한 배포를 지닌 학부모는 많지 않다.

　시와 학교가 모두 변하고 있다면 시교육의 변화 역시 필연적이다. 시 자체의 성격이 변하고, 시 주체(시인, 독자)가 변하며, 시교육 주체(교사, 학생)와 배경(학교)도 변하는데 시교육이 변하지 않고 배길 리 없다. 하지만 변화는 아무도 경험하지 못한 곳으로 가는 길이기에 방향이 맞는지, 속도는 적절한지를 판단하기 쉽지 않다. 지속적인 자기 점검과 넓고 높고 긴 관점이 필요한 이유다. 지속과 변혁, 전통적인 시교육의 구심력과 그것을 벗어나려는 원심력, 정전 지향적인 시교육과 생활화 중심의 시교육 사이에 조화와 균형을 취해야 한다.

지금은 남의 땅 – 빼앗긴 들에도 봄은 오는가?

나는 온몸에 햇살을 받고
푸른 하늘 푸른 들이 맞붙은 곳으로
가르마 같은 논길을 따라 꿈속을 가듯 걸어만 간다.

입술을 다문 하늘아 들아
내 맘에는 나 혼자 온 것 같지를 않구나
네가 끄을었느냐 누가 부르더냐 답답워라 말을 해 다오.

바람은 내 귀에 속삭이며
한 자욱도 섰지 마라 옷자락을 흔들고
종다리는 울타리 너머 아가씨같이 구름 뒤에서 반갑다 웃네.

고맙게 잘 자란 보리밭아
간밤 자정이 넘어 내리던 고운 비로
너는 삼단 같은 머리를 감았구나 내 머리조차 가뿐하다.

혼자라도 가쁘게나 가자

마른 논을 안고 도는 착한 도랑이

젖먹이 달래는 노래를 하고 제 혼자 어깨춤만 추고 가네.

나비 제비야 깝치지 마라

맨드라미 들마꽃에도 인사를 해야지

아주까리 기름을 바른 이가 지심매던 그 들이라 다 보고 싶다.

내 손에 호미를 쥐어 다오

살찐 젖가슴 같은 부드러운 이 흙을

팔목이 시도록 매고 좋은 땀조차 흘리고 싶다.

강가에 나온 아이와 같이

짬도 모르고 끝도 없이 닫는 내 혼아

무엇을 찾느냐 어디로 가느냐 우스웁다 답을 하려무나.

나는 온몸에 풋내를 띠고

푸른 웃음 푸른 설움이 어우러진 사이로

다리를 절며 하루를 걷는다 아마도 봄 신령이 잡혔나 보다.

그러나 지금은 – 들을 빼앗겨 봄조차 빼앗기겠네.

– 이상화, 〈빼앗긴 들에도 봄은 오는가〉

한국 근대시에서도 상당히 초기작에 속하고 학교에서 다룬 지도 오래된 작품이다. 시인 자체가 일제하에서 흠결이 없고,[2] 이 작품과 같은 절절한 시부터 〈나의 침실로〉 같은 낭만적인 노래까지 초기 시에서 할 수 있는 시도를 다양하게 했기 때문에 교과서에서 다루기에 적절하다. 특히 이 작품은 1920년대 초기의 시라고는 믿기 어려울 정도로 관념이나 한자어 없이 '노래로 하는 연설'처럼 자연스럽게 시상을 전개한 데다 '빼앗긴 들'이라는 핵심어로 주제를 탁월하게 드러내어 학생들이 읽기에 적합하다.

그럼에도 불구하고, 교과서 개편이 이어지면서 이 작품에 대한 대접도 달라졌다. 일단 수록 빈도가 떨어졌을 뿐 아니라, '항일 저항'이라는 주제에 주목하던 데서 벗어나 '저항'은 작품 창작의 배경/맥락 정도로 물러나고 대신 노래하듯이 말하듯이 주제를 드러내는 담화 특징에 주목하고 있다. 80 ~90년대 대학생이라면 대체로 알던 노래(변규백 작곡)도 기억 저편으로 사라져 가는 중이다. 작품은 의구해도 교육 초점은 변한다고 해야 할까.

앞으로 학교 교육에서 시가 차지하는 위상이 달라지면 지금까지 문학과 시에 대해 가지고 있던 일종의 선망, 또는 배려 같은 것도 사라질 것이다. 대신 시가 개인과 사회 측면에서 지니는 사회 · 정서적 효과를 기준으로, 사고 · 소통 · 문화 측면에서 개인 성장과 사회 발전에 기여하는 정도를 중심으로 시의 가치와 비중을 정할 것이다. 지금까지도 그래 오기는 했지만,

---

2 임정 요인으로 중국군 중장까지 지낸 이상정 장군, 체육계의 거두이자 역사학 · 사회학 분야의 개척자 중 하나인 이상백 박사와 형제라는 점, 3 · 1운동과 관련되고 투옥 경력이 있을 뿐 아니라 교사로 근무하면서 "피압박 민족은 주먹이라도 굵어야 한다."며 권투부를 창설할 정도로 기개가 있었다는 점 등에서 이상화는 일제 강점기의 대표 시인으로 자리매김하기에 부족함이 없다.

그보다 훨씬 더 교육 체제 안에서 시교육의 위치를 정교하게 자리매김하려 할 것이다. 시가 오로지 시이기 때문에 가르치던 시대는 지나고 있다.

▰ 교실을 위한 질문 — 시와 학교의 변화

1. 1920~30년대의 시와 2020~30년대의 시를 비교해 보자. 지속된 요소는 무엇이고 바뀐 부분은 무엇인가?

2. 사회 변화와 기술 발전 양상을 볼 때, 미래의 학교는 어떻게 변화할 것 같은가? 그때 국어교육은 어떤 측면에 주안점을 두어야 하나?

3. 미래의 학교에서도 〈빼앗긴 들에도 봄은 오는가〉를 가르쳐야 한다면, 그 이유는 무엇일까?

41

시는 학교에서 살아남을까?

국가, 사회, 보호자가 원해야 학교에서 가르친다.
그들의 요구를 만족시키는 시교육은 무엇일까?

제도로서의 초·중등 학교에서 무엇을 가르쳐야 하는가는 해당 교육 공동체가 합의하여 정하기 나름이다. 광의의 예술을 두고 보더라도, 문학·음악·미술·연극은 정규 과목으로 편성돼 있지만[3] 만화·영화는 〈문학〉의 하위 갈래로, 서예·사진·일러스트는 《미술》의 하위 갈래로, 무용은 《체육》의 하위 갈래로 다뤄지고 있으며 건축은 본격적으로 가르치지 않는다. 2015 교육과정에는 전에 없던 《정보》 교과가 보통 교과의 정규 과목으로 편성되기도 했다. 눈을 밖으로 돌려 보면 북한에는 우리가 상상도 하지 못

---

3 2015 교육과정 고등학교 '보통 교과'를 기준으로 한다. '전문 교과'는 보통교육의 범위를 넘어서는 것을 보아 여기서는 논외로 하였다.

하는 김일성·김정숙 등에 관한 우상화 과목이 있으며, 뜻밖에도 우리의 《도덕》에 해당하는 과목을 교과로 편성하지 않은 나라들도 많다.

이 말이 뜻하는 바는 명확하다. – 동양이든 서양이든 인문적 전통에 따라 시를 학교 교육의 중요한 과목으로 인정해 왔지만, 시대가 변하면 언제든지 빠질 수 있다는 점. 그리하여 시는 학교에 위태롭게 매달려 있는 존재가 된다. 〈파피용(베르나르 베르베르)〉이라는 소설은 거대한 우주선에 14만 4천명의 인간을 태우고 지구를 탈출하는 이야기인데, 천 년 넘게 세대를 이어 가며 항해해야 하기 때문에 우주선이 하나의 자족적인 사회가 되어야 하고, 당연히 천 년을 이어 가며 후속 세대를 가르칠 교육기관도 필요하다. 여러분이라면 새로운 행성을 향해 가며 완전히 처음부터 틀을 다시 짜야 할 '학교'에서 무엇을 가르치도록 할 것인가? 그 학교에서도 시를 가르쳐야 할까?

이 문제는 결국 인간에게 – 개인과 사회 양면에서 – 시가 필수적인 문화인가 아닌가, 그것이 자연적으로 발생하는 것인가 제도적인 지원이 필요한가 하는 질문으로 연결된다. 개인의 취향이든 사회의 변덕이든, 시가 잉여적인 것이라면 배워야 할 것이 수두룩이 쌓여 있는 학교에서 굳이 가르칠 필요는 없다. 원하는 사람이나 집단에서 스스로 알아서 즐기고 간직해 가면 그만이다.(수많은 하위 문화들이 그런 식으로 태어나고 발전한다.) 국가가 나서서 그 많은 시간과 공간, 인적·물적 자원을 투입해서 가르칠 이유가 없는 것이다. 물론 선택 과목 정도로 제공할 수는 있지만 학교라는 의자에 앉기 위해 기다리고 있는 섹션은 무수히 많다.

깊은 산 오솔길 옆 자그마한 연못엔

지금은 더러운 물만 고이고 아무것도 살지 않지만

먼 옛날 이 연못엔 예쁜 붕어 두 마리

살고 있었다고 전해지지요 깊은 산 작은 연못

어느 맑은 여름 날 연못 속의 붕어 두 마리

서로 싸워 한 마리는 물 위에 떠오르고

여린 살이 썩어 들어가 물도 따라 썩어 들어가

연못 속에선 아무것도 살 수 없게 되었죠

깊은 산 오솔길 옆 자그마한 연못엔

지금은 더러운 물만 고이고 아무것도 살지 않죠

푸르던 나뭇잎이 한 잎 두 잎 떨어져

연못 위에 작은 배 띄우다가 물 속 깊이 가라앉으면

집 잃은 꽃사슴이 산 속을 헤매다가

연못을 찾아와 물을 마시고 살며시 잠들게 되죠

해는 서산에 지고 저녁 산은 고요한데

산허리로 무당벌레 하나 휘익 지나간 후에

검은 물만 고인 채 한 없는 세월 속을

말 없이 몸짓으로 헤매다 수많은 계절을 맞죠

깊은 산 오솔길 옆 자그마한 연못엔

지금은 더러운 물만 고이고 아무것도 살지 않죠

– 김민기, 〈작은 연못〉

여기서 '연못'을 한반도 상황에 대입하기란 매우 쉽다. 선명한 대비 – 붕어 두 마리의 대비, 옛날과 지금의 대비, 낮과 밤의 대비, 여름과 가을의 대비, 그리고 깨끗함과 더러움의 대비 – 는 사춘기 정도의 학생들에게 쉽고 매력적으로 다가간다. 분단과 통일, 다툼과 화해라는 주제도 학생들이 이해하기 쉽고 논의할 필요도 있다. 거기에 서정적인 노랫가락을 덧붙이면 금상첨화리라.

이 노래를 듣고 부르고 관련 활동을 하는 것이 시교육일까? '시'로서 가사의 작품성을 따진다면 발상이 너무 단순하고 형식도 진부해서 이론(異論)이 생길 수도 있다. 하지만 내용 · 형식 · 표현 면에서 '본격적인 시'로 들어가는 통로 정도로 활용하는 데에는 아무 문제가 없다. 〈휴전선(박봉우)〉 같은 시보다 훨씬 소구력이 높을 수도 있다. 그러니 본격적인 시로 들어가지 않으면 무슨 상관인가?

논의는 앞으로 돌아간다. – 시교육의 필요성과 교과로서의 타당성. 개인과 사회 차원에서 시교육이 '하면 좋지만 못 해도 할 수 없는' 것이 아니라 '적어도 이 정도는 반드시 해야 하는' 어떤 것이라는 합의가 있어야만 교과로서 시교육이 유지될 수 있다. 지금까지는 어느 정도 그런 합의가 있었기에 시를 필수로 – 필수 교과인 《국어》 안에 – 포함해 왔지만 그 합의는 자꾸 흔들리는 듯하다. 미래 사회가 변하고, 학교가 변하고, 시가 변하기 때문이다.

그 반성의 출발점에 학교가 상정한 '교육 내용으로서의 시'와 보통 사람들이 생각하는 '시' 사이의 괴리가 있다. 한 마디로, "시가 중요하고 좋은 것은 알겠지만, 지금 학교에서 가르치는 시는 그렇지 않다."는 것이다. 기준을 미래에 두면 이런 비판은 더 강해진다. 시교육은, 과거 지향적이고 엘리트 지향적이어서 미래를 살아가는 '보통 사람'의 문학 경험을 보듬어 주지 못한다 한다. 과연 학교에서 가르치는 시와 한 인간이 평생에 걸쳐 즐기는 시는 다른가?

이를 '교실의 시 읽기'와 '일상의 시 읽기'라고 이름 붙여서 생각해 볼 수 있다.[4] 교실의 시 읽기와 일상의 시 읽기는 여러 측면에서 대비된다. 맥락의 측면에서 본다면 교실의 시 읽기는 교육 목표를 달성하기 위하여, 계획되고 통제된 상황에서, 미리 선정된 텍스트를 자료로 하여, 시의 여러 국면 중 어느 한 국면을 중심으로(예컨대 화자, 운율 등), 교사의 안내와 설명에 따라 꼼꼼하게 이루어지는 활동이다. 그에 비해 일상의 시 읽기는 이러한 특성이 제거된, 비교적 자유롭고 자율적인 시 읽기로 볼 수 있다.

맥락뿐 아니라 시 읽기의 방법도 다르다. 교실의 시 읽기는 기본적으로 구조기능론에 입각한 꼼꼼히 읽기close reading 방식이다. 거기서는 시텍스트를 하나의 자족적인 체계로 보며, 텍스트는 부분들의 유기적인 결합이자 또 다른 전체의 부분이 되는 것으로 본다. 곧 [시의 구성 요소 – 시작품 – 시의 문화]로 분명하게 위계화하는 것이다. 비유·운율·어조와 같은 구성 요소들은 텍스트 전체의 의미를 구성하기 위해 긴밀하게 결합하고, 한 텍스트의 의미는 다른 텍스트들과의 관련 하에 일정한 범주 안에 고정된다.

---

4 이 부분은 김창원(1997a)과 김창원(2012)에서 논의한 내용을 가져왔다.

거기서 요구하는 것은 조화와 화해의 세계관이고, 인간의 이성과 도덕성에 대한 믿음이며, 진보와 성취의 이념이다. 심지어 저항적이거나 퇴영적으로 보이는 텍스트마저도 그러한 담론 체계 안에 흔적없이 녹아 들어간다.

그에 비해 일상에서는 구조기능론적 세계관보다는 개인 중심의 세계관이, 꼼꼼히 읽기보다는 스쳐가며 단속적으로 읽기 방식이 채택된다. 시텍스트의 작품 한 편이 중요한 것이 아니라 그 안의 '마음에 드는' 한 구절이 중요하고, 매 텍스트들은 개인 경험에 따라 무차별적으로 연관되거나 흩어진다. 시 자체나 시의 공적 맥락보다는 그 시를 읽는 개별 맥락이 중요하며, 의도에 따라 시의 의미를 자의적으로 해석한다. 또한 다양한 경향의 시에 균형있게 접근하는 것이 아니라 독자의 취향에 맞는 특정 경향에 집중한다.

이런 분열은 독자 공동체·개별 독자뿐 아니라 공시적·통시적 차원에서도 일어난다. 공동체로서 독자는 상성·연령·지역·계급·경제력·문화 배경·교육 수준 등에 따라 다양하게 나타나며, 개별 독자의 분열은 자의 또는 타의로 접하는 여러 상이한 시 경험을 원활하게 처리하지 못할 때 순간적으로 나타난다. 시의 통시적 분열은 시간의 흐름에 따라 언어·장르·제재와 주제·미의식·독자 역할 등이 달라지면서 나타나며, 공시적 분열은 독자가 이러한 다양한 자극에 동시에 노출되면서 적절하게 반응하지 못할 때 나타난다. 이들 지절들이 상호 교차하면서 독자 공동체의 통시적 분열(예컨대 19세기 말의 독자 특성과 20세기 말의 독자 특성), 독자 공동체의 공시적 분열(예컨대 남성 독자 특성과 여성 독자 특성), 개별 독자의 통시적 분열(예컨대 아동기의 독서 특성과 청소년기의 독서 특성), 개별 독자의 공시적 분열(예컨대 학습을 위한 독서 특성과 오락을 위한 독서 특성)로 상세화된다.

전반적으로 시가 위축되고 있는 상황에서, 과거에 비해 분영 양상이 다양해지고 깊어지는 상황에서, 교육의 도움 없이 시 스스로 활로를 찾아내리라고 기대하기는 어렵다. 이는 바꾸어 말하면 시교육이 변해야 시가 산다는 뜻도 된다. 시교육이 여전히 한 세대 전의 시관에서 벗어나지 못한다면 시의 부흥을 기대할 수 없다. 하지만 현재의 시단·시교육계는 이러한 계기에 효율적으로 대처하지 못하는 것으로 보인다. 시에 관한 기존 담론을 수정·보완해 가는 속도가 해체해 가는 속도를 따라가지 못하는 것이다. 실제로 시가 엘리트주의에 빠져 있는 동안 '고급'시의 독자층은 점점 엷어져 간다는 지적을 여러 곳에서 볼 수 있다. 시단과 시교육계에서 적절한 대안을 찾지 못하고 있는 동안 교실의 시와 일상의 시 사이의 거리는 점점 더 멀어져 가고, 일상 시는 점점 더 통속화된다.

　여기서 진지하게 물어야 한다. 제도화된 학교가 제공하는 시와 독자가 요구하고 경험하는 시가 정말로 그렇게 다르다면, 학교는 어떻게 대응해야 할 것인가? 물론 표면적인 답은 네 가지로 나온다. 독자의 요구를 전적으로 수용하여 교과서 시 전체를 독자의 요구에 적합한 시텍스트들로 바꾸든지(교과서를 끌어내리든지), 보편적이고 항구적인 문학적 가치가 존재하고 또 그것을 가르칠 필요가 있다는 점에서 독자가 본격·고급·순수 문학에 익숙해지도록 교수·학습 방법을 개선하든지(독자를 끌어올리든지), 둘 사이에 적절히 평형을 유지하여 문학의 보편적 가치와 독자의 개별적 요구를 통합할 방법을 찾든지(적절히 섞든지), 아니면 현재의 분열상을 용인하고 그 추이를 살펴보는 것이 그것이다. 물론 셋째 방법을 취하면 어느 정도 균형 감각을 갖추는 것 같지만 그렇게 단순하게 해결할 수 있는 문제는 아니다. 어쩌면 애초부터 이런 식으로 단순하게 접근하는 것 자체가 불가능한 문제일 것이다. 분열을 받아들일 것인가 아니면 통합을 추구할 것인가, 통합을 추구한다면 어떤 전략을 구사할 것인가의 문제는 시 읽기 및 시교육의 철학, 본질에 관계되는 문제이기 때문이다.

본질은 미래 사회의 시 환경이 어떻게 변하고 거기서는 어떤 시 역량을 요구하게 될지에 관한 성찰에서 출발한다. 앞에서 보았듯이 사회와 학교와 시가 모두 변한다면, 학교는 어떤 논리로 '시를 가르쳐야 한다.'고 주장할까?

그 답은 어쩌면 시 내부가 아니라 시 바깥에서, 정확히는 교육에서 찾아야 할 것 같다. 시의 필요에 교육이 답하는 것이 아니라 교육의 필요에 시가 답한다는 생각이 필요하다. 교육에는 교육의 논리가 있고 그 논리에 따라 가르치고 배울 내용이 정해지기 때문이다. 근대 교육이 기능이나 실용성만을 추구한다고 보는 것은 잘못이다. 아무리 시대가 변해도 교육은 늘 학생의 전인적인 성장을 추구하며, 이 전인적 성장에는 비실용적인 것도 포함된다. 지금 당장 필요하지 않더라도 언젠가는 필요하고, 끝까지 필요하지 않더라도 그 자체로서 가치가 있는 어떤 것에 결코 교육이 배타적이지는 않다.

그 구체적인 예는 시(나아가 문학)에 관해 다른 교과 전문가들이 보이는 호의다. 예컨대 과학 전문가는 스스로 시에 관해 문외한을 자처하지만 바로 그렇기 때문에 학생들이 시도 배워야 한다는 점을 인정한다. '과학시'처럼 과학을 시로 배우는 전략을 찾기도 한다. 어떤 맥락에서는 국어과 내부의 비문학 전문가보다 국어과 외부의 전문가들이 시와 문학에 대해 더 호의적인 경우도 있다. 그들이 시와 문학에 호의적인 이유는 문학이 독자 내적으로 감동과 치유의 효과를 지니고 외적으로 공감과 소통의 가능성을 높여 준다는점을 받아들이기 때문이다. 시는, 철학자나 과학자에게도 중요한 삶의 방편이 된다.

미래에도 시가 학교에서 살아남으려면 어떻게 해야 하는가? 그 방법으로 대강 세 가지를 생각할 수 있다. 첫째 내용으로 살아남기, 둘째 방법으로 살아남기, 셋째 교과 밖에서 살아남기이다. '내용으로 살아남기'는 그동안 해 왔던 대로 국어과 내에, 또는 〈문학〉 과목 내에 시의 자리를 마련해서 살아남는 방법이다. 그러려면 시에 적절한 시수를 배당하고, 교재에 시 단원을 편성해야 하며, 평가 내용에도 포함해야 한다. 교육과정이 지지해야 한다는 뜻이다. 그러려면 교실의 시 읽기와 일상의 시 읽기 사이의 간극을 메우기 위한 노력이 필요하고, 정부와 학계, 시민 단체를 중심으로 한 교육 엘리트들을 설득하는 전략도 필요하다. 한편으로 시 쪽에서 시의 논리로 교육에 거리를 두는 사람들을 설득해야 한다.

'방법으로 살아남기'는 교과를 건너뛰며 시 읽기와 쓰기 활동을 하나의 교수·학습 방법으로 확산하는 전략이다. 사회·도덕 등의 인문 교과는 물론이고 수학·과학 등의 과학 교과, 음악·미술 등의 예술 교과에서 시는 짬짬이 학습 동기 유발이나 학습 결과의 표현을 위해 활용돼 왔다. 앞에서 든 '과학시'가 전형적인 예이다. 이를 더 확산하여 시가 지니는 득의의 영역 - '상상력'을 다른 교과교육과 결합하는 전략을 개발함으로써 시가 전 교과에서 출몰하는 현상을 이끌어낼 수 있다. 예컨대 한국 근현대사를 공부하면서 식민지 시기의 저항시나 1960~70년대의 참여시를 반드시 참조하도록 한다면 시는 살아남을 수 있다.

'교과 밖에서 살아남기'는 시를 교과 - 국어과든 통합 교과든 - 의 틀에 가두지 않고 비교과 활동으로 활성화하는 방법이다. 사실 시는 노래(학생들을 고려하면 특히 대중가요), 미술(회화·조소·사진 등을 모두 포함하여), 퍼포먼스

(연극이나 시 공연) 등과 연계하여 창의적인 확산이 가능하다. 이는 역사·지리 등 인문 영역이나 문학 내의 소설에 비해서도 확실하게 우위인 특성이다. 이를 활용하여 교과를 넘어 총체적인 계발 활동으로 자리매김할 수 있다. 그러려면 당연히 시의 엄숙주의를 벗어던져야 하는데, 그에 대한 거부감이나 걱정을 해소하는 논의가 필요하다. 최고 수준의 시, 가장 순정한 시는 시교육이 지향해야 할 바이기는 하되 학생들이 지금 당장 다뤄야 할 시는 아니다.

▶ **교실을 위한 질문 ― 시는 학교에서 살아남을까?**

1. 대학수학능력시험, 공무원 시험, 기업체의 입사 시험 등은 입학이나 입직(入職)이라는 뚜렷한 목표가 있다. 이들 시험에서 시를 다룰 필요가 있는가? 있다면, 또는 없다면 그 이유는 무엇인가?

2. 국어과 내의 '듣기·말하기', '읽기', '쓰기' 영역에서 시를 어떤 식으로 활용할 수 있을까? 나아가, 《사회》, 《과학》이나 《음악》, 《미술》 같은 교과에서는 어떨까?

3. 학교에서 아예 시를 가르치지 않는다고 생각해 보자. 어떤 문제 또는 현상이 나타날까?

2장
시와 시교육의 확장

보통 사람이 떠올리는 '시'는 20세기의 발명품이다. 그 이전까지 '시(詩)'
라고 하면 한시를 가리켰고, 입말로 향유·전승되거나 국문으로 창작되는
서정·운문 장르는 '가(歌)'로 분류됐다. 물론 '시가'라 하여 더 넓은 범위를
가리키는 용어가 있었지만 시(詩)/가(歌) 각각에 관한 작가·수용자의 의식
은 완전히 달랐다. 마찬가지로 지금도 시의 개념은 꾸준히 변하고 있다. 그
변화가 임계점에 이르면 모두가 깨달을 정도로 새로운 형식을 갖추어 등
장하겠지만, 그때까지는 그저 나뭇잎 색이 변하듯이 아무도 모르게 조금씩
변하고 있을 따름이다.

오늘날 시는 범주 확장과 기능 확대라는 큰 변화를 겪고 있다. 교조적인
'시', 곧 형식을 잘 갖춘 단형 서정시는 점차 줄고 대신 줄글 형태의 시, 이
미지·소리·영상과 결합한 시, 예전에는 잠언이라고 불렀을 한두 줄짜리
의 짧은 시가 확산되고 있다. 아울러 생산자도 확장되어, 전문 시인이 아닌

사람들이 이런저런 '유사시(pseudo poem)'를 대량으로 생산, 유통시키고 있다. 시를 인간과 삶에 대한 깨달음이자 사회와 역사에 관한 선지자적 외침으로 보는 시각도 줄어들어, 일상생활에서의 소소한 생각이나 느낌을 별다른 기교 없이 압축적으로 드러내는 작업이라고 보는 태도가 늘고 있다. 시를 상품화하거나 지자체 등에서 문화 자본으로 활용하고자 하는 조류도 심화된다.

시교육은 이런 변화의 첨단에 서서 미래의 시를 전망하고 그보다 먼저 변해야 한다. 교육은 기본적으로 미래가 판단 기준이 되기 때문이다. 지금 시를 배우는 학생들이 10년 뒤, 20년 뒤에 시의 주류가 될 터인데, 그들에게 10년 전, 20년 전의 시를 가르쳐서는 아무 소용이 없다. 시교육은 바람보다 빨리 눕고, 바람보다 먼저 일어나야 한다. 전통적인 시교육으로는 감당하기 어려운 일이다. 그에 관한 고민은 어디부터 시작해야 하는가.

42
문화 자산으로서의 시

시집 넘기는 손 아름답고
시 읽는 사회는 풍성하다.

국내에서 문학 기행지로 제일 유명한 곳이 〈메밀꽃 필 무렵〉의 이효석 생가다. 이효석 문학관이 지척에 있고 봉평 메밀국수도 유명해서 늘 사람들의 발길이 끊이지 않는다. 강원도에서는 이 밖에도 백담계곡의 만해마을이 유명하고, 〈동백꽃〉과 〈봄봄〉의 고향 실레마을은 아예 '김유정역'으로 역명을 바꿨다. 강원도뿐 아니라 전국에 이런 문학 기행지가 무수히 많은데, 거의 다 생긴 지 2·30년을 넘지 않는다. 사람들이 생활에 여유가 생기고 지자체가 자기 고장 출신 문인들에게 관심을 보이면서 생긴 현상이다. 여기에 문학교육도 한 손을 거들었음은 물론이다.

서울은 가깝기도 하거니와 도시의 변화가 워낙 심해서 이렇게 잘 정리된 문학 기행지를 찾기 어려운데, 그래도 아주 훌륭한 기행지가 있으니 성북동이다.[5] 일단 김광섭의 〈성북동 비둘기〉가 있는데다 백석·자야·법정스

님과 관련된 길상사, 한용운의 심우장, 이태준의 수연산방, 조지훈 집터 등이 줄지어 있으니 현대의 시·소설·수필을 고루 만날 수 있다. 게다가 간송 미술관과 최순우 옛집, 선잠단지(先蠶壇址) 등 역사·문화 관련 포인트도 함께 있어서 봄날 문학·문화 산책으로는 산해진미라 하겠다.

그 출발점은 대개 길상사다. 백석이 평안도 출신으로 조선일보 기자 생활을 할 때를 빼면 서울살이를 몇 년 하지 않았기 때문에 서울에서 그 흔적을 찾기는 쉽지 않다. 다만 백석 시에서 '자야'로 그려진 김영한 여사가 발원하고 법정 스님이 주석하여 유명해진 길상사에서 그 문향을 느낄 수 있다. 사실 길상사는 김 여사가 운영하던 대원각이라는 요정이었는데, 절집으로 바뀌고 서울시 미래 유산에까지 지정되었으니 집의 운명을 문학이 바꿔 놓은 셈이다. 여기서는 자야 대신 나타샤를 한번 만나 보자.

가난한 내가
아름다운 나타샤를 사랑해서
오늘밤은 푹푹 눈이 나린다

나타샤를 사랑은 하고
눈은 푹푹 날리고
나는 혼자 쓸쓸히 앉어 소주를 마신다

---

5 이 밖에도 박태원의 〈천변 풍경〉을 따라가는 기행이나 전후 문학의 산지였던 명동 순례, 북촌·서촌 지역을 걷는 프로그램 등이 유명하다. 몇 년 전 개관한 윤동주 문학관도 영화 〈동주〉 덕분에 널리 알려졌지만 특별한 연고가 없는 곳에 세워졌기 때문에 사람에 따라 아쉬워하는 경우가 많다.

소주를 마시며 생각한다

나타샤와 나는

눈이 푹푹 쌓이는 밤 흰 당나귀 타고

산골로 출출이 우는 깊은 산골로 가 마가리에 살자

눈은 푹푹 나리고

나는 나타샤를 생각하고

나타샤가 아니 올 리 없다

언제 벌써 내 속에 조곤조곤히 와 이야기한다

산골로 가는 것은 세상한테 지는 것이 아니다

세상 같은 건 더러워 버리는 것이다

눈은 푹푹 나리고

아름다운 나타샤는 나를 사랑하고

어데서 흰 당나귀도 오늘밤이 좋아서 응앙응앙 울을 것이다

– 백석, 〈나와 나타샤와 흰 당나귀〉

  북방의 정서가 착착히 솟아나는 시다. 가난한 나와 아름다운 나타샤, 그리고 더러운 세상의 한쪽으로는 아름답고 한쪽으로는 아픈 만남을 푹푹 날리는 눈보라 속에서 그림 그리듯이 그려 내었다. 그리고 그 눈보라 속에서 어디선가 '응앙응앙' 우는 흰 당나귀 소리가 들린다. 흰 당나귀는 어서 나타샤에게 가자고 울지만(또는 나타샤보고 어서 가자고 울지만) 그저 쓸쓸히 소주를 마시는 시인에게는 그 무엇도 들리지 않는다. 이 시뿐 아니라 〈남

신의주 유동 백시봉방〉이나 〈여우난곬족〉, 〈국수〉 등 수많은 명편에서 그의 토속적이거나 쓸쓸한 북방 정서를 함뿍 느낄 수 있다.

백석은 1990년대 이후 하나의 문화 아이콘이 되었다. 그때까지 접근할 수 없던 금역이었다는 점, 북한에서의 비극적인 이력, 다른 시와 확 구별되는 북방 정서와 토속성과 설금설금한 문체, 자야와의 사랑 등이 얽혀 단숨에 전설이 되었다. 연구자들이 앞다투어 평전을 내고 출판사가 각기 전집을 출판하며 교과서에 작품이 대거 실린 것은 물론이다. 비슷한 운명을 겪은 함경도의 이용악과 동시에 조명을 받았지만 백석 쪽이 조금 더 대중에게 가까이 다가갈 수 있었던 것은, '백석'이라는 이름 두 자가 21세기의 대표적인 문화 자산이 되었기 때문이다.

모든 문화·예술 콘텐츠가 그렇듯이, 시도 하나의 문화 자산이다. 시교육은 학생들이 이 문화 자산을 많이 쌓고 자산의 혜택을 많이 누리도록 돕는 일이다. 이를 통해 학생들은 문화적 삶을 누리고 그로부터 더 많은 재화를 생산할 수 있다. 이에 보조를 맞춰 시비, 시문학관, 생가 또는 거주지, '만해축전'이나 '지용제' 같은 행사 등 지역사회의 시인·시작품 관련 산업도 점점 커지고 있다. 이런 문화 자산을 누리려면 시와 시인에 관해 많이 알아야 함은 물론이다.(이때의 '앎'에는 개념지뿐 아니라 익숙지도 포함된다.)

나아가, 시는 문화 자산을 넘어 하나의 산업으로까지 편입되고 있다. 시가 하나의 산업이 된 것이다. 등단(추천·공모·소개·자비 출판 등)과 출판(시집·시 해설서·평전·연구서 등) 제도, 언론·출판·인터넷 등을 통한 유통 현상, 초·중등 학교와 대학 및 평생교육기관에서 이루어지는 교육, 시인을 포함하여 교수·비평가·기자 등의 시 관련 직업군 등은 시가 골방에서 이루어지는 개인의 행위가 아님을 잘 보여 준다. 대중음악과 연극·영화도 시를 활용하고, 시를 모티브로 한 영화(파블로 네루다를 다룬 〈일 포스티노〉나 이창동 감독의 〈시〉 등)와 드라마(한상재 연출 〈시를 잊은 그대에게〉 등)도 있다. 20 세기 후반 한국에서 음악·미술에 자본이 몰리면서 하나의 산업이 된 것처럼, 문학도 그런 경향이 나타나고 있다.[6]

물론, 산업과는 거리를 둔 '순수시'도 분명 존재한다. 하지만 사회 변화는 점점 그런 시가 설 자리를 빼앗고 있다. 특히 교육이라는 공공 공간을 거치면서 시 하나하나는 여러 분야에서 쓸 수 있는, 그야말로 '문화재(文化財)'가 되었다 결국 시는 개인이 가지고 있는 문화 자산의 일부이고, 그의 문화적 개성을 구성한다.

그런 점에서 시교육은 전통적인 '문화화'를 넘어 학생의 문화 자산을 확충하는 방향으로 나아가야 한다. 학생은 시라는 문화 자산을 활용하여 인지적·정서적 역량을 기르고, 타인과 소통하는 자원으로 활용하며, 장기적으로 경제적인 수익을 얻을 수 있다.(시 낭송으로 온라인 스타가 되는 경우를 떠올려 보자. 조회 수가 많아지면 광고가 붙고, 그러면 그 수익이 낭송의 질을 높인다.)

이때 잊지 말아야 할 것이 문화 자산의 성격이 변하고 있다는 점이다. 예컨대 2016년 노벨 문학상 수상자가 된 밥 딜런을 떠올려 보자. 오래전에 윈스턴 처칠이 정치적 회고록으로 노벨 문학상(평화상이 아니다!)을 탄 경우도 있지만, 밥 딜런의 수상은 그보다 더 큰 논란을 불러일으켰다. 대중가요의 작사가가 '시인'으로서 문학상을 받는 일이 바람직한가? ─ 오늘날 이런

---

6   음악 공연과 미술 작품은 세상에서 유일하고 복제가 불가능하다는 점 때문에(공연의 현장성과 '원작'의 가치를 생각해 보라.) 희소성과 희귀성 원칙에 따라 개별 텍스트의 가치가 중요하다. 그에 비해, 상징 예술로서의 문학은 손실 없이 무한 복제가 가능하므로 작품 하나 보다는 '양'으로 수익을 얻는 차이가 있다. 이우환의 그림 한 점과 시집 백만 부가 같은 값을 갖는 것이다.

논란은 불필요해졌다. 이미 현실이 그렇게 되어 있기 때문이다. 시와 관련하여 학생이 알아야 할 텍스트의 종류, 그가 할 수 있어야 하는 퍼포먼스의 종류, 그가 고려해야 할 맥락이 모두 변하고 있다. 그런 점에서 시교육의 초점을 다시 정해야 한다.

> ▶ **교실을 위한 질문 ─ 문화 자산으로서의 시**
>
> 1. 각자 아는 시인(가능하면 그의 대표작까지)을 있는 대로 적어 보자. 몇 명이나 적을 수 있는가? 시인을 많이 아는 것이 사는 데 어떤 도움을 줄까?
> 2. 지방자치단체의 장이 되어 내 고장 출신 시인을 기리는 문학관을 짓자는 캠페인을 벌여 보자. 무엇을 근거로 주민을 설득할 것인가?
> 3. "시는 교양인의 필수 덕목이다."라는 말을 지지, 또는 논박해 보자.

43
사회 연결망으로서의 시

시 한 편으로 누구와도 소통할 수 있다.
시 한 편으로 백 마디 말을 대신할 수 있다.

시가 사회적 기능을 할까? — 따로 논구하지 않아도 답이 자명한 물음이다. 시를 민중 교화의 도구로 삼았던 봉건 시대는 물론이고[7] 19세기 말 근대 이행기의 사회성 짙은 시들,('사회등 가사'가 대표적이다.) 1920~30년대를 풍미했던 경향시, 그리고 현대시사의 성전에 모셔진 항일 저항시 등은 모두 시의 사회적 속성을 여실히 보여 준다. 광복 이후에도 참여시, 저항시, 민중시, 노동자·농민시 등의 이름으로 사회성 짙은 시들이 지속적으로 등장했다. 오늘날에는 여성시, 생태시, 다문화시 등이 그 맥을 잇는다.

이들을 통틀어서 '사회시'라고 해 보자. 과거 사회시는 어떤 집단의 세계

---

[7] 고대 중국의 『시경』이 원래 그러하고, 우리 고전에서도 〈농가월령가〉니 〈훈민가〉니 하는 작품들을 살펴보면 안다. 그래서 '교술 갈래'라는 것을 만들고 악장이나 가사, 일부 시조를 교술시 영역에 넣기도 한다.

관이나 이데올로기에 충실하고, 세계관이 그와 다른 시들을 배척, 또는 도외시했다는 특징을 보인다. 조선조의 시 편집자들이 고려 속요에 '상열지사(相悅之詞)'라는 잣대를 들이대어 검열했던 일이나 KAPF 쪽에서 민족주의 계열의 시인들을 배척했던 일을 상기하면 된다. 1960~70년대의 참여시·저항시도 이런 특성을 지닌다.(순수—참여 논쟁을 떠올려 보자.) 과거에 독립이나 평등, 통일, 민주화처럼 방향이 분명하고 그를 향한 의지가 강했던 때에는 사회의식이 하나의 훌륭한 배제 기제로 작동했다. 내부의 결속을 다지며 외부와 투쟁하는 방식이다.

오늘날 시의 사회성은 그와 다르다. 타자를 배제하는 한편으로 분화·파편화 된 집단들을 시를 통해 하나로 묶는, 적어도 소통하도록 하는 포용 기제로 작동한다. 자기 안과 자기 밖의 수많은 타자들과 시로써 대화하고 소통·공감하며 연대성을 기르는 일이 시의 중요한 역할이 되었다. 이 관점에서는 언어·문학·문화 공동체의 구성과 유지·발전에 기여하는 시가 좋은 시이다.

이런 포용 기제는 다양한 국면에서 발휘된다. 세대의 동질성과 세대 간 소통을 예로 들 수 있다. 학교 교육 전·중·후의 시 경험을 통해 한세대는 하나의 문화 유전자를 가지게 되는 것이다. 그리고 그것들이 세대를 관통한다. 말하자면 윤동주의 〈서시〉든 김춘수의 〈꽃〉이든, 할아버지·할머니에서 손자·손녀까지 공유하는 시 경험이 있음으로 해서 세대는 하나로 묶인다. '국민 애송시'가 필요한 이유다.

지역 간 소통도 마찬가지다. 평안도의 백석, 함경도의 이용악, 전북의 서정주와 전남의 김영랑, 하는 식으로 지역성이 강하게 드러나는 시인과 작품이 있다. 단순히 시인이 거기서 태어났다거나 성장기를 보냈다거나 하는 문제가 아니라, 지역의 언어와 지역의 소재, 지역의 정서를 작품들이 담뿍 담고 있어서 가능한 평가다. 한편으로 자기 지역의 문학을 이해하고 다른 한편으로 다른 지역의 문학에 관심을 가짐으로써 지역성과 국가·민족의 일체감을 동시에 추구하는 일이 중요하다. 여기에는 북한 문학과 해외 한민족 문학도 포함된다.

사회 내 다양한 집단 간 소통도 중요하다. 우리 안의 타자들 – 다양한 문화적 소수자들이 시 안에서 소통하고 교감할 수 있는 토대를 마련하면 시의 역장(力場)이 훨씬 넓어질 수 있다. 여성시만 하더라도 김남조·허영자 같은 서정적이고 섬세한 시가 있고, 홍윤숙·고정희 같은 자의식 강한 시도 있으며, 최승자·황인숙 같은 시니컬하면서 감각적인 시도 있다. 여성시 자체의 가능역을 넓히고 여성시가 한국시에서 차지하는 위상을 정립함으로써 시를 통한 여성의 발견이 가능해진다. 이주민·다문화 의식을 담은 시, 경제 문제나 장애 문제 등 사회적 약자에 시선을 두는 시, LGBT·퀴어 같은 성적 소수자 문제를 다루는 시 – 이런 시들이 시단에서 제대로 정위(定位)하면 시교육도 그에 반응할 것이고, 장기적으로 우리 사회의 다양성과 건강성을 기르는 데 기여하게 된다.

마음이 어지러운 날은
수를 놓는다.

금실 은실 청홍(靑紅)실
따라서 가면
가슴속 아우성은 절로 갈앉고

처음 보는 수풀

정갈한 자갈돌의

강변에 이른다.

남향 햇볕 속에

수를 놓고 앉으면

세사 번뇌(世事煩惱)

무궁한 사랑의 슬픔을

참아 내올 듯

머언

극락정토(極樂淨土) 가는 길도

보일 상싶다.

— 허영자, 〈자수〉

　이런 시를 남녀 학생이 함께 읽는다고 치자. 아마 남학생은 여성들의 이런 의식을 꿈에서조차 상상하지 못할 것이다. 페미니스트를 자처하는 사람이라 하더라도 남성이 여성을 백 퍼센트 이해하는 것은 불가능하다. 그래서, 남녀 학생이 이런 시를 함께 읽어야 한다. 그리고 아래 같은 문제들에 관해 생각하고 토론해야 한다.

- 왜 여성문학이 문제가 되는가? : 철학적 관점, 생명과학적 관점, 사회적 관점, 문학적 관점 등.
- 여성성이란 무엇인가? : 남성에 대한 대타 개념으로서의 여성성, 가족·모성으로 본 여성성, 본질주의적 여성성, 생태학적 대안으로서의 여성성 등.
- 문학에서 여성성은 어떻게 나타나는가? : 소재와 주제의 문제, 작중 인물의 문제, 읽기·쓰기 주체의 문제, 개인적·사회적 수용의 문제 등.
- 여성의 시각에서 시를 가르치고 배우는 일은 어떤 의미를 지니나? : 남성/여성으로 자라기, 남성/여성의 시각에서 자아·세계를 인식하기, 시를 통하여 남녀 문제를 이해하기 등.

〈자수〉를 읽으며 이런 문제들에 관해 생각하다 보면 '시로써 못 하는 일이 없겠구나.' 하는 생각이 든다. 물론 중년의 남성인 필자에게는 분명 한계가 있겠지만, 그런 시각도 있어야 온전한 여성성을 이해할 수 있는 법이다.

▶ 교실을 위한 질문 — 사회 연결망으로서의 시

1. 우리 사회의 소수자 또는 약자들 – 어린이, 노인, 여성, 이주민, 장애인, 성적 소수자, 경제적 약자, 기타 사회적 약자들을 다룬 시를 찾아보자. 예상보다 많은가 적은가?
2. 시가 세대 간, 지역 간, 집단 간 소통에 기여할 수 있는 방안을 찾아, 그를 바탕으로 지방자치단체나 기업체에 지원을 요청하는 제안서를 써 보자.
3. 시를 중심으로 하는 동아리 활동 계획서를 써 보자.

44
미디어와 네트로 들어간 시

4차 산업혁명이 시와 시 문화도 바꾸고 있다.

시를 셋으로 나눠 보자. — 구술시(낭송·음영·노래 등을 모두 포함), 문자시(그래픽이 들어간 시 포함), 그리고 미디어 시이다. '음성언어 – 문자언어 – 매체언어'의 구별을 바탕으로 한 것이다.[8]

---

8 학교는 아직 '매체'의 개념을 정확하게 정의하지 못한 상태다. 과목에 따라, 맥락에 따라 어느 때는 신문·방송·잡지 등의 대중매체를 가리키고 어느 때는 컴퓨터·인터넷 중심의 디지털 매체를 가리키는 등 그 개념이 혼란스러운 상태다. '매체언어'라고 하면 더 모호해서, 매체를 수단 삼아 소통되는 언어를 가리키는 경우도 있고 매체에서 정보를 주고받거나 언어를 사용하는 규칙·문법을 가리키는 경우도 있다. 매체언어를 음성언어·문자언어에 이은 '제3의 언어'로 볼지 다만 음성과 문자를 매체에 얹어서 전달하는 하나의 방법으로 볼지에 대해서는 견해가 엇갈린다. 필자는 문자가 음성을 지면에 고정시켜서 전달하는 것과 마찬가지로 매체는 음성과 문자를 매체에 묶어서 전달한다는 점에 주목하여, 매체언어를 음성언어·문자언어와 층위가 다른 제3의 언어로 본다. 매체가 어차피 음성이나 문자를 전달하는 것이기 때문에 별도의 언어로 보기 어렵다고 비판한다면, 문자가 어차피 음성을 기록하여 전달하는 것이기 때문에 별도의 언어가 아니라는 반박도 성립한다. 하지만 그렇게 말하지는 않지 않는가?

여기서 미디어 시는 표현과 소통의 두 측면에서 살펴볼 수 있다. 우선 표현 측면에서 미디어 시는 음성·문자·소리(청각 정보), 이미지(시각 정보), 동영상(시청각 정보) 등이 여러 방식으로 결합한 복합양식적(multi-modal) 시텍스트를 의미한다. 박인희가 부른(낭송한?) 〈목마와 숙녀〉도 미디어 시이고 안도현의 〈너에게 묻는다〉를 가지고 만든 시화도 미디어 시다. 기존의 문자시를 가지고 만든 미디어 시뿐 아니라 처음부터 미디어 시로 창작한 작품도 점차 늘고 있다.

소통 측면에서 미디어 시는 전기·전자·통신 기술을 활용하여 디지털화된 상태로 소통되는 시텍스트를 의미한다. 문자든 이미지든 동영상이든, 인터넷·방송 등 특정한 디지털 플랫폼에서 시가 소통되는 경우, 그리고 그렇게 해야만 시적 효과가 생기는 경우 미디어 시가 된다. 시가 신문·잡지·책 등으로 대량 유통되는 사례가 있기는 하지만 이들은 전통적인 문자시에 속한다고 봐야 한다. 박남철이나 황지우 등의 일부 시처럼 그림이 함께 있어야 작품이 되는 경우는, 대량 유통되기 때문이 아니라 복합양식으로서 소통되기 때문에 미디어 시라 부를 수 있다. 그런 점에서 고전 시대의 시화(詩畫)는 전형적인 미디어 시라고 할 수 있다.

지면 읽기보다 화면 읽기의 비중이 훨씬 커진 지금, 미디어 시의 위상은 과거에 비해 몰라보게 달라졌다. 시집이 인터넷 사이트와 스마트폰 안으로 들어오면서 유장하거나 철학적인 시는 몰락하고 대신 감각적이고 짧은, 잠언과 같은 시들이 유행하고 있다. 하상욱 같은 이는 처음부터 "나는 시인이 아니다."라고 선언하고 '시 비슷한 것'을 써서 '시팔이'를 하는데, 거기에 방송을 비롯한 인터넷 등의 미디어가 호응하여 청소년들에게 제일 유명한 '시인'이 되었다.

사실 시는 문학 중 가장 미디어 친화적인 갈래다. 짧다 보니 창작이나 감상의 부담이 적고 음악·그림 등 다른 예술 갈래들과 쉽게 병치할 수 있기 때문이다. 광고·만화·뮤직비디오 같은 상업 예술에 텍스트 그대로 들어갈 수 있는 문학 갈래는 시뿐이다.

내 그대를 생각함은 항상 그대가 앉아 있는 배경에서 해가 지고 바람이 부는 일처럼 사소한 일일 것이나 언젠가 그대가 한없이 괴로움 속을 헤매일 때에 오랫동안 전해 오던 그 사소함으로 그대를 불러 보리라.

진실로 진실로 내가 그대를 사랑하는 까닭은 내 나의 사랑을 한없이 잇닿은 그 기다림으로 바꾸어 버린 데 있었다. 밤이 들면서 골짜기엔 눈이 퍼붓기 시작했다. 내 사랑도 어디쯤에선 반드시 그칠 것을 믿는다. 다만 그때 내 기다림의 자세를 생각하는 것뿐이다. 그 동안에 눈이 그치고 꽃이 피어나고 낙엽이 떨어지고 또 눈이 퍼붓고 할 것을 믿는다.

– 황동규, 〈즐거운 편지〉

이 시처럼 여러 번 영화·드라마·라디오 등에 사용되고 그 결과로 국민 모두에게 익숙해진 시가 또 있나 싶다. 서정적인 분위기, 누구나 공감할 수 있는 사랑과 기다림의 경험, 인용하기 좋은 시구의 구성 등이 미디어에서 활용하기에 적합하다. 주제가 워낙 보편적이어서 아무 작품에나 잘 녹아들어가는 것도 강점이고, 시인이 겨우 고등학교 3학년 때(!) 연상의 여인을 사모하여 쓴 시로 알려진 것도 작품이 대중 속으로 파고드는 데 도움이 됐다. 안성기·황신혜 주연의 〈기쁜 우리 젊은날〉, 최진실·박신양 주연의 〈편

황동규의 즐거운 〈편지〉는 여러 영화에서 모티브로 사용됐다

지〉, 한석규·심은하 주연의 〈8월의 크리스마스〉 같은 작품이 성공하면서
시도 살고 영화도 살았다.

　이처럼 시가 미디어(표현 차원, 소통 차원) 안으로 들어가면서 시의 매체 변
환 또는 교섭 현상이 빈번하게 나타나게 되었다. 이제 시는 '시집'에서 나와
미디어와 네트로 성큼, 들어가게 된 것이다. 이는 시교육에도 그대로 영향
을 끼친다. 교과'서(書)'에 실린 시는 어렵고 따분하지만 똑같은 시가 감동
적인 영화에 삽입되거나 멋진 목소리로 낭송되거나 유명인의 블로그에 인
용되면 갑자기 재미있고 멋있어진다. 유명 드라마에서 주인공이 시집을 읽
는 장면만 나와도 해당 시집의 판매고가 쑥, 올라간다. 이것을 시의 상업화
라 해서 기휘할 것인가? 단순히 서책형의 교과서를 디지털 교과서로 바꾸
는 정도의 변화가 아니라, 여기저기 미디어 텍스트에 삽입된 시들을 보물
찾기처럼 찾아서 그 맥락에서 시를 감상하는 정도의 활동이 아니라, 시와

시교육 자체가 매체화되는 현상에 관해 고민할 필요가 있다.

▶ **교실을 위한 질문 ― 미디어와 네트로 들어간 시**

1. 인터넷 블로그나 SNS, 동영상 등에서 시를 활용한 사례를 찾아 그 특징을 말해 보자.
2. 인터넷과 미디어 발달이 시의 형태를 어떻게 바꾸어 갈지 예측해보자.
3. 시 동영상을 만들어 공유해 보자.

3장
새로운 교육 수요에 대한 시교육의 대응

 '학교'가 변하고 있고, 심지어 '학교의 소멸'을 예측하는 이도 있다. 하지만 가까운 시일 내에 학교가 사라질 것 같지는 않다. 학교 제도의 위태로움을 알면서도 그 안에서 어떻게든 자기 존재를 증명하려는 동력이 많기 때문이다. 그 대표적인 엔진이 '교과'다. 오랫동안의 관습이 있고 이미 양성해 둔 교사 문제도 있어서 교과를 없애기는 쉽지 않다. 대신 찾을 수 있는 대안이 교과의 성격을 재개념화하거나, 교과 간 벽을 낮춰서 융합 교과를 편제하거나, 교과를 선택화하여 융통성 있게 조합하는 등의 방법이다. 〈통합 사회〉, 〈통합 과학〉 같은 과목이 그 보기가 된다.

 국어과는 다른 방식을 취했다. 국어과는 전통적으로 '도구 교과'로 인식돼 왔는데, 최근에는 '의사소통의 도구'라는 한정된 도구성을 사고 도구, 문화 도구, 학습 도구 등으로 확대함으로써 교과의 정당성을 유지하려 하고 있다. 이 흐름에 문학, 나아가 시도 동참함은 물론이다. 그동안의 고답적인 시관(詩觀)에 갇혀 위축되는 운명을 거부하고, 학교 안에서 시가 쓰이는 영역을 넓히고자 나선 것이다. 시는 짧고, 함축적이며, 구조적 완결성 부담 없이 다양한 제재를 다룰 수 있어서 여러 교과에서 사용하기에 좋은 도구다. 도구성의 개념을 넓혀서 새로 정의하기만 하면 된다.

도구성을 재개념화함으로써 시는 《국어》라는 교과의 밖, 나아가 학교 밖에서도 유용한 것이 된다. 이미 다양하게 시도되고 있는 교과 통합뿐 아니라 창의성, 인성 같은 기초 역량이나 한국어교육, 다문화교육 같은 새로운 교육 영역에서 시가 할 수 있는 일은 무궁무진하다. 이를 시교육의 공간 확장(life-wide poetry education)이라고 하면, 취학 전 교육에서 노인교육에 이르는 평생교육은 시교육의 시간 연장(life-long poetry education)이라 할 수 있다. 시의 도구성이 인간의 평생에 걸쳐 발현되는 것이다. 이 축 안에서 새로운 교육 수요에 대한 시의 응답을 더 넓게, 더 많이 찾아야 한다. 무엇이 가능할까.

45

도구로서의 시 : 도구성의 재개념화

> 결국 시는, 무엇엔가 도움이 되기 때문에
> 살아남는 것이다.

국어교육에서 자주 접하는 말이 "국어과는 도구 교과이다."라는 말이다. 이 말에는 국어과가 의사소통 수단인 듣기·말하기·읽기·쓰기 능력을 가르치는 교과이며, 이 능력들은 학교 교육 및 인간의 삶에서 핵심 도구가 된다는 뜻이 담겨 있다. 학교에서 제일 처음으로, 그리고 가장 중요하게 가르쳐야 할 기본 능력으로 3R(읽기, 쓰기, 셈하기)을 드는 논리도 이와 같다.

하지만 언어가 의사소통만의 도구로 쓰이는 것은 아니다. [언어-사고]의 관계에 대한 논의에서 늘 강조하듯이, 언어는 사고의 도구이자 외현이다. 언어 없이 사고 없고 사고 없이 언어 없다는 뜻이다. 또한 구성원 간의 의사소통이 사회 구성의 전제라는 점에서 언어는 사회성의 도구이기도 하며, 그 발전상인 문화의 도구이기도 하다. 무엇보다도, 언어는 인간 존재의 도구다. 언어 없이는 인간은 자기 존재를 인식하고 타인에게 증명하지 못

한다.[9]

이 논리를 조금 확장하여 시에도 적용할 수 있다. 시는 섬세한 언어사용을 바탕으로 자신을 표현하고 타인과 정서를 공유하는 데 도움을 준다는 점에서 의사소통의 중요한 도구라 할 수 있다. 또한 인지적·정의적 사고를 자극하고 감수성과 공감 능력을 기른다는 점에서 사고 도구의 성격도 분명히 지니고 있다. 아울러 시 자체가 하나의 문화이면서 시를 통해 문화 발전에 기여할 수 있다는 점에서 문화 도구의 성격도 지닌다. 곧, 시는 그 자체로 목적인 동시에 삶의 여러 국면에 도구적으로 기여한다. 특히 교육의 장에서 이런 특성은 더욱 강하게 드러난다. 전 과목에서 시를 활용하여 학습 동기를 부여하고, 시텍스트에서 학습 내용을 이끌어내며, 시로써 학습 결과를 표현하는 활동을 하는 모습을 보면 알 수 있다.

물론, 굳이 칸트 류의 미학을 원용하지 않더라도, 시는 그 어느 것의 수단이 아니라 오로지 '시 그 자체'로서 가치를 지닌다는 점은 자명하다. 시에 관한 수많은 정의를 찾아봐도 시를 다른 어느 것의 수단으로 정의한 예는 찾아보기 어렵다. 시는 인간됨의 근저에 닿아 있는 것이고, 그 자체가 목적이며, 다른 어느 것으로 치환되거나 재진술될 수 없다. 과연 그렇다. 시는 '예술 중의 예술'로서 어느 단계에 가면 철학과 만나면서 진리의 성전에 그 몸을 누인다.

그러나 눈을 조금 넓혀 보자. 시든 철학이든 예술이든, 그것이 인간에게 모종의 긍정적인 작용을 하지 않는다면 인류사에서 그 가치를 인정하기가

---

9 물론 언어가 존재론적으로 도구에 한정하는 것은 아니다. 여기서는 교육적 관점에서 그 점을 다소 두드러지게 표현하였다.

그리 쉽지 않다. 수많은 예술지상주의의 논변들이 있지만 그것도 끝에 가면 결국 미(美), 쾌락, 다른 세계로의 도약 등으로 귀결하는데 그들 역시 결국은 인간사의 문제임을 부정하기 어렵다. 시는, 그 자체로 합목적적인 당위성을 지니고 있지만 결코 그것에 그치지 않는다.

이 문제는 간단히 규정하면 '시의 기능론'으로 정리할 수 있다. 교육과정에서는 문학이 '인식적 기능, 윤리적 기능, 미적 기능'을 가지는 것으로 기술했는데(2015 교육과정 [12문학01 – 01] 성취기준 해설), 이는 시에 관해서도 똑같이 적용할 수 있다. 시는 인간과 세계의 의미를 깨닫게 해 주고(인식적 기능), 정서적·미적으로 인간의 삶을 고양하며(심미적 기능), 인간과 삶의 가치와 의미를 되새기게 한다(윤리적 기능). 문학개론이나 시론에서 문학/시의 기능을 이야기할 때도 이 세 범주 안에서 논의하는 것이 보통이다.

또 다른 관점에서 시의 기능을 찾아볼 수 있다. 이 역시 교육과정에서 출발할 수 있는데, 2015 국어과 교육과정의 첫 문장이 그것이다. – "국어는 대한민국의 공용어로서 사고와 의사소통의 도구이자 문화 창조와 전승의 기반이다." 국어를 사고 도구, 의사소통 도구, 문화 도구로 선언하고 그로부터 국어교육의 목표와 내용, 방법을 이끌어낸 것이 2015 교육과정이다. 물론 그런 선언의 이면에는 국어교육이 사고력 교육이자 의사소통 교육이고 문화 교육이라는 일반적 합의가 있다. 5차 교육과정에서 "국어교육은 사고력 교육이다."라는 명제를 도입한 이후 30년 가까운 논의가 쌓이면서 이 명제까지 온 것이다.

이 명제를 그대로 시에 관해 적용할 수 있다. 다만 일반적이거나 넓은 범위의 언어에 비해 '시적'이라는 특수성이 강조될 뿐이다. 편의상 교육과정의 기술을 그대로 가져오되 각각에 '시적'을 붙이면, "시는 시적 사고와 시적 의사소통의 도구이자 시적 문화 창조와 전승의 기반이다." 물론 여기에 약간의 손질이 필요하겠다. "시는 시적 사고의 표상이고, 시적 소통의 수단이며, 시적 문화 자체이자 문화 형성과 발전의 동력이다." 정도면 어떨까.

이처럼 시를 사고 도구, 소통 도구, 문화 도구, 학습 도구로 바라보면 시 교육의 성격이 훨씬 다채로워진다. 언어의 인지적·논리적·기능적(技能的) 기능(機能)을 강조하는 사회일수록 시의 역할이 더 중요해진다. 4차 산업혁명이 깊이 이루어질수록 인간의 능력 중 기계에 아웃소싱하는 영역이 많아지는데,[10] 그때 시가 균형추 역할을 할 수 있다.

아무튼 문제는 제법 단순해졌다. 시적 사고, 시적 소통, 시적 문화가 무엇인가 하는 점으로 논점이 좁아진 것이다. 여기서 시적 사고의 요체는 물론 상상력이다. 창의성 또는 독창성, 대상에 대한 애정 또는 공감 능력, 감수성이나 민감성 등 시적 사고의 특징을 묘사하는 말들이 많지만 그 저변에는 모두 상상력이 자리잡고 있다. 상상력이 있어야 창의성도 나오고 대상에 대상에 공감하며 민감하게 느낄 수 있는 것이다. 다음을 보자.

---

10 단순화해서 말하면, 인간은 이미 오래전부터 신체 일부를 기구·기계로 대신해 왔다. 손을 연장해서 망치와 칼을 쓸 때부터, 다리와 발을 연장해서 자전거·자동차·비행기를 탈 때부터 인간 능력의 아웃소싱은 시작되었다. 오늘날에는 분석·종합·연산·추론은 AI에, 기억·자료 관리는 빅데이터에 상당 부분 의존한다. 알파고로 인공지능 바둑이 유명해졌지만 이미 주가 예측, 의료 처방, 법률 자문, 보도 기사 작성 등은 모두 빅데이터에 기반한 인공지능으로 처리 가능하다. 기술이 발달하면서 감각을 VR(가상현실)에 맡기고, 힘이나 정밀성이 필요한 모든 움직임은 로봇에게 맡기며, 사람 사이의 소통과 연대는 인터넷과 모바일, 미디어에 기대는 양상도 심화된다. 하지만 아직까지 대체가 안 되는 부분이 정서와 공감 영역이다. 물론 술·담배·약물 등이 일정 부분 정서적 고양/이완과 소통·공감의 감정을 대신해 줄 수는 있다. 하지만 거기에 늘 일정 부분 죄책감이 따라붙는다는 사실은, 사람들이 감정·정서·소통·공감 등의 아웃소싱을 거북해 한다는 점을 보여 준다.

이것은 소리 없는 아우성,

저 푸른 해원을 향하여 흔드는

영원한 노스텔지어의 손수건.

순정은 물결같이 바람에 나부끼고

오로지 맑고 곧은 이념의 푯대 끝에

애수는 백로처럼 날개를 펴다.

아아 누구던가,

이렇게 슬프고도 애달픈 마음을

맨 처음 공중에 달 줄을 안 그는.

- 유치환, 〈깃발〉

깃발을 '손수건'으로 비유하는 것은 그리 어렵지 않다. 외형의 유사성에 입각한 연상 수준이다. 그 흔들림에서 '아우성'을 떠올리는 것은 그보다는 조금 더 나아가지만, 이 역시 시각적 흔들림을 청각적 흔들림으로 전이한 수준이다. '큰 박수소리로 날아오르는 비둘기들'(정태춘·박은옥, 〈92년 장마, 종로에서〉)도 이와 같은 발상에서 나온 표현이다.

그 다음부터 조금 복잡해진다. "순정은 물결같이 바람에 나부끼고/ 오로지 맑고 곧은 이념의 푯대 끝에/ 애수는 백로처럼 날개를 펴다." - 숨쉴 새 없이 몰아붙이는 비유의 향연이 화려하다. 깃발은 '순정'이 되어 바람에 나부끼다가 다시 '애수'가 되어 날개를 펴는데, 그 사이에 물결 같고 백로 같은 하염없는 흔들림이 자리한다. 세상에, 깃발을 애수로 치환하고 그것을 다시 백로에 비유하는 앙큼한 상상력이라니! 그리하여 결국 깃발은 '슬프고도 애달픈 마음'이 되어 '맑고 곧은 이념의 푯대'를 즈려밟고 그저 허

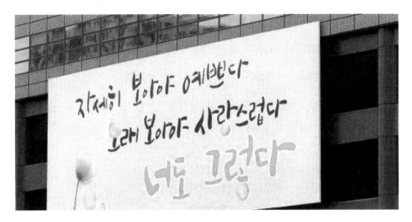

서울의 심장부에 시 한 구절을 걺으로써 세상은 조금 아름다워진다

공에, '공중에' 매달리게 된다. 아우성이고 손수건이고 다 잊어버리고 마음 한 조각이 허공중에 떠서 하염없이 흔들리고 흔들리는 것이다. 정작 자신이 '깃발'임도 잊어버린 채. 그래서 시의 본문에는 '깃발'이라는 말조차도 안 나온다.

이런 상상력이 없으면 인간의 사고는 얼마나 답답할 것인가. 철저한 논리적 사고는 투입과 산출이 동치이기 때문에 그 과정에서 생각의 도약이 일어나기 어렵다. 인류사를 장식한 위대한 발견이나 발명이 대부분 상상력에 빚을 지고 있음을 떠올리면, 시가 생각의 날을 벼리는 소중한 도구가 된다는 점을 이해할 수 있다.

기왕 공중에 올라갔으니 그 배경에 건물 하나를 그려 보자. 대한민국에서 제일 큰 광고판 — 광화문 교보빌딩의 벽면 자체다. 그 벽면에 '슬프고도 애달픈 마음'을 달아 보자는 생각도 참신하지만, 더 놀라운 건 그런 제안을 받아들인 회사의 경영진, 그리고 그 앞을 지나며 이렇게 목을 꺾어서 그 시구들을 보고는 고개 끄덕이고 다시 갈 길을 가는 시민들이다. 몇 자 안

되는, 그러나 커다란 그 글자들이 종일 그 앞을 지나는 수십 만의 사람들 마음을 하나로 묶는다. 이것이 소통이다. 시인 한 명과 독자 한 명의 소통도 중요하고 광화문 네거리의 수만의 소통도 중요하다. 시인이 사라져도, 시를 매개로 사람과 사람이 공감하고 이해할 수 있다면 그것 역시 훌륭한 소통이다. 그것이 문화로 이어지는 데에는 아주 잠깐이면 된다.

▶ **교실을 위한 질문 — 도구로서의 시 : 도구성의 재개념화**

1. 〈깃발〉을 사고 교육, 의사소통 교육, 문화 교육에 활용하는 방안을 내 보자.
2. 시가 나의 삶에 도움이 되었던 경험이 있는지 되짚어 보고, 있다면 어떤 도움이 되었는지, 없다면 왜 그랬을지 말해 보자.
3. '시 치료'에 대해 조사하여 발표해 보자.

46
교과를 넘어서는 시와 시교육

교과와 교과,

교과와 비교과,

학교 안과 학교 밖을 이을 수 있어야 한다.

시대가 변하면 교육의 역할도 변한다. 중·근세의 엘리트 교육이 성리학을 핵으로 한 유교적 통치 이념을 전수하는 데 치중했듯이, 19세기 말의 근대 전환기와 광복·전후 시기의 보통교육이 민족·국가 이념과 연결된 성장 이데올로기를 담아 내기 위해 노력했듯이, 21세기로 깊이 들어가고 있는 오늘날의 교육도 이 시대가 요구하는 역할을 능동적으로 감당해야 한다. 불과 얼마 전인 20세기 중·후반에는 '산업화'와 '민주화'라는 양대 거시 담론 아래서 국민교육헌장에서 말한 대로 "민족 중흥의 역사적 사명"을 달성하기 위해 "스스로 국가 건설에 참여하고 봉사하는 국민 정신"을 기르는 것이 교육의 사명인 적도 있었다. 그때는 3월의 첫 단원 첫째 제재로 〈3월 1일의 하늘〉이 실리는 것이 자연스럽고 당연한 일이었다. 하지만 시대가 변했다. 이제 어떤 시교육을 해야 하는가?

교육이 개인의 성장과 사회 발전을 추구한다는 성장 담론은 아마 영원히 부정되지 않을 것이다. 문제는 '무엇이 개인의 성장인가', '무엇이 사회 발전인가' 하는 점인데, 국가가 주도하는 대부분의 제도 교육은 이중 사회 발전에 특별한 관심을 둔다. 개인의 성장은 사회 발전의 조건 또는 토대로 보는 것이다. 교육과정에서도 "~함으로써"을 둘러싸고 앞에 개인적 자질을, 뒤에 사회적 소양을 두어 개인 성장이 사회 발전으로 가는 디딤돌이라는 점을 은연중 내세우고 있다.[11] 사실 국가가 시설과 설비, 인력, 운영 예산 등 사회적 자산의 상당 부분을 교육에 투자할 때에는 그만큼의 기대가 있게 마련이다. 그 결과 교육의 최종 목적은 "민주 국가의 발전과 인류 공영의 이상을 실현하는 데에 이바지하게 함"이 된다.

그렇다면 새로운 시대의 교육 수요 중 시가 감당할 만한 것으로 무엇이 있을까? 시의 언어적, 예술적, 인문적 속성을 감안하여 각각 하나씩만 찾아보면 다문화·한국어교육과 창의 교육, 그리고 인성·시민 교육을 들 수 있겠다. 우리 교육이 '자주적인 사람, 창의적인 사람, 교양있는 사람, 더불어 사는 사람'을 기르고자 한다는 점[12]에 비추어도 크게 어긋나지 않는다.

다시 이중 하나만 얘기해 보자. – 다문화교육으로서의 시교육은 시가 하나의 문화 현상이라는 점을 인정하고, 시에 담겼거나 시를 통해 드러나는 다양한 문화를 통해 한국문화교육과 상호문화이해교육을 하는 것을 말한

---

11 "우리나라의 교육은 홍익인간의 이념 아래 모든 국민으로 하여금 인격을 도야하고, 자주적 생활 능력과 민주 시민으로서 필요한 자질을 갖추게 **함으로써** 인간다운 삶을 영위하게 하고, 민주 국가의 발전과 인류 공영의 이상을 실현하는 데에 이바지하게 함을 목적으로 하고 있다."(2015 교육과정 초·중등 교육과정 총론 '1. 추구하는 인간상') – 인간다운 삶, 민주 국가 발전, 인류 공영의 이상 실현이 차례로 나열돼 있다.

12 위와 같은 곳.

다. 다문화 현상을 다룬 작품을 통해 그에 대한 메타적 이해를 도모할 수
도 있다. 다음 시를 보자.

동남아인 두 여인이 소곤거렸다

고향 가는 열차에서

나는 말소리에 귀기울였다

각각 무릎에 앉아 잠든 아기 둘은

두 여인 닮았다

맞은편에 앉은 나는

짐짓 차창 밖 보는 척하며

한 마디쯤 알아들어 보려고 했다

획 지나가는 먼 산굽이

나무 우거진 비탈에

산그늘 깊었다

두 여인이 잠잠하기에

내가 슬쩍 곁눈질하니

머리 기대고 졸다가 언뜻 잠꼬대하는데

여전히 알아들을 수 없는 외국말이었다

두 여인이 동남아 어느 나라 시골에서

우리나라 시골로 시집왔든 간에

내가 왜 공연히 호기심 가지는가

한잠 자고 난 아기 둘이 칭얼거리자

두 여인이 깨어나 등 토닥거리며 달래었다

한국말로,

울지 말거레이

집에 다 와 간데이

– 하종오, 〈원어〉

대한민국이 다문화 사회로 이행하기 시작한 초기의 작품이다. 시인의 민감한 촉으로 변화하는 사회를 잘 포착한 작품이고, 시인 개인으로서는 새로운 주제 영역을 발견하고 남보다 앞서서 문제적인 작품을 썼다는 평가를 받았던 작품이다. "고향 가는 열차"에 기대 앉은 나와 두 여인의 '고향'은 어디인가? 자나깨나 내 고향은 한국이지만 저 두 여인에게는 잠꼬대할 때의 고향과 깨어서의 고향이 다를 터. 또한, 두 문화와 두 인종의 결합으로 태어난 아이에게 "집에 다 와 간데이"라고 한국말로 토닥이지만 그 아이에게도 '집'은 여러 겹으로 중첩된 집일 터이다. 대중적으로 성공한 〈완득이(김려령)〉나 원로 소설가의 노력을 보여 준 〈나마스테(박범신)〉, 한민족이되 한국인이 아닌 조선족을 호명한 〈가리봉 연가(공선옥)〉 등 다문화 소설의 범주에 드는 작품들이 '무수히' 쏟아져 나왔다고 할 수 있지만 교육의 장에서, 그것도 시로 다문화 문제를 다루는 사례는 많지 않다. 하지만 소설과 다른 시의 효용은 금세 쉽게 찾을 수 있다.

학생들에게 시의 장점은 '짧다'는 것이다. 특히 쓰기에서 이 장점은 유감없이 발휘된다. 학생들은 길이의 부담 없이, 플롯이나 작품 전체의 맥락 등을 고민하지 않으며 순간적인 생각이나 느낌을 시로 표현한다. 오죽하면 일기 쓰기 과제가 하기 싫으면 일기를 시로 쓰겠는가. 이 점을 활용하면 다문화를 바라보는 관점과 다문화에 관한 간접 체험, 다문화 시민들에 대한 감정 이입을 쉽게 할 수 있다.

시의 이런 장점은 한국어교육에서도 잘 드러난다. 먼저 한국어교육을 바라보는 틀을 생각해 보자. 한국어교육의 장(場)은 ① 외국인을 대상으로 한 외국어로서의 한국어교육 ② 재외 국민을 위한 모국어로서의 한국어교육, 그리고 ③ 한국어가 모어가 아닌 내국인을 위한 공용어로서의 한국어교육으로 크게 나누어 볼 수 있다. 또, 모국어로서의 한국어교육도 ②-1 이미 한국어에 숙달된 상태에서의 모어 유지 교육, ②-2 외국에 오래 살면서 한국어가 약해진 사람을 위한 모어 회복 교육, ②-3 외국 태생으로서 어릴 때 아예 한국어를 익히지 못한 사람을 위한 모국어 습득 교육, 그리고 ②-4 이른바 조선족·고려인 등 자체적인 한국어 체계를 익힌 사람이 한국 생활을 위해 말을 교정하는 표준어 교육으로 나뉜다. 한편으로 한국어교육은 ⓐ 한국어로 의사소통하는 기능에 초점을 둔 기능교육과 ⓑ 한국어로 표현되거나 한국어에 담긴 문화 이해에 목표를 둔 문화교육으로 나뉘기도 한다. 그 목적도 ㉠ 학문 목적 ㉡ 취업 목적 ㉢ 취미나 문화 향유 ㉣ 일상생활로 세분된다.

이처럼 한국어교육의 장을 잘게 나누는 이유는 그 각각의 장에서 시를 활용하는 방법이 다르기 때문이다. 일단 시는 한국어교육에서 ㉮ 자료(제재)로 활용되기도 하고 ㉯ 한국어 학습을 위한 방법으로 활용되기도 하며 ㉰ 하나의 문화 양식으로서 작품 자체가 교육 내용이 되기도 한다. 예를 들어 〈밤(김동명)〉과 〈푸르른 날(서정주)〉를 활용하여 '은/는' '이/가'를 학습한다면 그때 시 작품은 하나의 언어 자료가 된다. 그에 비해 수사(數詞)를 학습하면서 〈수 노래〉를 보조로 활용했다면 방법으로 시를 활용한 예가 된다. 고급 단계에서 한국 대표시를 학습하거나 상호 문화 이해를 위해 시 작품을 비교하는 활동을 했다면 내용으로서의 시가 된다. 어느 경우든, 시는 한국어교육에서 다양한 활용의 길이 열려 있다. 시는 안정되고, 전형적이고, 정제된 언어 텍스트이자 맥락 속에서 살아 있는 텍스트이며 어휘와 표현이 다양하고 학생들의 동기나 흥미를 유발하고 유지하는 데 강점이 있기 때문이다.

사실 외국어교육에서 시가 중심 장르가 되기는 어렵다. 우리가 영어를 배우면서 영시를 얼마나 다루었나 생각해 보면 금세 알게 된다.[13] 시어와 운율, 문화적 비유·상징 등을 고려하면 제2언어/외국어로 시를 읽는 일이 결코 쉽지 않다. 그래서 대부분의 외국어교육에서 시는 고급 단계에서 겨우 주제재로 다루는 실정이다. 그럼에도 불구하고 한국어교육에서 시를 배제해서는 안 되는 이유는 한국어교육을 단순한 언어기능교육으로 한정하지 않고 언어와 사고, 언어와 문화, 언어와 예술을 연결하도록 하는 통로 역할을 하기 때문이다. 특히 한국어 학습자가 쓴 시를 통해 학습자의 한국어 학습 특성을 잘 알 수 있다.

▶ **교실을 위한 질문 — 교과를 넘어서는 시와 시교육**

1. 임의의 교과 내용을 시로 재진술해 보자. 어떤 효과가 있고, 어떤 점에 유의해야 하는가?
2. 외국인에게 한국어를 가르치기에 좋은 시를 골라, 어떤 식으로 가르칠지 활동을 설계해 보자.
3. 시를 〈국어〉 과목에서, 〈문학〉 과목에서, 창의적 체험 활동 시간에 각각 가르친다고 할 경우, 이들 사이에 어떤 차이가 있을까?

---

13 그럼에도 불구하고 시를 활용한 영어교육의 이론과 실제 방법이 많이 소개되어 있다. 박병희 (2008) 참조.

47
평생 학습으로서의 시와 시교육

학교가 끝나는 곳에서 시는 다시 시작된다.

현대 국가는 그 구성원을 인적 자산(Human Resources)으로 보고 물적 자산 못지않게 개발에 힘쓴다. 토지를 제외한 대부분의 물적 자산이 시간이 지나면 낡거나 소진되는 데 비해 인적 자산은 그렇지 않다. 청년기에 이르러 신체 성장이 멈추더라도 지적 성장은 계속되며, 노년기에 이르러 지적인 성장이 정체되더라도 사회적·정서적 역량은 계속 성장한다. '노인의 지혜'는 성장이 지속되지 않으면 얻을 수 없는 능력이다.

대부분의 성장 곡선은 S자 형태를 보인다. 초기에는 성장의 기초 역량을 갖추느라 속도 자체는 느린 양상을 보이다, 어느 정도 여건이 갖춰지면 급격하게 성장한다. 개인도 그렇고 국가도 그렇다. 그러다가 성장 자원을 다 쓰면 다시 성장이 느려지는 모습을 보인다. 하강 국면에 접어드는 경우도 많다. 지·덕·체를 중심으로 인간 성장 곡선의 기울기를 보면 신체 영역이

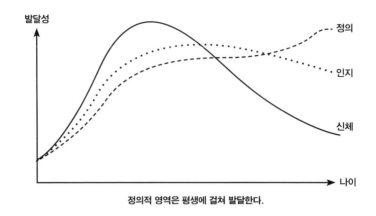

발달성

정의

인지

신체

나이

정의적 영역은 평생에 걸쳐 발달한다.

가장 급하고 사회적·정서적 영역이 상대적으로 완만하다. 인지 영역은 그 중간쯤에 속할 것이다. 신체 영역이 20년 내외에 급격하게 성장하는 것과 비교하면, 그리고 그 이후의 노력들이 대체로 '성장'이 아니라 '유지' 쪽에 초점이 있는 것과 비교하면, 인지·정의 영역의 성장은 노력의 효과가 상당히 오래 지속된다. 특히 정의 영역이 그렇다.

이 부분에서 시의 평생 학습적 의의가 드러난다. 시는 수많은 언어 형식 중에서 가장 길이가 짧고, 형식은 정제되어 있으며, 내용은 함축적이다. 텍스트의 설득력을 위한 논리 구조나 플롯의 완결성, 담은 내용의 정확성이나 유용성 등에 관한 부담이 적다. 어떤 논리적인 구조나 뜻이 명료하게 드러나는 것을 피하기까지 한다. 시 쓰기와 소설 쓰기의 부담을 비교해 보면 금방 알 수 있듯이, 엄숙주의만 벗어 던지면 시는 유아기에서 노년기까지 언제든지 쉽게 접할 수 있는 접근성이 좋은 언어다.

물론 학교라는 제도에서 가르치기에 시는 적절치 않다는 의구심도 있다. 분석적 수업이나 정답이 있는 평가에 대한 비판에서 이런 걱정을 잘 엿볼 수 있다. 이는 달리 말하면, 학교 밖에서 시를 가르칠 여지가 그만큼 많다는 뜻이기도 하다. (이의를 제기할 사람도 있겠지만) 지식 지향성이 강한 수학이나 과학, 역사, 지리 같은 분야는 학교에서 배우지 않으면 배울 기회가 없는 경우가 많다. 하지만 언어는 학교 밖에서의 성장이 학교 안의 성장 못지않게 중요하고, '학교 문턱에도 못 갔지만' 말을 청산유수로 잘하거나 진정성이 담긴 글을 쓰는 일도 가능하다. 물론 발표·토론이나 정전 텍스트 읽기, 논설문 쓰기처럼 학교가 아니면 해 보기 어려운 활동도 있다. 시를 포함한 문학도 오로지 학교에서만 접할 수 있는 텍스트나 해 볼 수 있는 활동 들이 있다. 이상, 김수영 등의 일부 난해시나 프로문학 같은 관념시는 보통 사람에게는 학교에서만 존재하는 작품들이다. 시를 소설로 바꾸어 쓴다든지 시어 하나하나를 섬세하게 분석하며 읽는 활동도 학교에서만 해 볼 수 있는 활동이다. 그러나, 이런 작품이나 활동들은 모두 보통 사람들의 보통의 문학 활동을 진작하기 위한 방편일 뿐이다.

보통 사람의 보통의 문학 활동은 어떤 모습일까? 사람들은 어떤 국면에서 문학을 접하고 스스로 문학적인 표현 활동을 하나?

일상에서 제일 많은 시간을 투자하는 문학 활동은 드라마 보기일 것이다. ― 잠깐, 텔레비전의 그 뻔한 일일 드라마나 주말 드라마를 보는 일이 문학 활동이라고? 밥 먹으며 보기도 하고 소파에 길게 누워서 보기도 하는 그 행위가? ― 당연히 그렇다. 이야기의 전개를 즐기면서 인물에 동일시하고 대사 하나하나에 집중하는 그 행위가 문학 활동이 아니면 무엇이 문학 활동이랴? 희곡이 문학이라면 당연히 연극 하기와 연극 보기도 문학 활동이고, 연극이 그렇다면 영화도 그렇고, 영화가 그러한데 드라마 아닐 리가 없다. 대중성·통속성·상업성 등에 관한 논란이 있기는 하지만 드라마는 보통 사람이 평생에 걸쳐 즐기는 문학 자산이다.

드라마 다음에는 영화와 소설이 있겠는데, 이것들은 들이는 시간(가끔은 돈도)이 제법 들고 접하려면 어느 정도 마음을 먹어야 한다는 문제가 있다. 드라마에 비해 접근성이 떨어지는 것이다. 웹툰을 포함한 만화도 마찬가지다(시리즈 하나를 독파하려면 얼마나 많은 시간과 노력이 드는가?). 그에 비해 시는 접근성이 제일 뛰어난 문학이라 할 수 있다. 극장에 가거나 텔레비전을 켜야 할 필요가 없고, 앞뒤 줄거리와 인물 간 관계 등을 생각하며 봐야 하는 부담도 없으며, 두꺼운 책을 순서대로 읽지 않아도 된다. 무엇보다, 읽는 데 시간이 들지 않는다. 그저 생각날 때 아무 곳이나 펼쳐서 읽으면 되고 책이 없는 경우에는 건물 벽이나 지하철 스크린도어에 게시된 작품을 읽어도 된다. 시는, 음식으로 말하면 부담없이 먹을 수 있는 간식이 늘 가방 속에 있는 것과 같다.

이 때문에 시는 평생 학습의 중요한 자료가 된다. 사람들이 필요하고 가능할 때 어디서든 무엇이든 학습할 수 있는 사회가 평생학습사회인데, 그러려면 학습을 위한 교재 또는 자료가 필요하고, 거기서 시가 빛을 발하는 것이다.[14]

넓은 벌 동쪽 끝으로
옛이야기 지줄대는 실개천이 휘돌아 나가고,
얼룩백이 황소가
해설피 금빛 게으른 울음을 우는 곳,

---

14 이 부분은 김창원(2018)에서 논의한 내용을 가져왔다.

─ 그곳이 차마 꿈엔들 잊힐 리야.

질화로에 재가 식어지면
비인 밭에 밤바람 소리 말을 달리고,
엷은 졸음에 겨운 늙으신 아버지가
짚베개를 돋아 고이시는 곳,

  ─ 그곳이 차마 꿈엔들 잊힐 리야.

흙에서 자란 내 마음
파아란 하늘빛이 그리워
함부로 쏜 화살을 찾으러
풀섶 이슬에 함추름 휘적시던 곳,

  ─ 그곳이 차마 꿈엔들 잊힐 리야.

전설 바다에 춤추는 밤 물결 같은
검은 귀밑머리 날리는 어린 누이와
아무렇지도 않고 예쁠 것도 없는
사철 발 벗은 아내가
따가운 햇살을 등에 지고 이삭 줍던 곳,

  ─ 그곳이 차마 꿈엔들 잊힐 리야.

하늘에는 성근 별

알 수도 없는 모래성으로 발을 옮기고,

서리 까마귀 우지짖고 지나가는 초라한 지붕,

흐릿한 불빛에 돌아앉아 도란도란거리는 곳,

　－그곳이 차마 꿈엔들 잊힐 리야.

－ 정지용, 〈향수〉

　2000년대 생들에게 '향수'는 공룡 시대의 화석과도 같은 정서이리라. 그보다 더 전에 태어난 1990년대 생, 1980년대 생들에게도 어릴 적 추억은 있어도 향수는 없다. 향수란, 떠나온 고향이 있고 그곳과 이곳의 삶이 한 세대를 격하여 차이가 나며, 그럼에도 불구하고 그곳에 나를 끌어당기는 누군가 또는 무엇인가가 있어서 늘 그리워하지만 쉬이 갈 수는 없는 곳을 향한 그리움과 약간의 탄식 같은 것이 뒤섞인 그런 정서이다. 향수를 느끼려면 적어도 나이가 오십을 넘어야 한다. 수구초심(首丘初心)이라 하였는데, 오십이 되어야 머리로는 천명을 알고 가슴으로는 향수를 느끼게 되는 법이다.

　〈향수〉는 김희갑이 곡을 붙이고 성악가 박인수와 대중가수 이동원이 함께 불러서 유명해졌지만, 사실 광복 이전에 이미 채동선이 작곡한 가곡이 있었다. 다만 정지용이 월북한 것으로 알려지다 보니 반공독재정권 시절 시집과 함께 노래도 금지되어 부르지 못했을 뿐이다. 김희갑의 노래는 1987년 해금 이후 새로 쓴 곡이다.

　아무튼, 중·고등학생들에게 "옛이야기 지줄대는 실개천"이나 "서리 까마귀 우지짖고 지나가는 초라한 지붕"의 정서를 묻는 것은 억지스러운 일이다. 그들은 얼룩백이 황소가 게으름 부리는 장면이나 빈 밭에 말을 달리는 밤바람 소리를 상상하는 일 모두가 불가능하다. 그럼에도 불구하고 이 시를 읽을 수 있는 이유는 '향수'의 그림자에 숨어 있는 그리움, 회한, 탄식 같은 보편 정서 때문이다. 학생들은 이 시를 읽으며 향수를 떠올리는 것이 아니라 "차마 꿈엔들 잊힐 리" 없는 기억을 되살리는 시적 화자의 경험을 공유하는 것이다.

이런 경험의 공유는 성인 이후에는 나이에 상관없이 늘 일어나는 일이다. 사람들은 오지 않는 구조의 손길을 기다리다 하릴없이 바닷물에 잠긴 아이들의 경험을 공유하고, 그 부모의 비탄을 공유하며, 작동하지 않는 시스템을 향한 분노를 공유한다.[15] 서른이 되어도 마흔이 되어도 그 감정의 흔적은 남는다. 그런 감정이 충분히 삭으면 말이 되고 시가 되는 것이다.

이 부분에 평생 학습으로서 시의 가능성이 있다. 살아가면서 쌓인 경험과 감정을 말로 다 풀어내지 못할 때 시가 수호천사로 나서는 것이다. 시 읽기(함께 낭송하기도 좋다), 시를 가사로 한 노래 부르기, 시를 소재로 한 드라마나 영화 보기, 시 구절을 베껴 쓰거나 붓글씨로 쓰기, 시를 넣어서 사진이나 그림으로 표현하기, 짧은 시극 공연하기, 나아가 직접 시를 쓰기 – 이런 활동들은 학습하며 성장하는 인간(Homo Discens)의 본성을 충족한다.

당연히, 시교육은 평생 학습으로 뻗어갈 가능성을 엿보고 있다. 지금도

---

15 2015년 9월 2일 터키 남서부 해안으로 시리아 난민 보트가 전복되어 숨진 에이란 쿠르디(3세)의 시신이 떠밀려 왔다. 멀지 않은 해변에서는 그의 형 갈립 쿠르디(5세)의 시신도 발견됐다.(차마 사진은 싣지 못한다.) 그 비극적인 사진이 세계에 던진 메시지는 이랬다. ―"인류는 존속할 가치가 있는가?"

많은 시인들이 평생학습 기관에서 강의하며 시의 저변을 넓히고 있고, 지역의 문학 동인 그룹을 이끌며 아마추어 시인들을 정규 시인으로 등단시키기도 한다. 유튜브 활성화로 과거의 TV, 라디오, 신문을 넘어서는 시 활동이 퍼지고 있기도 하다. 학교나 평생교육원, 문화센터 등의 제도를 넘어 생활 속에서 시가 가르쳐질 때 평생 학습의 의의도 살 수 있다.

▶ 교실을 위한 질문 ― 평생 학습으로서의 시와 시교육

1. 교육으로서의 시를 다룬 영화들 ― 〈시〉, 〈죽은 시인의 사회〉, 〈일 포스티노〉 등 ― 을 감상하고, 사람이 성장하는 데 시가 어떤 식으로 기여할 수 있는지 말해 보자.

2. 〈향수〉를 10대부터 70대까지 여러 세대에게 읽히고 느낌을 말해 보도록 하자. 세대별로 다른 성향이 드러날까?

3. 20세 이후 평생에 걸쳐 읽을 수 있는 시들을 찾아보자. 어떤 시들이 적당할까?

VI

시 교사와 시교육
연구자를 위하여

1장
시를 가르치는 일과
가르침에 관해 연구하는 일

지금까지 시와 시교육에 관한 여러 논점들에 관해 이런저런 점검을 해 봤다. 이런 작업은 '시에 관한 메타 행위로서의 시교육'에 관한 상위메타 행위라 할 수 있다. 문학으로서의 시가 시인과 독자의 몫이라면 시교육은 그를 포함한 교사와 학생의 몫이고, 시교육 연구는 다시 이를 포함한 연구자, 정책가, 외부 지원자의 몫으로 돌아간다. 여기서 '시→시교육→시교육 연구'의 Bottom-up 구조는 다시 '시교육 연구→시교육 실제→시'의 Top-down 방향으로도 작동한다. '이론과 실제의 상호성'이 그대로 시와 시교육과 시교육 연구 사이에 이중으로 개재하는 것이다. 그 연결고리 역할을 하는 주체가 교사다. 교사는 한 명의 독자인 동시에 시교육 실천가이고, 시교육 연구자이자 시교육 정책가이다. 시교육 전체에 관한 거시적 안목이 없으면 특정 시간의 시교육이 잘될 수가 없다. 이것이 이 책의 마지막을 교사와 연구자에게 주는 말로 마무리하는 이유다.

물론 교사에게는 교사의 일이 있고 연구자에게는 연구자의 일이 있다. 하지만 시와 시교육의 이론과 역사를 알고 실제 경험을 갖춰야 한다는 점은 두 집단에 공통된다. 문제는 시에 관해서는 어느 정도 정리된 내용이 있지만 시교육에 관해서는 이론과 역사가 명료하게 정리되어 있지 않다는 점이다. 그렇다고 해서 요령 수준의 교수법이나 단편적인 지식만으로 시교육과 시교육 연구에 나서는 것처럼 위험한 일은 없다. 단순한 애호가를 넘어 시에 관해, 또는 시를 도구 삼아서 누군가를 가르치고 그에 관해 연구하려면 그만큼의 준비가 있어야 한다. 방향은 모호하고 과정은 어렵다. 하지만 결과가 좋으면 본인도 행복할 것이다. 그리고 그 행복은 결국 학생에게로 수렴한다. 이 장이 일종의 잔소리가 되어도 좋은 이유다.

48
현대시교육의 지정학과 계보학

시와 시교육이 이렇게 만들어진 이유

누누이 말하지만, 시교육은 학교 교육의 부분이다. 부분은 전체의 구도 속에서 존재 이유를 지니고, 다시 전체는 부분의 총합으로 가치를 획득한다. 부분과 전체의 해석학적 순환은 모든 체계/구조에 동일하게 적용된다. 시를 가르치거나 시교육을 연구하는 이들이 부분과 전체에 관한 시각을 가져야 하는 이유다.

한편으로, 시교육을 포함한 학교 교육은 시대의 영향을 받으며, 시대와 함께 발전해 온 근대적 제도다. 인간사의 어떤 일이 안 그렇겠느냐마는, 국가가 기획하고 실행하는 교육 시스템만큼 시대의 영향을 강하게 받는 제도도 드물다. 이는 학교가 원래 공동체를 건강하게 유지하고 체제를 발전시키는 데 목적이 있는 이데올로기 기구이기 때문이다. 그러면서 비슷한 이데올로기 기구인 종교, 언론에 비해 국가의 통제를 더 강하게 받는다는 점에서 공공적 성격이 두드러진다. 사립학교에까지 국가가 인건비, 운영비 등을 지원하는 이유도 여기에 있다. 그러므로 국가의 교육 이념이 변함에 따라 학교도 변하며, 오늘날의 학교는 그 끝점에 서 있다.

먼저, 교육의 전체 지형도에서 시교육이 어느 위치에 서 있는지를 살펴보자. 그러려면 먼저 시교육의 본체—시란, 문학이란 무엇인가 하는 문제부터 생각해 봐야 한다. 문학이란 무엇인가 하는 문제는 수많은 이론가들이 달려들어서 각기 다른 이야기를 할 정도로 해결하기 어려운 문제이고, 그런, 또는 그와 비슷한 제목을 단 책 또한 부지기수로 많다. 사실상 이 질문은 '인간이란 무엇인가?', '예술이란 무엇인가?' 하는 질문과 마찬가지로, 어떤 답이 있다기보다는 그에 대한 대답을 찾아 가는 과정 자체를 통해 대상에 대한 이해가 깊어지는 성격의 질문이다. 그렇다 하더라도 교육의 장에서는 어떤 식이든 개념 정의가 필요한 법이니, 단순한 방법이기는 하지만 먼저 국어사전에서 '문학'을 어떻게 정의하고 있는지 살펴보고, 그로부터 이야기를 풀어 가기로 하자.

문학[1](文學)[문학만[- 항 -]]사상이나 감정을 언어로 표현한 예술. 또는 그런 작품. 시, 소설, 희곡, 수필, 평론 따위가 있다.(표준국어대사전)

여기에는 문학을 보는 가장 일반적인 관점이 담겨 있다. 문학을 예술로 보면서 그것이 여러 갈래의 작품들로 이루어진다는 관점이다. 이것을 '실체론'이라고 부르자. 어떤 식이든 우리가 인식할 수 있는 대상이 있고, 그것들(주로 작품)이 곧 문학이라는 것이다. 이 관점에 따르면 [한국문학 – 미국문학 – 중국문학]이나 [현대문학 – 고전문학], 또는 [시문학 – 소설문학 –

극문학]의 실체가 분명하게 머리에 들어온다. '한국인이 한국어로 쓴 작품들의 총합'이 한국문학이고, 현대에 창작된 작품들이 현대문학이며, 시 작품이 곧 시문학이다!

하지만, 이 관점은 '그렇다면 무엇이 문학 작품인가?'에 대한 합의가 뚜렷하지 않다는 문제를 해결하지 못한다. 예를 들어 조용필 작곡·양인자 작사의 〈킬리만자로의 표범〉은 문학인가 아닌가? 〈제 망매가〉가 문학이라면 〈산 자여 따르라〉가 문학이 되지 못할 이유는 무엇인가? 희곡이 문학이라면 시나리오도 문학이어야 할 텐데, 그렇다면 만화나 뮤직비디오의 스토리보드는 어떤가?

이처럼 실체론은 문학관 중 제일 오래되기는 했지만, '문학'과 '문학 아닌 것'의 구별이나 '좋은 문학'과 '좋지 않은 문학'의 변별에 대해서는 확실한 답을 주지 못한다. 그 대안으로 문학을 일종의 경향성이나 속성으로 보는 관점이 있을 수 있다. 이것을 '속성론'으로 불러 보자. 앞서 든 예를 끌어 온다면, 〈킬리만자로의 표범〉은 표출하는 정서, 상징을 비롯한 표현 기법, 분위기와 어조 등에서 충분히 문학적이다. 〈진달래꽃〉에 비하면 문학성이 떨어지기는 하지만,(문학성이 떨어진다고 하는 근거도 모호하지만.) 신문 기사나 논술 답안지와는 확연히 다른 텍스트인 것이다. 비유로 꽉 찬 속담이나 기막힌 아이러니를 보여 주는 유머도 마찬가지다. 그렇다면 문제는 '무엇이 문학인가?'가 아니라 '무엇이 더 문학적인가?'로 바뀐다. 좋은 문학과 그렇지 않은 문학의 변별 문제까지 한꺼번에 해결하는 셈이다.

속성론에 따르면 모든 언어 텍스트는 가장 비문학적(과학적)인 텍스트에서 가장 문학적(시적)인 텍스트까지 매우 넓은 층위에 걸쳐 있다. 법조문, 처방전, 계약서, 매뉴얼 등이 과학적 텍스트의 극단이라면 시가 문학적 텍스트의 극단이 된다. 임의의 텍스트는 그 '문학성의 수직선' 위에서 임의의 자리를 점하는데, 그 위치를 정하는 기준은 발상과 상상력, 비유와 상징, 운율과 형식, 어조, 정서 등 텍스트의 미적 효과와 관련되는 요소들이다. 〈산 자여 따르라〉보다 〈제 망매가〉의 함축성과 압축미가 더 높거나 깊기 때문에 〈제 망매가〉에 대해서는 누구나 문학으로 받아들이고 문학으로 반응하는 것이다.

모든 텍스트는 과학적 텍스트와 문학적 텍스트 사이의 '어딘가'에 있다

여기서 한 번만 더 생각해 보자. 황지우의 시 중에 〈심인(尋人)〉이라는 작품이 있다. 그 첫 연이 "'김종수' 80년 5월 이후 가출/ 소식 두절 11월 3일 입대 영장 나왔음/ 귀가 요 아는 분 연락 바람 누나/ 829 - 1551"인데, 아무리 좋게 봐 준다 해도 여기서 문학성을 찾기는 힘들다. 그저 신문 한 귀퉁이에 나온 사람 찾는 광고일 뿐으로, 시 전체가 "김종수, 이광필, 조순혜"를 찾는 광고로 채워져 있다. 자주 보는 광고이다. 하지만 발표 당시 이 작품을 보고 충격 받은 사람이 많았고, 심지어 우는 사람도 있었다. 왜인가? 왜 이런 광고쪼가리가 독자에게 충격을 주는가?

이 작품의 가치를 '80년 5월'과 연관 지어 해석하든, 계속해서 이어지는 실종자들의 삶의 모습에서 찾든, 또는 "나는 쭈그리고 앉아/ 똥을 눈다"로

마그리트의 파이프는 미술사의 맥락 안에 놓임으로써 '작품'이 된다.

끝나는 마지막 연의 아이러니한 비감에서 찾든, 그것은 독자의 몫이다. 여기서 말하고 싶은 것은 문학의 개념과 가치를 텍스트 그 자체에서 찾으려고 하는 시도는 대부분 실패하게 마련이라는 점이다. 〈심인〉이 시가(문학이) 될 수 있는 근거는 그것을 쓰고 읽는 맥락에서 찾을 수밖에 없다. 이것을 '맥락론'이라고 하자.

맥락론은 예술을 둘러싼 절대주의적 관점과 상대주의적 관점의 오랜 논쟁 중에서 상대주의와 직접 연결된다. 문학은 사람들이 그것을 문학으로 봐 주고 문학으로 받아들일 때 비로소 문학이 될 수 있다. 설령 그것이 철거 계고장(조세희, 〈난장이가 쏘아 올린 작은 공〉)이든 글자를 연(鳶)이나 하트, 비 오는 모양으로 배열한 것이든(아폴리네르의 구체시들), 심지어 글자 한 자 없는 네모칸이든(박남철, 〈T.V〉), 그것을 둘러싼 소통 맥락 안에서 문학으로 인정받기만 하면 문학이 된다는 것이다. 판소리나 시조가 과거에 문학이 아니었다가 지금은 고전문학의 정수로 대접받게 된 이유도 텍스트 소통의 문학적 맥락 때문이고, 인터넷 발달로 다양한 형태의, 과거에는 시로 봐 주지 않았던 시가 성행하는 것도 역시 맥락 덕분이다. 이렇게 문학을 '거기에 이미' 존재하는 것이 아니라 인간이 어떤 대상 또는 현상을 문학이라고 이름 붙임으로써 비로소 수면 위로 떠오르는 존재로 바라본다는 점에서 맥락론은 일종의 유심론이라고 볼 수도 있다.

그렇다면 오늘날 문학은 무엇으로 이해될까? 국어교육 쪽에서 문학을 바라보는 주된 관점은 무엇인가?

국어교육이 언어 그 자체나 언어에 대한 지식을 주요 내용으로 하지 않는다는 점은 이미 상식이 되었다. 그것들은 국어학의 관심사다. 국어교육은 대신 인간이 언어를 습득/구사하는 과정, 인간의 언어 능력 발달 양상, 언어를 둘러싼 사회·문화적 관계를 중심 화두로 삼는다. 언어가 하늘 끝까지 쌓여 있어도 그것을 구사하는 인간과 그 인간에 대한 메타적 인식이 없으면 국어교육은 존재하기 어렵다.

문학에 대해서도 마찬가지로 말할 수 있다. 문학 자체에 관한 얘기는 문학/문학학에 맡겨 두기로 하자. 문학교육에서 관심을 갖는 것은 문학을 둘러싼 인간들의 행위, 문학과 관련한 개인과 공동체의 성장, 문학을 형성·발전시켜 가는 동인 등이다. 곧, 문학을 둘러싼 인간들의 개인적·집단적 행위와 그 바탕이 되는 사회·문화적 조건이 문학교육에서 말하는 '문학'이다. 이것은 '문학'이라는 용어보다는 '문학 활동'이나 '문학 현상'이라는 용어로 나타내기에 더 적절한 개념이다.

문학 활동이란 문자 그대로 문학으로, 또는 문학적이라고 받아들여지는 텍스트를 생산·소통·수용하는 일체의 유목적적인 행위를 말한다. 창작, 출판, 비평, 감상, 개작·모작, 장르 변용과 매체 변용 등 다양한 활동이 여기에 포함된다. 문학 현상은 나아가 그러한 행동주의적 관점보다 조금 더 추상적인 차원에서, 문학을 둘러싸고 일어나는 제반 유·무형의 현상까지 모두어 일컫는다. 좁은 의미의 문학 활동뿐 아니라 문학을 둘러싼 권력 형성(등단이나 비평 권력 등), 문학을 보는 관점의 변화, 독서 취향의 형성과 변화, 좋은 문학에 대한 관점 등, 어떤 식으로든 문학과 연관되는 제반 현상들이 문학 현상이 된다. 그런 점에서 문학 현상이라는 용어는 문화론과 밀접하게 연관된다고 볼 수 있다.

문학 활동과 문학 현상 같은 용어들은 문학을 바라보는 새로운 관점을 제시하기는 하지만, 한편으로 다소 생경하고 개념이 모호한 점도 숨기기 어렵다. '문학 주체', '문학 능력', '문학 문화'와 같은 용어들도 마찬가지다. 국문학계를 포함하여 일반적인 문학 전문가들이 낯설어하는 이러한 용어들을 사용하는 이유는, 국어교육/문학교육의 내용을 확실히 하고 관련 요인들을 분명하게 보여 주기 위해서이다. '문학 문화의 맥락 위에 문학 활동을 통해 문학 주체의 문학 능력을 기르는 것 자체가 문학 현상의 일부'라고 말할 때, 이 진술의 내포와 외연을 뚜렷이 이해할 수 있어야 비로소 문학 교사와 문학교육 연구자로서 첫발을 떼었다고 할 수 있다.

이런 관점에서 시에 초점을 두어 학교 시교육의 위상을 살펴보려면 크게 두 층위를 상정해야 한다. 하나는 [학교 내부 – 학교 외부]의 층위이고 또 하나는 학교 내부의 [국어과 내부 – 국어과 외부]의 층위이다. 이들을 겹쳐 놓음으로써 시교육의 지정학이 가능해진다.

학교는 교과교육과 비교과교육(국가 교육과정에서는 '창의적 체험 활동'으로 규정하지만, 이것만이 비교과교육은 아니다. 교칙, 교사의 훈육, 친구들과의 상호작용 등 교과 이외에 교육적 효과를 가지는 모든 활동이 비교과교육이다.)으로 구성된다.

시는 그중 국어과 안에서 교과교육으로 취급되지만, 시의 특성상(여기에는 언어의 특성이 깊이 개입한다.) 교과 밖에서도 많이 활용된다. 창의적 체험 활동뿐 아니라 교육과정 문서에 기술되지 않은, 그러나 실은 비중이 훨씬 높고 학교 졸업 후에도 오래 지속되는 다양한 비교과교육에 시가 스며 있다. 그런 점에서 시는 '학교 안의 안개'와 같은 존재다. 흐릿하지만 어디에나 있고, 무엇이든 가리지 않고 적신다.

학교 외부에도 시교육이 있다. 신문·잡지·시집·비평서 등 인쇄물을 통한 시교육뿐 아니라 방송·인터넷·모바일 등의 전자 매체를 통한 시교육도 있고, 강연·소개·낭송회·사인회 등 직접 면 대 면으로 시교육이 이루어지기도 한다. 학교 밖 시교육은 학교 시교육에 비해 체계성·의도성 등이 떨어지기는 하지만 사람의 삶 전체에 편재(遍在)해 있기 때문에 의도하지 않아도 접하게 되고 피하려 해도 피할 수 없는 특성을 지닌다. 비유컨대 이는 '학교 밖의 안개'가 된다. 학생들은 학교 안과 밖에서 늘 안개에 쌓여 있으며, 안개가 잠시 걷힌 그 자리에서 교과로서의 시교육을 만난다.

학교 안을 더 들여다보자. 모든 시교육의 정수는 국어과의 '문학' 영역 또는 고등학교 선택 〈문학〉 과목에서 이루어지는 시교육이다. 이 책의 관심사인 현대시교육에 초점을 두면, 현대시교육은 국어과 안에서 극히 일부를 차지하고 있을 뿐이다. 그러면서 다른 영역들과 복잡한 관계를 이룬다.

첫 층위의 관계는 '듣기·말하기', '읽기', '쓰기', '문법', 그리고 고등학교 선택 과정의 '매체' 영역과의 관계다. 듣기·말하기, 읽기, 쓰기와 시의 관련은 여러 차례 이야기했으므로 문법과 매체에 관해서만 살펴보자.

'시와 문법'은 얼른 개념을 떠올리기 어려운 용어다. "시는 문법을 초월한다."는 관념을 지닌 사람에게는 더욱 그렇다. 여기서 '문법'의 개념을 다시 나눌 필요가 있다. 하나는 전통적으로 써 온 '언어 사용의 규칙(grammar)'이라는 관점, 또 하나는 비유적으로 확장된 '어떤 장(場)이나 장르에서 통용되는 규칙·관례·방법 등의 총체'라는 관점이다. 예컨대 '영화의 문법', '현대 회화의 문법' 같은 용법이다. 이 용법에서는 '시의 문법'이라는 용어가 하나도 문제될 것이 없다. 전자의 경우라면? 이 역시 문제될 것이 없다. 시의 본질이 언어이고, 언어사용의 규칙이 시라고해서 적용이 안 되는 것이 아니기 때문이다. 문법을 정확하게 지키는 수렴적 사용과 문법의 통사론적·의미론적 규칙을 소통 중심적으로 파괴하고 다시 세우는 확산적사용 사이의 긴장만 파악하면 된다. 시와 문법은 말뜻 그대로 긴장하고 길항하며 서로의 존재감을 돋워 주는 관계다. 그런 점에서 무관하거나 상치하는 관계가 아니라 상보적인 관계가 된다.

시와 매체에 대해서는 더 전향적인 논의가 가능하다. 애초에 언어학자들은 음성 언어를 중심으로 학문 체계를 발전시켰지만 예술과 학문은 문자 언어의 가능성도 놓치지 않았다. 시가 음영(吟詠)의 대상에서 독서 대상으로 바뀐 것은 한국에 국한된 현상이 아니다. 옹(W. J. Ong)은 음성 언어와 문자 언어, 구술 문화와 문자 문화를 극적으로 대비했는데, 맥루한(Marshall McLuhan)이 거기에 '매체'라는 새로운 수단을 덧붙임으로써 언어는 매체 언어와 비매체 언어라는 새로운 분류 체계를 갖게 되었다. 문자 언어는 태생적으로 '종이'라는 매체를 전제하지만, 매체를 '디지털화된 언어 전달 매개체'로 한정하는 현대적 용법에 따라 '문자+매체 언어'의 짝은 그냥 문자 언어로 처리된다. 결국 남은 것은 [음성 언어 – 문자 언어 – 매체 언어]의 체계다. 여기에 시가 결합하면 텍스트 특성상 [귀로 감상하는 시 – 눈으로 감상하는 시 – 눈과 귀로 동시에 감상하는 시], 소통 특성상 [면 대 면 상호적 소통의 시－지면으로 시·공간 거리를 두고 소통하는 시－시·공간 거리 없이 복합 감각으로 소통하는 시]의 체계가 나온다. 매체를 활용한 시는 시의 미래로 열린 문 중 제일 큰 문이다.

둘째 층위의 관계는 '문학' 영역 또는 〈문학〉 과목 내부의 관계다. 예를 들어 현대시교육과 고전시가교육의 관계, 시교육과 소설교육·극교육의 관계, 한국시 교육과 외국시 교육의 관계, 이해·감상 교육과 창작·소통 교육의 관계 등이다. 시교육은 문학 내부에서 이런 관계망 안에 위치한다. 이 관계를 비중이나 양 기준으로 볼 수는 없고, 무엇이 이들의 총화로서 학생의 문학 역량 신장에 기여하는지를 중심으로 살펴야 한다. 이 책의 취지상 당연한 이야기이겠지만, 이 관계망의 핵이 시교육이다. 시교육은 모든 문학교육·언어교육의 출발점이고 도달점이라 할 수 있다. 문학교육·언어교육이 언어를 다루는 한, 언어의 정수가 시이기 때문이다.

시교육의 계보학은 어떻게 되나? 시사와 교육사를 통해 정착된 현대시교육의 특징을 알아보자. 논리적으로 현대시교육은 현대시가 정착된 이후에 시작될 수밖에 없다. 그러니 시점은 일러 봐야 1920~30년대 위로 올라갈 수 없고, 역사는 길게 잡아도 100년이 안 된다. 그런데 현대시와 현대시교육이 발전하고 정착해야 하는 결정적 시기가 식민 지배로 오염, 왜곡되고 말았다. 결국 현대시교육의 역사는 광복 후부터 따지는 것이 일반적인 방법이고, 그 이전은 '전사(前史)'로 살필 수밖에 없다. 학교라는 제도를 고려하면 교수요목부터 2015 교육과정까지이고 전사는 일본 지배 하의 조선교육령기가 된다. 그 끝에 오늘과 내일의 시교육이 있다.

본격적인 의미에서 《국어》라는 교과는 광복 이후 처음 등장했다고 할 수 있다. 물론 일제 강점기에도 《국어》 교과가 있었지만, 그것은 일본어를 가르치는 교과였고,[1] 처음에 필수 과목이었던 《조선어》는 선택 과목으로 지위가 떨어지면서 점차 수요가 줄어들었다. 오늘날 우리가 보는 국어과는 교수요목에서 비로소 그 형태를 갖추었다.

미군이 진주하면서 남한의 모든 권력은 총독부에서 군정청으로 이관되었다. 군정청은 광복 한 달 만인 1945년 9월 17일 일반명령 4호를 공포하여, 9월 24일 월요일부터 학교 문을 다시 열고, 모든 교사는 학무과에 등록하며, 교수 용어는 조선어로 한다는 등의 원칙을 발표했다. 전쟁이 끝났든 일본인이 쫓겨 가고 미군이 들어왔든, 학교는 문을 열어야 했던 것이다. 이어서 9월 22일에는 '학교 개교에 대한 일반 방침'을 발표했는데, 여기에서 국민학교의 교과를 '공민, 국어, 역사, 지리, 산수, 이과, 체조, 음악, 습자, 도화공작, 가사재봉, 직업훈련'으로 정하였다. 당시 6년제이던 중등학교의 교과는 9월 30일에 발표한바, '공민, 국어, 지리·역사, 수학, 물리·박물, 가사, 재봉, 영어, 체육, 음악, 습자, 도화, 수예, 실업'이었다. 지금과는 많이 다른 교과 편제이고, 교과명이다.

이러한 틀을 만들 때의 실세는 군정청의 일개 대위였다. 미군 진주와 함께 서울에 온 'Lockord 대위'는 한국에 대한 지식이 전무한 상태였고, 총독부의 학무국장이었던 엄상섭(창씨명 武永憲樹)의 추천으로 컬럼비아대학 교육학박사인 오천석을 소개받고 다시 그를 통해 한국 교육계의 주요 인물들을 모아 한국 교육의 기본 틀을 짰다. 그렇게 해서 1946년 9월에 저 유명한 '교수요목'이 나오게 되는 것이다.

하지만 정작 교과서는 교수요목과 무관하게 만들어졌다. 학교는 문을

---

1 강점 전의 대한제국 시절에는 《국어》가 조선어를 가리켰지만 그 지속 기간이 워낙 짧다.

열어야 하는데 변변한 국어 교과서 하나 없는 상태에서 정부의 지침을 마냥 기다릴 수 없었기 때문이다. 『한글 첫걸음』이 광복 보름만인 1945년 9월 1일 탈고됐으니, 어지간히도 급한 상황이었다. 이어서 1946년 1월까지 『초등국어독본』과 『중등국어독본』이 모두 만들어졌다. 책 이름이 '독본'인 데서 알 수 있듯이, 이때부터 이미 국어과와 문학은 한 몸이었다.

당시의 교과서는 국'어(語)'라기보다는 국'문(文)'을 가르쳤다. 당시의 국어교육관이 명문 독해를 중심에 두고 있었고, 다독, 다작, 다상량(多讀多作多商量)[2]이라는 전통적인 교육관을 바탕으로 삼고 있었기 때문이다. 듣기·말하기·읽기·쓰기의 구분은 미국식 교육과정의 틀만 빌려온 것일 뿐이다.

3차 교육과정기까지 이런 흐름은 지속되었다. 그때까지의 국어 수업이란 고전·명문을 분석적으로 읽고 관련 지식을 습득하는 데 초점이 있었다. 오죽하면 「기미독립선언문」이나 〈관동별곡〉을 통째로 외고 고전/현대문학을 대표하는 작가들의 호와 생몰 연대, 출생지를 아는 것이 실력으로 인정받았겠는가.

4차 교육과정의 과도기를 거쳐 5차 교육과정에 이르면서 듣기·말하기·읽기·쓰기 기능을 중시하는 국어교육관이 자리잡고, 이른바 '기능주의자'와 '교과주의자' 사이에 치열한 논쟁이 벌어졌다. '기능주의자'들은 기본 4영역에 관한 지식과 기능 숙달에 국어교육의 초점을 두었는데, 심한 경우 "설득하는 말하기를 잘 배워서 다른 사람에게 사기를 쳤다면, 그 사람의 윤리교육에는 문제가 있지만 국어교육 자체는 잘 받은 것"이라는 논리까

---

2 원래는 '多聞多讀多商量'으로 쓰이는데, 여기서는 읽기 – 쓰기 교육의 전통을 강조하는 의미에서 이렇게 바꿔서 표현했다.

지 내세우게 되었다. 여기에 대해 '교과주의자'들은 기본 4영역이 인간의 삶이나 내용과 무관할 수 없고, 그와 관련한 고급 능력은 문학을 통해 기를 수 있다고 주장하였다. 문학교육 무용론과 문학교육 분리론, 문학교육 포용론이 대립하게 된 것이다.

지금에 이르러 "국어과에서 문학은 나가야 한다."는 주장을 내세우는 사람은 없다. 그러나 겉으로만 그럴 뿐, 교과서 편찬이나 평가 등의 실제적인 문제에 부딪히면 여전히 이견이 있음을 알게 된다. 예를 들어『독서』,『작문』교과서에 문학 텍스트를 넣는 문제나 대학 수학에 필요한 언어 능력을 측정하는 대학수학능력시험에 문학 영역을 넣는 문제 등이 그렇다. 이런 문제들에 부딪히면 기본 4영역만을 국어교육으로 보는 좁은 의미의 국어교육 전문가와 국어과의 폭을 넓게 보는 넓은 의미의 국어교육 및 문학교육 전문가들 사이에 거의 싸움에 가까운 대결이 벌어진 것이다. 이 책을 읽는 독자들의 생각은 어떤가? 국어교육의 본질과 특성을 구현하기 위해서는 기본 4영역으로 좁혀서 초점을 분명히 해야 하는가, 아니면 언어 활동의 총체성을 고려하여 문학, 매체, 문화와 같은 포괄적인 개념을 도입해야 하는가? 만일 국어과에서 문학이 빠져나온다면, 문학교육은 어떻게 해야 하는가? 초등학교 때부터《음악》,《미술》과 함께《문학》교과를 설정해야 할까? 아니면, 고등학교 때까지 문학교육은 유보해야 하는가?

시 교사와 시교육 연구자는 이들에 관해 자신의 관점을 세우고 접근 방법을 익혀야 한다. 그것이 '시교육 – 문학교육 – 자국어 교육 – 학교 교육'의 총체성을 확보하는 길이다. 이러한 지정학과 계보학을 바탕으로 시교육의 발전을 위해 고려할 요소들로 다음 테마들을 들 수 있다. 물론 더 많은, 더 세부적인 주제가 많을 터이다.

- 시를 통한 인간 교육

- 시 이론과 지식에 대한 교육

- 시 현상의 본질 교육

- 시 현상의 확대, 확충을 위한 교육

- 예술교육으로서의 시교육

- 인문교육으로서의 시교육

- 언어사용교육으로서의 시교육

- 문화교육으로서의 시교육

- 취학 전 시교육

- 초·중·고에서의 시교육

- 교정교육, 특수교육, 영재교육 등을 위한 시교육

- 사회교육·평생교육으로서의 시교육

  ......

▶ **교실을 위한 질문 ― 현대시교육의 지정학과 계보학**

1. 시교육과 소설 교육, 희곡 교육의 특징을 비교해 보자. 나아가, '문학교육 – 역사 교육 – 철학교육', '문학교육 – 음악교육 – 미술교육 – 연극교육'도 비교해 보자. 이들 교육은 인간의 전인적인 성장에 어떤 기여를 하는가?

2. 현대시사를 10년 단위로 끊어서 살펴보는 경우가 많다. 시교육도 그래야 할까?

3. 교육과정기별로 윤동주의 시가 교과서에 실린 양상을 분석해 보자. 어떤 변화 가 보이는가?

49
시를 가르치겠다는 이에게

시를 좋아하지 않아도 가르칠 수는 있어야 한다.

가르치다 보면 좋아지는 날도 온다.

시교육의 직접 주체는 교사와 학생이다. 물론 시교육의 최종 목표가 학생이 시를 통해 자아를 성취하고 사회와 인류에 기여하도록 하는 것이므로 둘 중 학생 쪽에 더 초점이 놓인다. 교사의 역할은 학생이 더 쉽게, 더 효과적으로 학습할 수 있도록 환경을 조성하고, 자극·안내하며, 학습 과정에서 부딪히는 문제를 해결하도록 돕는 일이다. 앞에서 끌고 가는 교육이 아니라 뒤에서 밀어 주는 교육이다.

그럼에도 불구하고 시교육에서의 권력은 교사가 가지고 있다. 교사가 더 높은 곳에서, 더 멀리 바라보면서 국가·사회의 전폭적인 지원을 받아 교육을 설계하기 때문이다. 교사에게 전문성이 필요한 이유다. 곧, 교사는 뒤에서 밀기만 할 것이 아니라 앞에서 끌고 뒤에서 미는 일의 조화를 꾀해야 한다. "교육의 질은 교사의 질을 넘을 수 없다."는 이야기가 괜히 나온 것이 아니다.

시 교사는 누구인가? 누가 시를 가르치나? – 학교라는 제도를 감안하면 당연히 시를 가르칠 '자격이 있는' 사람이 가르친다. 시를 좋아한다고 하여, 시를 좀 안다고 하여 아무나 가르칠 수 있는 일이 아니다. 그를 위해 자격증이 있다. 교사는 자격증으로 본인의 교수 능력을 증명한다.

시 교사는 시교육의 전문가이다. 여기서 두 차원, 두 분야의 요구가 생겨난다. 기초 차원에서 시 교사는 시 전문가이자 교육 전문가가 되어야 한다. 그러면서 통합 차원에서 시교육 전문가의 자질을 갖춰야 한다. 시와 교육 어느 한쪽의 전문성만으로 시교육 전문성을 갖추기 어렵고, 둘 다의 전문성을 갖췄다고 해도 그들이 교사 안에서 조화롭게 통합되지 않았다면 시교육 전문가라고 하기 어렵다. 여건상 양성 과정에서는 대개 시 전문성(시론, 시사, 비평, 창작 등)과 교육 전문성(예컨대 교직 과정)을 따로 가르치며, 그들의 통합은 (예비)교사 스스로에게 맡기는 것이 보통이다. (예비)교사는 실습과 현장 경험, 선배 교사 모델링 등을 통해 자기 안의 두 전문성을 점차 하나로 통합해 간다. 필자의 경험과 관찰, 면담으로 보건대 초등 교사는 본인 또는 가까운 사람의 자녀가 초등학생이 될 때, 중등 교사는 그들이 중학생이 될 때쯤 전문성이 완성된다.[3]

---

3 물론 전문성이 '완성'된다는 말은 어폐가 있으며, 교사가 자녀를 가져야 전문성을 신장할 수 있다는 뜻도 아니다. 학교에서 보는 아이들과 학교 밖, 특히 가정에서 보는 아이들이 많이 다르다는 점을 인정하고 그 갭을 메우기 위한 노력이 필요하다는 뜻이 이렇게 표현된 것이다. 교육이 가정과 학교의 협력 작업이라는 점에서 보호자인 교사는 그만큼 유리하다. 다만 보호자인 교사는 자기 경험으로 가정과 학교의 갭을 메우기가 수월한 반면, 편협해지기도 그만큼 쉽다. 본문에서는 보호자의 범위를 넓게 보았다.

"시 수업 시간에 교사는 학생을 위해 무엇을 하는가?" 하고 구체적으로 물어보자. 그러면 답은 두 가지로 나올 듯하다.[4] 하나는 "시를 다루는 원리(=시학)를 가르친다."는 것이고, 다른 하나는 "시를 다루는 경험(=작품)을 제공한다."는 것이다.(여기서 시를 '다룬다'는 것은 시의 생산과 소통, 수용을 모두 아우르는 말이다.) 그런데 시를 다루는 원리란 대부분 시 이론에서 끌어오고, 시를 다루는 경험은 시사(詩史)와 시 비평을 통해 선별하게 된다.

시를 가르치는 전문가의 역량을 좀 더 살펴보자. 우수한 시인·비평가가 곧 우수한 교사일까? 여기에 대해서는 많은 사람이 고개를 젓는다. 여항에서는 남을 가르치기는커녕 보통 사람의 삶조차 살지 못하는 사람이 곧 시인이라고 여기는 것이 대세이다. 물론 선입견이지만, 어쨌든 그렇다. 우수한 시인과 우수한 교사를 동일시하기 어렵다는 뜻이다. 그에 비해 우수한 비평가라면 우수한 교사가 되기 위한 필요 조건을 갖췄다고 여긴다. 대상을 해석하고 그것을 다른 사람이 이해하기 쉽도록 풀어서 서술하는 능력이 교사와 비평가에게 공통되기 때문이다. 그렇다 하더라도 시인의 자질과 비평가의 자질, 교사의 자질이 따로 논다고 보기는 어렵다. 교사는 우수한 시인·비평가는 못 되더라도 적어도 시인·비평가의 자질과 자세는 있어야 한다. 시인에게 교육학을 가르쳐서 교단에 세우는 것이 시를 모르는 교사에게 시를 가르쳐서 교육을 맡기는 것보다 나은 이유다.

교사는 늘 어떻게 하면 시를 잘 가르칠 수 있나, 좋은 시 교사가 되려면 어떻게 해야 하나를 물어야 한다. 그러려면 시 역량과 똑같은 기준의 시교육 역량이 필요하다. 곧 시교육에 관한 능력(지식, 기술)과 태도, 그리고 경험

---

4 이 부분은 김창원(2004)에서 논의한 내용을 가져왔다.

이다. 이를 염두에 두고 시 교사가 되는 데 필요한 커리큘럼을 꾸려 보자.

- '문학·교육'이 붙는 철학·심리학·사회학 : 곧, 문학철학·문학심리학·문학사회학과 교육철학·교육심리학·교육사회학이다. 그러나 이들을 수평으로 나열해서 될 일은 아니다. 필자로서는 이들의 내용을 포함하면서 문학교육으로 특화한 문학교육철학·문학교육심리학·문학교육사회학이 필요하다고 본다.
- 문학·시 관련 기초 과목 : (시)문학개론, (시)문학사, (한국)(시)문학작가론, 문학비평론
- 시교육 관련 실천 과목 : 교육학개론, 교육과정론, 교재론, 교수·학습론, 평가론. 이 역시 교재론, 교수·학습론, 평가론 정도는 시로 특화해야 한다. 한 강좌 전체를 이렇게 할 수 없으면 강좌의 일부만이라도.

이 과정에서 시교육과 시 교사에 대한 교육대·사범대·인문대의 인식 변화도 필요하다. '교육대=동시, 사범대=(성인)시'라는 등식에 이의를 제기하고, 초등학교와 중학교 사이에 어떤 시 역량의 변화가 있는지를 의심하며, 사범대의 시교육과 인문대의 시교육이 어떻게 다른지도 따져야 한다. 시의 주체인 개인과 사회는 공간적으로 광범위한 시의 장(場)에 경계 없이 펼쳐져 있고 시간적으로 개인사·사회사를 두고 미세하게 변해 가는데, 거기에 인위적인 경계를 만듦은 오로지 교육의 편의를 위해서이다. 그런 구획은 어쩔 수 없는 상황이기는 한데, 문제는 그 구획이 다시 시를 옥죄는 구조이다. 구획은 수단일 뿐 결코 목적을 제어해서는 안 된다. 나아가, 초·중등 교육에서 시가 국어과 안에 있음으로 해서 얻는 것과 잃는 것도 따져

보자. 얻는 것은 키우고 잃는 것은 보완할 일이다.

다시 강조하건대, 교육은 동물도 식물도 광물도 아닌, 인간을 다루는 사업이다. 인간은 섬세하고, 예측하기 어려우며, 변화 가능성과 폭이 넓은 존재다. 그러면서 존재 자체로, 타인과의 관계에서, 그리고 군집으로서의 인류 차원에서 더없이 소중한 존재다. 그러므로 교육은 매우 조심스럽게 다뤄야 하는 사업이다. 교사 출신의 시인이 "연탄재 함부로 발로 차지 마라./ 너는/ 누구에게 한 번이라도 뜨거운 사람이었느냐.(안도현, 〈너에게 묻는다〉)"고 한 시를 교육의 장에 대입하면, '선생 되기'가 얼마나 어려운 일인지를 미루어 짐작할 수 있다.

삼수갑산 내 왜 왔노 삼수갑산이 어디뇨
오고 나니 기험(崎險)타 아하 물도 많고 산 첩첩이라 아하하

내 고향을 도로 가자 내 고향을 내 못 가네
삼수갑산 멀더라 아하 촉도지난(蜀道至難)이 예로구나 아하하

삼수갑산이 어디뇨 내가 오고 내 못 가네
불귀(不歸)로다 내 고향 아하 새가 되면 떠 가리라 아하하

님 계신 곳 내 고향을 내 못 가네 내 못 가네
오다가다 야속타 아하 삼수갑산이 날 가두었네 아하하

내 고향을 가고지고 오호 삼수갑산 날 가두었네

불귀로다 내 몸이야 아하 삼수갑산 못 벗어난다 아하하

– 김소월, 〈삼수갑산 – 차안서선생삼수갑산운〉

삼수갑산 가고 지고

삼수갑산 어디메냐

아하 산 첩첩에 흰구름만 쌔고 쌨네.

삼수갑산 보고지고

삼수갑산 아득코나

아하 촉도난(蜀道難)이 이보다야 더할쏘냐.

삼수갑산 어디메냐

삼수갑산 내 못 가네

아하 새더라면 날아날아 가련만도.

삼수갑산 가고지고

삼수갑산 보고지고

아하 원수로다 외론 꿈만 오락가락.

– 김억, 〈삼수갑산〉

Ⅰ부 도입부에서 김억과 김소월의 사제 관계를 이야기했다. 이제 책의 마무리도 그들로 해야겠다. 왼편 시는 오른편에 있는 김억의 〈삼수갑산〉에 소월이 화답하여 지은 시이다. [조지훈 – 박목월]의 〈완화삼〉–〈나그네〉와

함께 현대시에서 제일 유명한 작품 짝이다. [이방원 - 정몽주]의 〈하여가〉 -〈단심가〉나 [김춘수 - 장정일]의 〈꽃〉-〈라디오처럼 사랑을 켜고 끌 수 있다면〉 같은 유명한 작품 짝이 많이 있지만, 이 짝은 두 사람이 사제라는 점 때문에 더욱 특별하다. "삼수갑산 가고 지고/ 삼수갑산 어디메냐", "삼수갑산 보고지고/ 삼수갑산 아득코나", "삼수갑산 어디메냐/ 삼수갑산 내 못 가네"로 이어지는 김억의 구성을 소월은 "삼수갑산 내 왜 왔노 삼수갑산이 어디뇨", "삼수갑산이 어디뇨 내가 오고 내 못 가네"로 발전시켰다. 스승 작품을 오마주하되 그 전형성을 흩트리고 분위기는 더 애절하게 만들었다. 김억의 "아하"라는 감탄사를 소월이 "아하하"로 늘릴 때의 심사를 나는 가슴 깊이 느낀다. 이것이 시교육이다.

제자는 오늘은 스승보다 못하지만 내일은 스승을 넘어서야 한다. 그래야 가르치는 맛이 난다. 애석하게도 제자에게 그런 자질이 없다면 그 수준에서 제일 높은 경지라도 보여 줘야 한다. 대부분의 학생은 그 수준이다. 따라서 시 교사가 된다는 것은 스스로를 모순 상황에 빠뜨린다는 뜻이 된다. 우선 그는 소박한 시 애호가에서 시로 밥을 벌어먹고 사는 생활인이 된다. 교사는 즐기기 위해서가 아니라 가르칠 거리를 찾기 위해서 읽어야 하고, 개인의 취향과 관계없이 '가르쳐야 하는' 작품을 가르치기도 하며, 가르치다 보면 어쩔 수 없이 한 방향으로 학생들을 몰아가기도 한다. 시를 배운 기간이 길어질수록 시로부터 멀어지는 아이러니뿐 아니라, 시를 가르친 기간이 길어질수록 시가 지겨워지는 아이러니도 동시에 일어나는 곳이 시교육이다.

이러한 현상은 학교에서 말하는 '좋은 시'의 개념폭이 좁기 때문에 일어난다. 문학 정전과 교육 정전이 다르다는 것은 상식적으로 이해할 수 있거니와, 문학적 기준과 교육적 기준을 동시에 만족시키는 작품을 찾기란 그리 쉽지 않다. 그러니 우선 먹기에 곶감이 달다고, 그야말로 '교과서적인' 작품들만을 '교과서적으로' 다루게 되는 것이다. 이 지점에서 한국 아동·청소년 문학의 소략함을 개탄할 수밖에 없다.

또한 학교 교육은 본질상 규범성과 창조성을 동시에 요구하는데, 시교육에서 그 긴장 관계를 유지하기란 매우 어렵다. 규범을 강조하다가는 시 활동 자체가 죽어 버리기 때문이다. 그렇다고 해서 학생들에게 전적인 자유를 보장할 것인가?

시를 가르치면서 분석적으로 수업하고, 지식을 평가하고, 학생들의 능력을 점수로 계량화해서 기록하는 것이 불합리하다는 것은 누구나 아는 사실이다. 그러나 그러한 모순의 한가운데에 있는 교사의 고뇌를 알아주는 사람은 적다. 그래서 시 교사는 위대하고도 중요한 존재다. 모순의 긴장 사이에서 균형을 잡아야 하기에.

시교육의 여건이 과거에 비해 상당히 개선되었다고는 해도, 여전히 해결되지 않은 문제들이 많다. 교과서 체제의 압박이나 '평가'라는 괴물도 그렇고, 삶과 유리된 교육 현실도 그렇다. 작가와 비평가가 교사를 싸잡아 비판하는 경우도 많은데, 어떤 때는 그것이 독선으로 비치기도 한다. – 그럼 제가 한번 가르쳐 보라지.

더 본질적인 방해 요인이 몇 가지 있는데, 그중 제일 큰 것이 이 책의 첫 부분에서 거론했던 "시는 가르칠 수 없다."는 선입견이다. 누군가가 이렇게 나오면 – 대체로 시인, 비평가 같은 시 전문가들이 그러한데, 그럼 그들에게 "당신은 시를 누군가에게 배우지 않고 오로지 자득했다는 뜻인가?"라고 물어보자. – 사실 할 말도 별로 없을 것이다. 누가 뭐라든 시교육은 지금까지 이루어져 왔고, 나름대로 성과도 있었다. 시를 가르칠 수 없다고 얘기하는 사람은 지나치게 낭만적인 또는 엘리트적인 문학관을 가지고 있는 건 아닐까.

서로 반대되는 방향이기는 하지만, 정전 형성 과정에서의 자기 검열과 '문학적 자율성'의 과잉 해석도 참된 시교육을 방해한다. 교사는 은연중에 자기가 받았던 교육을 반복하는 경향이 있는데, 시교육에서는 작품 선정과 해석 과정에서 그런 검열이 이루어진다. 매춘과 살인, 뇌물이 난무하는 〈감자〉는 좋은 작품으로 가르치면서, 성적인 묘사가 조금만 나와도 가차 없이 잘라 버리는 게 우리의 검열 기제다. 그에 대한 반작용으로 기존 관념을 해체하고 자율적인 해석을 시도한다 하더라도 그것은 또 다른 검열인 경우가 많다. 모두에게 좋은 정책은 결국 아무에게도 좋은 정책이 아닌 것처럼, 시 해석에서의 무한한 자유는 시적 소통의 가능성을 원천적으로 해체해 버린다.

문학 권력과 교육 권력 역시 문학교육이 제 길을 가지 못하도록 딴지를 건다. 교육부와 전교조 같은 집단 권력은 물론이고, 매스컴의 간섭, '대가' 들의 한 마디 한 마디가 문학교육을 좌지우지하는 것이 현실이다. 사실 문학으로 밥먹고 사는 집단 중에 제일 힘이 약한 것이 교사 아니던가. 심지어 시에 문외한인 일반 대중들까지 시교육에 관해 감 놔라 배 놔라 한다.

그렇다 하더라도, 시교육은 시 및 교육의 변화와 함께 쉼없이 변화하며 발전할 것이다. 교육만 놓고 보더라도, 이미 학교·교사·교과서의 약화나 교과 개념의 약화, 실용적 교육 강조, 교육 권력의 이양과 분산 현상이 뿌리 깊게 진행되고 있다. 문학 또한 유통 매체의 변화, 주된 정서의 변화, 새로운 장르의 탄생, 중심과 주변의 혼효, 문학 엄숙주의의 퇴조와 문학의 산업화 현상 등이 폭넓게 나타난다. 시교육이 이러한 변화를 적극적으로 수용하지 못한다면 시교육의 미래는 어두울 수밖에 없다.

시교육이 변화하는 문학 환경에 대응하는 과정에서, 멀티미디어 문학의 비중이 높아질 것은 자명한 사실이다. 구비 문학(이것도 문자로 기록된 것뿐이지만)과 기록 문학만으로 상대하기에 현대의 학생들은 너무 멀리 나가 있다. 전자 교과서 사업이 지지부진하기는 하지만, 그리고 문자 문학이 문학의 본령이라는 점은 확실하지만, 디지털화된 멀티미디어 문학으로의 무게중심 이동은 피할 수 없는 대세이다.

또한, 시교육을 위한 정전의 해체와 재구성도 예상할 수 있다. 시교육을 위한 기본 앤솔로지가 재구성되는 것이다. '교과서 시'라는 말이 가지는 보수적이고 편협한 뉴앙스를 벗어버리고, 좀더 생동감있고 학생들의 삶에 가깝게 다가갈 수 있는 작품을 가르쳐야 한다는 주장은 이제 식상한 감이 들 정도이다. 7차 고등학교『문학』교과서에 다양한 작품들이 실리면서 그러한 문제의식을 구체화한 시도를 찾아볼 수 있는데, 그러한 변화는 더욱 가속화될 수밖에 없다.

시교육은 그 스스로의 생존을 위해 '시'라는 좁은 개념에 안주하지 않을 것이다. 시의 방식으로 개인의 성장과 사회 발달에 기여할 수 있다면, 그것이 무엇이든 자기 안으로 끌어들이려는 것이 시교육의 속성이다. 정통 문학의 범주에 포함시키기 어려운 영화나 유머·개그, 만화 등을 문학교육에 포함시키는 것은 이미 보편화되어 있다. 그런 경향은 앞으로도 더욱 강해져, 〈문학〉 과목은 '문학'이라는 이름을 단 〈문화〉 교과가 될 가능성이 크다.

한편, 시 교사 양성의 체계화와 개방화도 필수적이다. 지금은 학교에서 시를 가르치는 사람이 국어 교사로 한정돼 있지만, 문학 일반이나 외국 문학을 전공한 사람도 시 교사가 될 수 있도록 해야 한다. 또, 등단과 같은 일정한 자격을 갖춘 사람을 시 교사로 영입하는 문제도 고려해야 한다. 물론, 두 경우 모두 교사가 되기 위한 연수 과정을 이수해야 하며, 그것이 여의치 않을 경우 정교사가 아닌 준교사 자격증을 수여하는 방안도 있다.[5]

한 걸음 더 나아간다면, 필자는 '국어과' 교사가 아닌 '문학과' 교사가 있었으면 좋겠다. 희랍 비극도 唐詩도 잘 알지 못하는 국어국문학 출신의 문학 교사보다는, 국어학 지식이 좀 떨어져도 문학 일반과 세계 문학에 대하여 정통한 문학 교사가 더 좋아 보이기 때문이다. [음악 – 미술 – 문학 – 연극]은 늘 한데 엮어서 '문화 예술'로 취급되는데, 그 중 독자적인 교사 자격증이 없는 것은 문학뿐이다.

▶ 교실을 위한 질문 — 시를 가르치겠다는 이에게

1. 시 교사의 자격을 검정한다면 무엇으로 검정할지 말해 보자.
2. "초등학교 교사는 전 과목을 가르치므로 시에 관한 전문성이 떨어진다."는 주장에 대해 의견을 말해 보자. 또, "초중고 교사는 교사로 훈련받고 전문적인 자격을 갖춘 뒤에 학생들을 가르치는 데 비해 대학 교수는 그런 훈련이나 자격 없이 가르친다."는 비판에 관해서도 말해 보자.
3. 본인이 시 교사로서 지닌 자질을 평가해 보자.

---

5 사실, 우리 나라에서는 초·중·고 교사 되기가 대학 교수 되기보다도 더 까다롭다. 교수는 일정한 전문 성과만 인정받으면 되지만, 교사는 자격증을 갖추고 임용 시험까지 치러야 하기 때문이다. 아무리 뛰어난 시인도 학생들에게 문학을 가르치고 싶으면 방과 후 교육이나 사적인 공간을 이용할 수밖에 없다.

50
시교육을 연구하겠다는 이에게

시학자인 동시에 교육학자가 아니라,
시교육학자이다.

　교육 현장에서 수업하기에 가장 어려운 단원으로 시 단원을 꼽는 교사들이 많다.[6] 그러한 반응은 학생들도 마찬가지이며, 여러 수준의 평가에서도 시가 가장 까다로운 것으로 인식되고 있다. 그 이유는 제재 자체가 교수·학습에 적합하지 않기 때문일 수도 있고, 시적인 언어 사용의 제 양상이 일상의 언어 사용과 상당 부분 다르기 때문일 수도 있다. 그러나 가장 중요하고 실질적인 이유는 시교육의 방법론이 불분명하기 때문이라고 할 수 있다.

　시교육의 방법론에 관한 질문은 필연적으로 시교육 이론의 재점검을 요구한다. 여기서 시교육의 이론이 학문(science)으로 정립할 수 있는가에 대

6　이 부분은 김창원(1995)에서 논의한 내용을 가져왔다.

해서는 찬반 양론이 있을 수 있다. 표면적으로 그것이 가능하다는 당위론적 주장만 있을 뿐 반대쪽의 의견 표명이 없어 논쟁화되지 않고 있을 뿐이다. 하지만 일반인뿐 아니라 문학 전문가들 사이에도, 시와 관련된 제반 능력을 일관된 커리큘럼 아래 가르칠 수는 없다고 – 적어도 매우 제한적인 수준에서만 가능하다고 – 믿는 분위기가 널리 퍼져 있는 것으로 보인다.

사람들이 이처럼 시교육에 관해 무정부주의적 사고에 빠지는 이유는 한편으로는 시적 능력이 지능과 마찬가지로 선천적인 요소가 강하다고 생각하기 때문이고, 한편으로는 시라는 것이 기능도 아니고 지식도 아닌, 정의하기 어려운 상상력의 영역에 속한다고 생각하기 때문이다. 시 자체가 확실하게 의미가 드러나지 않는 특수한 언어사용 양상이라는 점 또한 그러한 경향을 부채질한다. 그러나 역시 시교육론 부재의 가장 직접적인 이유는, 시교육 전문가를 자처하는 교사 및 연구자 집단 사이에 이론화를 위한 노력이 부족했기 때문이라고 볼 수 있다. 그러한 이론적 답보 상태를 헤쳐 나가기 위한 통로는 무엇보다도 문학의 존재 양식에서 찾아야 할 것으로 생각된다. 시교육은 전반적인 문학 현상의 한 범주로서, 교육적 관점에 선 문학 연구를 통해 그 본질에 접근할 수 있기 때문이다.

시교육의 출발점은 당연히 이론이다.[7] [시론, 시사, 시 비평]으로 구성되는 시 연구와 시교육 사이에는 일종의 권력 관계가 형성된다. 곧, 문학 연구의 연구 성과를 받아서, 또는 바탕으로 하여 가르치는 일이 교육이라는 것이다. 이러한 관점은 시교육이 학생들에게 '시를' 가르치는 것이라는 전제로부터 나온다. 그렇지만, 시교육의 테마는 '시' 자체에 한정되지 않는다.

---

7 이 부분은 김창원(2004)와 김창원(2012)에서 논의한 내용을 가져왔다.

시교육은 목표와 내용, 자료, 교수·학습 방법 및 활동을 포괄하는 하나의 체제(system)이며, 이 체제에서 연구는 부분적인 역할을 할 뿐이다. 그 역할은 교수·학습 내용의 제공, 교수·학습 자료 선정 및 조직의 준거 제공, 교수·학습 활동의 방향 안내, 교수·학습 결과 검증의 기준 제공 등이다. 그리고 목표, 내용, 자료, 방법 선택 및 활동 조직의 궁극적인 기준은 시 연구의 결과가 아니라 교육적 판단이다. 즉, 연구와 교육 사이에는 일정한 거리가 존재하는 것이다. 시의 논리만으로 시교육을 판단할 수는 없다.

그렇다면, 시 연구와 교육 사이의 바람직한 관계는 어떻게 설정되어야 하는가? 2차 담론으로서 시교육이 설 자리는 연구 담론이 미치는 구심력과 교육 담론이 미치는 구심력의 이심원(二心圓) 위에 교사와 학생독자의 자율성·창의성 추구로 생기는 원심력이 작용하는 복합 공간이 된다. 실제 수업은 이러한 이중의 구심력에 대한 저항과 적응으로 구체화되는데, 문제는 여기서 연구 담론의 중심과 교육 담론의 중심이 서로 일치하지 않는다는 데에 있다. 대부분의 시교육 비판은 이 두 중심의 불일치에서 출발한다.

이 말은, 시 연구에서 작품을 다루는 방식과 시교육에서 작품을 다루는 방식이 많은 공통점을 지니고 있음에도 불구하고 상당히 다르다는 점을 암시한다. 시 연구가 작품의 의미를 해석하고 가치를 발견하며 공시적·통시적 위치를 부여하기 위해 읽는다면, 시교육은 작품의 의미와 그 가치를 바탕으로 학생 독자를 문학화하고 시 읽기의 다양한 방식을 접하게 하기 위해 읽는다. 극단적으로, 시 연구에서 이미 폐기된 읽기 방법조차 그러한 읽기가 '문학 능력 신장'이라는 교육 목표 달성에 기여할 수 있다면 시교육에서는 유의미한 읽기가 될 수 있다.

내 몸에서 가장 강한 것은 혀

한 잎의 혀로

참, 좋은 말을 쓴다

미소를 한 육백 개나 가지고 싶다는 말

네가 웃는 것으로 세상 끝났으면 좋겠다는 말

오늘 죽을 사람처럼 사랑하라는 말

내 마음에서 가장 강한 것은 슬픔

한 줄기의 슬픔으로

참, 좋은 말의 힘이 된다

바닥이 없다면 하늘도 없다는 말

물방울 작지만 큰 그릇 채운다는 말

짧은 노래는 후렴이 없다는 말

세상에서 가장 강한 것은 말

한 송이의 말로

참, 좋은 말을 꽃 피운다

세상에서 가장 먼 길은 머리에서 가슴까지 가는 길이란 말

사라지는 것들은 뒤에 여백을 남긴다는 말

옛날은 가는 것이 아니라 이렇게 자꾸 온다는 말

원칙은 평범하고 문제는 단순하다. 시교육 연구자는 시와 시교육 현상을 거리를 두고 비판적으로 살펴야 한다. 사람은 누구나 좋은 말을 좋아한다. 현실이 그걸 허용하지 않을 뿐이다. 그래서 시교육이 학생들이 "내 몸에서 가장 강한 것은 혀"이고 "세상에서 가장 강한 것은 말"이라는 점을 깨닫게 하였는지, 고작 한 잎의 혀로 세상을 내 안에 담을 수 있다는 점을 느끼게 하였는지가 시교육 반성의 출발이 된다.

지금까지 문학 연구는 대체로 작품이 담고 있거나 반영하고 있는 내용의 분석과 작품 자체의 엄밀한 체계 분석을 중심으로 이루어져 왔다. 곧 '무엇을 어떻게 문학적으로 형상화했는가'의 문제가 문학 연구의 중심 과제로 다루어졌다. 그러한 연구 방향은 필연적으로 문학을 기술적(descriptive)이거나 또는 발생적(generative)인 눈으로 바라보게 한다. 그러나 그 틀 안에서 문학 이론은 인간의 삶과 서로 보완하지 못한 채 대립적으로 발전해 왔고, 그나마 작품이 완성되는 순간 그친다. [인간 → 문학 → 인간…]의 순환 구조에서 첫째 고리만이 중요하게 다루어지고 둘째 고리는 간과된 것이다.

이 고리를 완성할 이론은 어떻게 만들어지고 체계화되는가? 이론은 '현상 기술(description) → 규칙 발견(discovery of regularity) → 이론과 법칙 형성(formulation of theories and laws) → 현상의 설명·판단 → 현상의 예측·통제'라는 일련의 과정으로 만들어진다. 이렇게 만들어진 원론 수준의 이론은 대상의 세분화, 수준의 세분화, 방법론의 세분화를 거쳐 체계화된다. 시교육에서 대상은 시, 시교육 현상, 시 학습자로 초점화되고 수준은 초급, 중급, 고급으로 나뉜다. 그리고 방법론은 질적/양적, 정적/동적, 분석적/비분석적, 기술적/해석적/비판적/구성적, 공시적/통시적, 실험적/추론적, 인식적/심미적, 철학적/공학적 연구 등 다양하다. 이를 통해 시교육의 기본 개념, 개념들 간의 관계인 원리가 안착되면 시교육론이 학문으로 타당성을 갖출 수 있다. 그 타당성은 다시 결과로 검증받는다. 다음과 같은 기준이다.

- 교육 목적 기준 : 자아 성장과 공동체 발전에 기여하는 이론인가
- 교육 체제 기준 : 학교 교육, 국어과교육의 체제에 잘 융합하는 이론인가
- 문학 주체 기준 : 좋은 독자·시인·비평가(비유적 표현이다.)를 길러낼 수 있는 이론인가
- 문학 문화 기준 : 사회 전반의 시적 문화를 향상시킬 수 있는 이론인가

이 기준을 두고 보면, 지금까지의 시교육 연구는 나름의 성취도 있지만 한계를 동시에 지님을 알게 된다. 정리해 보자.

- 철학·이론 측면 : 시와 시교육에 관한 철학적 논의 부족, 기초 연구(특히 시의 독자 심리와 학습 심리) 및 메타 연구 부족
- 연구 성과 측면 : 개념, 명제(원리), 프레임(패러다임) 부족
- 연구 방법론 측면 : 내성적·문헌 연구 중심. 이를 보완할 수 있는 질적(참여·관찰 등) 연구와 양적 연구(조사·실험 등) 부족

이 말고도 문제가 많다. 구체적으로 시교육론을 비판할 때 제일 쉬운 방법은, 시 전문가의 관점에서 시교육의 문제점을 지적하는 것이다.[8] 이 방법

은 매우 오래된 방법이고, 연구자뿐 아니라 직접 시를 쓰는 창작자들도 자주 쓰는 방법이다. 그리고 그 내용은 대체로 대동소이하다. – 분석적 수업에 대한 비판, 과도한 지식 중시에 대한 우려, 시 해석의 편향성과 오류 지적, 기초적인 용어나 사실 바로잡기, 작품 자체의 질에 대한 이의 등이 그것이다. 실제 사례가 이를 증명한다(이남호, 2001: 6 – 7).

진달래꽃(김소월)

○ 갈래 : 자유시, 서정시, 전통시, 민요시, 낭만시

○ 율격 : ① 7 · 5조의 음수율, 3음보의 민요조

② ' – 우리다'의 각운

○ 성격 : 전통적, 민요적, 여성적, 애상적

○ 제재 : 진달래꽃의 정서와 이별

○ 주제 : 이별의 한(恨)과 그 승화(昇華)

○ 어조 : 전통적인 여인의 애절한 목소리

○ 특징 : ① 1연 4연에서 반복한 수미쌍관(수미상응, 수미상관)의 구조

② 반어적 표현을 통한 절제의 압축미와 시적 인상의 강화

(⋯⋯)

○ 출전 : 「개벽」 25호, 1922. 7

○ 구성 : 1연 : 이별에 대한 체념적 순응(기)

2연 : 떠나는 임에 대한 사랑과 축복(승)

3연 : 원망을 초극한 희생적 사랑(전)

---

8 이 부분은 김창원(2012)에서 논의한 내용을 가져왔다.

4연 : 인고의 의지로 이별의 슬픔을 극복(결)

이렇게 정리된 내용을 암기하는 것은 결단코 시교육이 아니다. 그 점에서 시 전문가의 비판은 이의가 필요없는 비판한다. 주목할 점은 그와 똑같은 비판이 시 교사로부터도 나온다는 사실이다. 현장 교사들의 목소리나 수많은 교육대학원의 학위 논문들에서 위와 같은 비판은 손쉽게 접할 수 있다. 교사들도 연구자와 똑같이 문학의 본질을 왜곡하고 학생의 자율성을 훼손하는 시교육 현실을 비판하는 것이다 그럼에도 불구하고 그러한 관습에서 벗어나지 못하는 이유는 두 가지를 떠올릴 수 있다. – 첫째, 시교육의 현실과 문제점을 알고는 있지만 그래도 그것이 현상태에서 교육 효과가 제일 높다. 둘째, 시교육의 현실을 개선할 만한 의지나 능력이 부족하다.

필자는 그 이유가 첫 번째라고 생각한다. 두 번째 이유에 대해서는, 교사 개개인을 보면 그럴 가능성이 높지만, 거대한 교사 커뮤니티를 볼 때는 그럴 리가 없다고 여겨지기 때문이다. 인터넷 발달과 교사 모임 활성화, 교사의 전반적인 질 향상 덕분에 설사 '내가' 연구하지 않았더라도 '누군가가' 연구해 놓은 자료가 사방에 널려 있는 것이 오늘의 교사 환경이다. 교사는 아직도, 그리고 아마도 앞으로도 계속 최선을 다할 것이다.

답은 결국 연구로 모아진다. 시교육을 견인하고 지원할 연구의 양이 부족하거나, 질이 낮거나, 방향이 잘못된 것이다. 또는 연구 결과의 전파나 적용이 안 되는 것이다. 어쩌면 이 모두일 수도 있다. 필자는 이중 제일 결정적인 것이 연구 방향의 문제라고 생각한다. 텍스트 특성을 바탕으로 교육 내용을 조직하고 수업 아이디어를 제공하는 연구는 많아도 학생들이 어떤 조건에서 어떤 작품에 더 적극적으로 반응하는지, 학생들이 시 활동을 하는 데 장애 요인이나 어려움은 무엇인지 등에 관한 연구는 적다. 한마디로 시 행위가 텍스트와 시 주체 사이의 상호작용이라고 말할 때, 텍스트 지향 연구는 많아도 주체 지향 연구는 적은 것이다. 시의 주체를 개인뿐 아니라 사회로 확장해도 그렇다. 텍스트 연구에 대비되는 텍스트 행위에 대한 연구, 다시 그에 대한 메타적 연구로 이어지는 연구의 사슬이 어느 곳은 굵고 어느 곳은 너무 가늘어서 아름답지 않은 점이 문제다.

21세기의 언어·문화 환경이 변하고 그에 따라 학교 시교육도 변해야 한다면, 그에 관한 연구로 방향을 바로잡아야 한다. 학교 교육과 아동·청소년 문학의 관계, 미디어·인터넷·모바일 시대의 문학의 특성, 문학 경험의 총체성 확보 방안, 무엇보다도 문학을 통해 얻을 수 있는/달성할 수 있는 미래 등, 성장하는 문학 주체를 위하여 해야 할 연구 과제가 있다. 미래의 연구자는 그런 점에서 문제 발견자이자 문제 해결자여야 한다.

▶ **교실을 위한 질문 — 시교육을 연구하겠다는 이에게**

1. 시 연구자와 시교육 연구자의 차이를 말해 보자.
2. 한국 시교육이 성공했다면 어떤 점에서 그러한지, 반대로 실패했다면 어떤 점에서 그러한지 말해 보자.
3. 시교육 연구자가 되려면 어떤 기초 학문을 공부해야 하는지, 학습 경로를 설계해 보자.

삽입시 목록

작가	작품	수록 부분
賈島	〈鳥宿池邊樹〉	32. 학교 언어의 특성과 시의 의의
강은교	〈우리가 물이 되어〉	16. 지식으로서의 시
곽재구	〈사평역에서〉	12. 시교육 내용을 보는 관점
기형도	〈빈 집〉	15. 교실 비평과 창작의 문제
김광균	〈추일서정〉	31. 평가 요소에 따른 평가 방법
김광섭	〈산〉	16. 지식으로서의 시
김기택	〈멸치〉	30. 시교육 평가의 범위
김명수	〈월식〉	35. 상징 예술의 가치 구현하기
김민기	〈작은 연못〉	41. 시는 학교에서 살아남을까
김소월	〈삼수갑산 – 차안서선생삼수갑산운〉	49. 시를 가르치겠다는 이에게
김수영	〈폭포〉	36. 문사철의 시학
김억	〈동심초〉	14. 시적 소통 능력이란
김억	〈삼수갑산〉	49. 시를 가르치겠다는 이에게
김영랑	〈돌담에 속삭이는 햇발같이〉	33. 시와 언어의 선순환 구조 만들기
김용택	〈사람들은 왜 모를까〉	38. 시와 학습하는 인간
김종길	〈설날 아침에〉, 〈성탄제〉	21. 작품 배열의 의도와 체계
김종삼	〈장편(掌篇) 2〉	1. 시교육이란 무엇인가
김지하	〈타는 목마름으로〉	6. 시교육의 교육적 · 사회적 위상
김춘수	〈샤갈의 마을에 내리는 눈〉	3. 시교육은 가능한가
문태준	〈가재미〉	19. 시 작품의 교육적 가치와 정전성
박남철	〈텔레비전 · 1〉	9. 시를 떠받치는 이데올로기와 사회 · 문화 체제
박목월	〈나그네〉	13. 시적 사고력이란 37. 시를 통해 자아와 세계를 이해하고 소통하기
박인환	〈세월이 가면〉	34. 가장 오래된 예술로서의 시
백무산	〈장작불〉	23. 교재 개발의 일반 · 특수 원리

작가	작품	수록 부분
백석	〈나와 나타샤와 흰 당나귀〉	42. 문화 자산으로서의 시
서정주	〈자화상〉	20. 작품 선정에서의 고민
薛濤	〈春望詞〉	14. 시적 소통 능력이란
신경림	〈나무 1〉	4. 학교와 시의 만남
신동엽	〈산문시 1〉	26. 시는 배우고 익히는 것인가 즐기며 깨치는 것인가
아폴리네르	〈미라보 다리〉	5. 제도교육으로서의 시교육의 체제
오규원	〈한 잎의 여자〉	32. 학교 언어의 특성과 시의 의의
유치환	〈깃발〉	45. 도구로서의 시 : 도구성의 재개념화
윤동주	〈서시〉	7. 개인과 사회의 시 역량
이병기	〈별〉	10. 시간의 화살 : 시교육은 언제, 어느 순서로 이루어지는가
이상	〈오감도 · 시 제1호〉	22. 시 교재의 성격
이상화	〈빼앗긴 들에도 봄은 오는가〉	40. 시와 학교의 변화
이성부	〈벼〉	17. 시와 문화적 리터러시
이용악	〈전라도 가시내〉	29. 시교육 평가, 꼭 해야 하나
이육사	〈청포도〉	28. 시 수업의 실행 아이디어
이조년	〈梨花에 月白하고〉	37. 시를 통해 자아와 세계를 이해하고 소통하기
정지상	〈送人〉	5. 제도 교육ㅓ으로서의 시교육의 체제
정지용	〈향수〉	47. 평생 학습으로서의 시와 시교육
정현종	〈시, 부질없는 시〉	2. 왜 시교육이 필요한가
정호승	〈풍경 달다〉	39. 시의 생활화 : 일상의 시적 재구성
정희성	〈저문 강에 삽을 씻고〉	9. 시를 떠받치는 이데올로기와 사회 · 문화 체제
조지훈	〈완화삼〉	37. 시를 통해 자아와 세계를 이해하고 소통하기
천양희	〈참 좋은 말〉	50. 시교육을 연구하겠다는 이에게
하종오	〈원어〉	46. 교과를 넘어서는 시와 시교육
한용운	〈나룻배와 행인〉	24. 활동 구성 : 작품의 교육적 해석과 활용
한하운	〈파랑새〉	27. 울림과 깨침을 위한 수업 모형들
함민복	〈눈물은 왜 짠가〉	25. 교재 개념의 확장 : '시'로부터 '시적인 것'으로

작가	작품	수록 부분
허영자	〈자수〉	43. 사회 연결망으로서의 시
황동규	〈즐거운 편지〉	44. 미디어와 네트로 들어간 시
황인숙	〈나의 침울한, 소중한 이여〉	8. 문학 주체이자 학습 주체인 학생
황지우	〈너를 기다리는 동안〉	11. 존재의 거품 : 시교육은 어디에서 이루어지는가

참고문헌

강남주(1990), 반응의 시론, 형설출판사.

구인환 외(1988), 문학교육론, 삼지원.

권낙원 외(1990), 기본 수업 모형의 이론과 실제, 한국교원대학교 교육연구원.

권혁준(1997), 문학 이론과 시교육, 박이정.

김경한(2006), "영문학 교육의 새 방향 – 문화교육", 영미문학교육 10/1, 한국영미문학교육학회.

김대행(1990), "언어 사용의 구조와 국어교육", 국어교육 71 · 72, 한국국어교육연구회.

김성제(2004), "문학 읽기와 문화 리터러시: 의미화 수행의 교육", 한국언어문화 26, 한국언어문화학회.

김신정(2001), "시적 순간의 체험과 영원성의 성(性) – 정전으로서의 서정주 시에 대한 고찰", 여성문학연구 6, 한국여성문학학회.

김윤식(1990), 한국현대시론비판, 일지사.

김은전 외(1996), 현대시교육론, 시와시학.

김은전 외(2001), 현대시교육의 쟁점과 전망, 월인.

김은전(1979), "국어교육과 문학교육", 사대논총 19, 서울대학교 사범대학.

김이상(1994), 시교육론, 육일문화사.

김창원(1992), "시교육과 시관의 문제 – 중등학교 시교육을 중심으로", 난대이응백박사 고희기념논문집, 한샘.

김창원(1995), 시교육과 텍스트 해석, 서울대출판부.

김창원(1996a), "운율을 어떻게 가르칠 것인가", 김은전 외, 현대시교육론, 시와시학사.

김창원(1996b), "문학교육과정의 구성 원리", 문학 영역 교육과정 내용의 체계화 연구, 국어교육연구소 학술발표회, 서울대 국어교육연구소.

김창원(1997a), "독자들의 반란 – 대안 문학이 왜 필요한가", 독서연구 2, 한국독서학회.

김창원(1997b), "수수께끼의 시학과 초기 시교육", 문학과교육 2, 문학과교육연구회.

김창원(1997c), "초·중등 문학교육의 연계 연구", 한국초등국어교육 13, 한국초등국어교육학회.

김창원(1998), "述而不作에 관한 질문 – 창작 개념의 확장과 창작 교육의 방향", 문학교육학 2, 한국문학교육학회.

김창원(2001a), "대학수학능력시험과 시교육 평가", 김은전 외, 현대시교육의 쟁점과 전망, 월인.

김창원(2001b), "중핵텍스트에 대한 다중접근을 통한 시교육 방법", 국어교육학연구 12, 국어교육학회.

김창원(2003), "문학 교과서 개발에 대한 비판적 점검 – 제7차 고등학교 「문학」 교과서를 예로 들어", 문학교육학 11, 한국문학교육학회.

김창원(2004), "시 연구와 시교육 연구 사이의 거리", 국어교육 114, 한국어교육학회.

김창원(2006), "문학교육의 성격과 문학 교과서의 지향 – 제7차 고등학교 「문학」 교과서의 점검과 논의", 국어교육학연구 27, 국어교육학회.

김창원(2007), "시교육과 정전의 문제", 한국시학연구 19, 한국시학회.

김창원(2008), "문학 문화의 개념과 문학교육", 문학교육학 25, 한국문학교육학회.

김창원(2012), 문학교육론 – 제도화와 탈제도화, 한국문화사.

김창원(2018a), "'읽기'의 메타퍼: 읽기는 학교 교육의 축이 될 수 있는가? – 융합교육의 관점에서 본 2015 교육과정과 '읽기'", 독서연구 46, 한국독서학회.

김창원(2018b), "평생학습사회의 문학교육 양상과 평가 방향", 문학교육학 58, 한국문학교육학회.

김창원 외(2005), 국어과 수업 모형, 삼지원.

김채수(1999), "예술로서의 문학 연구와 문화로서의 문학 연구", 일어일문학 11, 대한
        일어일문학회.

나태주·김명수(1990), 국민학교 시문학교육, 대교출판사.

노명완(1988), 국어교육론, 한샘.

노명완·박영목·권경안(1988), 국어과교육론, 갑을출판사.

노진한(1997), "창작교육을 위한 소론", 선청어문 25, 서울대국어교육과.

문영진(2001), "정전 논의에 관련된 몇 가지 문제에 대하여", 민족문학사연구 18, 민
        족문학사학회.

박대호(1987), "문학교육의 자리 매김", 국어교육 61·62, 한국국어교육연구회.

박병희(2008), 영시를 활용한 영어교육 방법, UUP.

볼프강 카이저(1982), 언어예술작품론, 김윤섭 역, 대방출판사.

서울대 교육연구소(1998), 교육학대백과사전, 하우동설.

서혜련(1992), 시텍스트에 대한 기호학적 접근 방법 연구, 전북대대학원(박사).

송무(1994), 영문학교육의 정당성과 정전의 문제, 고려대대학원(박사).

송무(1997), "문학교육의 '정전' 논의 – 영미의 정전 논쟁을 중심으로", 문학교육학 1,
        한국문학교육학회.

심경호(2001), "예술문화로서의 국문학", 고전문학연구 8, 한국고전문학회.

양왕용(1997), 현대시교육론, 삼지원.

에릭 허쉬(1988), 문학의 해석론, 김화자 역, 이화여대출판부.

우한용 외(1999), 문학교육과정론, 삼지원.

유영희(1997), "창조적 글쓰기와 문학교육 평가", 문학교육학 1, 한국문학교육학회.

윤기옥 외(2002), 수업 모형의 이론과 실제, 학문출판.

윤여탁(1996), 시교육론 – 시의 소통 구조와 감상, 태학사.

윤여탁(1998), 시교육론 Ⅱ – 방법론 성찰과 전통의 문제, 서울대출판부.

이남호(2001), 교과서에 실린 문학 작품을 어떻게 가르칠 것인가, 현대문학.

이대규(1988), 교과로서의 문학의 구조, 서울대대학원(박사).

이대규(1999), "국어 수업 모형에 관한 연구", 국어교육 100, 한국국어교육연구회.

이득재(2002), "문학과 문화 연구", 시학과언어학 4, 시학과언어학회.

이삼형 외(2000), 국어교육학, 소명.

이성영(1995), 국어교육의 내용 연구, 서울대출판부.

이성호(1986), 교수 방법의 탐구, 양서원.

이오덕(1993), 우리 모두 시를 써요, 지식산업사.

이용주(1986), 국어교육에 있어서의 문학의 위치, 봉죽헌박붕배박사 회갑기념논문집.

이호철(1994), 살아있는 글쓰기, 보리.

정재찬(2003), 문학교육의 사회학을 위하여, 역락.

정찬영(2005), "문화론적 시각에서 본 소설 읽기의 경향과 전망", 현대문학이론연구
    25, 현대문학이론학회.

정혜승(2002), "제7차 국어과 교육과정 실행 사례 연구", 교육과정연구 20/4, 한국교
    육과정학회.

제임스 그리블(1987), 문학교육론, 나병철 역, 문예출판사.

차봉희(1985), 수용미학, 문학과지성사.

차혜영(2005), "한국 현대소설의 정전화 과정 연구 – 중·고등학교 국어 교과서와 지
    배 이데올로기의 관련성을 중심으로", 돈암어문학 18, 돈암어문학회.

차호일(1999), 시연구와 시교육, 역락.

최미숙(1997), 한국 모더니즘시의 글쓰기 방식에 관한 연구, 서울대대학원(박사).

최영환(1999), "국어과 교수·학습 모형의 체계화 방안", 국어교육학연구 9, 국어교육학회.

최영환(2003), 국어교육학의 지향, 삼지원.

최현섭 외(2005), 국어교육학개론, 제2증보판, 삼지원.

한주섭(1976), "국어과교육을 통한 인간 형성에 관한 연구", 논문집 12, 전주교육대학.

John M. Ellis(1982), 문학의 이론, 이승훈 역, 대방출판사.

Michael Riffaterre(1989), 시의 기호학, 유재천 역, 민음사.

Reigeluth(1993), 교수 설계의 이론과 모형, 박성익·임정훈 역, 교육과학사.

Richey, R.(1993), 수업 체제 설계, 김종량·김희배 역, 교육과학사.

Robert Scholes(1995), 문학 이론과 문학교육, 김상욱 역, 하우.

Stein H. Olsen & Henry G. Widdowson(1986), 문학의 이해, 최상규 편역, 학연사.

Terry Eagleton(1986), 문학이론입문, 김명환·정남영·장남수 역, 창작과비평사.

Tompkins, Gail E.(1982), "Seven Reasons Why Children Should Write Stories", *Language Arts* 59(7), EJ 269736.

池上嘉彦(1984), 시학과 문화기호론, 이기우 역, 중원문화.